Informatik aktuell

Herausgeber: W. Brauer
im Auftrag der Gesellschaft für Informatik (GI)

Werner Langenheder   Günter Müller
Britta Schinzel (Hrsg.)

Informatik cui bono?

GI-FB 8 Fachtagung
Freiburg, 23.-26. September 1992

Springer-Verlag
Berlin Heidelberg New York
London Paris Tokyo
Hong Kong Barcelona
Budapest

Herausgeber

Werner Langenheder
Gesellschaft für Mathematik und Datenverarbeitung mbH (GMD)
Schloß Birlinghoven, W-5205 St. Augustin 1

Günter Müller
Britta Schinzel
Universität Freiburg, Institut für Informatik und Gesellschaft (IIG)
Friedrichstr. 50, W-7800 Freiburg

Veranstalter

Gesellschaft für Informatik e. V. (GI), Fachbereich 8: Informatik und Gesellschaft
Universität Freiburg, Institut für Informatik und Gesellschaft (IIG)
in Kooperation mit der
Gesellschaft für Mathematik und Datenverarbeitung mbH (GMD)

Tagungsleitung

Werner Langenheder (GMD, St. Augustin / Universität Freiburg, IIG)
Günter Müller (Universität Freiburg, IIG)

Programmkomitee

Prof. Dr. Klaus Fuchs-Kittowski   (Humbold Universität Berlin)
Dipl.-Kfm. Kurt Fussangel   (PIW, Bremen)
Dipl.-Inform. Claudia Korch   (PMI, Berlin)
Dr. Werner Langenheder   (GMD, St. Augustin / Universität Freiburg)
Dr. Peter Mambrey   (GMD, St. Augustin)
Prof. Dr. Günter Müller   (Universität Freiburg)
Prof. Dr. Arno Rolf   (Universität Hamburg)
Prof. Dr. Britta Schinzel   (Universität Freiburg)
Dr. Helmut Volkmann   (Siemens AG, München)
Dr. Walter Wicke   (BAIT, Dortmund)

CR Subject Classification (1992): K.4

ISBN-13:978-3-540-55957-3   e-ISBN-13:978-3-642-77808-7
DOI: 10.1007/978-3-642-77808-7

Satz: Reproduktionsfertige Vorlage vom Autor/Herausgeber

33/3140-543210 – Gedruckt auf säurefreiem Papier

Vorwort

Die gesellschaftliche Auseinandersetzung um die Entwicklung und den Einsatz neuer Techniken, war - vor allem in Deutschland - bisher vielfach durch ideologisch geprägte Gegensätze gekennzeichnet. Dies verhinderte meist einen sachlich orientierten Diskurs. Inzwischen ist eine Aufweichung der Fronten erkennbar. Gesellschaftliche Rahmenbedingungen für die Technik sind bewußt geworden und werden, wie z.B. die Erhaltung der ökologischen Grundlagen, auch für die Wettbewerbsfähigkeit von Produktionsstandorten und Produkten von wesentlicher Bedeutung sein.

Jetzt ist der richtige Zeitpunkt, über die durch ökonomische und technische Kriterien bisher allein bestimmte Gestaltung des weiteren Entwicklungsprozesses hinauszugehen. Die Informationstechnik und das Wissen um die Handhabung von Informationen (Informatik) dürfen nicht nur an der technischen Funktionalität und der ökonomischen Realisierbarkeit ausgerichtet sein, sondern müssen auch auf ihren Beitrag für gesellschaftliche Anforderungen überprüft und eventuell korrigiert werden. Es ist gezielt nach dem Nutzen der Technik zu fragen. Zu wessen Nutzen: *Informatik cui bono?*

Ziel der Steuerungsbemühungen muß es sein, den Prozeß so zu gestalten, daß die Entwicklung und der Einsatz von Technik dem sozialen und kulturellen Fortschritt dienen, d.h. zur allgemeinen Verbesserung der Lebensbedingungen auf der Erde beitragen. Dieses Ziel enthält zwei Komponenten, die eng miteinander verwoben sind: Erhaltung und Entfaltung. Erhaltung meint die Fortdauer menschlichen Lebens im Kontext kultureller und natürlicher Lebenszusammenhänge. Entfaltung bezieht sich auf die innere Dynamik von Menschen und Gesellschaften. Danach ist Erhaltung nur im Prozeß der Entfaltung möglich. Es gilt daher, sowohl die Erhaltung unserer Lebensgrundlagen zu sichern als auch die weitere Entfaltung der Lebensbedingungen auf der Erde zu fördern. Daraus ergibt sich in direkter Konsequenz die Anforderung an die Gestaltung: Wie können Wissenschaft und Technik so weiterentwickelt werden, daß sie sich nicht nur an Kriterien wie Erkenntnisgewinn und Verwertungslogik, sondern auch an den Grundsätzen der Erhaltung und Entfaltung orientieren?

Diese Forderung ist eine ethische Forderung. Sie kann - wie jede ethische Forderung - in unserer Gesellschaft nur durch gemeinsame (kommunikative), immer nur vorläufig abschließbare und deshalb immer wieder neu aufzunehmende (iterative) Handlungen eingelöst werden. Ein solcher Prozeß kann nur gelingen als eine gemeinsame Anstrengung aller gesellschaftlichen Gruppen. Er erfordert eine Konzentration der Kräfte auf die für unsere Gesellschaft relevanten Fragestellungen zu Umwelt, Arbeit, Ausbildung, Wirtschaft und Verkehr. Wir alle müssen uns der gegenwärtigen außergewöhnlichen Krisensituation bewußt werden und gemeinsam nach richtungsweisenden und tragfähigen Lösungen suchen. Reflexion und Handeln sind notwendig, nicht bloßes Weitermachen.

Aufgabe von *Wissenschaft und Forschung* ist es dabei, Analysen der gegenwärtigen Situation, ihrer lokalen und globalen Gefährdungen vorzunehmen, Zusammenhänge aufzudecken, Konzepte, Methoden und Werkzeuge zu liefern.

Aufgabe der *Politik* ist es, den Steuerungs- und Gestaltungsprozeß zu organisieren und geeignete rechtliche, wirtschaftliche und gesellschaftliche Rahmenbedingungen zu schaffen und bereitzuhalten.

Die *private Wirtschaft und die öffentliche Verwaltung*, Unternehmer wie Gewerkschaften, Hersteller wie Anwender, müssen sich öffnen für eine Perspektiverweiterung und dies unter marktwirtschaftlichen Bedingungen als Chance für die Zukunft und das Überleben kennen und nutzen lernen: zeitlich in Hinblick auf eine langfristige Zukunftsorientierung, räumlich in Richtung globaler, weltweiter Zusammenhänge, inhaltlich als Ergänzung der Kriterien wirtschaftliche Effizienz, technische Funktionalität und Wahrung von Besitzständen durch die Kriterien Erhaltung und Entfaltung.

Medien, Schulen, andere Träger der Aus- und Weiterbildung und die Kirchen haben nicht nur die Aufgabe, das vorhandene Wissen (ziel-)gruppenspezifisch aufzubereiten und weiterzugeben, sie haben auch dafür zu sorgen, daß die Vielfalt der Sichtweisen, Interessen und Lösungsansätze zum Tragen kommt und daß sich das erforderliche Problembewußtsein, die Bereitschaft zu Veränderungen und die Fähigkeit zu innovativen Gestaltungsprozessen in der Bevölkerung ausbreitet.

Mit der Tagung *"Informatik cui bono?"* vom 23. -26. September 1992 in Freiburg wird der 1980 in Kassel mit der Frage "Fortschritt der Computer - Computer für den Fortschritt?" begonnene und 1990 in Ulm mit der Frage "Zukunftskonzept Informationstechnik - unsere Zukunft?" wieder aufgenommene Diskurs zwischen Wissenschaft (Informatik), Politik und Wirtschaft, zwischen (Technik-) Herstellern, Anwendern, Benutzern und Betroffenen fortgesetzt. Das neu gegründete 'Institut für Informatik und Gesellschaft' der Universität Freiburg sieht eine seiner erfolgversprechenden Aufgaben darin, diesen - möglichst viele gesellschaftliche Gruppierungen umfassenden - Diskurs zu unterstützen, zu intensivieren und zu festigen, d.h. als einen dauerhaften Prozeß zu institutionalisieren.

Das Programm der Tagung orientiert sich an folgenden Leitideen:
* Es existiert bereits ein beachtlicher Fundus an Wissen über Zusammenhänge. Dieses Wissen ist argumentativ nachvollziehbar und intersubjektiv überprüfbar darzustellen und offensiv zu vertreten.
* Reflexion und Aktion müssen sich ergänzen. Umdenken und angemessenes Umlenken schaffen neue Möglichkeiten. Konstruktive Analyse und handlungsleitende Konzepte sind wichtiger als Kritik.
* Rahmenbedingungen, die Erwünschtes fördern und Unerwünschtes behindern, sind wirkungsvoller und hilfreicher als gesetzliche Regelungen und moralische Appelle.

Unser **Ausgangspunk**t ist die Analyse der gegenwärtigen Welt- und Gesellschaftssituation.
Unter dem Leitthema "Herausforderungen der Gegenwart - die Rolle der Informatik" werden in den einleitenden Hauptvorträgen aus unterschiedlichen Blickwinkeln die Probleme benannt, Kriterien und Anforderungen für Erhalten und Entfalten herausgearbeitet, Orientierungen und Visionen aufgezeigt.
In zwei Arbeitsgruppen (AG 1 "Informatik und Ökologie" und AG 2 "Kontroversen um eine geschlechtsspezifische Debatte in der Informationstechnik") werden die Herausforderungen an die Informatik durch gesellschaftliche und ökologische Probleme aufgegriffen und technische und gesellschaftliche Lösungskonzepte gesucht. Drei weitere Arbeitsgruppen (AG 3 "Telematik und Mobilität", AG 4 "Künstliche Intelligenz und das moderne Bild vom Menschen", AG 5 "Informatisierung der Gesellschaft") setzen sich mit den technisch und wissenschaftlich induzierten Problemen auseinander. Vorhandene technische Potentiale werden mit gesellschaftlichen und ökologischen Zielen in Beziehung gesetzt.

Antworten auf die Herausforderungen werden schrittweise und auf unterschiedlichen Ebenen gesucht.
Eine **erste Antwort** betrifft die Mobilisierung der Potentiale in Wissenschaft und Forschung. In drei weiteren Hauptvorträgen werden auf der Basis unterschiedlicher Fachkompetenzen - vom Konkreten (der Entwicklung von Software) ausgehend und zum Allgemeinen (der gesellschaftlichen Steuerung technischer Entwicklungen) fortschreitend - Situationsbeschreibungen und theoretische Analysen vorgenommen.
In der Arbeitsgruppe 6 "Methoden und Verfahren einer sozialorientierten Gestaltung von Informationstechnik" werden dazu erforderliche und teilweise bereits vorhandene Methoden, Konzepte, Verfahren und Werkzeuge vorgestellt und Wege zu ihrer Weiterentwicklung aufgezeigt.

Eine **zweite Antwort** betrifft die Mobilisierung der technischen und praktischen Intelligenz für soziale Innovationen. Hier geht es um die praktische Umsetzung der Anforderungen an die Technik in unterschiedlichen Erfahrungs- und Anwendungsbereichen. In den abschließenden Hauptvorträgen werden Strategien der Systementwicklung aus der Sicht des Managements sowie aus der Entwickler- und Benutzerperspektive dargestellt und das zugrundeliegende Konfliktfeld sozialwissenschaftlich analysiert.
In den Arbeitsgruppen 7 "Evolutionäre, benutzer- und anwendungsorientierte Systementwicklung" und 8 "Sozialorientierte Gestaltung von Informationstechnik in der Aus- und Weiterbildung" werden zwei Kernprobleme der praktischen Umsetzung sozialer Innovationen behandelt: geeignete Konzepte der Systementwicklung und Qualifikationsanforderungen an die Akteure der technischen Entwicklung.

Freiburg, Juni 1992

Werner Langenheder
Günter Müller

Inhaltsverzeichnis

Arbeitsgruppe 1: Informatik und Ökologie

Arbeitsgruppe 2: Kontroversen um eine geschlechtsspezifische Debatte in der Informatik

Arbeitsgruppe 3: Telematik und Mobilität

Arbeitsgruppe 4: Künstliche Intelligenz und das moderne Bild vom Menschen

Arbeitsgruppe 5: Informatisierung der Gesellschaft: wer treibt sie voran, wohin geht sie, worin liegt der Nutzen, wem nützt sie?

Arbeitsgruppe 6: Methoden und Verfahren einer sozialorientierten Gestaltung von Informationstechnik

Arbeitsgruppe 7: Evolutionäre, benutzer- und anwendungsorientierte Systementwicklung

Arbeitsgruppe 8: Sozialorientierte Gestaltung von Informationstechnik in der Aus- und Weiterbildung

WIRTSCHAFTLICHE HERAUSFORDERUNGEN AN DIE INFORMATIONSTECHNIK

Karl Ganzhorn
Gluckstr. 1
7032 Sindelfingen

1. EINLEITUNG.

Die Erfolge der Informationstechnik waren bis vor wenigen Jahren bestimmt durch den Fortschritt der Technologien im weitesten Sinn: Von der Mikroelektronik über die ganze Digitaltechnik, von den neuen Kommunikationstechniken bis zum Gesamtbereich der Software-Technologien waren weit offene Märkte empfänglich für phänomenale Leistungssteigerungen, neue Produkte und Innovationen.

Nun kommen zunehmend andere Forderungen ins Blickfeld. Sie sind durch neu aufkommende Rahmenbedingungen wirtschaftlicher, gesellschaftlicher oder sogar weltpolitischer Art bedingt: Begrenzte Ressourcen, Energieversorgung, Ökologie, Klimabelastung, politischer Umbruch und revidierte Vorstellungen über Lebensqualität. Für die wirtschaftlichen Strukturen der ganzen Welt bedeutet dies eine existentielle Herausforderung. Während viele planwirtschaftliche Systeme gerade im Begriff sind, sich auf marktwirtschaftliche Prinzipien umzustellen, greifen die neuen Rahmenbedingungen massiv gerade auch in die heutigen Grundlagen freier Marktwirtschaft ein. Gewachsene Vorstellungen über Werte und Wertschöpfung wandeln sich. Was in der westlichen Welt in den letzten Jahren zunächst als wirtschaftliche Rezession gewertet wurde, entpuppt sich heute als tiefgreifender Strukturwandel. Einerseits setzen in vielen Wirtschaftszweigen Schrumpfungen auf ein stabiles Niveau hin ein. Aber weit darüber hinausgehend findet man bereits auch unternehmerische Überlegungen, die nicht nur adaptives Management demonstrieren, sondern den Weg zu einer Wirtschaftsphilosophie mit veränderten Wertmaßstäben ausloten.

Die westlichen Industrien beginnen gerade, ihre Planungsrahmen zu erweitern und Produkte von den erforderlichen Ressourcen bis zur letzten Konsequenz ihrer Entsorgung zu betrachten und damit ökologischen Gesichtspunkten Rechnung zu tragen. Aber schon zeichnen sich noch weiterreichende Herausforderungen ab, welche das Verhältnis von Technik und Gesellschaft betreffen und letztlich höhere menschliche Verantwortung bedeuten. Der Präsident der Universität Tübingen hat dies vor einiger Zeit so formuliert: "Innovationsimpulse können nicht mehr zum Erfolg geführt werden ohne einen Konsens über die Ziele gesellschaftlicher Entwicklungen".

2. NEUE RAND- UND RAHMENBEDINGUNGEN.

Wenn man einmal annimmt, daß es gelingt, die politischen Konflikte auf der Welt einzugrenzen und ein friedliches Nebeneinander der Völker zu bewahren, dann kann man die neuen Rahmenbedingungen in zwei Gruppen einteilen:

Gesellschaftliche Rahmenbedingungen:

Mit steigender Bevölkerungsdichte werden wirtschaftliche und gesellschaftliche Zusammenhänge immer komplexer. Mehr Komplexität wird aber nur durch mehr Information und durch ein vertieftes Verständnis der Zsammenhänge beherrschbar. Das hat eine tiefgreifende Wirkung für Bildung und Ausbildung: Lernen in Fachdisziplinen allein reicht immer weniger aus. Das Denken in fachübergreifenden Zusammenhängen muß geschult und gefördert werden. Dazu braucht man ein Verständnis für Kopplungen in Systemen, für Rückkopplungen und für Regelkreise bis hin zum sich selbst erhaltenden Kreislaufsystem in der Natur.

Während Technik und Industrialisierung unabdingbare Faktoren für das Leben in eine dicht bevölkerten Welt sind, werden in zunehmendem Maße mitten im industriellen Fortschritt auch Stimmen laut, die andere Lebensmaxime in den Vordergrund rücken. Zwar werden sie nicht überall mit politischer Reife vorgetragen, doch muß ihr substantieller Hintergrund sehr wohl beachtet werden.

Auch für die Wissenschaft ergeben sich neue Rahmenbedingungen: Qualität der wissenschaftlichen Arbeit ist zwar nach wie vor ein notwendiges Kriterium für ihre Förderung, aber zum großen Teil kein hinreichendes mehr. Das Gros der Wissenschaft muß letztlich "effektiv" werden und etwas bewirken. Außerdem tritt die Wissenschaft in vielen Disziplinen vermehrt in Wechselwirkung mit Technik und Wirtschaft, um gesellschaftlich relevante Aufgaben zu lösen. Das wird besonders bedeutungsvoll, wenn man die Forderungen und Randbedingungen aus Ökologie und Umweltschutz betrachtet. Für die dortigen komplexen Systeme werden ganz neue Optimierungsgesetze benötigt, deren Konsequenzen für eine künftige ökologische Gesamtwirtschaft noch gar nicht absehbar sind.

Die Wissenschaft wird noch in anderer Hinsicht gefordert: Sie nimmt heute einen spürbaren Teil des Steueraufkommens in Anspruch. Daraus erwachsen Forderungen, sich verstärkt den akuten Problemen der Gesellschaft zu widmen. Besonders kritisch erheben sich solche Stimmen in der dritten Welt, wo Wissenschaft und Forschung oft wenig Bezug zu den sie umgebenden schlimmen Nöten des Landes haben.

Die Wechselwirkungen zwischen Wissenschaft, Technik und Gesellschaft intensivieren sich überall. Sie benötigen eine erweiterte Informationsversorgung, bei der es auf effizient selektierte Information ankommt - ein weiteres wichtiges Stichwort.

Industrielle Rahmenbedingungen.

Industrialisierung ist zu einer "conditio sine qua non" für die Menschheit geworden. Ohne eine zukunfsorientierte weitere Industrialisierung wird nicht einmal mehr die heutige Weltbevölkerung leben können. Aber dazu benötigen sowohl die Entwicklungs- wie auch die Industrieländer sorgfältige neue Strategien, um Wirtschaftssysteme mit stabilen Lebensbedingungen zu gestalten, die im Einklang mit den neuen Rahmenbedingungen stehen.

An erster Stelle steht ein neues Verständnis für das industrielle Produkt. Mengenproduktion zu niedrigsten Herstellkosten und damit Markterfolg sind zwar immer noch gültige Faktoren. Dazu treten aber neue Forderungen wie Qualität und Prüfbarkeit der Produkte, Benutzerfreundlichkeit, oder die vielzitierte effiziente Produktion neuer Prägung - "lean production". Besonders bedeutungsvoll aber ist die vergrößerte Spannweite vom Rohstoff bis zur Entsorgung eines Produkts. Sie hat tiefgreifende Konsequenzen für Hersteller und Verbraucher. Materialforschung und Materialwirtschaft müssen ganz neue Werkstoff-Strategien entwickeln. All dies deutet darauf hin, daß Mengensteigerung allein nicht länger der vorherrschende Weg zu wirtschaftlichem Erfolg bleiben kann. Die betriebs- und gesamtwirtschaftlichen Konsequenzen daraus sind noch gar nicht abzusehen.

Darüber hinaus entwickeln sich in diesem erweiterten Szenario der Technik noch andere neue Rahmenbedingungen, die das industrielle Geschehen nachhaltig verändern: Einmal ist es eine generelle Informatisierung in Technik und Wirtschaft, mit der allein die komplexer gewordenen Wechselwirkungen beherrschbar bleiben. Sie bringt eine Wandlung der Führungssysteme in Wirtschaft und Industrie mit sich, welche auch von den Menschen eine tiefgreifende Umorientierung verlangt. Und schließlich hat sich in den beiden letzten Jahrzehnten ein weltweites Streben nach Qualität angebahnt, was ebenfalls deutliche Veränderungen der Märkte und der Chancenverteilung mit sich brachte. In allen drei Entwicklungen stehen Information und ihre Verarbeitung im Zentrum des Geschehens.

3. WIRTSCHAFTLICHE HERAUSFORDERUNGEN.

Von der Leistung zur Wirkung.

Industrielle Weiterentwicklung ist nicht mehr nur eine Frage der Leistungssteigerung angebotener Produkte. Der Blick richtet sich zunehmend auf deren Wirkungen in Wirtschaft, Umwelt und Gesellschaft. Das Maß der Dinge ist nicht mehr die Leistung an sich, sondern die Frage "wozu braucht man das?". Die Beurteilung einer Technik richtet sich über den Leistungsvergleich hinaus auf gewünschte und zunehmend auch unerwünschte Wirkungen. Die Freude am Fortschritt wird überlagert durch Verantwortung für die Wirkungen. Vieles deutet darauf hin, daß sich am Ende dieses Jahrhunderts eine Wandlung von der Leistungsgesellschaft zu einer "Wirkungsgesellschaft" vollzieht. Von der Leistung zur Wirkung, darin liegt der künftige Sinn industrieller Weiterentwicklung. Damit reicht der Bereich industriellen Planens nicht mehr nur von den Ressourcen für ein Produkt bis zur letzten Konsequenz seiner Entsorgung; darüber hinaus üben gesellschaftliche Rahmenbedingungen eine weitere Mitbestimmung auf die Technik aus.

Auch die Informationstechnik muß trotz ungebrochenen technologischen Fortschritts versuchen, bei ihrer künftigen Entwicklung den neuen Rahmenbedingungen gerecht zu werden. Als potente Gebiete der Entwicklung stehen dabei vor allem die folgenden Bereiche im Mittelpunkt: Eine weitere Verlagerung von der Systemorientierung zu einer neuen Kategorie von Benutzerorientierung, Vernetzung als vielseitige Umstrukturierung technischer und wirtschaftlicher Systeme, informatorische Modelle als geistiges Werkzeug und das weite Gebiet der "semantischen Informationsverarbeitung". In jedem dieser Gebiete wird man versuchen müssen, mit veränderten Entwicklungsstrategien den neuen Rahmenbedingungen wirtschaftlicher, ökologischer und weltpolitischer Ziele gerecht zu werden.

Eine neue Kategorie der Benutzerorientierung.

Ein zentrales Anliegen künftiger Entwicklung wird die Schnittstelle Mensch-Computer sein. Das hat sogar der Ministeerrat der Europäischen Gemeinschaft im November 1991 zur Informationstechnik festgestellt. In seiner Erklärung heißt es: "Die Erwartungen der Konsumenten werden eine weit größere Rolle spielen."

Obwohl Benutzerorientierung seit langem forciert wird und auch schrittweise vorankommt, bieten sich gerade hier besonders anspruchsvolle Fernziele, welche im Bereich von Wissensverarbeitung bzw. künstlicher Intelligenz liegen. Neue Anwendungsgebiete und neue Benutzer machen es notwendig, die Schnittstelle

Mensch-Informationssystem so zu gestalten, daß immer weniger Programmierkenntnisse für den Anwender erforderlich sind. Gerade das aber bedingt immer mehr und immer komplexere Software. Diese reicht von guter Dialogfähigkeit bis zu unterstützender "künstlicher Intelligenz" und von funktionaler Zuverlässigkeit bis zu umfassenden Sicherheitsaspekten. Computersysteme werden immer mehr die Sprache des Anwenders verstehen und gebrauchen lernen. Dem kommt natürlich die ständig zunehmende Leistung der Mikroelektronik sowie der Speicher- und Kommunikationstechniken entgegen. Sie ermöglichen Arbeitsplatzrechner mit vielen MIPS und riesigen lokalen Speicherkapazitäten, mit denen heute viele professionelle Aufgaben vor Ort bearbeitet werden können; eine echte "Intelligenzverstärkung am Arbeitsplatz".

Die Schnittstelle Mensch-Computer hat sich dank großer Prozessorleistung wesentlich erweitert: Graphische Benutzeroberflächen, Visualisierung von Datenbeständen und Systemzuständen, ergonomische Dialoggestaltung, bei der übrigens Normung zunehmende Beachtung erfährt, Verwendung von Text, Sprache, Bild und Ton, das alles führt zu Multimedia-Schnittstellen. Außerdem werden noch anspruchsvollere Benutzerhilfen angestrebt wie Selbstbeschreibung von Programmen oder Lernen durch Probieren, was Fehlerrobustheit des Computersystems verlangt und Neuland bedeutet.

Generell gesagt kann der Benutzer von der Maschine immer mehr einen "Dienst" erwarten, ohne das Computersystem noch kennen zu müssen. Mit Hilfe vernetzter Informationssysteme wird der Benutzerwelt eine Vielfalt solcher "Dienst"-Möglichkeiten zur Verfügung gestellt. Der einzelne Anwender wird gar nicht mehr zu wissen brauchen, von wo aus und wie der von ihm angeforderte "Dienst" erbracht wird. Das System ermittelt selbst die dafür relevante Quelle.

Während seither der Mensch lernen mußte, mit dem Computer umzugehen, soll sich künftig die Maschine auf den Menschen einstellen. Heute laufen bereits Projekte zu "anpassungsfähigen Assistenzcomputern" mit verbesserter Arbeitsteilung Mensch - Computer und mit Verarbeitung unpräziser Anweisungen. Letzteres bedeutet schlicht, daß die Maschine den Benutzer "kennenlernen", Erfahrungen aus dem Dialog mit ihm speichern muß. Das hat natürlich auch datenschutzrechtliche Implikationen, die noch gar nicht absehbar sind.

Abschließend müssen jedoch zur Benutzerorientierung auch einige kritische Bemerkungen angefügt werden: Viele Anwenderschnittstellen verlangen vom Benutzer, daß er einen logischen Pfad einhält. Das drängt ihn bei der Ausführung einer geistigen Arbeit oft weg vom kreativen zum reaktiven Denken hin. Dazu kommt eine Flut unselektierter Funktions- und Informationsangebote, welche für die Durchführung einer Arbeit nicht relevant und daher hinderlich sind. All dies bedarf noch intensiver Entwicklungsarbeit.

Als Grundregel für benutzerorientierte Schnittstellen sollte gelten: Ein Anwendungsprogramm ist um so besser, je müheloser und schneller der Benutzer wieder vom Bildschirm wegkommt.

Vernetzungen.

Ein großer Komplex wirtschaftlicher und gesellschaftlicher Herausforderungen bietet sich auf dem Gebiet der Vernetzungen: Diese umfassen einerseits eine Vielfalt alter und neuer Kommunikationsnetze. Zum andern handelt es sich um die Vernetzung von Computern und Informationssystemen zur Leistungssteigerung. Außerdem aber muß kommunikative Vernetzung über die Technik hinaus als wesentlicher Bestandteil der Infrastruktur erweiterter Wirtschaftsräume gesehen werden. Auch die Europäische Gemeinschaft hat dies zu einem ihrer zentralen Anliegen erklärt. Schließlich erkennt man Vernetzung mehr und mehr als strukturelles Prinzip bei großtechnischen Anlagen, bei Unternehmensstrukturen, bei komplexen Systemen in der Natur sowie in der Gesellschaft schlechthin mit weitreichenden Wirkungen bis hinein in die Bildungsgrundlagen.

Zunächst ein paar Gedanken zur strukturierten Vernetzung von Computern mit dem Ziel der Leistungsteigerung: Je nach Kopplungsgrad gibt es ein ganzes Spektrum verschiedener Systemstrukturen. Am engsten gekoppelt sind Parallelrechner, bei denen viele Prozessoren unter einem gemeinsamen Programm gleichzeitig große Datenbestände verarbeiten. Massiv paralleles Rechnen nennt man dies heute. (Übrigens zeigen jüngere Erfahrungen, daß Parallelrechnen für viele Benutzer relativ leicht zugänglich gemacht werden kann.) Zu den vielfältigen bekannten Einsatzgebieten sind neuerdings recht interessante Anwendungen im Bereich simultaner Spracherkennung, Sprachübersetzung und Sprachgenerierung gekommen. So ist das übersetzende Telefon für eingegrenzte Fachgebiete heute keine Prinzipfrage mehr, sondern lediglich eine Frage der Leistung hochparalleler Systeme, um in die Nähe von Echtzeit-Übersetzung zu kommen.

Eine etwas allgemeinere Form paralleler Rechner sind sogenannte "Computer-Farmen", bei denen viele gleichartige Computer über ein Koppelnetzwerk zu bestimmten, dem Problem angepaßten Konfigurationen zusammengeschaltet werden können. Ein zentrales Problem stellt dabei die Logik der Parallelisierung des Rechenproblems mit Hilfe sogenannter paralleler Algorithmen dar. Von da aus ist auch der nächste Schritt nicht mehr weit, der schon vor vielen Jahren mehrfach publiziert wurde, nämlich die Konfigurierung zu vernetzender Systeme selbst mit Hilfe eines "Superprogramms" zu ermitteln, also eine letztlich informatorisch gesteuerte Konfiguration anzustreben. Damit nähert man sich adaptiven oder selbstorganisierenden Systemen.

Viel konkreter schon ist die Vernetzung autonomer Computersysteme mit dem Ziel der Leistungsoptimierung. Dabei wird ein zentraler Lastverteilungsrechner den Typus der anstehenden Arbeit analysieren und diese dann an ein dafür geeignetes und verfügbares Computersystem im Verbundnetz übergeben. Der Benutzer weiß dann nicht mehr, wo sein Problem gerechnet und woher das Programm geholt wird. Sicher ist dies noch eine Wunschvorstellung, die aber innerhalb lokaler Netze schon ernsthaft verfolgt wird. Portabilität der Programme ist dafür erforderlich.

Computer-Kommunikationsnetze umfassen sowohl betriebsinterne Netze als auch externe, internationale Kommunikationsnetze. Bei internen Netzen geht es um die wirkunsvollste Bearbeitung von Geschäftsprozessen, deren vernetzte Zusammenhänge längst nicht mehr sequentiell oder hierarchisch erfaßbar sind. Bei externen Kommunikationsnetzen richtet sich das Augenmerk auf "portable" Programme, auf "offene" Netze, auf Daten- und Programmsicherung und letztlich ganz allgemein auf effiziente Informationsbeschaffung oder Verarbeitung über Netze.

Bei der Entwicklung von Netzwerk-Betriebssystemen hat man eine interessante technische Erfahrung gemacht: Sie lassen sich am besten strukturieren, wenn sie in Schichten eingeteilt werden. Geschichtete Strukturen erweisen sich als nützlich bei Betriebssystemen, Sprachübersetzern, bei der Modularisierung komplexer Zusammenhänge oder bei neuronalen Netzen, deren Name bereits auf biologische Netze verweist; auch dort läuft Informationsverarbeitung und -reduktion vornehmlich in geschichteten Strukturen ab.

Schließlich sollten auch hier noch ein paar nachdenkliche Bemerkungen angefügt werden: Vernetzte Kommunikation zwischen Informationssystemen erzielt Wirkungen. Die Vernetzung darf nicht so weit gehen, daß sich die Wirkungen verselbständigen. Mindestens eine Erfahrung im Börsenbereich deutet bereits darauf hin: Während Computer-Kommunikation einen weltweiten Echtzeit-Verbund zwischen den Börsen der Welt ermöglicht, kann die Schnelligkeit der Reaktion einzelner Systeme zur Entwicklung einer Eigendynamik führen, wenn Systeme über die Kommunikationsnetze zu rückgekoppelten Konfigurationen werden, die nicht durch menschliche Beurteilung und Einsicht stabilisiert bleiben. Ein anderer Gesichtspunkt, der auch im Medienbereich auftritt, besteht darin, daß durch erweiterte Kommunikation, elektronische Post und unselektiert angebotener Information das Leben immer mehr fremdgesteuert wird und damit verbunden Vermassung eintritt.

Informatorische Modelle als geistiges Werkzeug.

Information und Informatik stellen nicht nur eine Grundkomponente in Wissenschaft, Wirtschaft und Gesellschaft dar. Informatisierung in vielen Lebensbereichen ist eine der markantesten Entwicklungen unseres Jahrhunderts. Letztlich handelt es dabei um einen Abbildungsvorgang: Durch informatorisch exakt deklarierte Beschreibungen können reale Prozesse oder Zusammenhänge in ein informatorisches Modell umgesetzt werden; es entsteht ein virtuelles informatorisches Bild der Wirklichkeit.

Informatorische Modelle sind eine Fortsetzung mathematischer Modelle. An die Stelle mathematischer Gleichungssysteme treten Algorithmen, welche die realen Zusammenhänge exakt beschreiben. Damit lassen sich auch mathematisch nicht erfaßbare Prozesse darstellen und simulieren, denn alles, was logisch streng definierbar ist, ist auch programmierbar und damit in ein informatorisches Modell umzusetzen. Bekannte Beispiele sind CIM, mit dem informatorische Modelle ganzer Fabrikationsprozesse erstellt werden oder die Simulation eines Computersystems auf einem andern.

In diesem Zusammenhang sei auf das Problem der Systemanalyse und insbesondere des Testens komplexer Anlagen hingewiesen: Wie kann man ein komplexes System mit vielen Einflußgrößen bezüglich Funktion und Verhalten prüfen? Dazu werden heute regelrechte Teststrategien entworfen. Sie setzen im Grund ein informatorisches Modell der Anlage voraus, das oft gar nicht explizit ermittelt werden kann, sondern nur aus Messdaten und Beobachtungen an der Systemoberfläche induktiv angenähert werden kann. Hier wünscht man sich eine Theorie der Systemanalyse und der Teststrategien. Aus der Programmierungsentwicklung besitzen wir längst die Erfahrung, daß sich aus der Forderung der Testbarkeit ganz einschneidende Vorschriften für Software-Konstruktion ergeben.

Auch hier ein mahnender Hinweis: Schlußfolgerungen und Simulationen mit Modellen dürfen nur bei genauer Angabe der vorgegebenen Bedingungen und Grenzen gezogen und gewertet werden. (Der Club of Rome hat in dieser Beziehung viel ungerechtfertigte Kritik zum Thema "Grenzen des Wachstums" erfahren müssen.)

Informatorische Modelle bedeuten aber noch etwas anderes: Sie sind ein geistiges Werkzeug, um Zusammenhänge in vielerlei Bereichen exakter zu erfassen und um schlechthin in Zusammenhängen zu denken. Das führt vom Faktenwissen in einzelnen Disziplinen zum fachübergreifenden Verständnis von Wechselwirkungen zwischen Systemen, deutet also auf andersartige Denkweisen hin. Damit bekommt die Frage "Informatik im Bildungssystem" eine neue Dimension: Der Wissenserwerb wird ergänzt durch Förderung des Denkens in Zusammenhängen zwischen verschiedenen Lebensbereichen, also ein Schritt in Richtung ganzheitlicher Bildung, der von der Informatik als einem "Werkzeug des Geistes" gefördert wird.

Semantische Informationsverarbeitung.

Die größte Herausforderung für die Informationstechnik besteht im Übergang von Daten zu Informationen, von der Syntaktik zur Semantik, zur Verarbeitung von Informationsinhalten. Leider war dieser Bereich lange Zeit durch ambitiöse Namensgebungen vorbelastet, doch haben sich heute die Namen "Wissensverarbei- tung" oder auch "Künstliche Intelligenz" wieder weithin versachlicht. Hier soll die Bezeichnung "semantische Informationsverarbeitung" gewählt werden.

In der seitherigen Datenverarbeitung werden Informationen in Form von Zahlen- und Buchstabenreihen transportiert, gespeichert, verglichen und Zahlen arithmetisch verarbeitet. Mit Hilfe linguistischer Methoden können nun Wege beschritten werden, um Inhalte von Informationen zu identifizieren, aufeinander zu beziehen und daraus gezielte Erkenntnisse abzuleiten oder gestellte Fragen intelligent zu beantworten. Damit zeichnen sich Wege ab, Wissensbanken aufzubauen und nutzbar zu machen. Das sind nicht nur katalogartige Informationssammlungen, sondern umfangreiche Programme, um Informationsinhalte auf ihre Relevanz zu gestellten Fragen durchzu- mustern.

Damit eröffnet sich eine neuartige Kategorie von Anwendungen. So können z.B. technische und logistische Prozeße semantisch vernetzt werden, also qualitative Zusammenhänge oder Kausalitäten dargestellt werden. In einem weitergehenden Schritt sollten dann auch assoziative Verbindungen zu gestellten Fragen aufgespürt werden können, so daß ein solches System einer möglichen Antwort auch noch einen Satz mit "aber" oder "übrigens" hinzufügen könnte. Demgegenüber sind heutige Expertensysteme natürlich in erster Linie gut sortierte und selektiv zugängliche Faktenkataloge.

In der gedanklichen Spekulation läßt sich Wissensverarbeitung fast beliebig ausdeh- nen, wobei allerdings kaum Vorstellungen über Umfang und Konsequenzen der Entwicklungsarbeit bestehen. Man denke nur daran, den Wissensstand des Fragen- den in die Antwortsuche einzubeziehen, dann berührt man bereits problematische Grenzbereiche. Nur eines ist sicher: Wer immer sich mit semantischer Informations- verarbeitung befaßt, bekommt hohen Respekt vor der biologischen Fähigkeit des Menschen, zu denken.

Neue Ansätze auf alten Wegen.

Eine ganze Reihe weiterer wirtschaftlicher Herausforderungen kann durch neue Ansätze mit bekannten Mitteln wieder aufgegriffen werden.

Darunter fallen die vielseitigen Multimedia-Projekte. Hier wird es - wie in den Anfangszeiten des Bildtelefons - sehr darauf ankommen, Aufwand und Nutzen vernünftig gegeneinander abzuwägen. Spektakuläre Offerten werden heute viel kritischer auf ihren wirkenden Nutzen geprüft werden und haben wenig Chancen, wenn sie in erster Linie zu einer Übersättigung durch ungesichtete Information beitragen.

Ein vielversprechendes neues Gebiet stellt die Fuzzy Logic, das qualitative Schliessen, dar. Für Prozeßsteuerungen besonders geeignet, weist Fuzzy Logic in gewisser Weise Eigenschaften des alten Analogrechnens auf. Allerdings scheinen sich mit Fuzzy Logic die Vorteile analoger Kopplung mit der Programmierung digitaler Steuerungssysteme zu vereinigen und damit neue Arten qualitativer Systembeschreibung und Simulation zu eröffnen.

Schließlich dürfte der alte Wunschbereich "Information Retrieval" durch die neuen Herausforderungen an die Informationstechnik, insbesondere durch semantische Informationsverarbeitung wieder Auftrieb erhalten. Ob dabei allerdings das chronische Problem der Kosten-Nutzen-Beziehung entscheidend verbessert wird, ist eine andere Frage.

Insgesamt kann man feststellen, daß alle heutigen Herausforderungen an die Informationstechnik darauf abzielen, die Wirkung der technischen Möglichkeiten nicht nur zu verbessern, sondern auch kritischer zu wägen. Reine auf Leistung ausgerichtete Produktangebote waren erfolgreich, solange ein aufnahmefreudiger Käufermarkt bestand. In Zukunft wird Produktleistung allein nicht mehr genügen, sondern von einer Betrachtung des wirkenden Nutzens her zu rechtfertigen sein.

Und ein Letztes: Das Werkzeug Informationsverarbeitung bestimmt nicht seine Wirkungen. Wozu die Menschen die gebotenen Werkzeuge nutzen, wird stets ihre freiheitliche Entscheidung bleiben.

Wissenschaftliche Herausforderungen für die Informatik: Änderungen von Forschungszielen und Denkgewohnheiten

Wilfried Brauer, Ute Brauer
München

1. Veränderungen in der Arbeitswelt

Mit der Wiederentdeckung des arbeitenden Menschen als Gesamtpersönlichkeit haben sich die Anforderungen an die Gestaltung des Arbeitsplatzes und an die Arbeitsorganisation geändert. Das bedeutet den Abschied von der Vorstellung des Arbeitenden als "Schräubchen im Getriebe"; stattdessen wird dem Einzelnen die Möglichkeit gegeben, innerhalb einer Arbeitsgruppe verschiedene Tätigkeiten in Abstimmung mit den Gruppenmitgliedern auszuführen und zwar autonom und verantwortlich.

Experimente, dies in die Realität umzusetzen, gibt es sowohl im Bereich der Büro- als auch der Fabrikarbeit schon seit längerem. Jetzt sieht es so aus, als ob sich diese Art der Arbeitsorganisation im Großen durchzusetzen beginnt (vgl. die Veränderungen in der Autoindustrie und z.B. [FU 92] und [War 92]).

Das Zusammenwirken von vielseitigen, verschiedenartig begabten und ausgebildeten Fachleuten in einer Gruppe ermöglicht auch das Lösen neuartiger, komplexerer Probleme, d.h. solcher, deren Strukturierung und Modularisierung in Teilaufgaben nicht für den Einzelnen von vornherein erkennbar ist, sondern erst durch Kommunikation und Kooperation in der Gruppe gefunden wird. Im Ingenieurwesen spielen Arbeitsformen wie kooperative Produktentwicklung und gemeinschaftlicher Entwurf (collaborative engineering design) eine zunehmend wichtige Rolle (vgl. [SLF91]); im Managementbereich verwendet man "Entscheidungsfindung in der Gruppe", "Problemlösen durch Verhandeln" (vgl. etwa [Jar 88]); in der Informatik gewinnt die Methode des "Entwickeln in der Gruppe" immer mehr an Bedeutung (siehe [Ros 92]).

Im Unterschied zur Starrheit einer hierarchischen Organisation weist eine Gruppe oder ein Netz von miteinander kooperierenden, gleichrangigen Gruppen eine natürlich Flexibilität auf und kann also auf Veränderungen der Aufgabenstellung oder der Arbeitsbedingungen leichter reagieren.

Änderungen von Aufgabenstellungen entstehen häufig schon allein dadurch, daß sich erst im Laufe längerer Zusammenarbeit zwischen Auftraggeber, Auftragnehmer und künftigem Nutzer genauer feststellen läßt, was eigentlich nötig, sinnvoll und machbar ist. Dies ist eine in der Informatik, insbesondere der Anwendungssystementwicklung sehr bekannte Erscheinung. Bisher versuchte man jedoch, solche "Nachbesserungen" der Aufgabenstellung zu vermeiden durch aufwendige Systemanalyse, strenge Einhaltung von Anforderungsdefinitionsverfahren etc. Heute merkt man immer mehr, daß dies gar nicht immer funktionieren kann. Denn aus nichttrivialen realen Systemen lassen sich Teile i.a. nicht sauber herauspräparieren, gesondert behandeln und durch verhaltensäquivalente ersetzen, weil das Herausnehmen zur Zerstörung vieler unbeachteter Zusammenhänge führt, was sich dann erst später als Fehlverhalten des Systems äußert. Als Beispiele seien nur die Planung einer neuen Straße, die Änderung eines Gesetzes oder die Einführung eines DV-Systems in eine Organisation erwähnt.

2. Neue Anforderungen an die Informatik

Von der Informatik wird erwartet, daß sie die neue Arbeitsweise wesentlich unterstützt durch Bereitstellung von Methoden, Verfahren und Systemen. Es handelt sich dabei insbesondere um die Entwicklung von 4 Arten von Unterstützungssystemen.

(i) Systeme für die 5 Co's: communication, cooperation, collaboration, coordination, concurrency. Es geht dabei um mehr als eine bloße Kombination von elektronischer Post und Videokonferenztechnik, es geht um die gemeinschaftliche Verwendung von Multi- und Hypermedia, um Visualisierungstechniken (um dem Einzelnen bessere Möglichkeiten zu geben, seinen Partnern schnell etwas anschaulich zu machen) um Übersetzungshilfen (für mehrsprachige Kommunikation) aber auch um Verfahren verteilter Verarbeitung und des Datenaustausches, um Sicherung von Vertraulichkeit, Überwachung von Berechtigungen, Behandlung von Konflikten und Inkonsistenzen, Unterstützung bei Verhandlungen und kollektiver Entscheidungsfindung etc.

(ii) Systeme zur Unterstützung des individuellen und des kollektiven Gedächtnisses: Nicht bloß verteilte Nicht-Standard-Datenbanken und intelligente, kooperative Informationssysteme, sondern auch komplexe "repositories" (siehe [JMR92]): Es geht um die Bereitstellung (eventuell gemeinschaftlich zu verwendender) Arbeitsumgebungen mit Verwaltung von Notizbuch, Terminkalender, Zettelkasten, Zwischenergebnissen, Versionen von Resultaten / Produkten, Systemkonfigurationen, etc. sowie um Verfahren der Interoperabilität (des Austausches von Informationen - auf semantischem Niveau - zwischen heterogenen Systemen).

(iii) Systeme zur Unterstützung des Verstehens und Steuerns komplexer Systeme durch den Menschen: Simulation, Visualisierung, Diagnose- und Überwachungssysteme, Systeme zur Planung, Modellierung, Regelung von Prozessen.

(iv) Schnittstellensysteme für die Interaktion zwischen Mensch und Computer sowie zwischen Umwelt und Computer. die adaptierbar und lernfähig sind, so daß sie an veränderte Bedingungen leicht angepaßt werden können oder sich sogar selbständig anpassen, die also in der Lage sind, in gewisser Weise die Änderungen ihrer Arbeitsbedingungen zu bewerten, um unterscheiden zu können zwischen Änderungen, die auf Fehlverhalten der Umgebung beruhen - auf die also durch spezielle Maßnahmen reagiert werden muß - und solchen, die ganz normal und natürlich im Laufe der Zeit eintreten.

Die Frage ist nun, ob diese Anforderungen bewältigt werden können, indem die bisher vorherrschenden Methoden und Techniken der Informatik verwendet und weiterentwickelt werden - was wohl von den Anwendern, die auf baldige Resultate hoffen, und von vielen Informatikern angenommen wird.

Wir haben jedoch Zweifel daran und meinen, daß die traditionellen Vorgehensweisen der Informatik dafür nicht ausreichen, daß aber bereits Denkansätze in der Informatik vorhanden sind, die Lösungen für die neuen Probleme ermöglichen.

Um die Problematik besser zu verstehen, wollen wir uns kurz die Entwicklung der Informatik vor Augen führen. Dabei wollen wir nicht im Detail untersuchen, welche technischen, theoretischen, methodischen Neuerungen die Entstehung und Entwicklung des Computers und der Informatik beeinflußt haben, sondern wir interessieren uns mehr für die Grundhaltungen und Auffassungen der Informatiker sowie die Art der Nutzung des Computers.

3. Das traditionelle Paradigma der Informatik

Der eigentliche Beginn der Informatik liegt in der Mitte der 30er Jahre (dieses Jahrhunderts) als von Turing und Zuse sowohl der theoretische Begriff als auch die technische Realisierung des programmgesteuerten Universalrechners geschaffen wurden.

Beide, Turing und Zuse (vgl. [Tur 36], [Zus 84] und Zuses Patentanmeldung von 1936 in [Rau 92]) gingen von der Analyse des einzelnen Menschen in seiner Tätigkeit als Rechnender aus; sie abstrahierten von allen anderen Eigenschaften des Menschen und reduzierten die zum Rechnen notwendigen Fähigkeiten auf ein (theoretisches bzw. technisches) Minimum (die sog. Turingmaschine, vgl. dazu etwa [Bra 90], bzw. die Z1, vgl. dazu [Zus 84]). Aufgabe des Computers war die Berechnung von Funktionen (bei Zuse vor allem im Sinne der Auswertung von Formeln), d.h. die Erzeugung von Ausgaben aufgrund von Eingaben nach einer vorgegebenen Berechnungsvorschrift. Ziel der Konstruktion von Computern war es, Rechenhilfskräfte zu ersetzen bzw. den Wissenschaftler oder den Praktiker davon zu befreien, seine eigentliche Tätigkeit durch eine Beschäftigung als Rechenhilfskraft unterbrechen zu müssen. Diese Auffassung prägte die Entwicklung für lange Zeit:

Die rechnende Hilfskraft

ist das traditionelle Paradigma für den Computer in seiner Grundform, die später noch etwas erweitert wird (hierzu und für das folgende vgl. auch [Bra 91]). Der Ingenieur, der Wissenschaftler, der den Computer benutzen will, entwickelt nur noch den "Rechenplan" (Zuse), den er (zunächst noch selbst) - in geeigneter Form - in den (zunächst völlig leeren) Computer eingibt; anschließend kann er im Start-Stop-Betrieb zu einem Satz von Eingabedaten jeweils ein Ergebnis (einen Satz von Ausgabedaten) erhalten.

Die Kodierung des Rechenplans (der ursprünglich als Arbeitsanweisung für eine Hilfskraft gedacht wird) in eine für Computer geeignete Form wird bald als eine ebenfalls von einer Hilfskraft (und später von einem Computer) ausführbare Tätigkeit erkannt: es entstehen immer "höhere" Programmiersprachen und die zugehörigen Verfahren für die Übersetzung in "niedere". Auch die Daten brauchen nicht mehr in Computer-lesbarer Form, sondern in einer für Menschen leichter verwendbaren und lesbaren Sprache formuliert und eingegeben zu werden.

Der Computer erhält also mehrere Aufgaben: Rechnen und Übersetzen. Und er muß jetzt Eingaben verschieden interpretieren. Man spricht nun nicht mehr von Daten- sondern von Informationsverarbeitung.

Auch die innere Struktur des Computers wird komplizierter: Speicherhierarchien, Ein-/Ausgabekanäle, mehrere Rechenwerke; außerdem wird seine Einbeziehung in die Arbeitswelt komplexer: er kann über separate Ein-/Ausgabegeräte von mehreren Personen quasi gleichzeitig benutzt und an Geräte und Maschinen direkt angeschlossen werden. Komplizierte Probleme der inneren Organisation der Arbeit im Computer entstehen, die man wie in der menschlichen Arbeitswelt durch Arbeitsteilung und hierarchische Organisation zu lösen versucht:

Eine Hierarchie von informationsverarbeitenden Spezialisten
als Komponente in einer umfassenderen Organisation

ist nun das (das Turing/Zuse-Paradigma erweiternde) Paradigma der traditionellen Informatik.

Mit dem Aufkommen der "personal computer" wird später sogar wieder das alte Turing/Zuse-Paradigma erneuert - der Computer als persönliche Hilfskraft für Rechnen und Schreiben und sogar ein wenig Zeichnen.

Ob Turing/Zuse-Paradigma oder seine Erweiterung; ob persönliche Hilfskraft oder Hierarchie von Spezialisten - der Computer wird stets gesehen als sequentiell arbeitende Maschine, die zu Eingaben nach endlicher Zeit Ausgaben liefert, die funktional von den Eingaben abhängen. Eine Aufgabe für die Bearbeitung durch einen Computer aufzubereiten,heißt also, sie in ein hierarchisch strukturiertes System von Teilfunktionen aufzugliedern, für jede Teilfunktion eine Rechenvorschrift anzugeben und die Datenübergabe innerhalb der Hierarchie zu regeln (vgl. auch [Bra 81]).

Diese Arbeit der Erstellung von Computerprogrammen und von Systemen solcher Programme wird wiederum zu einer komplexeren Tätigkeit, die "ingenieurmäßig" angegangen wird, in hierarchisch strukturierten (immer größer werdenden) Software-Entwicklungsabteilungen, in denen nach Software-Entwicklungszyklusmodellen und Software-Engineering-Prinzipien in Arbeitspakete aufgeteilte Aufträge von den Mitarbeitern ausgeführt werden. Software wird also zum industriellen Produkt wie Waschmaschine, Fernseher, Auto.

Die Konstruktion großer, anwendungsbezogener Softwaresysteme (z.B. Informationssysteme) bereitet jedoch beträchtliche Schwierigkeiten insbesondere im Hinblick auf Qualität und Akzeptanz - Gründe dafür liegen nicht nur in der Schwierigkeit der Aufgabenstellung und der Komplexität der zu konstruierenden Systeme sondern auch in den zugrundeliegenden Grundvorstellungen über die Verwendung solcher Systeme und der Arbeitsorganisation bei ihrer Herstellung (vgl. etwa [FZB92], [JaP 92] und [CKI 88]).

4. Das neue Paradigma

In der theoretischen und der praktischen Informatik gab es jedoch schon sehr früh Ansätze, den Computer und seine Nutzung anders zu sehen.

Bereits Zuse (vgl. [Zus 84]) und von Neumann, angeregt von S. Ulam (vgl. [Neu 66]) haben sich mit Automatennetzen (rechnender Raum, Zellularautomaten) und damit zusammenhängenden Fragen der Selbstreproduktion befaßt. Verschiedene Konzepte der Parallelisierung wurden schon früh in der Computertechnik als Mittel zur Beschleunigung sequentieller Berechnungen eingesetzt (vgl. etwa [GüH 62].

Seit Anfang der 60er Jahre wurden auch Ansätze entwickelt, biologische Prinzipien der Evolution von Populationen als Vorbilder für die Entwicklung hochparalleler Verfahren zur Problemlösung zu entwickeln (vgl. die Einleitung zu [ScM 91]).

Grundsätzliche theoretische Untersuchungen über nichtsequentielle Systeme, die ausgingen von den Begriffen der Kommunikation und der Nebenläufigkeit von Prozessen wurden - zunächst noch wenig beachtet - von C.A.Petri schon seit Anfang der 60er Jahre durchgeführt (vgl. [Pet 62], [Pet 65], [Pet 79], [BRR 87], [VGR 87]). Die Notwendigkeit, sich mit solchen Fragen auseinanderzusetzen, entstand erst durch die Probleme bei den Betriebssystemen für Rechner der dritten Generation; die erste diesbezügliche Arbeit ist Djkstras Lösung des Problems des gegenseitigen Ausschlusses [Dij 65]. Lange Zeit wurden in dem sich daraus entwickelnden Gebiet der verteilten Datenverarbeitung die Probleme der Nebenläufigkeit und der Kommunikation aber nur als rechnerinterne Angelegenheit betrachtet, die den Benutzer des Computers nicht betreffen; der Benutzer sollte an seinem Terminal immer den Eindruck haben, als sei der Computer als rechnende Hilfskraft für ihn allein da.

In den 70er Jahren begannen Milner und Hoare (siehe die Einleitung von [Mil 89]) eine Theorie sowie Spezifikations- und Programmiermethoden für nichtsequentielle Systeme nebenläufiger und miteinander kommunizierender Prozesse zu entwickeln, die vom Konzept der Kommunikation (oder Interaktion) als

Grundbegriff ausgeht. Hier geht es, wie schon bei Petri, nicht mehr bloß um die Effizienzsteigerung der Funktionsberechnung, sondern um die Konstruktion von interaktiven Systemen, die aus vielen mehr oder weniger unabhängigen Komponenten aufgebaut sind, und die mit ihrer Umgebung auf vielfältige Weise nebenläufig interagieren können.

Ein dritter Ansatz zur (formalen) Beschreibung nichtsequentieller Systeme entstand im Bereich der Untersuchungen zur künstlichen Intelligenz Mitte der 70er Jahre: das Konzept der Aktoren (vgl. [AHP 92]). Aktoren sind Komponenten eines Systems, die relativ selbständig Aktionen ausführen und mit anderen Aktoren durch das Senden und Empfangen von Botschaften kommunizieren können.

Insbesondere in der künstlichen Intelligenz sind auch Methoden des verteilten Problemlösens und der verteilten Durchführung von Arbeiten durch Teams von sog. Agenten oder Akteuren untersucht worden, wobei Agenten sowohl Personen als auch computergestützte Systeme sein können (siehe etwa [BrH 91], [FLM 91], [Ret 92]). Anders als im Gebiet der verteilten Datenverarbeitung wird hier i.a. nicht davon ausgegangen, daß die Probleme schon aufgeteilt, die Teilaufgaben schon verteilt sind.

Aus diesen Überlegungen, älteren Versuchen zur Büroautomation sowie einer grundsätzlichen Kritik an der bisherigen Vorgehensweise (vor allem durch Winograd und Flores entstand ein sich sehr stark entwicklendes Teilgebiet der praktischen Informatik, das sich mit der Entwicklung von Systemen zur Unterstützung von Gruppenarbeit (kurz Groupware genannt) befaßt, d.h. mit Systemen wie unter (i) und (ii) im Abschnitt 2 erwähnt (vgl. etwa den Beitrag von Ellis in [BrH 91] sowie [Win 88], [Nor 91], [LeK 91], [JMR 92]).

Diese neuen Ideen haben viel gemeinsam mit Petris Vorstellungen von Kommunikation mit bzw. mit Hilfe von Automaten (vgl. den Titel von [Pet 62]) und von der Organisation der Arbeit in einer Gruppe. Petris Modelle verteilter Systeme (sog. Petrinetze) kann man interpretieren als Gruppen gleichrangiger Individuen, welche in mehr oder weniger engem Kontakt zueinander stehen und teilweise unabhängig voneinander, teilweise durch Kommunikation koordiniert gewisse Tätigkeiten ausüben können (vgl. [Bra 89] und den Beitrag von W. Brauer in [VGR 87]).

Als neues Paradigma der Informatik ergibt sich also:

Eine Gruppe von gleichrangigen, selbständigen, einigermaßen intelligenten Akteuren, die bestimmte Aufgaben erledigen und dazu miteinander und mit der Umgebung interagieren.

Die Akteure können unabhängig voneinander - und damit auch nebenläufig - agieren oder mittels Kommunikation sowohl die Konkurrenz um knappe Ressourcen regeln als auch die Kooperation zur Bewältigung einer komplizierten Aufgabe organisieren.

Interaktion erfolgt nicht bloß durch Senden und Empfangen einfacher Botschaften, sondern mittels komplexer sprachlicher und visueller Entitäten sowie durch aktive Änderung des Zustands gewisser Komponenten des Systems oder der Umgebung.

Zusammenarbeit über längere Zeit in einer sich verändernden Umgebung und bei sich ändernden Aufgaben erfordert Lern- und Anpassungsfähigkeit.

Computergestützte Systeme, die dem neuen Paradigma entsprechend entwickelt werden, sollten also alle 4 im Abschnitt 2 erwähnten Systemtypen kombinieren.

Computer sind jetzt nicht mehr nur Geräte, an die bestimmte wohldefinierte Aufgaben delegiert werden, sondern sie werden zum

- Medium für vielfältige Weisen der Interaktion.
- aktiven Assistenten beim Arbeiten, mit dem ein ständiger Kontakt besteht und der auch eine kritisierende oder überwachende Rolle übernehmen kann.

Im Rahmen des neuen Paradigmas wird nun auch wieder klar, was zu Beginn der Computer-Entwicklung offensichtlich schien, später aber vielfach vergessen worden war, nämlich:

Der Computer ist beschränkt.

Er kann nicht alle Funktionen eines Menschen in einer Gruppe übernehmen, sondern nur ein Unterstützungssystem sein.

Ausgehend vom neuen Paradigma und der Vorstellung vom beschränkten Computer verlagern sich die Schwerpunkte und Forschungsziele:

Die theoretische Grundlegung wird erweitert um Begriffe wie Nebenläufigkeit, Kommunikation, Aktion, Ereignis, Konflikt, (nichtsequentieller) Prozeß etc. Die klassischen Begriffe wie Algorithmus und Datenstruktur verlieren ihre zentrale Stellung. Es sind jetzt Probleme der Spezifikation von nichtsequentiellen Systemen, der Entwicklung von Techniken der Interaktion, der Konfliktbewältigung, der Semantik-Migration (des gegenseitigen "Verstehens"), des Umgehens mit Unsicherheit und Vagheit zu lösen. Verfahren der Koordination, Kooperation, Kollaboration etc. müssen entwickelt werden (Ansätze für all dieses gibt es in großer Zahl).

Die Ziele und Methoden des Systementwurfs und der Konstruktion werden sich ändern. In erster Linie ist zu fragen: Welche Rollen sollen die Menschen in dem zu entwickelnden System spielen und wie kann die Arbeit der Menschen durch das neue System besser unterstützt werden? Dazu gehört auch, daß nicht fix und fertige Systeme geliefert werden, sondern solche, die weiterentwickelt werden können.

Und vor allem wird sich die Ausbildung ändern müssen, teils weil sich die Gewichte innerhalb der Informatik verlagern, teils weil völlig neue Inhalte hinzukommen und das Gebiet der Informatik weiter zu fassen ist - das betrifft nicht nur die Hochschulen, sondern alle Schularten, weil die Informatik zu einem wichtigen Teil der Allgemeinbildung wird.

5. Vernetztes Denken und Handeln

Die früher in der Informatik vorherrschende sequentielle Denkweise entspricht einer allgemeinen Haltung, Vorgänge in dynamischen Systemen auf sequentiell ablaufende zu reduzieren und Systeme möglichst immer als geschlossene Systeme ("schwarze Kästen") zu betrachten, die auf gewisse Eingaben mit bestimmten Ausgaben reagieren. Diese Haltung prägte nicht nur die Kybernetik/Systemtheorie sondern sogar weite Bereiche der Wirtschaftswissenschaften - besonders ausgeprägt zeigte sich dies bei den Input/Outputmodellen, die nicht nur zur Beschreibung kleiner Betriebe sondern auf ganze Volkswirtschaften angewendet wurden (bis hin zu den "Weltmodellen" des Club of Rome).

Darüberhinaus scheint sequentielles Denken und Handeln in geschlossenen Systemen ganz generell ein wesentliches Element unserer traditionellen Zivilisation zu sein. Man ist bestrebt, klare Abgrenzungen vorzunehmen, innerhalb derer man, ohne weitere Störung durch Umwelteinflüsse, Ziele setzen und erreichen, d.h. mit vorgegebenen Mitteln Ergebnisse produzieren kann. Bei komplexen Aufgaben werden Hierarchien aufgebaut, um globale Steuerung bei möglichst geringem Kommunikationsaufwand zu ermöglichen. Typische Beispiele für Ergebnisse dieses Denkens und Handelns sind Fließband und Planwirtschaft.

Diese sequentielle Denk- und Handlungsweise scheint unvermeidbar, solange man die Welt (oder Ausschnitte davon) vom abgehobenen, archimedischen Standpunkt eines einzelnen Beobachters zu betrachten und logisch zu verstehen versucht. Logisches Denken und die Äußerungen darüber (i.a. in schriftlicher Form niedergelegt) geschehen sequentiell.

Mittlerweile beginnt sich in der Informatik die Erkenntnis durchzusetzten, daß vom Standpunkt eines einzelnen Beobachters aus, das Verhalten komplizierter nichtsequentieller Systeme nicht adäquat formal beschrieben werden kannn (vgl. [Bra 89]). Ja, es wird immer klarer, daß sequentielle geschlossene Systeme sehr grobe Idealisierungen darstellen, daß aber konkrete Systeme i.a. verteilt, offen (interaktiv) und nichtsequentiell sind. Selbst die simple Turingmaschine ist nicht wirklich sequentiell realisierbar (worauf schon Petri in [Pet 62] hinwies). Solange Computer in der Isolierung eines Rechenzentrums bloß für Aufgaben eingesetzt werden, die durch Reduktion und Abstraktion aus der Realität herausgelöst wurden, funktioniert das hierarchische, sequentielle Vorgehen gut; heutzutage versucht man jedoch immer mehr, Computer in die Realität, in den (Arbeits-)Alltag zu integrieren.

Deshalb ist eine Änderung der Denkgewohnheiten nötig; vernetztes, nicht länger nur sequentielles Denken wird gebraucht: Der Beobachter, der einen Teil der Realität betrachtet und zu verstehen und modellieren versucht, muß berücksichtigen, daß er von dem Betrachteten beeinflußt wird und dieses auch verändert, daß dieser Teil der Realität wiederum viele Beziehungen zu anderen Teilen hat, daß kleine Änderungen an gewissen Stellen große Auswirkungen haben können - auch auf anscheinend ganz entfernt liegende Teile. Bei der Untersuchung und Modellierung von Teilbereichen der Realität ist also eine ganzheitliche, ökologische Betrachtungsweise nötig, die vom Eingebundensein des Betrachtenden in Strukturen und Prozesse ausgeht.

Auch die Vorgehensweise bei Entwurf und Fertigung von Produkten ändert sich; vernetztes Handeln ist nötig: Das Handeln ist nicht bloß ziel- oder produktorientiert, sondern hat zu berücksichtigen, daß die Handlungen Teile eines komplexen nebenläufigen Prozeßgeflechts sind und daß einzelne Handlungsschritte vielfältige, langfristige, weitreichende Auswirkungen haben können, so daß es z.B. sinnvoll und nützlich ist, schon in den Entwurfsprozeß Personen einzubeziehen, die später Benutzer des geplanten Produkts werden sollen. Zum vernetzten Handeln gehört i.a. auch, daß es in einer Gruppe (vgl. Abschnitt 1) geschieht.

Vernetztes Denken und Handeln wird unterstützt durch die Informatik: durch Soft- und Hardware-Systeme, aber auch durch Begriffe, Konzepte, Modelle, Verfahren.

Vernetztes Denken und Handeln wird heute generell benötigt (vgl. [Ves 92]). Die Informatik liegt also voll im Trend; sie ist herausgefordert, diesen mit zu gestalten.

Literatur

[AHP] Agha, G., Houck, G., Panwar, R.: Distributed Execution of Actor Programs, in: Banerjee, U. et al. (eds): Languages and Compilers for Parallel Computing, LNCS 589, Springer-Verlag, Berlin etc. 1992.

[Bra 81] Brauer, W.: Was ist Informatik? Studienführer Informatik des Fachbereichs Informatik der Universität Hamburg 1981 und folgende Jahre.

[Bra 89] Brauer, W.: Von der sequentiellen zur parallelen Verarbeitung, HMD - Theorie und Praxis der Wirtschaftsinformatik, 25. Jahrgang, Heft 150, Nov. 1989, pp. 15 - 25.

[Bra 90] Brauer, W.: Grenzen maschineller Berechenbarkeit, Informatik-Spektrum 13 (1990) pp. 61 - 70.

[Bra 91]   Brauer, W.: The New Paradigm of Informatics, in: Maurer, H. (Hrgb.), New Results and
            New Trends in Computer Science, Lecture Notes in Computer Science, vol. 555, Springer-
            Verlag, Berlin 1991, pp. 15-24.

[BrH 91]   Brauer, W., Hernandez, D. (eds): Verteilte künstliche Intelligenz und kooperatives Arbeiten,
            Proc. 4. Internationaler GI-Kongress "Wissensbasierte Systeme", Springer-Verlag, Berlin
            etc. 1991.

[BRR 87]   Brauer, W., Reisig, W., Rozenberg, G.L (eds): Petri Nets: Central Models and Their
            Properties. LNCS Bd. 254 und Petri nets: Applications and Relationships to Other Models of
            Concurrency. LNCS Bd. 255, Springer-Verlag, Berlin 1987.

[CKI 88]   Curtis, B., Krasner, H., Iscoe, N.: A Field Study of the Software Design Process for Large
            Systems, Comm. ACM 31 (1988) 11, pp. 1268 - 1287.

[Dij 65]   Dijkstra, E.W.: Solution to a problem in concurrent programming control, Comm. ACM 8, 9
            (Sept. 1965), p. 569

[FLM 91]   Fischer, G., Lemke, A.C., Mastaglio, T., Morch, A.I.: The Role of Critiquing in
            Cooperative Problem Solving, ACM Trans. Information Systems 9 (1991), pp. 123 - 151.

[Fuc 92]   Fuchs, J.: Vom Taylorismus zum Organismus - wie Unternehmen leben lernen, IBM-
            Nachrichten 42 (1992) Heft 308, pp. 14 - 23.

[FZB 92]   Floyd, Ch., Züllighoven, H., Budde, R., Keil-Slawik, R., Software Development and
            Reality Construction, Springer-Verlag, Berlin 1992

[GüH 62]   Güntsch, F.R., Händler, W.: Zur Simultanarbeit bei Digitalrechnern, Elektronische
            Rechenanlagen 2 (1962), 117.

[JaP 92]   Jarke, M., Pohl, K.: Information Systems Quality and Quality Information Systems.
            Erscheint in Proc. IFIP WG 8.2 Working Conference on the Impact of Computer-Supported
            Techniques on Information Systems Development, North-Holland, Amsterdam 1992; auch
            erhältlich als Aachener Informatik-Bericht Nr. 92-7, Fachgruppe Informatik, RWTH Aachen.

[Jar 88]   Jarke, M.: The Design of a Database for Multiperson Decision Support, Ann. of Operations
            Research, 16 (1988) pp. 393 - 412.

[JMR 92]   Jarke, M., Maltzahn, C., Rose, Th.: Sharing Processes: Team Coordination in Design
            Repositories. Erscheint im ersten Heft des Internat. J. of Intelligent and Cooperative
            Information Systems; auch erhältlich als Aachener Informatik-Bericht Nr. 92-5, Fachgruppe
            Informatik, RWTH Aachen.

[LeK91]   Lewe, H., Krcmar, H.: Groupware, Informatik-Spektrum 14 (1991), pp. 345 - 348.

[Mil 89]   Milner, R.: Communication and Concurrency Prentice Hall, New York etc, 1989.

[Neu 66]   von Neumann, J.: Theory of Self-Reproducing Automata. Edited and completed by A.W.
            Burks, Univ. of Illinois Press, Urbana, Illinois, 1966.

[Nor 91]   Norman, D.A.: Collaborative Computing: Collaboration First, Computing Second, Comm.
            ACM 34 (1991) 12, pp. 88 - 90.

[Pet 62]   Petri, C.A.: Kommunikation mit Automaten, Rhein-Westfäl. Inst. f. Instrumentelle Math.
            a.d. Universität Bonn, Schrift Nr. 2, 1962. English translation: Communication
            with Automata Giffiss Air Force Base, New York, Techn. Rpt. RADC-TR-65-377, vol.1,
            Suppl. 1, 1966.

[Pet 65]   Petri, C.A.: Grundsätzliches zur Beschreibung diskreter Prozesse, in: Händler, W.,
            Peschl, E., Unger, H. (eds): 3. Colloquium über Automatentheorie, Birkhäuser-Verlag,
            Basel etc. 1965, pp. 121 - 140.

[Pet 79]   Petri, C.A.: Kommunikationsdisziplinen, in Petri, C.A.(Hrsg.): Ansätze zu einer
            Organisationstheorie rechnergestützter Informationssysteme. Berichte der Gesellschaft für
            Mathematik und Datenverarbeitung 111, Oldenbourg-Verlag, München 1979, pp. 63 - 76.

[Ran 82]   Randell, B. (ed.): The Origins of Digital Computers, third edition, Springer-Verlag, Berlin
            etc. 1982.

[Ret 92]   Retz-Schmidt, G.: Die Interpretation des Verhaltens mehrerer Akteure in Szenenfolgen
            Informatik-Fachberichte Bd. 308, Springer-Verlag, Berlin etc. 1992.
[Ros 92]   Rose, Th.: Entscheidungorientierte Versionen - und Konfigurationenverwaltung, Informatik-
            Fachberichte Bd. 305, Springer-Verlag, Berlin, 1992.
[ScM 91]   Schwefel, H.-P., Männer, R., (eds.): Parallel Problem Solving from Nature, LNCS vol.
            496, Springer-Verlag, Berlin etc. 1991.
[SLF 91]   Sriram, D., Logcher, R., Fukuda, S. (eds.): Computer-Aided Cooperative Product
            Development, LNCS vol. 492, Springer-Verlag, Berlin etc. 1991.
[Tur 36]   Turing, A. M.: On computable numbers, with an application to the Entscheidungsproblem,
            Proc. London Math. Soc. 42 (1936), pp. 230 - 265.
[Ves 92]   Vester, F: Kommunikation - ein vernetztes Denken, Springer-Magazin "Kommunikation
            kennt keine Grenzen", Springer-Verlag, Berlin etc. 1992, pp. 22 - 25.
[VGR 87]   Voss, K., Genrich, H.J., Rozenberg, G. (eds.): Concurrency and Nets, Springer-Verlag,
            Berlin etc. 1987.
[War 92]   Warnecke, H.-J.: Die fraktale Fabrik. Effiziente Kommunikation für die Produktion von
            morgen. Springer-Magazin "Kommunikation kennt keine Grenzen", Springer-Verlag, Berlin
            etc. 1992, pp. 56 - 62. (vgl. den Hauptvortrag von Warnecke auf der GI-Jahrestagung 1992
            mit dem Titel "Die Fraktale Fabrik - Produzieren im Netzwerk")
[Win 88]   Winograd, T.: Where the Action Is, Byte 13 (1988), pp. 256A - 258.
[Zus 84]   Zuse, K.: Der Computer - Mein Lebenswerk, Springer-Verlag, Berlin etc. 1984.

Hat die Informatik den Computer im Griff ?
Mobilisierung zur Stabilisierung

Heinz Zemanek, Technische Universität Wien

Cui bono? Wozu dient die Informatik, wozu ist sie gut? Das ist eine Frage, die immer wieder
zu stellen ist. Die Informatik dient der Bewältigung der Informationsflut, mit welcher der
Mensch in der Industriegesellschaft konfrontiert ist und daher dient die Informatik - was
immer an konkreter und abstrakter Technik beteiligt ist - dem Menschen. Diese fundamentale Antwort muß immer neu interpretiert werden, zum Beispiel durch eine Tagung wie diese.
Wenn ich nun die Frage aufnehme, ob wir alle Zauberlehrlinge sind oder ob wir unser Metier
im Griff haben, dann ist das nur ein Teilaspekt, aber eine Frage, die vielfältig zum Nachdenken einladen kann. Sie richtet sich auch an unser Gewissen und an unser Verantwortungsbewußtsein und fordert zur Besinnung auf. Wir leben in einem fachlichen und in einem öffentlichen Trubel und werden durch die Herausforderungen der Einzelheiten behindert, das Ganze
im Auge zu behalten. Es ist viel schwerer geworden, Informatiker zu sein, als in den fröhli-
chen Tagen der Pionierzeit.

Man braucht es gar nicht zu beschreiben: nicht nur jeder Informatiker erlebt die Dynamik
und die steigende Desorientierung unseres Fachgebietes (trotz aller Ordnungskraft des
Computers), sondern auch alle freiwilligen und unfreiwilligen Benutzer - und das ist so
gut wie die gesamte Bevölkerung industrialisierter Bereiche. Es ist unmöglich geworden,
mit dem Angebot an Geräten und Programmen, an Systemen und Anwendungen, an offenen
und versteckten Automatisierungen und sonstigen Annehmlichkeiten mitzugehen. Das Fach-
Vokabular mehrt sich hoffnungslos, die Abkürzungen wuchern noch schlimmer. Am Ende des
Jahrhunderts steht der Menschheit eine unvorstellbare Verarbeitungskraft zur Verfügung. Im
Jahre 1968 habe ich die damalige Verarbeitungskraft weltweit auf 10^{12} bits/sec geschätzt, und
da die Trends ungebrochen weitergehen (es gibt keinen Grund für eine Bremsung), dürfte
die Abschätzung von 10^{20} bits/sec für das Ende des Jahrhunderts nicht arg falsch sein. Da
sie aber ebenso unvorstellbar wie unbestimmt genutzt ist, besteht ihr Wert nur in seiner
Unvorstellbarkeit. Rein symbolisch kann man die Frage anschließen: wieviele der gespeicherten und verarbeiteten Bits können bestehen, wenn man sie auf ihren Sinn untersucht?

Damit erhält die Frage, ob wir im stolzen Besitz von Milliarden von Computern den Computer
auch im Griff haben, einen ersten Seitenaspekt: technische Beherrschung ist wichtig, sinnvolle Anwendung der Informationsverarbeitung ist noch wichtiger.

Es sind zwei Hauptkräfte, die der Computer auf uns Informatiker und auf die gesamte Bevölkerung im Dunstkreis des Computers ausübt: die automatische Steuerkraft für Material, Verkehr, Energie und Information und die Speicherkraft für Daten Texte, und Programme - alles
auf kleinstem Raum minimisiert und ständig kleiner und vielfältiger, billiger und ständig verläßlicher, jedenfalls in elektronischer Hinsicht.

Die Speicherung hat den Weg der Menschheit bestimmt, und es wäre eine nützliche Art der
Neuschreibung der Geschichte, sie als Geschichte der Speicherung darzustellen. Es begann
mit Lebensmitteln und anderen Energieträgern, setzte sich in Vorräten vielerlei Art fort, und
war mit ständig besseren Verteilungsmethoden verknüpft. Wo die Speicherung bis zum Über-
fluß führte, machte der Speicherreichtum die ganze Gesellschaft immer wohlhabender. Die
Eleganz der Energieversorgung durch das Starkstromnetz wird nun von den Nachrichtennetzen
übertroffen - übertroffen in Menge und Vielfalt, nicht aber in Anwendungseleganz. Denn ein
Kilowatt ist so gut wie jedes andere (ich weiß schon, daß die Kollegen von der Energietech-
nik nicht zustimmen, aber ihre Einwände sind organisatorischer Art), während ein Kilobyte
Information weder allgemein brauchbar noch allgemein verständlich ist. Die Aufgabe der
Informationstechnik ist aus vielen Gründen weit schwieriger als jene der Energietechnik.
Information ist außerdem eine transgalileische Größe - darauf kommen wir zurück.

Was heißt: im Griff haben ? - Unzulänglichkeiten der Informationstechnik

Je nachdem, was man unter *im Griff* versteht, wird die Titelfrage sehr verschiedene Antworten erhalten. Geht man von der klaren Logik der Hardware und der Software aus, der Schaltkreise und der Programme, dann kann man sicher sagen, daß keine andere angewandte Wissenschaft oder Technik - außer Logik und Mathematik selbst - derartig sichere Grundlagen hat, keine vergleichbar verläßliche Abwicklungsregeln. In dieser Sicht hat die Informatik den Computer in perfektem Griff. Jeder Informatiker hat die dazu nötigen Gesetze, Regeln und Vorgangsweisen erlernt; es gibt keine kryptischen Bereiche und nichts Esoterisches. Die Literatur ist vielfältig und verbreitet, das Angebot an Universitäten, Hochschulen und Fachschulen ist üppig. Wir sollten das herrlichste Fachgebiet des Universums haben, mit einem verläßlichen Werkzeug, das ständig mächtiger und noch verläßlicher wird.

Wo immer aber Gott in dieser Welt dem Menschen etwas Ideales in die Hand gibt, schleicht der Teufel nach und stellt die menschliche Unzulänglichkeit wieder her. Er setzt sich ins Detail, und weil die Informationstechnik so viele Details hat, findet der Teufel ein breites Arbeitsfeld - wie wir alle wissen. Der Hauptassistent des Teufels ist der Programmierer. Und hier ist nicht vom unbegabten, vom miserabel ausgebildeten oder vom überholten Programmierer die Rede, sondern vom guten und sogar vom genialen Programmierer. Er ist ein Beherrscher der Logik und der Strukturen, er versteht die Problemanalyse und - hier stocke ich allerdings - ein guter Dokumentierer seiner Arbeit, weil er ja an der „work station" sitzt, so daß der Computer alles registriert, was er tut. Ich sagte: ich stocke, und jeder weiß warum: weil Speichern der Arbeit und gute Dokumentation nicht das Gleiche ist. Auf die Dokumentation komme ich zurück - die Fehlbarkeit des Programmierers aber lehrt uns, wo das Hauptübel sitzt. Wir haben uns selbst nicht im Griff, und der Computer reflektiert den Menschen mehr als irgend ein anderes Produkt der Technik. Mein Sohn, der ein Programmierer und ein Zauberkünstler ist, ein Prestidigitateur - das kommt vom schnellen Finger oder Digitus, und wäre daher auch auf den Computer anwendbar -, hat das einmal sehr treffend ausgedrückt: der Programmierer tut sich selbst an, was der Zauberer dem Zuschauer antut - in aller Schnelligkeit lenkt er ihn von den Tatsachen ab und redet ihm ein, was er glauben möchte. Der Programmierer sieht nicht, was er geschrieben hat, sondern was er glaubt, geschrieben zu haben. Der Programmierer kennt den Kontext, und mit dem, was er tut und hervorruft, täuscht er sich und noch mehr den Benutzer und den Betroffenen. Wir haben blitzschnelle Griffe in der Informatik, aber wir haben uns selbst nicht im Griff, und deswegen haben wir dieses wunderschöne, leistungsmächtige, logikscharfe und arbeitswillige Gebilde Computer nicht so im Griff, wie es seine fundamentalen Eigenschaften erlauben würden. Das gilt für das ganze Spektrum vom einzelnen Programm bis zur sozialen Wirkung der Informationstechnik. Damit ist die Titelfrage klar und umfassend beantwortet - der Vortrag braucht die Antwort nur mehr mit illustrativen Zügen auszustatten, mit Beispielen für die computerverstärkte Rückwirkung menschlicher Unzulänglichkeit auf den Einsatz perfekter, glasklarer Logik.

Die Unzulänglichkeit, die Imperfektion beginnt aber bereits in Logik und Mathematik. Die stolze Hoffnung, wie sie noch David Hilbert vertrat und verkündete, daß es in der Mathematik keine unbeantwortbaren Fragen geben kann, wurde durch Kurt Gödel widerlegt. Das war eine Revolution des Denkens, die noch nicht richtig begriffen worden ist. Nur das Triviale ist glasklar. Aus den Verallgemeinerungen unserer Denkarbeit erwächst eine Unentscheidbarkeit, die der Computer vom fernen mathematischen Horizont in den Tagesbetrieb holt. Die Korrektheit der Computermethoden ließe sich auch dann nicht perfekt etablieren, wenn wir die Zeit (und das Geld) dazu hätten, sie in den notwendigen Schritten zu demonstrieren. Die schleifenden Schnitte, die wir uns zuschuldenkommen lassen, sind im Fundament verwurzelt, in jener Formalisierung, die unser Handwerk ist und die unsere überwältigenden Erfolge bringt.

Auf der Formalisierung beruht auch die naturwissenschaftliche Vorgangsweise, und mit dem Triumph der Formalisierung wird die Äquivalenz zwischen Rationalität und Formalität wenig angezweifelt. Daß der Verstand mehr ist als logische Zeichenverarbeitung, gerät dabei in den

Hintergrund, der Geist erscheint als Illusion gut funktionierender Zeichenverarbeitung. Aber eine solche Betrchtungsweise bewährt sich nicht auf die Dauer.

Natürlich ist richtig, daß ein Phänomen wie der elektrische Strom durch Formalgesetze wie U = I.R und N = U.I präzise beschrieben sind. Wenn die Realität Abweichungen von den Rechenergebnissen zeigt, prüft man besser unsern Umgang mit diesen Gesetzen als an ihrer Gültigkeit zu zweifeln. Es sei denn, man befände sich an den Rändern des Gültigkeitsbereichs, bei so schwachen Strömen, daß sich die Körnigkeit bemerkbar macht, oder bei so starken, daß die Menge der Elektronen nicht ausreicht. Denn auch all diese Gesetze sind Modelle mit begrenztem Anwendungsbereich. Sie entstehen durch einen Annäherungsprozeß an die Wirklichkeit, der beim jeweiligen Stand des Wissens und Könnens abgebrochen werden muß. *Im Griff haben* kann sogar bei einem Naturgesetz nicht bedeuten, daß wir das betreffende Phänomen in perfektem Griff haben, sondern nur, daß wir befriedigend damit umgehen können und daß der nächste Näherungsschritt einmal kommen wird.

Es gibt noch einen zweiten fundamentalen Grund für die Unzulänglichkeiten der Informationstechnik, der eher auf der praktischen als auf der theoretischen Seite liegt. Das Programmier-Handwerk hat noch keine guten Werkzeuge. Wir reden zwar sehr viel von *tools*, aber im Vergleich etwa zum Maschinenbau sind diese *tools* vorderhand nicht weit her. Aber wir brauchen nicht den schwierigen Vergleich mit dem Maschinenbau auszuspinnen. Es genügt, auf unsere Hardware zu blicken, die auf einer Fertigungsstrecke von klinischer Sauberkeit und vorbildlicher Automatisierung erzeugt wird. Dazu gibt es kein Software-Äquivalent, obwohl es die Fertigungsstrecke ist, welche die sagenhaften Verbilligung und Verläßlichkeit in die Realität umsetzt. So gesehen haben wir die Software-Herstellung noch nicht im Griff. Was fehlt, ist das fundamentale und universelle oder wenigstens für mehr als einen Fall gut brauchbare Werkzeug, das die Voraussetzung für die automatische Fertigungsstrecke ist. Und ich persönlich bin der Meinung, daß hier wieder einmal - wie schon mehrfach in der Geschichte unseres Faches - die Universität aufgerufen wäre, die Pionierleistung zu setzen. Ich fürchte, daß die Mehrzahl der Universitätsinstitute mit falschen Zielsetzungen oder mindestens mit falschen Prioritäten arbeitet. Man bekomme das rechte Werkzeug in Griff, und der Computer wird wieder einen Riesenschritt in seine Zukunft machen.

Mathematische und physikalische Gesetze samt den zugehörigen Algorithmen bedeuten noch keine zielführende Gestaltung der Anwendung. Es bedarf der Entwurfsarbeit und der Organisation der Abläufe. Hat die Informatik den Entwurf im Griff oder meint sie daß der Informatiker, der die Gesetze erlernt und ein paar Beispiele studiert hat, für den Entwurf gewerbeberechtigt ist? Während ich in meinen Publikationen meist die Entwurfslehre, die Architektur, heranziehe, um die Wichtigkeit der System-Gestaltung ins Licht zu stellen, verwende ich diesmal den Begriff der Organisation, das ist die Planung und Realisierung von Strukturen und Abläufen nach dem Vorbild des lebenden Organismus.

Die größte Mühe macht die Organisation

Es gibt keine Theorie der Organisation.
Begriffspaare wie
     Serie - Parallel, Zentral - Dezentral, Mangel - Überfluß, Diktatur - Demokratie
zeigen nur die Fragestellung an, aber eine Theorie der Organisation gibt es nicht einmal für die Gestaltung mathematischer Prozesse. Jahrhunderte hindurch hat der Mathematiker aufgehört, wenn die Zeile x = oder y = f(x) systematisch erreicht und elegant gestaltet war. Wie man diese Zeile für den täglichen Gebrauch verwendet, für viele Dezimalen, für große Mengen von Werten, wurde als knechtliches Problem betrachtet. Beim Computer sind die Abläufe dominant, sie entscheiden über Verarbeitungszeit und - kosten, und sie können, schlecht angepackt, Unmöglichkeit der befriedigenden Ausführung bedeuten. Die Abläufe müssen gut organisiert werden, und man bemüht sich auch darum. Eine zusammenfassende, allgemeine Lehre dafür ist jedoch noch nicht entstanden. Jeder macht es, wie er es versteht. Und ein Blick zurück auf die angeführten Begriffspaare macht klar, daß es nicht bloß um ein Flußdiagramm geht, sondern um Dispositionsfragen auf allen Ebenen, um Vorausentscheidungen bei jedem Entwurf, um eine richtige Theorie.

Vielleicht ist ein Wort zum Begriff der Theorie angebracht. Theorie hat den Ruf des Weltfremden, und es wird oft zitiert, daß Goethe sie mit der Farbe grau belegt hat. Aber das bekannte Bonmot ist Mephisto in den Mund gelegt und daher eine Teufelei. Mehreren großen Geistern wird der Satz zugeschrieben: nichts ist praktischer als eine gute Theorie. Von der Eerfahrung wird das bestätigt. Und es ist hinzuzufügen, daß die Theorie der beste Speicher für die Erfahrung ist. Nur wo sie nämlich etabliert ist, kann die weitere Erfahrung dem theoretischen Körper angefügt werden. Wenn es keine gute Theorie gibt, fängt der Nachfolger eines in den Ruhestand Tretenden dort an, wo sein Vorgänger begonnen hat. Es wäre mir ein Vergnügen, diese Situation an Beispielen klar zu machen - etwa an der städtischen Schneeräumung, aber das ginge zu weit. Jedenfalls aber ist das Fehlen einer Theorie der Organisation eine Schwäche der Informatik, für deren Behebung die Zeit reif wäre.

Information und Informatik - Ein Brückensystem zwischen den Wissenschaften

Nun ist es natürlich keineswegs so, daß eine ganze Profession leichtfertig vorgegangen wäre. Der Computer ist ein so neues und umfassendes Gerät, daß ein langer Lernvorgang erforderlich ist, um ihn ordentlich in Griff zu bekommen. Mit dem Computer hat die Technik ein neues Feld betreten und sich an die Bearbeitung eines Phänomens gewagt, das nicht Material ist und nicht Energie (wie Norbert Wiener einmal sehr treffend bemerkt hat), sondern Information. Und dieses Phänomen benutzt der Mensch zwar seit es ihn gibt, seine Natur aber ist nicht nur schwer zu fassen, sondern sie ändert sich ständig im Fluß der Geschichte, verteilt ihre Gewichte um und erscheint in neuem Licht. Beim Computer begann es schlicht und unauffällig mit der Berechnung. So lange der Computer eine Rechenanlage war, stellten sich nicht einmal Probleme der Dimension, denn diese werden von der Physik geklärt, ehe es zu einer Berechnung kommt. Was nicht Ziffernschaufeln war, blieb außerhalb des Rechenbetriebs. Nun brauchte man aber nicht nur Zahlen - wie noch bei der Tischrechenmaschine -, sondern für Befehle und für die Benutzung der Algebra auch Buchstaben, und es war leicht, sie hinzuzunehmen: Zahlen brauchten vier Bits und und ein Fernschreiberalphabet fünf oder sechs, und mit sieben oder acht Bits war der Buchdruck übertreffbar. Mit der simplen Erhöhung der Bitzahl aber kam das Wort in die Verarbeitung, nicht mehr das Maschinenwort mit seiner festen Wortlänge, das am Anfang der Rechentechnik war, sondern das Wort der Sprache, das am Anfang des Johannes-Evangeliums steht. Der Computer hatte damit die Geisteswissenschaften betreten - ohne es recht zu merken. Die Texte breiteten sich aus, und heute überwiegen sie bereits in den Speichern. Der Computer ist zur Sprachmaschine geworden, und Sprache ist nicht meßbar wie Masse oder Energie. In ihr manifestiert sich der menschliche Geist und sie reflektiert das Individuum wie die Gruppe. Der Informatiker sollte Vorlesungen hören über die Sprache - nicht über formale Sprachen, die bekommt er ja und genügendem Ausmaß - sondern über natürliche Sprachen von Deutsch über Englisch bis zu Latein. Ich würde gern den Rest meiner Zeit für dieses Thema aufbrauchen, aber es bleibt noch so viel anderes zu sagen.

Vor allem zur Information: das sonderbare Phänomen, das so viele Aspekte hat, daß man keine Definition von ihr geben soll, und wenn, dann sollten es ein Dutzend Definitionen sein. Zwar gibt es eine *Informationstheorie*, aber das ist keine Theorie der *Information* und ursprünglich hieß sie auch nicht so, sondern *Theorie der Kommunikation* und auch das war schon zu viel. Denn es ist eine statistische Theorie der Zeichenübertragung im Störfall, die als Hauptleistung die *Kanalkapazität* liefern kann. Für die Übertragung ist das in der gesamten Informationstechnik sehr wichtig, aber gemessen wird nur der Zeichenaufwand, die Bekleidung der Information also und nicht sie selbst. Mit größter Wahrscheinlichkeit läßt sich Information grundsätzlich nicht messen; sie ist keine physikalische Größe, sondern ein transgalileisches Phänomen, eine Erscheinung jenseits der Naturwissenschaft wie der Geist, der aus den Zeichen Information macht. Gewiß, Zeichen können auch physikalische Wirkungen steuern. Gewiß: Bienen können Fundorte mitteilen. Aber das sind höchstens Grenzfälle. Information hat die Reaktion der Ganzheit des Menschen zur Voraussetzung - alles andere ist Signal oder potentielle Information, die erst mit der Beteiligung des Menschen zur Information wird, wie das Licht einer Galaxie, das Jahrtausende unterwegs sein kann, bis es in den Augen des Menschen zur Information wird.

Daher ist die Informatik ebenso Geisteswissenschaft wie Naturwissenschaft und Technik. Sie ist ein Brückensystem zwischen den Wissenschaften, denn Sprache und Information sind überall die Grundlage der Arbeit, und die Informatik dient als Werkzeug und Speicher, als Dokumentenquelle und -senke, und sie gehört selbst allen Wissenschaften an, in verschiedenem Maß vielleicht, aber überall beteiligt.

Wieder stehe ich an einem Tor, hinter dem eine unbewältigbare Fülle wartet. Nur ganz wenige Perspektiven von Information und Sprache lassen sich in einem Vortrag streifen. Eine davon ist die Beschreibung des Computers als Sprachmaschine, aber als eine Sprachmaschine, die Sprache nicht versteht.

Der Computer ist eine Sprachmaschine, die nichts versteht

Selbstverständlich „versteht" der Computer Befehle und Programme in Programmiersprachen in dem Sinn, daß er sie entsprechend ausführt. Aber „verstehen" im menschlichen Sinn ist ja etwas anderes, ein Erfassen, das auch Nichtgesagtes und Widerspruch einschließt. Das kann der Computer nicht und das soll er auch nicht können. Er muß uns als Automat dienen, oder es kommt schrecklicher Unfug heraus. Das hat Karel Čapek in dem Theaterstück gezeigt, für das er (oder eigentlich sein Bruder) das Wort *Roboter* schuf. Seit der Computer auf Texten und auf gesprochene Sprache angesetzt werden kann, ist er nicht nur eine Maschine für formale Systeme, sondern auch für die natürliche Sprache. Aber man darf sich nicht täuschen lassen: hinter der Oberfläche der natürlichen Sprachformen ist die formale Natur geblieben und die formale Sprache ist nach wie vor das Betriebsmittel - es wird nur getarnt, allerdings so, daß für viele Zwecke der Benutzer das Formale nur mehr indirekt und intuitiv zu beherrschen braucht.

Diese schwierige Situation kann man nicht *im Griff* haben: eine Maschine zu betreiben, die mit Sprache arbeitet, sie aber nicht versteht, braucht Hilfsmittel, die sich nicht leicht bereitstellen lassen. Man kann das sprachtheoretisch ausdrücken, mit den Begriffen der Semiotik. Der Computer ist ein rein syntaktisches Gerät. Seine Schaltkreise und seine Sprachsysteme haben allein syntaktische Regeln. Wo Semantik eingeschlossen ist, muß es auf die Syntax abgebildete Semantik sein, so wie das grammatikalische Element der Mehrzahl eine gewisse Bedeutung auf die Syntax abbildet. Und dies stimmt ganz allgemein: die Computer-Verarbeitung von Semantik verlangt die Abbildung der Bedeutung auf einen syntaktisch bestimmten Mechanismus - und damit sind wir wieder beim Modell.

Der Computer ist ein Modell für Modelle

Halbleiter und Widerstände sind aus ihrer Natur heraus Analoggebilde. Die digitale Verhaltensweise ist ihnen aufgezwungen, und zwar so raffiniert, daß die analoge Natur keine Bedeutung hat. Es zählen nur die Umschaltergebnisse. Was sich dazwischen tut, mag für den Erfolg der Schaltung notwendig sein, für die digitale Funktion kann es ignoriert werden. Daher erscheint der Computer als logisches Modell, welches logische Instruktionen mit größter Sauberkeit und Verläßlichkeit ausführt. Der Computer ist eine in Silizium und Metall ausgeführte Formel, ein Strukturmodell, auf welchem alle Arten von digitalen Modellen programmiert werden können, kurz: ein Modell für Modelle. Und weil analoge Vorgänge sich durch digitale gut annähern lassen und dann trotz des Näherungscharakters digital besser und störungsfreier abgewickelt werden können als analog - man denke nur an die digitale Musikaufzeichnung: die Trennung von Störung und Signal und die Vermeidung weiterer Verschlechterung beim Umkopieren machen die digitale Methode zur optimalen Lösung. Aus diesem Grund ist der Computer für alle Arten der Anwendung gut geeignet. Daraus entsteht der Eindruck, daß der Computer die Wirklichkeit sehr getreu abbildet, daß der Unterschied zwischen Realität und Modell für die Informatik unbedeutend sei, ja daß unsere Modelle die Realität zu übertreffen vermögen. Nun, in gewissen Zügen kann das schon zutreffen, aber die Verallgemeinerung, daß programmierte Strukturen die wirklichen synthetisch herstellen, ist nicht haltbar. Ein Modell bleibt ein Modell und unterscheidet sich von der Realität wie ein Kinderpark-Minimundus vom Globus. Lieber läßt man sich sagen, das sei übertrieben, als man vergäße den Unterschied dort, wo er entscheidend wird.

Mathematik und Sprache haben gemeinsam, daß sie mit abstrakten Modellen arbeiten, mit verallgemeinerten Namen und Strukturen, die sich auf möglichst viele und auf unendlich viele Einzelfälle anwenden lassen. Die Sprache von Mensch zu Mensch erfüllt Namen und Strukturen mit vielfältigem und entwickelbarem Sinn, weil der Geist Produktion und Konsumation der Information überwacht und leitet. Schon die Naturwissenschaft hat der Sprache die lebendigen Elemente vertrocknet - ein Hund der Zoologie kann es mit dem Hund Nero, mit dem man täglich seinen Weg geht, an Lebendigkeit nicht aufnehmen. Die noch allgemeineren Begriffe der Naturwissenschaft neigen zu Minimaleigenschaften und im Grenzfall entsteht eine Entleerung der benutzten Objekte, die etwas Gespenstisches an sich hat. Man stelle sich nur vor, was die Atomphysik über eine Blume aussagt: ein fast leerer Raum, von kleinen Atomkernen und noch kleineren Elektronen punktförmig markiert, mit Lichtstrahlengängen, welche dem Auge Formen und Farben erkennen lassen. Ein erzähltes Mittagessen. Die weitere Abstraktion erzeugt universelle Gerippe und beliebig oft verwendbare Schablonen, die sich von einem Feld auf das andere übertragen lassen. Zunächst verbindet man wenigstens noch eine Vorstellung mit den Strukturnamen. Häufig verschwindet das Konkrete zu Gunsten eines umfassenden Terminus. So gilt das mathematische Modell der Rückkopplung für den Radioapparat wie für Auge oder Ohr. Im Computer wird dieses Modell noch über die algebraische Formel dazu hinaus in Bits umgesetzt - das Muster ist aber stets bereit, für alle dazu passenden Fälle Rechen- oder Simulationsdienste zu leisten. Die Sprache von Mensch zu Mensch ruft stets auch noch die konkreten Bilder auf, die der Hörer des Namens oder der Beschreibung assoziiert, im Computer gibt es nur programmierte Verbindungswege.

Der Computer, das muß man sich beständig vor Augen halten, ist als Gerät ein Ergebnis derartiger Abstraktion, und seine Sicherheit, seine Verläßlichkeit gilt allein für das abstrakte Universum, das er bildet. Die Rückführung auf den speziellen Fall ist daher stets mit Unbestimmtheit und mit Risiko verbunden. Nur unsere Erfahrung behütet uns davor, grobe Fehlschlüsse für den Einzelfall zu ziehen.

Die Computerwelt ist eine Modellwelt. Und was wir so gut im Griff haben, ist diese Modellwelt. Der Computerfreak ist ein Bewohner einer Modellwelt, und seine Beziehung zur Realität außerhalb des Computers kann recht fragwürdig sein. Das erklärt auch, warum Computerfreaks auf moralische und legale Normen wenig Rücksicht nehmen, warum sie abweichende Lebensformen praktizieren.

Der Programmierer ist in der Lage des Mathematikschülers, der nach Erlernen der Rechenarten plötzlich mit eingekleideten Aufgaben konfrontiert ist. Wir alle erinnern uns an diese Phase unserer Schulausbildung. Wir hatten die Rechenregeln leidlich erlernt, und wir waren mit der Situation des täglichen Lebens vertraut, dem die eingekleidete Aufgabe entnommen war. Ob jedoch der formale Rechenansatz, den wir nun für die Aufgabe verwenden wollten, die Situation richtig und ausreichend wiedergibt, das war gar nicht leicht zu beantworten. Beim Programmierer ist es nicht anders. Er hat seine Methoden, Sprachen und Programmier-Systeme zu beherrschen gelernt, und man hat ihm die Situation, die durch das Programm in der Griff kommen soll, leidlich erklärt. Paßt nun aber der Programmieransatz zur Situation? Und der Programmierer hat nicht einem wohlwollenden Lehrer gegenüberzutreten, der die Lösung kennt und ihn korrigiert, wenn er es falsch macht. Der Programmierer hat es mit dem skeptischen oder leichtgläubigen Benutzer zu tun, der erst Krach schlägt, wenn es zu spät ist, und oft mit falschen Argumenten.

Es ist sehr viel leichter, die Modelle im Griff zu haben als ihre Anwendungen.
Ein korrektes Modell erlaubt zwar oft den erfolgreichen Umgang mit der Wirklichkeit, aber es garantiert nicht die Erstreckung über das unmittelbar Programmierte hinaus. Immer wieder haben Kybernetik, Lernprogramme und KI schmerzlich erfahren müssen, daß hinter einem ersten, bescheidenen Schritt der Verallgemeinerung eine Gummiwand kommt, die ein wenig nachgibt, sich aber nicht überwinden läßt. Auf die Verallgemeinerung käme es aber an. Man könnte sagen, daß in der Programmierung mehr angestrebt wird, als einen Mechanismus in Griff zu bekommen. Man möchte die Verallgemeinerung so beherrschen wie den speziellen Fall. In der Algebra war der Weg von 3 + 4 zu a + b zwar langsam, aber zielführend. In der allgemeinen Problemlösung, in der KI kommt man ebenfalls nur langsam voran, aber mit dem, was den Namen KI rechtfertigen würde, geht es überhaupt nicht weiter.

Vielleicht gehen wir aber auch falsch vor. Wir betreiben KI am Computer, aber wir erteilen sie ihm nicht - nicht einmal soweit, als wir vielleicht bereits könnten. Die leichte Umschaltbarkeit von einem Thema zum andern, von einer Ebene auf die andere, ohne Inhalte und die Übersicht zu verlieren, beruht auf einer Organisation des Organismus, die innere Eigenfunktion und äußere Zielsetzung elegant ineinander verwirkt und überdies gleichzeitig oder fast gleichzeitig Beobachtung, Steuerung und Bewertung von einer höheren Ebene aus erlaubt. Der Mensch kann jederzeit von seiner Arbeit zurücktreten und fragen, was er denn tut und warum es so geht oder nicht geht, wie er es tut. Der Computer würde dergleichen vergeblich fragen, und sich selbst fragt er überhaupt nicht. Der Computer hat sich selbst nicht im Griff.

Um den Computer in Griff zu haben, muß man das Modell beherrschen - aber dies genügt nicht, es ist mehr erforderlich. Man muß auch die Mängel des Modells kennen, seine Unterschiede zur Realität und man muß sie zu berücksichtigen und abzuschätzen vermögen. Computer-Einseitigkeit ist meist blinde Beschränkung auf ein Modell und geschwächte Wahrnehmungsmöglichkeit für die andere Natur der Wirklichkeit - eine Schwäche, die bei der eingekleideten Rechenaufgabe beginnt und bis zur Künstlichen Intelligenz reicht. Wir merken oft gar nicht mehr, daß wir Denk-Einseitigkeiten blind folgen, wir vertrauen darauf, daß das gewählte Modell genügt, weil es in andern Fällen genügt hat.

Lassen wir es genug sein der Modelldiskussion. Wer mehr philosophischen Tiefgang wünscht, der wende sich Wittgenstein zu, der mit seinem Tractatus eine Supermodellkonstruktion vorgestellt hat, die er für methodisch abschließend hielt, und später realisierte, daß die Wirklichkeit weit vielschichtiger ist, daß jedes Sprachspiel, wie Wittgenstein unterschiedliche Situationen nennt, andere Bedeutungen für Namen und Begriffe ergeben kann.

Wir wenden uns abschließend einigen Grundforderungen zu, die aus unserer Betrachtung folgen, und mit denen die Titelfrage noch einige Antworten erhält.

Die Computer-Logik bedarf der Computer-Architektur

Logik ist wichtig und muß korrekt sein, aber sie ist nicht alles. Eigentlich prüft sie nur Einzelheiten, während das Ganze auf andere Weise entsteht. Vor allem aber lassen sich die formalen logischen Prinzipien nicht bis in alle Einzelheiten von Programm- und Anwendungs-Systemen durchhalten. Die Axiomatisierung verträgt sich nur schwer mit der Pragmatik des durchschnittlichen Benutzers. Trotzdem braucht es eine gewisse Disziplin, und dafür ist die Architektur das geeignete Gedankenfeld: die Anwendung von Grundsätzen, welche Stil, Orientierung und Vertrautheit (leichte Erlernbarkeit) ergeben. Es entstehen Computer-Familien - mit dem IBM System 360 als berühmtestes Beispiel (dort entstand auch der Begriff der Computer-Architektur) - und Programm-Gruppen hoher Konsistenz. Der Entwurf gilt dem Produkt, der Produktherstellung und der Produktdokumentation gleichzeitig und er unterscheidet Architektur, Implementation und Realisation. Auch hier wäre wieder ein Tür zu einer Welt von Gedanken, um den Entwurf so in den Griff zu bekommen, daß das Entworfene im Griff bleibt.

Die Computer-Dynamik muß auf Stabilität abzielen

Wir leben in einer Welt mit krankhafter Neuerungssucht. Das Waschmittel von gestern muß durch das Waschmittel von heute ersetzt werden und das morgige ist bereits vorbereitet. Neue Namen, neue Verpackungen und neue Werbeideen sind Trumpf.

Die Wahrheit ist, daß Lebensfähigkeit - Wohnlichkeit und Wirtlichkeit des Lebens - von der Stabilität, vom Bleibenden bestimmt wird. Das Leben selbst ist ein gigantisches Unternehmen der Natur, Individuum und Art stabil zu halten. Veränderungen des stabil Gewordenen gehen sehr langsam vor sich, vorsichtig und mit vielen Fehlschlägen. Will die Informatik erfolgreich überleben, wird sie sich ein technisches Analogon zu diesem Prinzip zu eigen machen müssen.

Die Informatik sollte auch darin voraus sein, die Wegwerfwirtschaft, die wir gegenwärtig betreiben, durch Stabilität zu ersetzen. Man müßte immer wieder genau prüfen, wie weit Ablösungen und Veränderungen und neue Versionen gerechtfertigt sind, statt sie als unvermeidlich, geschäftsfördernd und fortschrittlich (an sich) zu betrachten. Man muß sich - auf der Hardware-Seite die Berge weggeworfener Computer vorstellen, die aus der ständigen

Modernisierung entstehen - und ganz ohne Schadstoffe und bedenkliche Zutaten sind sie ja wieder nicht. Bei der Software scheint es mit dem Löschen erledigt - da bleibt kein Müll. Aber so genau weiß man nicht immer, was gelöscht werden kann und soll, und in den Computerspeichern liegen Berge von Informationsmüll; dazu kommt die Papier-Dokumentation, welche den Gedanken eines papierlosen Zeitalters Lügen straft. Wir lassen uns von der Leichtigkeit des Wechsels zu häufigen Wechseln verleiten, und das tut weder den Aufgabenstellungen noch uns gut.

Bei Programmen und Datenbanken samt Textvorräten sollten wir das ehrwürdige Buch vor Augen haben, dem wir auf üble Weise Konkurrenz machen. Das wäre ein Thema für einen anderen Vortrag, vielleicht für eine ganze Vortragsreihe: haben wir die Informationsbewahrung in Griff? Verlage sind in einer bedenklichen Krise, weil sie viele Titel mit kleinen Auflagen bringen, mittelmäßige Verfasser ohne Lektorenbetreuung drucken, Verlagszusammenlegungen mit Individualitäts- und Qualitätsverlust aus rein finanziellen Überlegungen vornehmen und den Verkauf durch Werbung steuern statt durch hochwertigen Inhalt. Das ist das Bild des Buchmarktes von heute. Der Computer ersetzt das Buch nicht, sondern er ergänzt es - Buch und Computer brauchen sich gegenseitig. Das geschwächte Buch schadet dem Computer. Wir leben in einer hoch-interdependenten Welt und kommen mit der Computer-Simulation der vielen Zusammenhänge nicht nach. Die Zahl der Gründe für das Streben nach Stabilität ist Legion.

Die Mobilisierung muß ein Aufbruch zur Reduktion sein

Ist es nicht ein Widerspruch, wenn unter dem Untertitel *Mobilisierung* zur Stabilität aufgefordert wird? Nun, Mobilisierung hat nicht nur den Sinn der Ortsveränderung, sondern auch Anregung, Auslösung der Kräfte. Es geht um einen Aufbrauch, aber nicht um eine Ortsveränderung. Wir sind bereits viel zu mobil.

Wir lösen unsere Versorgung mit zu viel Transport - gewiß, Sardinen müssen vom Meer herkommen, Käse kann man lokal erzeugen. Wir lösen unseren Urlaub mit zu viel Transport. Es muß ein Flugzeug sein oder wenigstens eine lange Autofahrt. Überdies nützt der Individualverkehr Raum und Energie recht schlecht aus - es wird zu viel Leerraum transportiert. Lösen wir unsere Informationsverarbeitung auch mit zu viel Transport ? Man darf es annehmen. Jedenfalls sollte man sich durch die Billigkeit und Vielfalt der Informationsverarbeitung nicht dazu verleiten lassen, immer mehr Information für das geschäftliche, öffentliche und private Leben zur Voraussetzung zu machen. Weise Beschränkung ist auch für die Information im Informationszeitalter eine gute Maxime. Denn Information erfüllt nicht immer nur Bedürfnisse, sie ruft auch neue Bedürfnisse nach Information hervor. Der Computer fördert die Verwendung von Komplikation - man studiere nur einmal das Tarifwesen im heutigen Flugverkehr. Und die Bahn eifert allmählich dieser Komplikation nach. Ohne Computer hätte man längst etwas tun müssen gegen die vielen Varianten. Mit dem Computer werden sie programmiert, und sie sehen aus, als wären sie überdies ökonomisch. Aber niemand hat die Gesamtkosten nachgerechnet. Komplikation ist teuer, auch wenn man ihre Kosten nicht leicht merkt. Vereinfachung und Reduktion sind im Computerzeitalter so sehr Tugenden, wie sie es immer schon waren.

Mobilisierung kann daher nur heißen Herauslösung aus dem Alltag und seinem Getriebe und Umstellung auf die Stabilität als Wert. Das ist nicht ein Widerspruch zur Informationsverarbeitung , sondern Ausnützung des Computers für das Erreichen besserer Verhältnisse. Mobilisierung muß heißen Aufbruch zu einer Haltung, die nicht das zufällig Gewordene oder nach gestrigen Bedingungen Entstandene als Norm sieht, sondern das Einfache und Stabile sucht, auch wenn der Computer noch so viel Komplikation und Dynamik gestatten würde.

Die zusammenfassende Kraft des Computers

So wie die formale Mathematik die Einheit der Naturwissenschaft offenkundig gemacht und in den Griff gebracht hat, so wird die formale Informationstechnik das Gemeinsame des Wissens auf allen Gebieten offenkundig machen und uns die Speicherung und Verwendung von Daten- und Modellen in die Hand legen. Künstliche Intelligenz ergibt das nur in Form von Schablonen, von intelligent gemachten Modellen; man darf sich von dem falschen Namen nicht irreführen lassen. Weder Wissen noch Verstand noch Verantwortung des Menschen wird vom Computer übernommen oder ersetzt. Der Computer ist und bleibt ein Werkzeug, komplizierter als der Schraubenzieher, aber nicht weniger Steuerung durch den Menschen brauchend, sondern mehr. Wer meint, daß es anders sei, unterliegt einer Täuschung.

Der Computer hat so viel zu tun. Alles menschliche Wissen ist Information. Wir sind noch weit davon entfernt, alle Felder versucht zu haben, auf denen man den Computer anwenden kann. Umgekehrt haben wir begonnen, das Wissen als Information zu organisieren; man spricht von wissensbasierten Systemen und von Wissensverarbeitung. Nun wird hier zwar mit dem Wort Wissen ähnlich leichtfertig umgegangen wie mit dem Wort Intelligenz. Aber es ist ein Anwendungsfeld des Computers angebahnt - meist als Expertensystem bezeichnet - das dem menschlichen Können viel Hilfe bringen kann.

Wissen, ob bescheiden oder hervorragend, ist mit dem Geist verknüpft. Die kühle, trockene Welt der Zeichenverarbeitung kommt erst durch den Menschen zum Leben, wie glänzend immer die objektiven Prozeßmechanismen erscheinen mögen. Man kann auf das individuelle Wissen - im Gegensatz zum uniformierten Wissen - nicht verzichten. Maschinelles „Wissen" (auch wenn es sich um eine bunt zusammengewürfelten Datenmenge handelt) ist so uniformiert wie maschinelle Kunst. Leben kann dem maschinellen „Wissen" nur der menschliche Geist einhauchen. Der Mensch wird durch den Computer nicht ersetzt, in keiner Weise - das kann man nicht oft genug sagen. Aber die Zusammenarbeit zwischen Mensch und Maschine bringt mit der Informationstechnik Ergebnisse, von denen unsere Ahnen nicht träumen konnten.

Schon vor vielen Jahren habe ich die Forderung aufgestellt, in jedem Computer sollte jedem Computer-Bit ein menschliches Bit zu Seite gestellt werden, nicht als Paare natürlich, sondern in einem umfassenden Sinn verstanden. Heute gehe ich weiter. Die Menschlichkeit und die menschlichen Aspekte müssen vom Entwurf an bei jedem Projekt mit dabei sein; denn man kann sie nicht hinterher ankleben. Das Produkt Technik ist nicht Selbstzweck, sondern soll dem Menschen dienen. Technik menschengerecht zu halten, ist alles andere als selbsttätig (automatisch) - eher ist es das Gegenteil von einem automatischen Ablauf.

Menschliche Tätigkeit neigt zur Automatisierung, damit der Mensch frei wird zur Gestaltung auf der nächsthöheren Ebene. Der Klavierspieler übt Läufe, bis sie automatisch kommen, und kann dann beim Antreffen in einem Musikstück den Lauf durch einen Start- und einen Stopbefehl herbeirufen, während er die Aufmerksamkeit auf die anderen Teile des Notenbildes richtet. Und wenn das ganze Musikstück in Kopf und Fingern abgespeichert ist, kann sich die Aufmerksamkeit dem Ausdruck zuwenden. Es wird das Gedankengebäude erkannt, das hinter der musikalischen Notation steckt, und der Meister vermag nun seine Interpretation dieses Gebäudes vorzuführen. Dieser Gedanke aus der Musik läßt sich auf mehrere Arten auf den Computer übertragen. Die Komposition ist mehr als die Partitur, die Aufführung mehr als im Notenbild steht. Das sind Gedanken zu Programmen und zu programmierten Prozessen, aus denen man mit etwas Nachdenken neues Licht auf die Beziehung zwischen mechanischem Automatismus und menschlicher Überhöhung erhalten kann.

War zu viel die Rede vom Menschen und den menschlichen Aspekten der Informatik? Ich meine, daß davon gar nicht zu viel geredet werden kann. Denn das ist der zentrale Aspekt der Informationstechnik.

Der Mensch ist unvermeidlich der Mittelpunkt der Welt, weil er es ist, der die Welt betrachtet, und er ist unvermeidlich der Mittelpunkt der Informationstechnik, weil er es ist, der sie betreibt. Das ist nicht Selbstüberschätzung, sondern Wahrheit - eine Wahrheit, die verpflichtet.

Cui bono ? Die Informationstechnik dient dem Menschen in einer von Technik erfüllten Welt. Und weil sie ihm helfen kann, das Menschliche zu bewahren, hat sie ungeheure Bedeutung in einer Zeit, in der die Menschheit von Mechanismen aller Art überhäuft und zugedeckt wird. Daran ist auch die Informationstechnik beteiligt. Aber wie in andern Aspekten auch ist sie zu gleich das beste Mittel für Abhilfe - wenn man sie nur im rechten Geist versteht.

In unbekanntem Land.
Vom Einlassen des Informatikers
auf alltägliche Situationen

Frieder Nake
Fachbereich Mathematik/Informatik
Universität Bremen
2800 Bremen

1. Persönliche Vorbemerkung

„Wem zum Nutzen?" fragt die Konferenz, zu der ich mit dem folgenden Aufsatz beitragen möchte. „Allen", höre ich antworten und sehe mich zur Rückfrage genötigt, ob dies als Feststellung („die Informatik nutzt allen") oder als Forderung („die Informatik soll allen nutzen") gemeint sei. Etliche kenne ich auch, die würden antworten: „dem Menschen". Und wenn ich sie nicht falsch verstehe, so meinen sie damit tatsächlich unterschiedslos die Vertreter jener furchtbaren Gattung, die als einzelne erstaunliche Leistungen hervorbringen und zusammen doch nur Schrecken und Zerstörung verbreiten. Die Informatik aber – „die" Informatik? – hat großen Anteil am raschen Ausbreiten von Not und Elend in der Welt, meist indirekt zwar, doch ist die Frage auch indirekt, an eine Disziplin, gestellt.

Meine Aufgabe in diesem Aufsatz wird nicht sein, die Leitfrage der Konferenz zu beantworten. Ich werde mich auf eine Kleinigkeit zurückziehen, die mir wert erscheint, mitgeteilt und erörtert zu werden. So ungewöhnlich es erscheinen mag, möchte ich eine Bemerkung persönlicher Art vorausschicken. Ich fühle mich zu ihr ermutigt, weil diese Konferenz von der stillschweigenden Einsicht getragen zu sein scheint, daß Wissenschaft von Interessen geleitet und von Standorten aus betrieben wird. Mir liegt also daran, den Hintergrund kurz zu beleuchten, vor dem ich meine weiteren Überlegungen anstellen werde.

In den siebziger Jahren wäre die Frage „cui bono?" als Klassenfrage aufgefaßt worden, jedenfalls in der BRD, und sie wäre nicht lateinisch formuliert gewesen. Sicherlich, nicht alle hätten sie als Klassenfrage genommen. Im Gegenteil hätten viele ausdrücklich geleugnet, daß die Ergebnisse und Hervorbringungen der Informatik auf unterschiedliche Menschen unterschiedlich wirken. Ja, es ging auf hohem Niveau um die Frage, ob Technik nicht doch wertneutral sei, und ob sich schließlich nicht doch alle Fragen in Sachfragen auflösten. Aber es gab eben auch die Ansicht, die Antwort auf solche Frage hinge ab vom Klassenstandpunkt, den einer hätte, und sonst von wenig weiterem.

Ich kam 1972 aus Kanada an die Universität Bremen und war voller gespannter Erwartungen und ungeduldiger Pläne zu einer Wissenschaft, die ihre Projekte an den Interessen der Mehrheit der Lohnabhängigen ausrichten würde. Wir wollten unsere Fähigkeiten, unsere besonderen Qualifikationen dafür zur Verfügung stellen, die gerechte Seite der in Klassen gespaltenen bürgerlichen Gesellschaft zu stärken, so daß diese schließlich in die Lage käme, den Widerspruch von Lohnarbeit und Kapital aufzuheben und zu wahrer Demokratie fortzuschreiten. Es war offenkundig, daß die Computer Mittel der Rationalisierung in der Hand von Staat und Kapital waren. Die Analyse dieser Technologie brachte 1974 die These hervor, daß der Gegenstand der Informatik als „Maschinisierung von Kopfarbeit" zu kennzeichnen war [Nake92].

„Cui bono?" hätte damals sowohl als analytische wie als ethische Frage eine klare Antwort erhalten. Manchen erschien es unmöglich, konstruktiv und positiv weiter in ihrem wissenschaftlichen Fach tätig zu sein. Manche zogen sich deswegen ganz daraus zurück, andere beschränkten sich auf Analysen und beratende Tätigkeit. Die gesellschaftliche Umwälzung aber, die wir erhofften, kam nicht zustande.

Anfang der achtziger Jahre war klar, daß die ökonomische Spaltung der Welt nicht zu einer neuen Gesellschaft in Europa führen würde. Die Zeit der politischen Aktionen brach ab. Als Wissenschaftler sah ich mich vor die Frage gestellt, mich neu auf mein Fach einzulassen. Sollte ich mich ganz auf die Lehre zurückziehen oder wieder positiv in Projekten Forschungsfragen aufnehmen? Der Rückzug auf die Lehre ist nur dort möglich, wo es einen breiten Fundus von Grundlagenwissen gibt, das relativ stabil bleibt. Das ist bei mathematischen Fachinhalten durchaus gegeben.

Und doch bedeutet eine Lehre, die sich nicht auch aus aktiver Beteiligung an Forschung speist, eine Resignation. Der Illusion, die von Hardy kolportiert wird, es könne ein so grundlegend harmloses Forschungsgebiet geben, daß seine Ergebnisse nie zu einer verwerflichen (insbesondere militärischen) Anwendung taugten, konnte sich niemand mehr hingeben.

Das Fach zu wechseln? Wer kann das, und was nutzt es? Ich entschied das Dilemma, in dem ich mich befand, zugunsten der Informatik und zugunsten der Forschung. Wenn es denn so war, daß die Widersprüche der Gesellschaft vor der Wissenschaft und den einzelnen Disziplinen nicht haltmachten, wenn es den politischen Ort nicht mehr gab, von dem aus moralisches Handeln möglich wurde, so war es richtig, am wissenschaftlichen Ort selbst moralisch zu handeln. Es kam dann darauf an, die richtigen Fragen zu stellen. Das hieß nichts anderes als die Widersprüchlichkeit der Wirklichkeit selbst zum Anlaß und zum Gegenstand des Fragens und der Forschung zu machen.

Die Tatsache, daß mein Verständnis der Informatik von der Kategorie der Arbeit ausging, und der Schwenk, den die Gewerkschaften während der ersten Hälfte der achtziger Jahre in ihrer Haltung zur aktuellen Entwicklung der Technik einleiteten, kamen mir zugute. Die Debatte um die „Gestaltung" von Technik und Informationstechnik kam auf.

Heute ist allgemein akzeptiert, daß es auf die *konkreten* Seiten von Arbeit und Technik ankommt, wenn Technik der Arbeit nutzen soll. In der Erforschung und Entwicklung der konkreten Aspekte im einzelnen liegt die Möglichkeit der *Selbstbegrenzung*[1] versteckt, die sich als Leitlinie im Umschwung des Primats der Ökonomie zu dem der Ökologie herausschält. Im folgenden möchte ich vor diesem Hintergrund nach dem Einlassen von Informatikerinnen und Informatikern auf Alltägliches fragen.

2. Vom Dilemma des Informatikers[2]

Inhaltlich hat Informatik es stets mit der Maschinisierung geistiger Tätigkeit zu tun. Das läßt sich aus der Entwicklung der Arbeitsmittel vom Faustkeil bis zum Computer schlüssig aufzeigen. Auf ihre Weise haben das viele Autoren ausgedrückt.[3]

Maschinisierung bedeutet immer auch Rationalisierung mit allen positiven und negativen Folgen. Die Auseinandersetzungen in der BRD der siebziger Jahre um den Computereinsatz hatten ausschließlich die negativen Folgen der Rationalisierung zum Anlaß. Um deren Möglichkeit kann sich

---

[1] Ivan Illichs Begriff erlangt in jüngster Zeit Popularität, vgl. [Illich80].

[2] ... und selbstverständlich auch der Informatikerin.

[3] Z.B. nennt Granzhorn die Informatik die „Ingenieurwissenschaft des Geistes", womit er nahe an meine Formulierung herankommt – mit dem entscheidenden Unterschied des Bezuges auf die Arbeit! Daß es auf die Arbeit ankommt, hat in fast schon übertriebener Deutlichkeit [Coy89] ausgedrückt.

kein Informatiker herummogeln. Auch derjenige, der als Humanist in seinem informatischen Tun nur das Beste für „die Menschen" sucht, kommt nicht umhin, der Tatsache der Maschinisierung geistiger Tätigkeit Tribut zu zollen. Will er – was hier unterstellt sei – Informatiker bleiben, so zwingt ihn die innere Logik seines Faches zur Teilhabe an Rationalisierungsschritten. Darin liegt sein Dilemma.

Als Fach-Informatiker nämlich wird er seine Arbeit besonders gut machen wollen, da ihm wie allen anderen das Recht und das Verlangen zukommt, in seiner Arbeit Bestätigung und Freude zu finden. Gute informatische Arbeit hat es auf Abstraktion abgesehen. Noch jede algorithmische Fassung eines Prozesses hat aus sich heraus auf eine nächste Stufe der Abstraktion gedrängt. Systeme werden unter informatischem Blick Metasysteme.

Höhere Stufen der Abstraktion eröffnen aber neue Möglichkeiten der Rationalisierung und Kontrolle. Unser Informatiker ist fachlich freudig erregt und menschlich deprimiert. In seiner Eigenschaft als guter Mensch muß er sich selbst in seiner Rolle als Fachmann in den Arm[4] fallen. Wenn sein rechter Arm sich anschickt, geistige Arbeit anderer Menschen als Algorithmen und Datenstrukturen aufs Papier zu bannen, greift sein linker Arm auch schon zu und hindert ihn daran. Wenn seine linke Hand beginnt, einen Aufsatz über die Entsinnlichung computerisierter Arbeit zu verfassen, entwindet die rechte ihr den Stift, um von den nie gekannten Dimensionen sinnlicher Erfahrung zu schreiben, die in der artifiziellen Realität möglich werden. Stillstand resultiert.

Das Dilemma des Informatikers ist grundsätzlicher als die Frage nach militärischen oder zivilen Anwendungen. Auf sie schien es vor einiger Zeit noch reduzierbar, so daß es ein beachtlicher Schritt war, als die GI auf ihrer Jahrestagung in Kaiserslautern 1982 ein Fachgespräch „Informatik zwischen militärischen und zivilen Anwendungen" durchführte. Auf den tieferen Widerspruch, der in der Arbeit liegt, wurde aber auch damals schon hingewiesen.

3. Vom Gebrauchswert

Menschliche Arbeit können wir stets unter zwei Aspekten betrachten. Arbeit ist *konkrete Arbeit* bezogen auf ihren besonderen Zweck, auf das besondere Produkt, das sie hervorbringt, oder auf die besondere Dienstleistung, die sie erbringt; Arbeit ist konkrete Arbeit, insofern sie sich von anderer Arbeit unterscheidet. Arbeit ist dagegen *abstrakte Arbeit* bezogen auf den allgemeinen Zweck, überhaupt irgendetwas hervorzubringen; Arbeit unter dem Gesichtspunkt des menschlichen Vermögens, verändernd auf die Umwelt einzuwirken, gleichgültig, was diese Veränderung im einzelnen sei. Arbeit ist abstrakte Arbeit, insofern sie mit aller anderen Arbeit gleich ist.

Selbstverständlich ist jede wirkliche Arbeit konkrete Arbeit und abstrakte Arbeit begegnet uns nicht unmittelbar, sondern nur im Begriff. Im Lohn aber, der unter dem Lohnarbeitsverhältnis für Arbeit steht, werden viele Momente konkreter Arbeit ausgelöscht. In ihm erscheint ein Maß für abstrakte Arbeit.

Die Ökonomie hat es mit abstrakter Arbeit zu tun. In solcher Form nämlich kann sie rechnen. Je mehr Momente der konkreten Arbeit in einer Organisation berücksichtigt werden müssen, umso mehr entzieht sich die Arbeit der ökonomischen Berechnung.

Arbeit verweist immer auf ihren Zweck. Dieser schlägt sich im Produkt oder in der Dienstleistung nieder. Nennen wir beide mit einem Wort das *Werk*. Am Werk einer Arbeit interessiert denjenigen, der nach ihm verlangt, der *Gebrauchswert*. Das Werk hat Gebrauchswert, insofern es ein gesellschaftliches Bedürfnis befriedigt. Ganz wie der Gebrauchswert dem einzelnen Werk zukommt,

---

[4]Der Arm ist in diesem Fall weitgehend sein Kopf.

ist das Bedürfnis stets das eines einzelnen Menschen[5]. Im Gebrauchswert begegnen uns die konkreten Seiten der Arbeit als *Ergebnis*[6]. Der Gebrauchswert liegt in den stofflichen Eigenschaften des Werkes und zeigt sich nur im Gebrauch, der oft ein Verbrauch ist. In einer Software ist mir das Gebrauchswert, was ich mit ihr anfangen kann, was sie oder wozu sie mir nützt. Ihr Preis hat damit zunächst gar nichts zu tun. Das Textbearbeitungsprogramm, das deutsche Silbentrennung mit einer Trefferquote von 98% ausführt, hat mir einen anderen Gebrauchswert als jenes, das englisch trennt. Kommt es mir aber auf Vermeidung von Ketten von Silbentrennungen beim Umbruch an, so kann der Silbentrenn-Gebrauchswert in Konflikt mit einem anderen geraten.

Das Dilemma des Informatikers wird unter der Orientierung an Gebrauchswerten behandelbar. Denn diese Orientierung gibt den Blick frei auf emanzipatorische Möglichkeiten [Köhler et al.86]. Am Gebrauchswert (und damit Bedürfnis) sich auszurichten heißt, nach den nützlichen, alltäglichen Seiten von Software zu fragen. Damit rückt der lebendige Einzelne mit seinen Hoffnungen und Nöten ins Zentrum meines Blickes und nicht das abstrakte Modell eines Benutzers mit seinen berechenbaren Unterstellungen. Die Brauchbarkeit in wirklichen Arbeitszusammenhängen gibt den Maßstab für meine Entscheidungen und nicht die Effizienz und der Preis des Systems.

Nimmt der Informatiker den Gebrauchswert seines Werkes aber ernst, so betritt er unbekanntes Land. Er wird zum ständigen Grenzgänger zwischen vertrauter quantitativer Form und fremdartigen Qualitäten. Er sieht sich verdammt dazu, sich immer und immer wieder neu auf fremde Situationen *einzulassen*. Sind sie *ihm* auch fremd, so sind sie den *anderen* alltäglich. Solches Einlassen auf alltägliches Fremdes macht ein wesentliches Moment konstruktiver informatischer Tätigkeit aus[7].

4. Vom Einlassen auf Alltägliches

Der Informatiker stellt Software her, damit hin und bereit. Er ist ein Bereitsteller für andere. Er könnte dieses Bereitstellen ins Extrem treiben und allein aus innerer informatischer Logik dieses und jenes bereitstellen. Damit erlitte er heutzutage häufig, wenn nicht meistens Schiffbruch[8]. In dem Maße aber, wie er sich eingelassen hat auf die Hoffnungen, Nöte und Wünsche der möglichen Benutzer, wie er im Einlassen auf das Alltägliche ihrer Situation den Gebrauchswert seiner Software geformt hat, in diesem Maße wandelt sich das Blatt.

Ich will in diesem Abschnitt ein Beispiel für Einlassen betrachten[9]. Es stammt aus universitärer Forschung und wird damit dem Verdikt der Praxisferne ausgesetzt sein. Recht so – und doch wieder nicht! Denn meine Forschung ist Teil *meiner* Praxis. Sie ist also nicht prarxis*fern*, sondern nur eine *andere* Praxis. Die Praxis des Wissenschaftlers hat einen sehr praktischen Vorteil. Sie kann sich ra-

---

[5]Der einzelne gehört allerdings stets Gruppen an.

[6]Die konkreten Seiten der Arbeit als *Prozeß* begegnen uns in Arbeitszufriedenheit, -motivation u.ä.

[7]In einer Durchsicht der Hauptbeiträge des Informatik-Spektrum der Jahrgänge 1990 und 1991 stellt sich heraus: Von 29 Aufsätzen behandelt einer zentral das Einlassen auf Alltägliches – und der ist von dem Philosophen Capurro. Dies ist erstaunlich, da viele Aufsätze ganz den Anwendungen gewidmet sind. Sie beginnen immer gleich mit einer Formalisierung, einem Modell. In zwei Aufsätzen kommen die lebendigen Menschen peripher vor (Wissensrepräsentation, Umweltinformatik). Die Stellungnahme [Schefe91] allerdings handelt von dem, was wir hier auch erörtern.

[8]Diese Einsicht hat sich soweit verbreitet, daß sogar ein ganz dem engen Wissenschaftsrahmen verhafteter Autor wie [Seegmüller90] das anerkennen muß.

[9]Aus Platzgründen muß ein zweites Beispiel mit teilweise anderen Erfahrungen unterbleiben. Dabei ging es um die Vermittlung bibliothekarischer Daten über inhaltlich benachbarte Werke unter Verwendung von Hypertext-Elementen. Die Entwicklung eines solchen Systems stützte sich auf die Zusammenarbeit mit Bibliothekarinnen, Lehrenden und Studierenden [Schelhowe& Nake92].

dikal auf alltägliche, fremde Situationen, damit Gebrauchswerte und Bedürfnisse einlassen. Sie kann, ja sie muß, rückhaltlos fragen, wo den Ingenieur längst die Messe-, Vorführ- und Konventionalstrafen-Termine eingeholt haben. Insofern die Praxis des Ingenieurs ständig unter dem Damoklesschwert des Kaufmanns stattfindet, ist sie unpraktische Praxis. Der Wert bestimmt des Ingenieurs Praxis eher als die des Wissenschaftlers – jedenfalls gelegentlich.

Ist das Einlassen auf Alltägliches ausgerechnet dem Informatiker zu eigen und nicht jedem Ingenieur? Selbstverständlich ist dies keine informatische Spezialität, auch wenn manche software-ergonomischen Texte uns das glauben lassen wollen. Alle, Ingenieure allgemein und Informatiker im besonderen, haben es mit Maschinisierung von Arbeit zu tun. In dem Maße, wie solche Maschinisierung akzeptierte Formalisierungen von Gegenständen und Prozessen vorfindet, bleibt sie von den Unwägsamkeiten des Einlassens auf Alltägliches verschont. Denn Formalisierung ist die Voraussetzung für Maschinisierung. Diese Einsicht wird durch die Bestimmung der Maschine als „in der Konstruktion eingefangene, aus dem Zusammenhang gelöste und wiederholbare Bewegung" und als „Vergegenständlichung der formalen Aspekte sozialen Handelns" [Budde& Züllighoven90, S. 137, 145] fein bestätigt.

4.1 Zu einem Fall: Lehrplanung

Eine Aufgabe im Rahmen der semesterweisen Festlegung des Lehrangebotes eines universitären Studienganges ist die Vorbereitung einer Druckvorlage für das Veranstaltungsverzeichnis der Universität. Diese Druckvorlage kann gleichzeitig für den Aushang im Studiengang dienen. Aus ihr können Auszüge gewonnen werden, die sich auf einen Raum, auf ein Institut, ein Semester, eine besondere Thematik u.a. beziehen. Darüberhinaus kann die Vorlage während des Prozesses ihres Entstehens in verschiedenen Versionen als Grundlage für Entscheidungen benutzt werden (Was fehlt noch? Wo sind Kapazitäten frei?).

An der Universität Bremen wird der Prozeß der Lehrplanung von Studiengangkommissionen und Fachbereichsräten besorgt. Verantwortlich ist ein Professor in der Funktion des „Beauftragten für die Lehre". Üblicherweise fordert dieser von den Lehrenden ihre Anmeldungen ab und klärt diese mit dem Studienplan ab. Er wird dabei i.d.R. von einer Sekretärin unterstützt, die (mit oder ohne Computer) die Versionen der Verzeichnisse und Tabellen erstellt.

Im Rahmen eines Projektes über Spezialinstrumente für Bürotätigkeiten[10] wählten wir einen Studiengang aus, bei dem der damalige Beauftragte für die Lehre bereit war, eine Reihe von Kompetenzen an die Sekretärin abzutreten. Diese wiederum war bereit, an einer Software-Entwicklung mitzuwirken, da sie sich eine Bereicherung ihrer Aufgaben durch planerische Assistenztätigkeit relativ großer Selbständigkeit erhoffte. Wenn auch klar war, daß sie neue Aufgaben übernehmen müßte, also mit höherer zeitlicher Belastung zu rechnen hatte, so war der Reiz anspruchsvoller selbständiger Tätigkeiten groß genug für ihre Bereitschaft[11].

Diese Bereitschaft war von recht hohen Erwartungen getragen, die auch eine spätere Höhergruppierung beim Lohn als aussichtsreich erscheinen ließen. Der zeitliche Mehraufwand würde durch die Erleichterungen gedämpft, die die Software bei der Korrektur, der Versionen-Erstellung sowie der Konsistenzprüfung formaler und inhaltlicher Art erwarten ließ.

---

[10]Projekt StehBier, gefördert unter der Nummer FNK K/03/02/89 von der Universität Bremen

[11]Es kam uns in so hohem Maße auf die unmittelbare, in keiner Weise formale Zusammenarbeit an, daß wir den Personalrat zwar zur gegebenen Zeit in Kenntnis setzten, aber kein formales Mitbestimmungsverfahren anstrebten. Die Fragen blieben damit Forschungsfragen.

In diesem Projekt wurde ein Programmsystem[12] entwickelt, das mittlerweile dreimal für die Lehrplanung eingesetzt und auf die Bedingungen eines zweiten Studienganges angepaßt worden ist, wo es ein erstes Mal erprobt wurde. Das Programm ist vielfach modifiziert worden. Es macht starken Gebrauch von bildlichen Metaphern, die die vertrauten Gegenstände der Lehrplanung (wie anderer Büroarbeit) auf dem Bildschirm darstellen: Regal, Ordner, Formular, Karteikasten, Karteikarte.

Die Operationen auf diesen Objekten sind direkt manipulativ außer bei der Dateneingabe. Die Darstellung eines Objektes beinhaltet Zeichen für jene Operationen, die auf das Objekt anwendbar sind. Es gibt deswegen keine Menüs.

Für unseren Diskussionszusammenhang mögen diese Hinweise genügen. Interessant ist der Prozeß der Zusammenarbeit zwischen Informatiker und Sekretärin. Projektvorgabe war, daß der Informatiker sich auf die Arbeit der Sekretärin, soweit sie die Lehrplanung betraf, einlassen sollte. Beide konnten sich jederzeit telefonisch erreichen und hatten später Arbeitsräume auf derselben Etage.

Die Zusammenarbeit war durch Vorgesetzte minimal behindert. Informatiker und Sekretärin sprachen viele kurzfristige Termine miteinander ab oder arbeiteten auch spontan zusammen, wenn dies erforderlich wurde. Sie verbrachten viele Stunden mit Diskussionen über den Inhalt und die Organisation der Lehrplanung, im Laufe der Zeit fast immer am Rechner. Die Hinweise und Nachfragen der Sekretärin zu frühen Entwurfsteilen führten zu vielen Änderungen sowohl der Funktionalität wie der Benutzungsoberfläche. Die Funktionalität des Systems nahm von Semester zu Semester zu, während die Grundzüge der Oberfläche recht stabil blieben[13].

Die objektorientierte Programmierung erleichterte es dem Informatiker in vielen Fällen, rasch auf Änderungswünsche einzugehen. Diese Möglichkeit und die räumliche Nähe führten zu einem fruchtbaren iterativen Implementierungsprozeß. ′ In dessen Verlauf wurde nicht nur die Software mehrfach angepaßt und erweitert. Aus einer Kritik an den bisher verwendeten entstanden auch neue Formulare, auf denen die Anfangsdaten erfragt werden. Als das System eine gewisse Stabilität erlangt hatte, luden wir zu einer Präsentation ein. Ein großer Teil des Personenkreises, der in den vielen Studiengängen der Universität mit Lehrplanung zu tun hat, nahm daran teil. Die Reaktion war fast einhellige Begeisterung. Wir weckten Hoffnungen auf Übertragungen und Anpassungen, die wir weder personell noch finanziell erfüllen konnten. Wir hätten das Projekt zu diesem Zeitpunkt in ein Software-Entwicklungsprojekt umwandeln können.

Wir führen diesen überraschenden Erfolg auf die Eigenschaften des Systems in Benutzung und Funktionalität zurück. Sein Gebrauchswert für die Lehrplanung war den Fachleuten dieser Arbeit sofort klar. Wir sind sicher, daß das System diese Eigenschaften ohne die enge Zusammenarbeit nicht gehabt hätte. In dieser Zusammenarbeit waren beide, Sekretärin und Informatiker, abwechselnd Lernende. Die Fremde des jeweils anderen Bereiches wich im laufe der Zeit einer gewissen Vertrautheit, zumindest verschwand viel vom Bedrohlichen des Fremden.

Neben den Eigenschaften der Software (die hier nicht im einzelnen dargelegt werden können, s. [Heinze& Nake92]) sind bemerkenswert die neuen Kompetenzen, die die Sekretärin erworben hat. Sie bestreitet heute – mit einem anderen Beauftragten für die Lehre – einen wesentlichen Teil der Lehrplanung selbständig. Die dispositiven und kommunikativen Anteile ihrer Arbeit haben deutlich zugenommen.

---

[12]Implementiert in Smalltalk auf SUN3 Workstation.

[13]Die naiv entworfenen Piktogramme setzten wir einer Kritik durch professionelle Grafikdesigner aus.

Insofern können wir das Einlassen auf eine alltägliche Situation, das dem Informatiker anfangs fremd war, als Erfolg ansehen. Der Erfolg beruht darauf, daß der Informatiker über die Sekretärin die Objekte und den Prozeß der Lehrplanung in diesem Studiengang im Detail kennenlernte und daß die Sekretärin miterlebte, wie ihre Vorschläge umgesetzt wurden oder auf technische Probleme stießen. In zeitlich deutlich verkürzter Form konnten wir diese Erfahrung bei der Übertragung auf einen anderen Studiengang erneut machen.

In der letzten Phase des Projektes aber tat sich ein großes Problem auf. Für die beteiligten Wissenschaftler hieß Beendigung des Projektes nämlich, die gemachten Erfahrungen zu sammeln und zu verallgemeinern, die gewachsene Implementierung zu abstrakten Datentypen zu verdichten, neue Fragen zu generieren. Über dieser Hinwendung zu ihrem ureigenen Metier mißachteten sie plötzlich die Kommunikation mit der zum Projekt gehörigen Sekretärin. Dies fiel ihnen erst dadurch auf, daß die Sekretärin ein längeres Kritikpapier verfaßte.

Das geänderte Verhalten der Informatiker hatte der Sekretärin kraß vor Augen geführt, was ihr abstrakt von Anfang an klar war: Daß das Projekt mit irgendeinem Zustand der Software enden würde. Dieser Zustand wäre in jedem Falle - mehr oder weniger - unzulänglich. Denn wir haben es mit Software für einen Planungsprozeß zu tun, der in vieler Hinsicht immer neuen Setzungen und Anforderungen standhalten muß. Also kann die Software nie fertig sein.

Über einen langen Zeitraum hatte die Sekretärin sich an die Zuarbeit des Informatikers gewöhnt. Sie konnte sich darauf verlassen, daß die Software in jedem Semester neuen Anforderungen entsprach, also neuen Gebrauchswert erhielt. Sie wäre - wegen Smalltalk - nicht in der Lage gewesen, Änderungen selbst zu programmieren. Das sich abzeichnende Ende des Projektes machte ihr das Ende dieser Entwicklung deutlich: Sie würde auf einer Software sitzenbleiben, die binnen kurzem neuen Anforderungen nicht mehr genügen würde. Niemand würde ihr Programm verändern. Sie müßte sich mit einer schwierigen Situation arrangieren, da mittlerweile die Erwartungen vieler anderer im Studiengang gestiegen waren.

Wir lernen aus diesem Verlauf:

- Einlassen auf alltägliche Besonderheiten der konkreten Arbeit kann tatsächlich zu Software von hohem Gebrauchswert führen;

- der kooperative Prozeß kann zu einer Steigerung der Erwartungen von Benutzenden hinsichtlich der Verbesserung ihrer Arbeit führen;

- um diese Erwartungen nicht zu enttäuschen, muß der Entwicklungsprozeß gleitend in einen Vorgang der Arbeitsorganisation und eventuell Stellenplanung münden.

In unserem konkreten Beispiel heißt der letzte Punkt folgendes. Mit der allmählichen Beendigung des Projektes müßte die Software von einer betrieblichen Instanz übernommen werden, die für die weitere Pflege und Anpassung sorgt. Unser aus einer Forschungsfrage geborenes Vorgehen ist natürlich in jeder Hinsicht zu teuer. Allerdings ist die (erste) Anpassung an einen zweiten Studiengang benachbarter Art in sehr kurzer Zeit (zwei Monate) gelungen. Auch hier kam es zu einer engen Kooperation mit einer Sekretärin. Zwei Studiengänge, die stark differierende Anforderungen an den Gebrauchswert stellen, stehen bereit für weitere Anpassungen.

Es scheint, als hätte uns der Versuch, uns als Informatiker für längere Zeit intensiv auf einen Arbeitsprozeß einzulassen, dabei jedoch das eigene Forschungsinteresse nicht aufzugeben, an eine Stelle geführt, die widersprüchlich zu kennzeichnen ist. An dieser Stelle nämlich liegen uns hinreichend viele Erfahrungen und Einsichten vor, die aus dem Einlassen-auf gewonnen wurden. Sie müßten jetzt verallgemeinert werden und in einen neuen Software-Entwurf einfließen. Das würde auf einen eher herkömmlichen Prozeß der Software-Entwicklung hinauslaufen, der sicherlich weiterhin iterativ und mit Beteiligung abliefe, aber doch größere Distanz wahrte. Dies ist die informatische Seite.

An der erreichten Stelle spüren wir andererseits aber die Notwendigkeit für personalpolitische und -rechtliche Maßnahmen, für die wir erstens nicht kompetent sind und die zweitens mit unserem Forschungsinteresse nichts zu tun haben. Die soziale Seite meldet sich zu Wort. Eine vertrackte Situation!

5. Von der Nähe, der Ferne und was sie verbindet

Wir waren aus unserer vertrauten Gegend mit ihren Methoden, Verfahren und Systemen aufgebrochen, da hier verharrend das Dilemma des Informatikers als guter Mensch nicht zu lösen war, waren der Orientierung am Gebrauchswert gefolgt und hatten uns jenseits der Grenzen in unbekanntem Land[14] eingelassen. Wir gewannen den Eindruck, in dieser Ferne die Nähe zur eigenen Disziplin neu zu gewinnen und müssen nun, da dies gelungen zu sein scheint, im fremden Land eine neue, viel tiefer reichende Distanz entdecken.

Das Einlassen-auf spricht an, daß wir im Entwicklungsprozeß Teil des Arbeitsprozesses, und daß die anderen im Arbeitsprozeß Teil des Entwicklungsprozesses werden sollten. Vor langem hat Wilfred Hansen in einem aufrüttelnden Aufsatz [Hansen71] als erstes einer Reihe von Prinzipien zur Gestaltung von Software verlangt: „Know the user!" Die Schlichtheit und Kraft dieser Aufforderung hat nicht verhindert, daß das Prinzip vergessen wurde. Heute reicht es nicht weit genug. Es betrachtet den Benutzer wie ein Objekt, sozusagen ein Ausstellungsstück.

In seiner kürzlich erschienenen Dissertation diskutiert Thomas Greutmann eine Reihe sehr verwandter Fragen unter dem Stichwort der Kooperation zwischen Entwicklern und Benutzern. „For developing applications for use at the work place with high usability, close and permanent user-designer cooperation is essential." [Greutmann92, S. 133] Dies ist dasselbe, was ich hier „Einlassen auf" genannt habe. Während unser kleines Projekt aber zum Ende hin einen Konflikt heraufbeschwor[15], verlangt Greutmann gleich zu Beginn: „First, common design objectives and usability criteria have to be determined and potential conflicts eliminated." [ebda] Daran möchte ich aus unserer Erfahrung, so beschränkt sie sein mag, Zweifel anmelden. Die möglichen(!) Konflikte lassen sich nicht von Anfang an hinwegdefinieren. Wie müßte eine Absprache darüber denn aussehen? Sie wäre notwendigerweise in Teilen recht abstrakt und allgemein, da sie sich nicht auf konkrete Eigenschaften und Veränderungen des technischen und sozialen Umfelds beziehen könnte, sondern auf Erwartungen und Vermutungen stützen müßte. Sicherlich, einiges läßt sich da antizipieren. Was ich hier unter „Einlassen auf" fassen wollte, nimmt aber von vornherein zur Kenntnis, daß wir soziale Prozesse nicht immer im voraus mit hinreichender Genauigkeit beschreiben können, sie deswegen viel öfter durchleben müssen. Das Einlassen-auf vermeidet in gewissem Umfang die allzu rasche Modellbildung; es nimmt das Dasein selbst, nicht Modelle, also Zeichen des Daseins.

---

[14]Die Zeile des Titels dieses Aufsatzes soll durchaus an Hemingways Roman „In einem anderen Land" erinnern. Dort aber geht es um den exportierten Krieg. Hier soll es um das Gegenteil gehen.

[15]Daß es während des Projektes hier und da zu Mißverständnissen oder unterschiedlichen Auffassungen kam, versteht sich von selbst. Über sie bin ich hier hinweggegangen, wenn sie auch bedeutsam waren.

Ist ein Vorgehen vorzuziehen, das in einigen skandinavischen Projekten ausprobiert worden ist? Es läßt sich vergröbernd folgendermaßen zusammenfassen. Fachleute (aus einem oder mehreren Betrieben) werden zu einem Schulungsseminar zusammengeholt. Typisch ist ein Wochenende oder auch drei Tage. Während dieser Zeit werden ihnen Möglichkeiten der Maschinisierung einiger ihrer Tätigkeiten vorgeführt. Das geschieht in gemeinsamer Entwicklung eines Prototypen. In diesem werden Objekte bevorzugt, die stark informationellen Charakter haben (weswegen es um Büroarbeit geht) und die sich leicht auf den Bildschirm bringen lassen.[16]

Wärend der Stunden des Zusammenseins gelingt es den Software-Spezialisten, soviel von den Fachkräften zu lernen, daß sie Prototypen mit eingeschränkter Funktionalität realisieren können (Software-Attrappen). Die Fachkräfte probieren diese aus, kritisieren, machen Vorschläge, und die Software-Spezialisten implementieren sofort jene, die wenige Minuten in Anspruch nehmen. Das Seminar endet mit einem Prototypen, der als Anforderungsdefinition genommen werden kann[17].

Ich will die Frage nicht beantworten, ob solche Kurzzeit-Kooperation dem Einlassen-auf vorzuziehen sei. Vermutlich sind die Zielsetzungen zu verschieden, um einen sinnvollen Vergleich anstellen zu können. Während das kooperative Prototyping von Bødker und ihren Kollegen vielleicht doch stärker an einem Software-Werk orientiert ist, steht bei unserem allmählichen Prozeß eher die Hoffnung auf Erkenntnisse im Vordergrund.[18]

Die informatische Rationalität des Abstrahierens, Modellierens, Systematisierens und Modularisierens – jeweils gestützt auf Repetition, Iteration und Rekursion – markiert die *Nähe* unseres Informatikers. Sie läßt sich auch als systematisches Absehen von daseinszufälligen Merkmalen und Reduktion auf Berechenbares kennzeichnen. Die *Ferne* des Informatikers ist dort, wo er fremd ist, in der Anwendung. Das Konkrete, das die Benutzer interessiert, ist ihm nicht mehr als ein Beispiel. Seine Arbeit, sein Werk werden aber aus der erhofften Anwendung her abgefragt. Indem er die Sicherheit seiner vertrauten Nähe verläßt zugunsten der Fremde der Anwendung, indem er Nähe zu jener Ferne gewinnt, indem er sie ent-fernt[19], kommt er auf vertrackte Weise der eigenen Disziplin wieder näher. Er bewegt sich vom eigenen Fach, dem Nicht-Alltäglichen, weg zum Nicht-Fach, dem Alltäglichen. In dieser Überwindung der Ferne gewinnt er Nähe. Das hieß hier schlichter „Einlassen-auf-Alltägliches".

In der Informatik ist diese Bewegung zwischen Nähe und Ferne mit Umschlagen des einen in das andere auf besondere Weise möglich, weil die Informatik es stets mit Modellen von Dingen und Prozessen, nie mit diesen selbst, zu tun hat. Sie hat es mit Zeichen zu tun und ihre Methode ist eine technische Semiotik. Im Zeichen nämlich – Ding für anderes Ding – sind wir den Dingen gleichzeitig nah und fern. Habe ich ein Zeichen, so ist mir das Bezeichnete gegenwärtig, auch wenn es selbst in der Ferne (räumlich oder zeitlich) ist [Eco77].

---

[16] HyperCard ist deswegen das bevorzugte Entwicklungsmittel.

[17] Vgl. hierzu die Beiträge von S. Bødker, Ehn, Henderson et al. in [Greenbaum& Kyng92].

[18] Sten Nadolnys Roman „Die Entdeckung der Langsamkeit" ist wohl nicht ganz schuldlos hieran.

[19] Also in Heideggers Begrifflichkeit die Ferne überwindet.

6. Schlußbemerkung für Lehrende

Ich wollte diese kleine Betrachtung über Erfahrungen mit dem Einlassen-auf in persönliche Bemerkungen einkleiden. So, wie es mich interessiert, genauer zu verstehen, was wir tun, wenn wir mit informatischem Blick und Sezierbesteck uns der Welt nähern, so interessiert es mich auch, davon zu Studierenden zu sprechen.

Als Lehrender bin ich nur kurze Zeit, dann, wenn ich selbst erst gerade dem formalen Studentsein entronnen bin, in der Nähe der Studierenden. Unaufhaltsam nimmt die Distanz zwischen uns zu. Wie kann ich ihnen überhaupt etwas und was kann ich ihnen bei-bringen?

Bei-bringen kann ich ihnen nur das, worüber ich verfüge. Aufnehmen, erwerben können es die Studierenden nur selbst. Ich kann, was ich mir angeeignet habe, was ich erfahren habe, vor ihnen ausbreiten. Ich kann dazu beitragen, die Bedingungen zu verbessern, unter denen sie das Ausgebreitete aufnehmen können. Ich kann also erzählen und zeigen und kann ihnen das Zuhören und Fragen angenehm machen. Wir können beginnen, gemeinsam tätig zu werden. Da lernen wir dann schon, in unseren unterschiedlichen Rollen, voneinander.

Das Lehren und Lernen, ein Prozeß des Erzählens und allmählichen Tätigwerdens, ist ein anderes Beispiel des Ent-fernens, also des mutwilligen Einlassens in unbekanntem Land. Mit die fremdesten und doch so vertrauten Länder sind die der Märchen. Manchmal frage ich mich, warum ich als Informatik-Hochschullehrer mich nicht so recht traue, Märchen zu erzählen, jedenfalls Geschichten[20]. Die Sache vom Einlassen auf die Hoffnungen und Nöte ist auch so eine Geschichte ...

Literatur

[Budde& Züllighoven90] Reinhard Budde, Heinz Züllighoven: Software-Werkzeuge in einer Programmier-Werkstatt. München, Wien: Oldenbourg 1990.

[Coy89] Wolfgang Coy: Brauchen wir eine Theorie der Informatik? Info.-Spek. 12(1989) 256-266.

[Eco77] Umberto Eco: Zeichen. Einführung in einen Begriff und seine Geschichte. Frankfurt a.M.: Suhrkamp 1977.

[Greenbaum& Kyng92] Joan Greenbaum, Morten Kyng: Design at Work. Cooperative Design of Computer Systems. Hillsdale, N.J.: Lawrence Erlbaum 1992.

[Greutmann92] Thomas Greutmann: HIDE and IDEA. Tools for User-Oriented Application Development. Zürich: Verlag der Fachvereine 1992.

[Hansen71] Wilfred J. Hansen: Creation of Hierarchic Text With a Computer Display. Argonne National Laboratory Techn. Report ANL-7818, June 1971.

[Heinze& Nake92] Detlef Heinze, Frieder Nake: Erfahrungen mit einer Programmgestaltung, die Spaß machte. Bericht des Projektes StehBier. Universität Bremen 1992 (in Vorber.).

[Illich80] Ivan Illich: Selbstbegrenzung. Eine politische Kritik der Technik. Reinbek: Rowohlt 1980. (Amer. Original „Tools for Conviviality" 1973.).

---

[20]Eifrige Studierende klagen dann manchmal: jetzt schweift er wieder ab.

[Köhler et al.86] Doris Köhler, Frieder Nake, Heidi Schelhowe-Heyl, Ludwig Voet: Orientierung an Gebrauchswerten. In Klaus Theo Schröder (Hrsg.): Arbeit und Informationstechnik. Proc. einer GI-Fachtagung in Karlsruhe. Berlin, Heidelberg, New York: Springer 1986. 177-186.

[Nake92] Frieder Nake: Informatik und die Maschinisierung von Kopfarbeit. In W. Coy, F. Nake, J. Pflüger, J. Seetzen, D. Siefkes, R. Stransfeld (Hrsg.): Sichtweisen der Informatik. Braunschweig, Wiesbaden: Vieweg 1992 (im Druck).

[Schefe91] Peter Schefe: Zehn Gebote für die Informatik? Info.-Spek. 14 (1991) 208-210.

[Schelhowe& Nake92] Heidi Schelhowe, Frieder Nake: Neuartige Zugänge zu Literaturbeständen. Kooperative Gestaltung informationstechnischer Arbeitsmittel für kooperatives Arbeiten. Abschlußbericht des Projektes. Universität Bremen, Forschungszentrum Arbeit und Technik 1992 (in Vorber.).

[Seegmüller90] Gerhard Seegmüller: Informatik auf dem Weg zum Anwender. Info.-Spek. 13 (1990) 307-310.

Informatik als Gestaltungswissenschaft
– Bausteine für einen Sichtwechsel

Arno Rolf
Fachbereich Informatik
Universität Hamburg
Vogt-Kölln-Str 30
2000 Hamburg 54

Zusammenfassung

Seit den Anfängen der Informatik besteht Konsens darüber, daß die Informatik eine "anwendbare und nach Anwendungen verlangende Wissenschaft" (vgl. Brauer 1989) mit sozialen Auswirkungen ist. Umstritten ist hingegen, ob Anwendungen und Wirkungen zum Kern der Informatik gehören und in einem Curriculum Berücksichtigung finden sollten. Dafür haben sich z.B. Brauer und Zemanek (1978) ausgesprochen; nach ihrer Auffassung sollte die Informatik die Gemeinsamkeiten unterschiedlicher Anwendungen und Auswirkungen, abstrahiert vom Einzelfall, sowie allgemeine Anwendungsmethoden einbeziehen. Die Besonderheiten spezieller Anwendungen und Wirkungen sollten dagegen von anderen Disziplinen z.B. als Bindestrich-Informatiken behandelt werden. Innerhalb der Informatik sind in jüngster Zeit einige Konzepte entwickelt worden, die diesen "Spagat" wagen (vgl. hierzu Luft, Coy, Nake, alle 1992).

Die Sichtweise, die hier entfaltet wird, entspringt diesem Bemühen. Sie rückt Gestaltungsbegriff, Gestaltungsprozeß, Gestaltungszwang und Gestaltungsnormen der Informatik ins Zentrum. Die Absicht ist, daß durch "in-den-Blick-nehmen" dessen, was allen Informatikern gemeinsam ist – die Gestaltung von technischen und sozialen Systemen –, etwas zusammengeführt werden kann, was bislang unvereinbar zu sein schien. Das heutige Verständnis von Gestaltung in der Informatik beschränkt sich auf technisches Verstehen und auf das Machen und Konstruieren. Diese Orientierung wird im folgenden ein Stück weit durch einen umfassenderen Gestaltungsbegriff abgelöst.

Es ist eine mögliche Sichtweise unter anderen denkbaren. Sie soll helfen, die Trennung von mathematisch-technischem Kern einerseits und Anwendungen und Wirkungen andererseits zu überwinden, sodaß letztere nicht mehr länger als Appendix erscheinen. Dadurch wird auch erreicht, daß Erkenntnisse anderer Disziplinen für die Informatik genutzt werden, so daß sich neue Arbeitsteilungen und Schwerpunkte und eine wissenschaftliche Kultur entwickeln können, in der bislang zu enge Sichtweisen, Methoden und Modelle ergänzt werden können. Die Informatik wird dadurch ihre technisch-mathematische Ausdifferenzierung und Professionalität nicht verlieren, jedoch jetzt darüberhinaus Orientierungen, Wert- und Wirkungsfragen einbeziehen. Auch für Geistes- und Sozialwissenschaftler kann hierin möglicherweise ein Weg liegen, um im Sloterdijkschen Sinne "noch einmal in die Situation zu kommen".

Von Machern und Lamentierern

Bei denen, die es in Forschung und Lehre mit Anwendungen von Informatiksystemen zu tun haben, gibt es zwei Pole: den Software- und Sytementwickler, also den Macher, und auf der anderen Seite den Interpretierer oder Analysierer, letzterer besser als Wirkungsforscher bekannt. Diese Arbeitsteilung hat sich verfestigt und ist selbstverständlich geworden. Die Interpretierer kommen zumeist aus der sozialwissenschaftllichen Technikforschung und sehen ihren Schwerpunkt bei der Technikfolgenabschätzung und -bewertung, vor allem im Hinblick auf Arbeit und Gesellschaft. Sie sind gegenüber den Machern in der Minderheit, und werden von ihnen zuweilen auch wohl eher als Lamentierer eingestuft; beide kommen selten zusammen an einen Tisch.

Den Macher beschreibt der Arbeitswissenschaftler Walter Volpert in seiner schärfsten Ausprägung als den Typus des unbekümmerten, vom Zwang des Herstellens technischer Artefakte geleiteten Informatiker, der übersieht, daß er mit seinem Machen in komplexe Lebensprozesse eingreift. Für den Macher ist Handeln gleichbedeutend mit Lösung von technischen Problemen; es ist für ihn unvorstellbar, daß in vielen Situationen ein Innehalten, um zu erhalten, besser wäre, als zu gestalten. Volpert kritisiert den auch in der Informatik nicht gerade seltenen Macher, als unfähig (weil durch seine Ausbildung nicht darauf vorbereitet), seinen Fortschrittsglauben zu reflektieren und seinen Gestaltungsdrang zu zähmen; zuweilen ist er sogar mit Allmachtsphantasien einer Informatik als universeller Gestaltungswissenschaft ausgestattet. Dem stellt Volpert eine gezähmte Gestaltungswissenschaft mit gezähmtem Gestaltungsdrang gegenüber, die das Moment des Erhaltens und Beschützens bestehender Spielräume enthält (vgl. Volpert 1992).

Die mittlerweile nicht ganz unbedeutende Gruppe der Interpretierer hält sich eher zurück, wenn es um Entwürfe, Normen und Orientierung von Gestaltungsentwicklung und -prozeß geht. Die Motivation für diese Zurückhaltung bringt Doris Janshen ganz gut auf den Punkt und sie fordert zugleich ein Überdenken dieser Haltung: "angesichts des ungeheuren technischen Zerstörungspotentials, das in unserer Zeit entwickelt wird, scheint der Atem innezuhalten, wenn es um mehr geht als nur Kritik. Zweifellos sind Kritik und Widerstand unabdingbar, aber zum Sand im Getriebe werden wir erst mit dem Mut, dem anderen, das wir uns wünschen, auch Inhalt und Form zu geben" (Janshen 1990). Veränderungen mitzugestalten und eine Strategie des Jasagens durchzuhalten, ist, so der Philosoph Peter Sloterdijk deshalb für viele schwierig, weil eigentlich viel eher ein allgemeines Nein zum prinzipiellen Verlauf des Veränderungsprozesses gesagt werden sollte. Doch auch hier die Aufforderung: "Es ist wichtig, nicht einfach blind verschlungen zu werden von einem Unheilsprozeß, der schon vorher da war und der über mich hinweglaufen wird. Es ist der Ausgangspunkt zu suchen, von dem das Mitmachen bestimmter Dinge überhaupt bejahbar wird, der Punkt von dem Wissen und Glück eindeutig erfahrbar wird" (Sloterdijk 1990).

Die Verhärtung der Fronten mit ihrer lähmenden Arbeitsteilung, hier Macher dort Interpretierer, ist vor allem Ausdruck der jahrhundertealten Abgrenzung der Wissenschaften, die ihre Wissenschaftler in eben diesem Sinne immer aufs Neue regenieren. Es gibt mittlerweile ein Reihe von Vorschlägen zur Überwindung, so der Ruf nach mehr Interdisziplinarität oder Transdisziplinarität (Zusammenwachsen der Disziplinen durch gemeinsame Forschungsfragestellungen und Projekte).

Eine Entwicklung zur Überwindung dieser Arbeitsteilung in der Informatik, hin zum gestaltungsorientierten Interpretierer und zum bekümmerten Macher, setzt voraus, daß die Informatik ihre Methoden und Modelle für Fragen der Auswirkungen und Verantwortung öffnet und bereit ist, andere Sichtweisen und Leitbilder zuzulassen. Die sozialwissenschaftlichen Interpretierer dagegen sind gefordert, wie Sloterdijk dies formuliert, eine wachsende Bereitschaft zum Gestalten zu entwickeln, mit der zugleich ein

Abschied von Projekten der Menschheitsbeglückung und umfassenden Zukunftsentwürfen einhergehen muß, mit der Hinwendung und dem Einlassen auf viele kleine sinnhafte Dinge sowie der gesteigerten Aufmerksamkeit für das Leben in uns und um uns. Es wird dann erforderlich, Störungen zu integrieren und etwas von der Stellung aufzugeben, die man zu halten versucht. Es ist der Versuch, noch einmal in die Situation hineinzukommen, Klippen intelligenter zu umfahren und Konflikte auszutragen. Dies heißt auch, so Sloterdijk, mehr in die Beweglichkeit zu investieren und nicht in die Kraft, in der man Gegenkräfte bekämpft; es ist das Abenteuer, kluge Prozesse einzufädeln und zu begünstigen statt Welt zu vermeiden, um Leid und Enttäuschungen zu vermeiden, die stets auch damit zu tun hat, Leben selbst zu vermeiden.

Die Zahl sowohl der Informatiker, Systemgestalter wie der Sozialwissenschaftler wächst, die sich auf beides einlassen wollen und glauben, für sich den Ausgangspunkt gefunden zu haben, von dem es möglich erscheint, "noch einmal in die Situation zu kommen." Dies wird in diesen Tagen beispielhaft daran deutlich, daß viele eher kritische Informatiker aufnahmebereit sind für in diese Richtung weisende Metaphern und Leitbilder, wie z.B. "Kleine Systeme" oder den "Computer als Werkzeug". Wie konfliktreich aber auch diese Annäherung ist, wird daran deutlich, daß Sozialwissenschaftler dann schnell mit dem Vorwurf bei der Hand sind, diese Metaphern seien Schimären und Ausdruck eines unpolitischen Gestus, mit denen man scheinbar das Subsystem lieben und das umfassende, dazugehörende System vergessen kann: man will den Moloch loswerden, den man nicht gemacht hat und ablehnt. In dieser Sichtweise sind die Kleinen Systeme nichts anderes als Moduln des großen vernetzten Systems; die positive Metapher, so der Vorwurf, läßt die Idylle zu, das "heile-kleine-Welt-Denken" (vgl. Pflüger/Siefkes 1992).

Wahrscheinlich ist die Lösung in der Tat komplizierter und ohne Nachdenken über eine erweiterte theoretische Grundlage der Informatik nicht zu haben; Verantwortung ist nicht allein im Kleinen z.B. über die Werkzeugmetapher zu haben. Es ist wohl nicht damit getan, daß der Informatiker, mangels theoretischer Fundierung, die Perspektive verengt und eine angenehmere Metapher wählt. Verantwortung ist, so Pflüger/Siefkes, ans Verstehen der Zusammenhänge und an Übersicht gebunden. Jede metaphorische Nähe wird eng, wenn sie gegen den Horizont abgeschirmt ist, es kommt auf die Durchlässigkeit zwischen den großen und kleinen Problemen an. Oder konkreter: ohne Verstehen der Funktion der Informatik in der Industriegesellschaft und der Nutzungsbedingungen der IuK-Techniken bleibt z.B. die Gestaltung kleiner Systeme Idylle. Das Orientierungswissen darüber muß sozusagen in die Gestaltung kleiner Systeme durchsacken.

Andererseits, und hier irren die sozialwissenschaftlichen Kritiker häufig, kommt fürs Große, Siefkes/ Pflüger, mehr heraus, wenn man im Kleinen, mit Blick aufs Große, tätig ist. Für Informatiker und Systemgestalter in ihrer täglichen Kleinarbeit kann es keine ernsthafte Alternative sein, ohne Not diesen Gestaltungseinfluß zu verschenken.

Dieser hier beispielhaft vorgestellte Konflikt macht deutlich: Die Informatik kommt ohne Orientierungswissen, das ihre Einbindung in die Industriegesellschaft verdeutlicht, nicht aus. Dies Orientierung ist Teil einer erweiterten konzeptionellen Sichtweise der Informatik, die ihrer sozialen Wirksamkeit entspricht. Was also könnte eine "angemessene" Sichtweise sein, die Lamentierer und Macher zusammenbringt und damit den klassischen Kern von Mathematik, Logik und (Hard- und Software-) Technik unter ein Dach mit den gesellschaftlichen Anwendungen und Auswirkungen bringt?

**Gestaltung heißt nicht nur Herstellen des Technikkonzeptes,
sondern auch Erkennen und Verstehen gesellschaftlicher Zusammenhänge**

*"Studiengestaltung, Feiergestaltung, Reisegestaltung, Modegestaltung, Raumgestaltung, Tischgestaltung,
Gartengestaltung – und die dazu gehörigen geprüften Spezialgestalter. In solchen Montagen ... ist das
vordem seltene Wort 'Gestaltung' üppig ins Kraut geschossen ... das Wort ist längst ins Freiland gekommen und wuchert in ihm in allen seinen Sektoren als Unkraut. Seine grammatische Unbestimmtheit hat
sich vereinfacht, niemand, der von derlei Gestaltungen redet oder hört, denkt an etwas anderes als eben
an ein Machen, an ein Aus- und noch mehr an ein Durchführen; das Wort hat man verallgemeinert und
um seinen Sinn gebracht."*
Sternberger, Storz, Süskind: Aus dem Wörterbuch des Unmenschen, 1945

Das Wort Gestaltung ist in der Informatik zu einer Worthülse geworden. Über die Bedeutung von
Gestaltung wird selten nachgedacht, sie wird aber häufig im Mund geführt, vermutlich weil das Wort
scheinbar so selbsterklärend ist. Es begegnet uns in Verbindungen wie Software-Gestaltung, System-
Gestaltung, Programm-Gestaltung oder Dialog-Gestaltung. Häufig wird auch das englische Wort Design
benutzt. Das Handeln der Informatik verbirgt sich hinter dem Wort Gestaltung.

Gestalten ist wie wir wissen nicht nur Gegenstand der Informatik. Der Ingenieur gestaltet, ebenso wie der
Künstler oder der Architekt. Was also tun die Informatiker, wenn sie gestalten? Was ist das Spezifische
der Informatik-Gestaltung? Diese Fragen können helfen, zum Kern der Informatik zu kommen. Die
Gestaltungsmetapher kann deshalb vielleicht eine sinnvolle Sicht auf die Informatik eröffnen.

Der Gegenstand der heutigen Informatik ist die konstruktive Gestaltung von technischen Artefakten. Der
Informatiker, so Walter Volpert, gestaltet immer, er kann "nicht nicht gestalten" (Volpert 1992). Das
Hervorgebrachte, egal ob Software oder Hardware, ob gelungen oder mißlungen, ist durch den
Gestaltungsprozeß vorhanden. Es entspricht dem Selbstverständnis der Informatik, durch Konstruieren
und Entwickeln technischer Artefakte etwas hervorzubringen. Und daher ist ist für sie unmöglich, nicht
zu gestalten. Einzuhalten beispielsweise, um zu erhalten, ist nicht Teil des Gestaltungsbegriffs, an dem
sich die heutige Informatik orientiert. Die Informatik macht grundsätzlich alles, was machbar ist und
nachgefragt wird; woran sollte sie sich auch orientieren?

Wir setzen bei diesem technischen Verstehen und Machen an, um Gestaltungsbegriff, Gestaltungszwang,
Gestaltungsziele und Gestaltungsprozeß in der Informatik näher zu kommen. Wenn Gestaltung (technischer Artefakte) der wesentliche Gegenstand der Informatik ist, so ist es so naheliegend wie banal, die
Gestaltung als Basis zu wählen und sie zum Thema zu machen. In dieser Auseinandersetzung liegt zugleich die Chance, den heutigen am Machen und Konstruieren orientierten Gestaltungsbegriff der
Informatik zu überwinden. Stattdessen könnte ein Gestaltungsbegriff zugrundegelegt werden, der über
das rein konstruktive Verstehen und Herstellen hinausgeht.

Für die Informatik haben meines Wissens als erste Winograd und Flores (1990) in ihrem Buch
"Understanding Computers and Cognition" auf diesen Gestaltungsbegriff (im englischen Originaltext:
Design) aufmerksam gemacht und auf die Chancen für die Informatik-Theoriebildung hingewiesen,
sofern sie nicht nur beabsichtigt, sich allein auf das Konstruieren und Funktionieren von Informatik-
systemen zu beschränken. Gestaltung ist für sie immer auch Eingreifen in Arbeits-, Produktions-,
Lebens-, Qualifikationsprozesse; dieses tut die Informatik heute in erheblichem Maße, ähnlich wie die
Architektur. Gestaltung ist, so Winograd und Flores, Teil des Tanzes, in dem sich die menschlichen
Entwicklungsmöglichkeiten immer aufs neue generieren. Durch Gestaltung verändert sich menschliches

Bewußtsein und Handeln; sie ist eingebunden in Tradition und Kultur, zugleich ist sie auf die Zukunft orientiert und antizipiert neue Formen des Zusammenlebens und des Umgangs.

Informatiker und Softwaregestalter werden dem entgegenhalten, daß Gestalten auch für sie nie allein ein Machen war, sondern stets das Verstehen voraussetzt. Indes beschränkt sich dieses Verstehen auf das Begreifen der technischen Möglichkeiten und Zusammenhänge, es verengt sich auf Funktionen und Funktionalität; es geht um das Erkennen der technischen Logik, eben nur um die Erkenntnis der Machbarkeit. Erkenntnismöglichkeiten "jenseits des Pflichtenheftes" werden ausgelassen, z.B. soziale und ökologische Wirkungen von Informatiksystemen. Dieses Gestalten ist deshalb nur ein Konstruieren. Es schafft den Freiraum, wo der Blick für die Folgen des eigenen Tuns wie die Thematisierung der Eingriffe in Lebensprozesse nicht zur Kenntnis genommen werden muß.

Insofern enthält dieser für die Informatik zwar neue, andererseits so alte Gestaltungsbegriff auch ein Stück Utopie: Informatikgestaltung als Symbiose des technisch Möglichen und des sozial Wünschbaren (vgl. Rauner 1988). Und vor allem gibt er Informatik und Informatikern die Chance, Werte, Normen und Leitbilder und Auswirkungen, als Teil des Gestaltungsprozesses zu integrieren, das dann auch in das Herstellen übertragen wird. Gestalten hat dann viel damit zu tun, wie Dirk Siefkes betont, etwas "auf menschliche Weise zu machen". Diese "Gestaltung mit Bekümmerung" relativiert das "pure Design" der klassischen Informatik- und Softwaregestaltung, und macht ihr Festhalten am technischen Verstehen und Herstellen als Prozeß der Selektion und Isolierung deutlich (vgl. Volpert 1992).

Mit diesem für die Informatik neuen Gestaltungsbegriff wird eine tiefgreifende Veränderung im Selbstverständnis verlangt, und zwar ist nichts anderes als die Überwindung der alten wissenschaftlichen Arbeitsteilung gefordert: Informatiker und Ingenieure konstruieren, wohingegen v.a. Geistes-, Sozialwissenschaftler und Juristen interpretieren. "Verstehen und Herstellen, Interpretieren und Konstruieren, sind zwei so gegensätzliche Tätigkeiten, daß wir entsprechende Menschentypen unterscheiden: die Denker und die Macher – wie eben in den Wissenschaften die Konstrukteure und die "Interpreten" (Siefkes 1992). In der Überwindung dieser strengen Arbeitsteilung liegt die eigentliche Herausforderung für die Informatik und die Informatiker.

**Der Sichtwechsel zu einer "gestaltungsorientierten" Informatik
schafft den Rahmen für die theoretische Fundierung der Informatik**

Durch die Gestaltungssichtweise wird es möglich, IuK-Techniken und Informatikentwicklung über ihre Erscheinungsformen hinaus begreifen zu können. Die Informatik wird offen für die Fundierung und Erweiterung durch geistes- und sozialwissenschaftliche Disziplinen. Winograd/Flores betonen, daß zur Gestaltung dann auch gehört, sich bestehender Denktraditionen bewußt zu werden, die technische Entwicklungen steuern : "nur durch Aufdecken dieser Tradition und durch explizites Bewußtmachen ihrer Hintergrundannahmen können wir uns selbst für Alternativen und für sich daraus ergebende neue Gestaltungsmöglichkeiten öffnen" (Winograd/Flores 1990, S. 21).

Es gibt zwar auch heute schon Ansätze, die traditionelle Ingenieursichtweise der Informatik hin zu einer entsprechenden Gestaltungsdisziplin zu erweitern. Diese Versuche konzentrieren sich jedoch auf Modelle und Methoden der Software- und Systemgestaltung. Stellvertrend hierfür stehen vor allem die Arbeiten von Christiane Floyd und der Skandinavier wie Pelle Ehn und Kristen Nygaard. Die hier vorgeschlagene Gestaltungsforschung will darüberhinausgehen und die Orientierungen und Entwicklungen, die bestimmte Wege der Informatik hervorbringen, reflektieren. Sie will auch die in der Informatik verbreiteten Vorstellungen, Phänomene und verwendeten Begriffe neu aufnehmen und sie an den von anderen Disziplinen erarbeiteten Standards messen.

Ich möchte einige dieser Phänomene, Begriffe und Beziehungen beispielhaft nennen, um deutlich zu machen, worum sich eine gestaltungsorientierte Informatik kümmern muß:

Verstehen der Begriffe und Phänomene: Sprache, Information, Wissen

Um die Rolle der Sprache für die Gestaltung von Informatiksystemen zu verstehen, müssen wir über die naive, in der Informatik aber übliche Sichtweise von Sprache als Transportmittel von Informationen hinter uns lassen. Die Welt ist keine Sammlung von interpretationsunabhängigen Fakten, und Informationen repräsentieren deshalb keine objektive Wirklichkeit. Sprache ist nur in der Triade Interpret-Sache-Interpretation zu verstehen. Sprache vermittelt und formt Wertorientierungen, Leitbilder etc. – Computer verlangen die Semiotisierung der Dinge und Prozesse; Zeichen verlieren durch den Computer ihre vom Menschen gesetzte Semantik und Pragmatik (vgl. Nake 1992). Wenn die Informatik ihr bisheriges Grundverständnis in dieser Weise in Frage stellt, dann werden sich ganz neue Horizonte in Forschung und Praxis der Informatik eröffnen.

Verstehen der Beziehung Systemtheorie und Informatik

Die Systemtheorie ist ein wesentliches Fundament der Informatik; zuweilen scheint es so, daß die Informatik ihre Sätze als universelle, letztgültige Rationalität wahrnimmt. Ohne die Systemtheorie verliert eine Vielzahl ihrer Modelle ihre Gültigkeit. Hinter der klassischen Systemtheorie verbirgt sich die Vorstellung, die Welt erkennen zu können, wie sie objektiv ist. Die Vertreter des Konstruktivismus wie Maturana, Varela, v. Förster und vereinzelt auch Informatiker (vgl. Nygaard 1986 mit seinem Perspektivenkonzept) bezweifeln dies und sprechen davon, daß wir stets nur unseren Ausschnitt von Welt erkennen; ein System ist dabei immer das, was ein Beobachter als "geordnete Ganzheit" wahrnimmt. "Und weil es immer eine Vielzahl von Beobachtern gibt, ist Wahrheit abhängig von deren Standpunkt. Sie wird plural, statt einer gibt es viele Wahrheiten... Unsere Weltbilder sind also nichts als innere Raster, die es uns erlauben, die Welt zu vereinfachen und irgendwie beherrschbar zu machen" (Wagner 1991, S.35). Die Informatik muß reflektieren, was dieser Paradigmenwechsel, der in Biologie, Sozialwissenschaft, Organisationstheorie und Psychologie heftig diskutiert wird, für ihre Modelle bedeutet. Bislang hat diese Diskussion nur die Künstliche Intelligenz erfaßt (vgl. Varela 1990); es ist zu vermuten, daß er darüberhinaus insbesondere Konsequenzen für die Software- und Systemgestaltung, für die Modelle der Rechnervernetzung und für die Software-Ergonomie hat.

Verstehen der Technikfolgen (insbesondere für Arbeit und Umwelt)

Hier geht es zum einen um Technikfolgen, die aus den Grundeigenschaften der Technik bzw. den Bedingungen und Grenzen resultieren, die die Technik setzt (Heibey u.a. 1977). Sie sind zu unterscheiden von den Wirkungen, die sich aus spezifischen Orientierungen oder Kontexten der Nutzung und Gestaltung ergeben. Hier kann die Informatik auf ein Vielzahl von sozial- und arbeitswissenschaftlichen Forschungsergebnissen zurückgreifen. Das Problem ist also weniger ein Mangel an Forschungsbefunden; ungeklärt ist vielmehr die Frage der Integration in die Informatik: Wie wären bestehende Modelle und Methoden zu erweitern oder zu verändern? Eine Gestaltungsforschung sollte sich insbesondere an drängenden gesellschaftlichen Problemstellungen orientieren, und deshalb die Wirkungen der Informatik auf Arbeit und Umwelt vorrangig betrachten.

Eine "gestaltungsorientierte Informatik"
ist mit dem Wandel der Industriegesellschaften verknüpft

Die Informatik bewegt sich in ihren Modellen, Methoden und Theorien in ihrem "Kästchen Informatik" ohne sich mit ihren gesellschaftlichen Inputs und Outputs auseinanderzusetzen. Sie unterstellt, ohne dies zum Thema zu machen, daß technischer Fortschritt aus technischer Logik oder ökonomischen Weltmarktzwängen resultiert. Die Informatik versteht sich als ein dem technisch-wissenschaftlichen Fortschritt verpflichtetes, "freischwebendes" Projekt; die Verknüpfung und Auseinandersetzung mit Entwicklungs-Bedingungen oder Entwicklungs-Prozeß der Informatik und der Nutzung ihrer Produkte ist ebenso wenig ihr Thema wie die Auseinandersetzung mit ihrer Funktion beim Wandel der Industriegesellschaften.

Durch die Gestaltungssichtweise kann die Informatik einbeziehen, daß sie in einem Wechselverhältnis zum "Projekt" Industriegesellschaft steht: Einerseits geben die Industriegesellschaften Bedingungen für die Informatik-Entwicklung und -forschung vor, andererseits ist die Informatik mit ihrer Mischung aus technischen Potentialen und verborgenen Orientierungen und Leitbildern beteiligt an der Ausgestaltung der Industriegesellschaften. Informatik ist kein Selbstzweck, sondern eine zentrale Disziplin bei der Modernisierung der Industriegesellschaften. Dieser gesellschaftliche Gestaltungsprozeß ist ebenso Teil des Informatik-Gebäudes wie die Software- und System-Gestaltung. Es reicht nicht aus, wenn sich Informatik lediglich mit der Gestaltung von Software und betrieblichen Systemen beschäftigt. Softwareentwicklung und Reorganisation von Arbeit sind eingebettet in den Makrokosmos "Technikgestaltung und Gesellschaft".

Eine gestaltungsorientierte Informatik
gibt dem, "was wir uns wünschen, Inhalt und Form"

Informatik, so der Ausgangspunkt, gestaltet immer und greift damit in ein Netzwerk von sozialen Beziehungen ein. Es wurde daraus ein Sichtwechsel für die Informatik begründet, der die von ihr ausgehenden Umgestaltungen explizit macht.

Die Verknüpfung von Verstehen und Herstellen kann nicht nur bedeuten, die derzeit vorhandenen Formen des Herstellens und Handelns zu verstehen und zu interpretieren. Es geht auch darum, eigene sozialverträgliche Handlungsnormen und Gestaltungsorientierungen zu reflektieren und zu begründen. Die Verantwortung des Informatikers endet nicht mit dem Verstehen und Interpretieren, woraus dann vielleicht ein Einhalten folgt; sie muß sich in Gestaltungszielen und veränderten Leitbildern umsetzen. Die Diskussion über Ethik und Verantwortung des Informatikers ist dann eine notwendige Vorstufe, sie kann nicht nur das Einhalten rechtfertigen, sondern Klarheit bringen für sozialverträgliches Herstellen und Handeln.

Bei den derzeit diskutierten sozialverträglichen Gestaltungsorientierungen fällt die Konzentration auf die Dimension Arbeit und den Software- und Systemgestaltungsprozeß auf. Dies hängt damit zusammen, daß der Gegenstand der Informatik insbesondere in der Reorganisation der Arbeit (vgl. Coy 1989) bzw. in der Maschinisierung von Kopfarbeit (vgl. Nake 1992) gesehen wird. Beispiele sind Volperts Normen, die er der "kontrastiven Arbeitsanalyse" zugrundelegt oder Ehns Gestaltungsziele, die er in der Demokratisierung der Arbeit und Verbeserung der Qualität der Arbeit sieht. Häufiger ist, daß Autoren ihre Normen nicht explizit benennen, sondern ihre Sympathie für Bilder, von denen sie geleitet werden, durchschimmern lassen: Oft drückt sich dies in Metaphern wie "Werkzeug" oder "Kleine Systeme" aus.

Nach meinem Verständnis muß die Informatik über die Orientierung an sympathischen Leitbildern hinauskommen und ihr Herstellen und Handeln an prinzipiellen gesellschaftlichen Problemen orientieren. Ich nenne Gestaltungsorientierungen, die mir wichtig sind und wo ich vermute, daß die Informatik durch ihre Anwendung im Negativen wie im Positiven besonders wirksam ist bzw. sein kann: die Herstellung menschenwürdiger Arbeitsbedingungen und die Wiederherstellung einer intakten Umwelt.

Die Beziehung Informatik und Arbeit ist in der Vergangenheit schon sehr grundsätzlich behandelt worden, die auch zu Vorschlägen für positive Gestaltung geführt haben. Defizitär dagegen ist das Verhältnis Informatik und Ökologie. Die Beziehung ist bislang von der Wirkungsforschung übersehen worden, die Informatik dagegen hat sich allein auf die Gestaltungsseite gestürzt: Die Umweltinformatik entwirft z.B. computergestütze Meßnetze oder Simulationsmodelle für Ökosysteme; Mikroelektronik und Informatiksysteme erhöhen die Energie- und Materialproduktivität, sie sind auch in der Lage, Schadstoffbelastungen zu reduzieren. Diese Gestaltungsansätze sollten aus ihrem Dasein an der Peripherie herausgeholt werden. Dies scheint mir aber nur die eine Seite der Beziehung zu sein.

Die Janusköpfigkeit des Verhältnisses Ökologie und Informatik liegt darin, daß die durch die Informatik mitverursachten Produktivitätssteigerungen in der geltenden Wachstumslogik neue Nachfrage nach sich zieht: Informatik und Ökonomie verknüpfen sich häufig zum Credo des schneller, höher, weiter, oft zu Lasten der Ökologie. Diese Beziehung hat zur Entfaltung von Produktivkräften und zu ökonomischen Strukturen geführt, mit der Folge immer weiterer "Entgrenzungen" in der Nutzung von Zeit und Raum und zur "Grenzenlosigkeit" im Gebrauch von Energie, Rohstoffen und Landschaft. Dem entspricht, was heute Alltagserfahrung ist: Die rastlose Erzeugung neuer Produkte und Verfahren, das industrielle Eindringen in die letzten Zonen der Natur, die Ausbeutung verbliebener Zeitreservate. Die Informatik stellt für diese Entwicklung wichtige Werkzeuge in Form von Beschleunigungs- und Globalisierungstechniken zur Verfügung.

Die schwierige Aufgabe, die sich einer Gestaltungsforschung stellt, liegt darin, die verdeckten technisch-ökonomisch-ökologischen Wirkungsketten nicht nur zu verstehen, sondern Handlungsnormen und Gestaltungsorientierungen für die Informatik zu entwickeln. Dies hat sie für die Dimension Arbeit schon ein gutes Stück weit geleistet, für die Ökologie liegen nur wenige Ansätze vor.

Schlußfolgerungen

Die Sichtweise, die hier für die Informatik vorgeschlagen wird, rückt Gestaltungsbegriff, Gestaltungsprozeß, Gestaltungszwang und Gestaltungsnormen der Informatik ins Zentrum. Es ist der Versuch, den klassischen technisch-mathematischen Kern der Informatik mit ihren Anwendungen und Wirkungen zu verbinden, ohne daß letztere lediglich als Appendix erscheinen.

Eine gestaltungsorientierte Informatik verschließt sich nicht der Notwendigkeit einer mathematischen, physikalischen sowie elektro- und nachrichtentechnischen Fundierung. Sie allein reicht allerdings nicht für die theoretische Begründung der Informatik aus; wissenschafts- und sprachtheoretische, anthropologische, sozial- und arbeitswissenschaftliche Fundierungen müssen hinzukommen, auch wenn dies zunächst als Überforderung der Informatik erscheinen mag (vgl. Luft 1989). Dadurch wird erreicht, daß das technikorientierte Begriffssystem der Informatik durch ein human- und geisteswissenschaftliches korrigiert und ergänzt wird; es eröffnet die Chance, zentrale Begriffe der Informatik wie Objekt, Zeichen, Logik, Regel, Tätigkeit, Komplexität, Werkzeug, Sprache, Wissen, Information in Festlegungen zu verwenden, die auch ihrer Fundierung innerhalb der Humanwissenschaften Rechnung tragen.

Die Informatik hat viele Anwendungsbereiche mit ihren Produkten und ihrer Logik durchdrungen und sie ist bereits in viele Wissenschaftsdisziplinen eingedrungen. Dies läßt Befürchtungen aufkommen, daß sie sich schleichend den Thron für eine "neue" Universalwissenschaft errichtet; unter diesem Dach, so Walter Volpert, kann sich dann der allseitige Dilettant einrichten. Diese Gefahr ist nicht von der Hand zu weisen, aber gerade deshalb muß es Gegenentwürfe geben, die Interdisziplinarität und Kommunikation anbieten. Der Diskurs bietet die Chance, Verstehen, Zusammenwachsen und die Herausbildung neuer Schnittstellen, sinnvoller Arbeitsteilungen und Schwerpunkte voranzubringen. Es kann sich daraus eine Kultur entwickeln, in der bislang zu enge Sichtweisen, Methoden und Modelle überwunden werden. Es gibt letztlich keine Alternative zu diesem Weg.

Literatur:

Brauer, W.: Studien- und Forschungsführer Informatik. GMD-DAAD, St.Augustin/'Bonn, 2. Aufl. 12989

Coy, W.: Brauchen wir eine Theorie der Informatik? In: Informatik-Spektrum, Bd. 12, 5/89, S. 256-266

Coy, W., Nake, F., Pflüger, J., Rolf, A., Seetzen, J., Stransfeld, R.(Hrsg.): Sichtweisen der Informatik. Ergebnisband des GI-Arbeitskreises "Theorie der Informatik". Vieweg, Braunschweig, 1992

Ehn, P.: Work-Oriented Design of Computer Artifacts. Arbetslivcentrum Stockholm, 1988

Heibey, H.W., Lutterbeck, B., Töpel, M.: Auswirkungen der elektronischen Datenverarbeitung in Organisationen. Forschungsbericht DV 77-01, 1977

Janshen, D.: Neue Technik - Neuer Alltag - Neue Menschen? 1990

Luft, A.L.: Informatik als Technikwissenschaft. Thesen zur Informatikentwicklung. In: Informatik-Spektrum, Bd. 12, 5/89, S. 267-273, Springer-Verlag, Heidelberg

Nake, F.: Informatik und die Maschinisierung von Kopfarbeit. In: Coy 1992

Nygaard, K.: Program Development as a Sociasl Activity. In: Kugler, H.-J. (Hrsg.): Information Processing 86, Proc. 10th IFIP World Computer Congress, Dublin. North Holland, Amsterdam 1986

Pflüger, J., Siefkes, D.: Fürchtgott Fröhlich und Ada Blues – ein Briefwechsel zwischen einer Kulturoptimistin und einem Kulturpessimisten, in : Coy, Nake, Plüger, Rolf Seetzen, Siefkes, Stransfeld (Hrsg.): Sichtweisen der Informatik, Vieweg-Verlag, Braunschweig Wiesbaden 1992

Rauner, F.: Aspekte einer human-ökologisch orientierten Technikgestaltung. In: F. Rauner (Hrsg.): "Gestalten" - Eine neue gesellschaftliche Praxis, Bonn 1988, S. 35-40

Siefkes, D.: Fische in Schwärmen oder Fische in Dosen? Über das Lernen von Formalem. In: Coy 1992

Sloterdijk, P.: Zur Welt kommen – Philosophieren mit Peter Sloterdijk. TV-Film des WDR, 1990

Varela, F.M.: Kognitionswissenschaft - Kognitionstechnik. Suhrkamp Verlag, Frankfurt/M, 1990

Volpert, W.: Erhalten statt Gestalten? Von den Zwängen der Informatiker, Positionspapier zum Arbeitstreffen "Theorie der Informatik", Bederkesa 1990 (auch in: Coy 1992)

Wagner, Th.: Der Narren und Weisen Stelldichein. In: Frankfurter Allgemeine Zeitung, 12.4.91, S. 35

Winograd, T., Flores, F.: Erkenntnis Maschinen Verstehen. Rotbuch Verlag, Berlin 1990

Zemanek, H.: Entwurf und Verantwortung. In: IBM-Nachrichten, Bd.241, 1978, 173-182

Gesellschaftliche Innovation durch eine reflexive Informatik
Zur Steuerung der informationstechnischen Entwicklung*

Werner Rammert
Institut für Soziologie
Freie Universität Berlin
Babelsberger Str. 14-16
1000 Berlin 31

---

1. Informatik quo vadis?

Die Informatik ist mehr als andere Disziplinen - vielleicht mit Ausnahme der Gentechnologie - zum Brennpunkt gesellschaftlicher Debatten geworden. Ihre Produkte, die Technologien der Informatik, wie ich sie nennen möchte, durchdringen alle Sphären unseres gesellschaftlichen Lebens und beginnen sie zu verändern. Die "Informatisierung der Gesellschaft", die Simon Nora und Alain Minc (1979) vor vierzehn Jahren in ihren Umrissen und Auswirkungen prospektiv nur für eine kleine Gruppe von Experten skizziert haben, findet gegenwärtig in den Büros und Werkstätten, zuhause und auf den Kriegsschauplätzen für alle sichtbar statt. Wer steuert diese informationstechnische Entwicklung?

Dazu liegen schnelle Antworten auf der Hand. Die einen weisen auf das Militär: Ohne die Technologien der Informatik wären die meisten der modernen Rüstungssysteme nicht vorstellbar. Das Militär habe zudem die Großprojekte von der Entwicklung des digitalen Rechners über die computergestützen Abwehrkanonen und Werkzeugmaschinen bis hin zur strategischen Initiative der Rakentenabwehr (SDI) fast ausschließlich gefördert und finanziert (vgl. u.a. Domke 1988; Holl 1988; Keil-Slawik 1989). Belegen diese Tatsachen, daß das Militär die informationstechnische Entwicklung, die technologischen Konzepte und die technischen Konstrukte, nach seinen Zielvorstellungen gesteuert hat?

Die anderen weisen auf die Wirtschaft: Viele Software-Häuser und einige Großunternehmen entwickeln und verkaufen die neuen Technologien der Informatik; die breite Masse der Wirtschaftsunternehmen, vom kleinen Handwerksbetrieb bis zum multinationalen Konzern, kaufen und nutzen sie, um Produktions- und Verwaltungsarbeit zu rationalisieren und um Fertigung und Personal zu kontrollieren. Liegt es angesichts dieses Sachverhalts nicht nahe, eine Steuerung der informationstechnischen Entwicklung im privatwirtschaftlichen Interesse zu vermuten?

Was jedoch weniger gesehen wird, jedoch mindestens genauso wichtig, wenn nicht gar wichtiger ist, ist der Anteil der Informatik selbst als Teil des Forschungssystems an der Ausrichtung der informationstechnischen Entwicklung. Ich meine damit nicht die individuelle Verantwortung des Informatikers gegenüber der Gesellschaft (vgl. Coy u.a. 1988), sondern ich denke dabei eher an ein soziales Phänomen, nämlich das kollektive System der Selbststeuerung einer Disziplin. Meine zentrale These hierzu lautet: Mit welchen Konzepten unterschiedliche Informatikergruppen ihren Gegenstand konstituieren und mit welchen Visionen sie ihre Projekte zur Technisierung angehen, das bleibt nicht unerheblich für die Richtung, welche die Informatik einschlägt, und für die sogenannten Folgen der Informationstechnik, über die damit schon vorentschieden wird.

Bevor ich auf die Chancen und Anstöße zur gesellschaftlichen Innovation, die sich aus dieser Sichtweise ergeben könnten, zurückkomme, werde ich zunächst die Grenzen der Steuerbarkeit technischer Entwicklungen allgemein erörtern. Daraus ergeben sich einige Hinweise, wie technische Entwicklungspfade entstehen und in bestimmten Grenzen orientiert werden können.

Abschließend werde ich versuchen, diese Hinweise auf die informationstechnische Entwicklung speziell zu übertragen. Es geht darum, auf diesem Feld Bedingungen und Chancen für die Freisetzung gesellschaftlicher Innovationspotentiale zu benennen.

---

* Das diesem Beitrag zugrundeliegende Vorhaben "Konstruktion und Anwendung von Expertensystemen: Folgen für Wissen, Kommunikation und Organisation" wird aus Mitteln des Bundesministers für Forschung und Technologie unter dem Kennzeichen WIT 00220 gefördert. Die Verantwortung für den Inhalt der Veröffentlichung liegt beim Autor.

2. Über die Grenzen der Steuerbarkeit technischer Entwicklungen

2.1 Was meinen wir, wenn wir von "Steuern" sprechen?

Für Techniker und speziell für Informatiker ist der Steuerungsbegriff klar definiert und bedürfte keiner ausführlichen Erörterung. Ein Kraftfahrzeug zu steuern heißt dann, durch Operationen am Lenkrad über ein fest verkoppeltes System kausaler Wirkketten, z.B. aus Zahnrädern, Nockenwellen und Lenkgestänge, die Räder des Gefährts in die gewünschte Richtung zu drehen. Dabei stehen der Winkel, um den das Lenkrad gedreht wird, und der Winkel, um den sich das Rad dreht, in einem fixierten und wohl berechenbaren Verhältnis.

Ein Schiff zu steuern, was im wörtlichen Sinn die Kybernetik lehrt, hat schon mit komplexeren und loser gekoppelten Zusammenhängen zu tun. Es werden nämlich per Steuerruder dem System Richtungsvorgaben gemacht, die unter Kenntnis anderer beeinflussender Faktoren, wie Windstärke und Wasserströmung, und unter Kenntnis der Interaktionsweisen, z.B. zwischen Ruderwinkel und Geschwindigkeit, über Rückkopplung ständig korrigiert werden. Drehwinkel des Steuerruders und eingeschlagener Fahrwinkel stehen in einem lockeren Verhältnis, das erst nach Wahrnehmung und Korrektur der anderen intervenierenden Faktoren gleichgerichtet werden kann.

Wenn wir diesen technischen Steuerungsbegriff auf die Steuerung sozialer Systeme übertragen wollen, dann müssen wir uns zumindest drei wichtige Unterschiede vor Augen führen:

- Erstens, haben wir es nicht mehr mit einem einzelnen Akteur, der steuert, zu tun, sondern mit mehreren Akteuren oder sozialen Systemen.

- Zweitens, wirkt die Steuerung auf soziale Systeme nicht in dem gleichen eindeutig determinierenden Sinn wie auf technische Systeme, da die Einheiten nicht nur loser verkoppelt, sondern auch noch kontingent sind, d.h. sie können immer anders als erwartet reagieren.

- Drittens, sind die Medien der Steuerung nicht sachlicher Art, wie Stangen, Hebel und Steuerwerk, sondern symbolischer Natur. Die symbolisch generalisierten Medien, wie Geld, Macht, Reputation usw., greifen nur, wenn sie sozial anerkannt werden.

Diese Unterschiede machen die Steuerung von sozialen Systemen zu einer höchst voraussetzungsvollen Angelegenheit. Aber warum mühen wir uns mit diesen Differenzen ab, da hier doch die Steuerung der technischen Entwicklungen zur Debatte steht? Was haben diese mit sozialen Systemen, außer denen, die sie zu steuern versuchen, zu tun?

2.2 Bei der technischen Entwicklung, was wird da eigentlich gesteuert?

Wir machen uns ein schiefes Bild von der technischen Entwicklung, wenn wir sie als eine geordnete Reihe von sachlichen Artefakten betrachten. Die museale Präsentation der Technik, von den primitiven Vorläufergeräten zu den modernen Glanzstücken, suggeriert eine solche lineare und sachbezogene Sicht. In vielen technikgeschichtlichen Darstellungen wird dieser Eindruck verstärkt, wenn der Gang der technischen Entwicklung vom heute technologisch überlegenen Produkt aus gesehen und als zielgerichteter Ausleseprozeß, bei dem die ineffektiven Alternativen ausgeschieden werden, nachgezeichnet wird. Auch die Redeweise von den neuen Technikgenerationen, wie wir sie von den Computerwissenschaftlern kennen (z.B. Feigenbaum/McCorduck 1984), unterstellt eine Logik der technischen Perfektionierung, daß nämlich die Geräte mit jeder neuen Entwicklungsstufe die Mängel der früheren überwinden und sich im Hinblick auf bestimmte technische Parameter jeweils verbessern.

Unser Gegenstand sind nicht die technischen Gebilde, sondern die sozialen Prozesse ihrer Erzeugung und Verwendung. Vor diesem Hintergrund läßt sich die technische Entwicklung in eine Vielzahl einzelner Projekte der Technisierung auflösen. Sie werden von unterschiedlichen sozialen Akteuren mit verschiedenen Visionen und Konzepten, Handlungsabläufe zu technisieren, nebeneinander und gegeneinander betrieben. Gegenstand der Steuerung sind dann die verschiedenen organisierten Sozialsysteme, die mit der Forschung und Entwicklung befaßt sind. Als zweite zentrale These können wir festhalten: Der Kurs, den die technische Entwicklung einschlägt, folgt nicht, wie es den Anschein hat, der generativen Logik technischer Problemlösung und Lösungsverbesserung; sondern er ergibt sich aus dem Wechsel kultureller Orientierungsmodelle und dem Wandel sozialer Kräfteverhältnisse. Wenn zum Beispiel demnächst der schadstoffarme Otto-Motor im Deutschen Museum der Technik zu sehen sein wird, dann ist er nicht als technologisch folgerichtiges Glied in der Kette der Motorenentwicklung dorthin gelangt, sondern als historisches Resultat sozialen Wandels, nämlich eines Kompromisses zwischen einer konservativen Motorenbaukultur (vgl. Knie 1989) und einer ökologisch sensibel gewordenen Öffentlichkeit, die das politische System zu neuen Prioritäten anstößt und die das Wirtschaftssystem zu irritieren beginnt.

2.3 Wer steuert die technischen Entwicklungen?

Von alters her wurde die Frage nach der Entwicklung der Technik polar beantwortet. In der griechischen Mythologie sind die nützlichen Künste zwar Gabe der Götter, die ihnen jedoch durch die listige Tat des Helden Prometheus entrissen wird. Mit Beginn der Neuzeit werden sie als Ausdruck angewandter Naturgesetze angesehen, ihre Entdecker und Erfinder werden aber als große Individuen gefeiert. Im 19. Jahrhundert rechnete man ihre Bewegung einer Logik des technischen Fortschritts zu, während man ihre Beweger gleichzeitig als wissenschaftliche und technische Genies feierte. Auch gegenwärtig schwankt man bei der Erklärung technischer Entwicklungen zwischen gesellschaftlicher Struktur und individueller Kreation. Wenn man nun technische Entwicklung als Gegenstand in Projekte der Technisierung auflöst, wie wir es eben vorgeschlagen haben, dann greifen Erklärungsansätze auf der Ebene der Gesellschaft ebensowenig wie diejenigen auf der individuellen Ebene. Ich schlage vor, zwischen Gesellschaft und Genie zwei vermittelnde Ebenen einzuführen, mit denen die steuernden Größen schärfer in den Blick kommen. Das sind unterhalb der Ebene der Gesellschaft die funktional ausdifferenzierten Teilsysteme der Gesellschaft, wie Wirtschaft, Politik und Wissenschaft. Und das sind oberhalb der individuellen Ebene kulturelle Milieus, die das Verhalten des Einzelnen mittels eines kollektiv geteilten Paradigmas und eines gemeinsam gelebten Habitus orientieren und zu einem Stil des Denkens und Handelns verdichten. Sie lösen häufig soziale oder kulturelle Bewegungen aus, wie z.B. die Technokratiebewegung, die Alternativbewegung, die kybernetische Bewegung oder die Künstliche Intelligenz-Bewegung.

Nachdem wir uns von den "großen" Antworten zur Steuerung der technischen Entwicklung verabschiedet haben (vgl. ausführlicher Rammert 1992a), können wir uns den Beiträgen der gesellschaftlichen Teilsysteme zur Richtungsbestimmung zuwenden. Wenn es um Fragen der Steuerung geht, denken wir zuerst an das politische System. Im Vier-Felder-Schema der strukturfunktionalen Gesellschaftstheorie erfüllt es die Funktion des "goal attainment", der Zielerreichung. Durch Parteien, Parlament, Regierung und Verwaltung werden Steuerungsziele definiert, ausgewählt, umgesetzt und kontrolliert. Das gilt in den letzten Jahrzehnten in wachsendem Maß auch für die Technologiepolitik. Der Staat versucht die technische Entwicklung zu steuern, indem er bestimmten technischen Projekten oder technologischen Programmen staatliche Finanzmittel direkt zuteilt. Das geschah zum Beispiel beim Manhattan-Projekt zur Entwicklung der Atombombe, beim Apollo-Programm für die bemannte Weltraumfahrt und bei der strategischen Verteidigungs-Initiative zur Verbesserung von Raketenabwehrsystemen. Es sollte das Ziel militärischer Überlegenheit erreicht oder das Image der technologisch führenden Nation wiedergewonnen werden. Über die technologiepolitische Prioritätensetzung versucht der Staat zusätzlich indirekt auf die Schwerpunktbildung in der technologischen Forschung und Entwicklung Einfluß zu nehmen. Förderprogramme zur Elektronischen Datenverarbeitung, zur Mikroelektronik, zur Humanisierung der Arbeit oder zur Technikfolgenabschätzung sollen Forschungs- und Entwicklungstätigkeiten auf diesen Gebieten konzentrieren, um die Wettbewerbsposition der nationalen Wirtschaft und den sozialen Frieden zu sichern.

Was gesteuert wird, ist jedoch nur ein Teil der technischen Entwicklung, und zwar derjenige der Umsetzung und Anwendung. Mit seinen Fördermaßnahmen und Prioritätensetzungen wirkt der Staat nur als Katalysator schon woanders vorentschiedener technischer Entwicklungspfade. Eigene Technologieinitiativen bleiben äußerst selten. In der Regel werden die Programme stark von außen mitgeschrieben, häufig von den militärischen und wirtschaftlichen Akteuren, manchmal auch von den Gewerkschaften und sogar von den neuen sozialen Bewegungen, wie beim Programm "Mensch und Technik - Sozialverträgliche Technikgestaltung".

Der Staat steuert die technische Entwicklung tiefgreifender, als man denkt, über die Setzung rechtlicher Normen. Über die Festsetzung von Tarifen, Sicherheitsregelungen und Schadstoffgrenzwerten greift er zwar nur auf die vorhandenen Technologien und ihre Umsetzung ein, kann er jedoch, je weiter er sich vom akzeptierten "Stand der Technik" und den Interessen der Professionen und Lobbies löst, Vorgaben machen, die auch die Erzeugung neuer Technik umorientieren und wieder Chancen für grundlegende Innovationen eröffnen. Eine Zulassungsbeschränkung für Fahrzeuge im städtischen Verkehr, die nicht schadstofffrei sind, hätte zum Beispiel eine solche umsteuernde Wirkung, während die Förderung von computergesteuerten Verkehrsleitsystemen, wie sie gegenwärtig betrieben wird, den Gang der Entwicklung nur fortschreibt und verfestigt.

Der Staat läßt sich nach unseren Überlegungen nicht mehr als übergeordnete und relativ autonome Steuerungsinstanz für die technische Entwicklung benennen. Sein Einfluß verschwindet hinter einer Vielzahl von korporatistischen Gremien, in denen sich die Einflüsse verschiedener gesellschaftlicher Akteure mischen. Wenn es um die Förderung bestimmter Programme oder um die Festsetzung bestimmter technischer Normen geht, dann können wir beobachten, daß der Staat wesentlich auf die wissenschaftlichen und technischen Experten und deren Vorgaben angewiesen ist.

Das Wirtschaftssystem und seine zentralen Akteure, die Wirtschaftsunternehmen, sind in den Augen der meisten Zeitgenossen diejenigen gesellschaftlichen Instanzen, die der technischen Entwicklung die Richtung weisen. Üben sie schon als relevante Nachfrager von Investitionstechnologien, als Großverbraucher von technischen Gütern und als Großkunden technischer Infrastruktursysteme einen sogartigen Einfluß auf den Strom technischer Entwicklung, umso mehr geben sie als Hersteller und Entwickler technischer Produkte die steuernden Anstöße zu neuen technischen Strömungen. Durch Patentaufkäufe suchen sie die Zeitabläufe der Innovationszyklen zu regulieren; und durch die Einrichtung eigener Forschungs- und Entwicklungslabors suchen sie den Gang der technischen Innovation in ihre Regie zu nehmen (vgl. u.a. Noble 1977).

Wie tief greifen diese Steuerungsversuche? Läßt man sich vom Gewicht der Wirtschaftsunternehmen für die Auswahl, Anwendung und Verbreitung von Technik nicht zu sehr beindrucken, dann kann man erkennen, daß dieses Gewicht für die frühen Phasen der Technikgenese nicht in gleichem Maße wie für die späteren gilt. Es ist bekannt, daß sich die industriellen F&E-Abteilungen zu über 90 Prozent damit befassen, den technischen Standard einfach nur zu halten und mit kleinen, berechenbaren technischen Verbesserungen Wettbewerbsvorteile zu erzielen. Richtungsweisende Innovationen, wie die Entdeckung des Transistors und der Halbleitertechnik in den Bell Laboratories, sind eher die Ausnahme und trüben unseren Blick. Dort, wo auch in der Industrie wie in diesem Fall offensive technologische Grundlagenforschung betrieben wird, gelten die strengen ökonomischen Steuerungs- und Kontrollkriterien nicht mehr; sie werden von den eher professionsorientierten und disziplinären Standards der Selbststeuerung und Selbstkontrolle abgelöst (Rammert 1989a).

Sozialwissenschaftliche Forschungen zur Technikgenese haben bisher in mehreren Fällen, bei Dieselmotor (Knie 1991) und Schreibmaschine (Knie/Buhr/Hass 1992), bei Telefon (Rammert 1989b), Rundfunk (Aitken 1976) und Kleincomputer (Mambrey/Tepper 1992) nachweisen können, daß die Wirtschaftsunternehmen die Markt- und Gewinnaussichten neuer technischer Produkte falsch eingeschätzt oder gar nicht erkannt haben. Sie haben daher in dieser Frühphase technischer Entwicklungen kaum Einfluß auf deren Verlauf nehmen können. Erst später, wenn sich die grundlegende Gestalt und die soziale Nutzungsform einer Technik schon in ihren wesentlichen Zügen herausgebildet haben, beginnen sie die weitere technische Entwicklung mitzubestimmen.

Im Wirtschaftssystem wird zwar, wie es die Analyse der Patentstatistiken, die Zunahme der Industrieforschung und die strategische Position der Unternehmen bei der Auswahl und Gestaltung von Techniken nahelegen, eine selektive Steuerung auf die späteren und ein orientierender Sog auf die früheren Phasen der technischen Entwicklung ausgeübt; aber dieser Sachverhalt rechtfertigt nicht die Annahme, daß die technische Entwicklung insgesamt allein und richtungsweisend vom Wirtschaftssystem, seinen Imperativen und seinen Akteuren gesteuert würde.

Die Kultur ist ein Bereich der Gesellschaft, den man wohl kaum als eines ihrer ausdifferenzierten Teilsysteme bezeichnen kann. Innerhalb dieser Sphäre der Werte und Normen haben sich die Teilsysteme der Religion, der Wissenschaft und der Kunst gebildet. Es sei nur kurz daran erinnert, daß in vergangenen Epochen - eigentlich über Jahrtausende hinweg von frühen Zivilisationen bis hin zum Mittelalter - Wurzeln und Werte der Technik sich überwiegend aus den Religionen und ihren Haltungen zur Welt speisten (vgl. u.a. Mumford 1974; White 1968). Auch die Rolle der schönen Künste für die Orientierung der nützlichen Künste, wie sie für die Epochen der Renaissance- und der Barocktechnik so augenfällig ist, wird häufig unterschätzt. Beziehen wir uns auf die jüngste Phase moderner technischer Entwicklung, müssen wir uns vor allem mit dem Einfluß des Wissenschaftssystems beschäftigen.

Bis zum Ende des 19. Jahrhunderts haben sich Wissenschaft und Technik relativ unabhängig voneinander entwickelt. Es gab zwar immer wieder wechselseitige Bezugnahmen - Techniker ließen sich von wissenschaftlichen Konzepten inspirieren, und Wissenschaftler griffen auf technische Methoden und Geräte zurück -, aber es bestand keine dauerhafte und systematische Beziehung. Mit der Einrichtung industrieller Forschungslabors und staatlicher Großforschungsinstitutionen, in denen wissenschaftliche Forschung und technologische Entwicklung organisatorisch enger verkoppelt wurden, hat sich die Situation verändert (vgl. Krohn/Rammert 1986). Daraus folgt nicht, daß Technik als sogenannte angewandte Wissenschaft direkt aus den neuen Theorien der einzelnen Wissenschaften entwickelt werden kann. Eine solche Unterstellung unterschätzt den empirischen und kontextuellen Charakter technischer Neuerungen. Das Verhältnis von Wissenschaft und Technik erfassen wir angemessener, wenn wir uns eine interne Differenzierung des Forschungssystems in zwei funktional spezifizierte Typen vorstellen: einem Forschungshandeln, das an der Unterscheidung "wahrer" und "falscher" Theorien interessiert ist, und einem Forschungshandeln, das an der Unterscheidung "Es funktioniert" oder "Es funktioniert nicht" ausgerichtet ist. Was an der Vermehrung der Erkenntnis orientiert ist, nennen wir üblicherweise Wissenschaft; und was an der Verbesserung der Funktion orientiert ist, nennen wir Technik. Beide Funktionsbereiche folgen ihren eigenen Diskurs- und Praxisregeln, orientieren sich dabei aber zunehmend an den Ergebnissen des jeweils anderen Systems. Ich möchte diese wechselseitige Durchdringung an zwei Beispielen aufzeigen.

Die Wissenschaften greifen zunehmend auf Instrumente und Verfahrensweisen der Technik zurück, um sie für ihre kausal orientierte Forschung als Experimentiermittel zu verwenden. Beschränkte sich diese Beziehung früher auf die Anfertigung von einzelnen Geräten, wie Linsen, Reagenzgläsern oder elektrischen Aufzeichnungsapparaten, hat gegenwärtig die forcierte Technisierung der Wissenschaften zu einem regelrechten Nachfragesog nach Hochleistungstechniken mit außergewöhnlichen Eigenschaften geführt. Moderne Forschung ist ohne Reaktoren, Beschleuniger, Röntgendetektoren und Supercomputer nicht mehr vorstellbar. Dadurch werden viele technische Entwicklungen - gleichsam ohne Rücksprache mit der Industrie oder dem Endnutzer - in eine Richtung gesteuert, die sie von deren praktischen Bedürfnissen entfernt. Diese hochgezüchteten Technologien müssen anschließend mit einem großen Aufwand an Mitteln und Forschung wieder zu einer Technik zurücktransformiert werden, die im beruflichen Leben von Fachleuten und im Alltag von Laien einfach und risikolos benutzt werden kann.

Die Theoretisierung von Methoden und Maschinen der Technik ist ein gegenläufiger Prozeß mit ähnlichen Resultaten. Es entstehen zum Beispiel neue Forschungsdisziplinen, die eine Technik zu ihrem Hauptgegenstand haben, eine Chemie, welche die Verfahrenstechnik zugrundelegt, eine Molekularbiologie, welche eng mit der Gentechnik verschmolzen ist, und eine Kognitionswissenschaft oder "Künstliche Intelligenz"-Forschung, welche ihre Erklärungen und Modelle aus der Computertechnik zieht. Dadurch wird der Erkenntnisfortschritt zunehmend an den Fortgang technischer Neuerung zurückgebunden. Umgekehrt wird die technische Forschung in wachsendem Ausmaß von anderen Instanzen entkoppelt und in die Institutionen des wissenschaftlichen Forschungssystems verlagert. Wenn wissenschaftliche Konzepte kräftiger als praktische Kontexte die Pfade der weiteren technischen Entwicklung vorzeichnen, muß damit gerechnet werden, daß die neuen technischen Produkte im Alltagsbetrieb nicht mehr umstandslos funktionieren und daß sie dort nicht ohne Risiko beherrscht werden können. Die Fehlinvestitionen in die Robotertechnologie für die Maschinenbestückung (Döhl 1989), die mangelnde Akzeptanz gentechnologisch fabrizierter Produkte (Bonß/Hohlfeld/Kollek 1992) und das Mißtrauen von Industrie und Professionen gegenüber der Technologie der "Expertensysteme" (Rammert 1992b) zeugen davon.

Was hat uns die Diskussion der Antworten auf die Frage nach dem Wer der Steuerung bisher gezeigt? Es dürfte deutlich geworden sein, daß es in modernen Gesellschaften kein Zentrum mehr gibt, von dem her sich ihre Entwicklung, auch nicht ihre technische Entwicklung, steuern ließe. Ebensowenig läßt sich eines ihrer Teilsysteme ausmachen, daß den Gang der technischen Entwicklung allein und maßgeblich orientieren könnte. Die technische Entwicklung, das sollten wir uns vergegenwärtigen, durchläuft von ihren konzeptuellen Anfängen bis zu ihrer sachlichen Institutionalisierung nacheinander und nebeneinander mehrere Teilbereiche der Gesellschaft, von denen sie jeweils geprägt wird.

Die Steuerungsmedien in den einzelnen Teilsystemen, wie Geld, Macht oder Wahrheit (vgl. Willke 1984: 40), koordinieren die Handlungen und ihre Anschlüsse jeweils nur im eigenen System, werden jedoch untauglich, wenn es um die Steuerung in den anderen Teilsystemen geht. Keines der spezifischen Steuerungsmedien kann eine generelle Übertragbarkeit von Steuerungsleistungen sicherstellen: Die Finanzierung der technischen Forschung über Geld kann technisches Funktionieren nicht garantieren, kann jedoch im Gegenzug über bloße Zukunftsversprechen der Techniker vorgesteuert und unterlaufen werden. Die Ausrichtung der technischen Entwicklung durch Macht kann zwar Themenschwerpunkte verlagern, kann aber weder das Ereignis der Innovation sicherstellen noch Eigensinn und Etikettenschwindel von Seiten der Forscher verhindern. Und ebensowenig greift - wie wir zuletzt gesehen haben - das Steuerungsmedium der Wahrheit, wenn es nämlich um die Herstellung brauchbarer und risikolos beherrschbarer Techniken geht. Wir müssen zunehmend damit leben lernen, daß die Übertragbarkeit im Labor geprüfter "Wahrheiten" auf die gesellschaftliche Praxis nicht gewährleistet werden kann und daß die technische Implementation selbst ein experimenteller Vorgang ist, der die Gesellschaft in ein Labor verwandelt (Krohn/Weyer 1989).

Eine universale Rationalität, mit der sich die Herausforderungen und Problemlösungen eindeutig formulieren und zwischen den Teilsystemen kommunizieren ließen, kann nicht vorausgesetzt werden; vielmehr ist an lokale und regionale Rationalitäten und deren besondere Bedingungen und eigenständige Interpretationen anzuknüpfen, will man etwas in bestimmter Absicht bewegen. Es gibt infolgedessen auch kein globales Wissen, das eine Steuerung der technischen Entwicklung im strengen Sinne erlaubte. Daher sollte den statistischen und ökonomischen Methoden der Technikprognose ebenso mit Skepsis begegnet werden, wie den Szenariomodellen der Politikwissenschaftler und den Trend- und Risikoabschätzungen der Ingenieure und Naturwissenschaftler. Sie sind nicht mehr, aber auch nicht weniger als Orientierungsmodelle, welche als Störungen oder steuernde Anstöße den Gang der weiteren technischen Entwicklung beeinflussen.

Wenn man die technische Entwicklung im Rahmen des Forschungssystems schon nicht direkt beeinflussen kann, so läßt sich eine Steuerung nur über die Organisation ihres Umfeldes denken. Gegenüber der eingreifenden Steuerung nennen wir diese Form, die mit Feingriffen in der Umwelt vorgeht und an den lokalen und situativen Bedingungen ansetzt, Kontextsteuerung. Wenn wir im letzten Teil über die Möglichkeiten für die gesellschaftliche Innovation im Feld der informationstechnischen Entwicklung nachdenken, meinen wir diese Form der Kontextsteuerung.

3. Über die Chancen für gesellschaftliche Innovationen im Feld der informationstechnischen Entwicklung

Es blieb bisher noch unklar, ob das soziale System, in dem Informationstechniken entworfen und entwickelt werden, als Teil des Wissenschaftssystems oder als Teil anderer Teilsysteme anzusehen ist. Die Informatik ist keine wissenschaftliche Disziplin, wie die Physik, Mathematik oder Psychologie, die ihr Forschungshandeln an Erkenntnis- und Wahrheitsfragen orientieren, einen kognitiven Kern herausbilden und sich um diesen selbstreferentiell in ihren Kommunikationen organisieren. Die Informatik läßt sich eher einem anderen Typ von Disziplinen, den Technikwissenschaften (Luft 1988), zuordnen, zu dem auch die auf praktische Ziele hin orientierten Disziplinen der Medizin oder des Chemical Engineering zählen. Demnach ist die Informatik ein heterogenes Feld des technologischen Forschungssystems, das sich gleichzeitig selbstreferentiell und fremdreferentiell organisiert. Über den Bezug auf einen technologischen Kern stabilisiert sich die Informatik als Forschungsdisziplin. Zu einem solchen selbstreferentiellen Bezugspunkt kann man die Idee der "symbolischen Maschinen" (Krämer 1988), das Konzept der technischen Kommunikation (Rammert 1992c), seine Grundlagen in Mathematik, Logik und den sogenannten Kognitionswissensschaften (vgl. Simon 1980; Gardner 1989; Varela 1990) und die praktizierten Methoden der Informationsverarbeitung von der Systemanalyse über die Nachrichtentechnik bis zum Software Engineering zählen. Fremdreferentiell entwickelt sich die Informatik insofern, als sie sich die Ziele der Technikentwicklung von außen, z. B. von wissenschaftlichen Paradigmen, politischen Leitbildern und ökonomischen Erwartungen in das Forschungssystem hineinholen muß.

Solange die Informatik als Forschungsdisziplin diesen ihren Hybridcharakter nicht begreift und für sich als Chance annimmt, solange droht sie zwischen "Künstliche Intelligenz"-Träumen und wenig innovativer, da fremdorientierter Technikentwicklung hin und hergerissen zu werden. Es hat sich in der Geschichte der Wissenschaften immer wieder gezeigt, daß Forschungsfelder erst dann ihr innovatives Potential entfalten konnten, nachdem sie auf der einen Seite sich von überzogenen wissenschaftlichen Ansprüchen befreit und auf der anderen Seite gegenüber äußeren Anforderungen eine kritische Distanz aufgebaut haben. Die Alchimie, welche mit ihrem magischen Konzept der Erde ihre Geheimnisse entlocken wollte und sich mit ihrer Fähigkeit, Gold künstlich herstellen zu können, den Fürsten andiente, ist nicht das einzige Beispiel. Auch meine eigene Disziplin, die Soziologie, kann ihr innovatives Potential erst entfalten, wenn sie sich von utopischen Gesellschaftsbildern und geschichtsphilosophischen Konstruktionen gelöst und zu sozialpolitischen Forderungen und zu kommerziellen Methoden der Meinungsumfrage ein distanziertes Verhältnis aufgebaut hat.

Es dürfte schon deutlich geworden sein, daß ich die Freisetzung des innovativen Potentials nicht einfach in der Steuerung einer Disziplin durch andere Teilsysteme der Gesellschaften oder durch andere normative Vorgaben begründet sehen möchte. Üblicherweise verspricht man sich von der Eindämmung ökonomischer Interessen zugunsten politischer Gestaltung, zum Beispiel weg von der Rationalisierung hin zur Sozialverträglichkeit (vgl. u.a. Friedrichs 1988), oder von der Ersetzung "kapital-orientierter" und "technikzentrierter" Leitbilder durch "arbeitsorientierte" und "menschzentrierte" Leitbilder (vgl.u.a. Brödner 1987; Volpert 1987) eine Steuerung der technischen Entwicklung, welche die gesellschaftlichen Innovationspotentiale freisetzt. Im vorigen Teil hatte ich jedoch schon aufzuzeigen versucht, wie wenig wahrscheinlich sich diese direkten Steuerungen im Forschungssystem umsetzen.

Ökonomische Anreize und normative Macht haben nur dann eine Chance der Orientierung, wenn sie sich in die interne Steuerung des Forschungssystems übersetzen lassen, ansonsten werden sie einfach nur ignoriert, umgangen oder gar für eigene Orientierungen in der Forschung umgemünzt und ausgenutzt. Es wäre nicht das erste Mal, daß sich Wissenschaftler und Ingenieure ihre Forschungsideen von den Militärs, den Unternehmen oder anderen Gruppen der Gesellschaft unter einem falschen Etikett finanzieren ließen. Für eine Steuerung von außen bedeutet diese Unsicherheit, daß sie die selbstreferentiellen Mechanismen des anderen Systems beobachten und unter Kenntnis dieser Funktionsweise den Normallauf irritierende und neue Anforderungen signalisierende Vorgaben macht, in der Erwartung, daß sie in der erwünschten Weise aufgegriffen und verarbeitet werden.

Wie schon in der Eingangsthese ausgesprochen, halte ich die Selbststeuerung der Informatik als Forschungssystem für wichtiger als die gerade angesprochene Fremdsteuerung. Wenn es um die Chancen für gesellschaftliche Innovationen auf dem Feld der informationstechnischen Entwicklung geht, wie könnte die Informatik dazu sinnvoll beitragen?

Die Fähigkeit zur Selbststeuerung von Disziplinen hängt zum großen Teil davon ab, inwieweit es ihnen gelingt, einen eigenen Gegenstand zu konstituieren, so daß man sich nur noch über unterschiedliche Konzeptualisierungen auseinanderzusetzen braucht, und sich auf legitime Methoden zur Beobachtung und Konstruktion des Gegenstands zu einigen, die es dann nur noch zu verbessern gilt. Auf diese Weise hat man sich einen Rahmen gesetzt, innerhalb dessen man sich intern orientiert fortbewegen und die Fortschritte messen und beurteilen kann. In dieser Hinsicht haben es die klassischen wissenschaftlichen Disziplinen der Physik und der Biologie leichter als die technologischen Disziplinen der Medizin oder Informatik, da die ersteren es mit der Rekonstruktion eines vorgegebenen Gegenstands zu tun haben. Bei den letzteren handelt es sich um soziale Konstrukte, die dann ein zweites Mal wissenschaftlich konstruiert werden müssen. Was es heißt, jemanden "gesund" zu machen oder "intelligent" zu operieren oder Wissen zu "verarbeiten", ist weniger leicht von den sozialen Konnotationen zu reinigen als die Begriffe der Kraft, Masse und elektrischen Ladung. Hinter jedem Krankheitskonzept liegt eine Vision gesunden Lebens, die sich historisch und gesellschaftlich wandelt. Hinter jedem Kommunikationskonzept liegt dementsprechend eine Vorstellung vom wechselseitigen Verstehen und Zurechnen von Subjektivität (Joas 1989: 91ff.). Diese Visionen und leitenden Vorstellungen sind häufig implizit und wirken unbewußt.

Mein erster Vorschlag zur Steigerung des innovativen Potentials rät dazu, die disziplinäre Selbstreferenz durch Reflexivität zu steigern. Das hieße, die implizit steuernden Visionen in der Informatik explizit zu machen (vgl. dazu auch Mambrey/Tepper 1992) und daraufhin immer wieder die Konzepte zu überprüfen und zu revidieren. Läßt man sich zum Beispiel von der Vision einer nicht-personalen Intelligenz, eines körperlosen Wissens, eines Werkzeugs, eines Assistenten oder eines Mediums leiten, gelangt man zu unterschiedlichen Konzepten für informationstechnische Systeme (vgl. u.a. Tepper 1988; Paetau 1990: 43ff). Ein selbstkritischer Diskurs innerhalb der Informatik könnte über solche leitenden Visionen, ihre Fruchtbarkeit und ihre Fehlorientierungen aufklären und die informationstechnische Entwicklung von Sackgassen weg-lenken und für wirkliche Innovationen freimachen.

Da in technologischen Forschungssystemen Werkzeuge und Endprodukte für Anwendungskontexte entworfen und gestaltet werden, reichen zu ihrer Beurteilung nicht, wie es für die Anerkennung wissenschaftlicher Erkenntnisse ausreicht, die Kriterien akademischer Evaluation oder labormäßiger Testverfahren. Informationstechnische Systeme, vor allem die sogenannten "Expertensysteme" scheitern immer wieder an der Schwelle des praktischen Einsatzes, weil die Komplexität des Einsatzfeldes mit den beschränkten Methoden der Wissensakquisition und den formalen Modellen unangemessen reduziert wurde (Coy/Bonsiepen 1987) oder vor allem weil die sozialen Bedingungen technischen Funktionierens unterschätzt worden sind (vgl. Collins 1990). Es besteht die Gefahr, daß man sich dann um des Erfolgs willen unkritisch oder auch ungewußt parteilich an die herrschenden Erwartungen und Sichtweisen in einem Praxisfeld einfach anlehnt. Dadurch wird eher die Festschreibung bestehender Verhältnisse, aber nicht die Freisetzung gesellschaftlicher Innovation gefördert.

Mein zweiter Vorschlag zur Steigerung des gesellschaftlichen Innovationspotentials zielt darauf ab, von der strategischen Nutzung anderer Disziplinen und der stummen Intervention in andere Felder auf eine diskursive Verständigung zwischen ihnen und ihren verschiedenen Rationalitäten abzustellen. Das bedeutete, die selbstreferentiellen Strukturen in den jeweiligen Anwendungskontexten stärker zu beachten, sie bei der Modellierung und Gestaltung des Systems explizit zu machen und zur Diskussion zu stellen (vgl. z.B. Kubicek 1987). Für die Disziplin der Informatik würde das auch heißen, schon frühzeitig, möglichst während der Ausbildung, die fremden Fachdiskurse in den eigenen Fachdiskurs einzubauen. Für die Anwendungspraxis ergäbe sich daraus, in Kooperation mit sozialwissenschaftlichen Disziplinen Situationen der Produktion, Verteilung und Nutzung von Wissen zu untersuchen und Modelle ihrer technischen Unterstützung gemeinsam zu entwickeln (vgl. Cremers/Herrmann 1990).

Die scheinbar neutralen Modellierungen und Software-Gestaltungen sind von Anfang an soziale Konstruktionen (Nygard 1986), da sie - ob bewußt oder nicht bewußt - mit ihrem späteren Einsatz das Feld sozial neu gestalten. Nicht erst die Implementation eines informationstechnischen Systems zeitigt sogenannte "Folgen", sondern in die Gestaltungsentscheidungen des Systems und sogar bis in die Konzeptualisierungsphase mit ihren leitenden Visionen hinein reicht die Vorstrukturierung dessen, was nachher als "soziale Folgen einer Technik" erscheint (Rammert 1990).

Mein dritter Vorschlag, das gesellschaftliche Innovationspotential der Informatik freizusetzen, bezieht sich auf die Integration einer prospektiven Technikfolgenabschätzung in den Entwicklungsprozeß. Das erforderte, schon während der frühen Phasen der Technikentwicklung alternative Konzepte und Konstruktionsentwürfe auf mögliche Folgen unter unterschiedlichen Aspekten durchzusehen und in offener Aushandlung mit den Beteiligten, Entscheidern wie Betroffenen, riskante und sozial nicht akzeptierte Varianten rechtzeitig auszuscheiden. Solche Formen der prospektiven Technikfolgenabschätzung böten die Chance, eine Forschungsdisziplin vor einem solchen Vertrauenslust zu bewahren, wie ihn zuerst die "Software-Krise" ausgelöst hat und wie er sich gegenwärtig als Enttäuschung über die "Expertensysteme" und die anderen Versprechungen der "Künstliche Intelligenz"-Forschung ankündigt.

Verstärkt die Informatik die Selbstreflexion auf ihre Grundlagen und grundlegenden Visionen, läßt sie sich als hybride Disziplin in den offenen Diskurs mit den naheliegenden Disziplinen ein und wagt sie es, eine prospektive Technikfolgenabschätzung in ihren Entwicklungsprozeß zu integrieren, dann gewinnt sie meiner Ansicht nach genügend kritische Distanz zu anderen steuernden Einflüssen aus Wirtschaft, Politik und Wissenschaft und trägt durch ihre reflexive Autonomie zur Freisetzung der gesellschaftlichen Innovationspotentiale bei. Sie hätte den Ruch als moderne Alchimie, blinde Rationalisierungsgehilfin oder als "halbstarke" Wissenschaft (Heibey 1982: 95) verloren.

Literaturverzeichnis:

Aitken, H. G. J. (1976), Syntony and Spark: The Origins of Radio, New York
Bonß, W./Hohlfeld, R./Kollek, R. (1992), Risiko und Kontext. Zur Unsicherheit in der Gentechnologie, in: Technik und Gesellschaft, Jahrbuch 6, Frankfurt
Brödner, P. (1987), Äußerung in der öffentlichen Anhörung "Menschliche Kreativität und künstliche Intelligenz", in: Enquete-Kommission (Hrsg.), Einschätzung und Bewertung von Technikfolgen: Gestaltung von Rahmenbedingungen der technischen Entwicklung, Bd. II, Bonn
Collins, H. M. (1990), Artificial Experts. Social Knowledge and Intelligent Machines, Cambridge, Mass.
Coy, W./Bonsiepen, L. (1989), Erfahrung und Berechnung. Kritik der Expertensystemtechnik, Berlin
Coy, W. u.a. (1988), Informatik und Verantwortung, in: R. Falk (Hrsg.), Vernetzte und komplexe Informatik-Systeme, Berlin, 691-702
Döhl, V. (1989), Die Rolle von Technikanbietern, in: B. Lutz (Hrsg.), Technik in Alltag und Arbeit, Berlin, 147-166
Domke, M. (1988), Einflußnahme von Politik, Militär und Industrie auf die Informatik am Beispiel Supercomputer, in: R. Kitzing u.a. (Hrsg.), Schöne neue Computerwelt. Zur gesellschaftlichen Verantwortung des Informatikers, Berlin, 136-163
Feigenbaum, E./McCorduck, P. (1984), Die 5. Computergeneration, Basel
Friedrichs, G. (1988), Die Information im Widerspruch zwischen Rationalisierungswissenschaft und sozialverträglicher Softwaregestaltung, in: R. Kitzinger u.a. (Hrsg.), Schöne neue Computerwelt, Berlin, 27-36
Gardner, H. (1989), Dem Denken auf der Spur. Der Weg der Kognitionswissenschaft, Stuttgart
Heibey, H.-W. (1982), Informatik. Probleme einer "halbstarken" Wissenschaft, in: Technik und Gesellschaft, Jahrbuch 6, Frankfurt, 97-107
Joas, H. (1989), Praktische Intersubjektivität, Frankfurt
Keil-Slawik, R. (1989), Das kognitive Perpetuum mobile. Die Rolle von Computern mit künstlicher Intelligenz in der militärtechnologischen Entwicklung, in: Technik und Gesellschaft, Jahrbuch 5 "Computer, Medien, Gesellschaft", Frankfurt, 105-124

Knie, A. (1989), Das Konservative des technischen Fortschritts. Zur Bedeutung von Konstruktionstraditionen, Forschungs- und Konstruktionsstilen in der Technikgenese, WZB paper FS II 89-11, Berlin

Knie, A. (1991), Diesel - Karriere einer Technik. Genese und Formierungsprozesse im Maschinenbau, Berlin

Knie, A./Buhr, R./Hass, M. (1992), Auf der Suche nach den strategischen Orten der Technikgestaltung: Die Schreibmaschinen-Entwicklung, WZB papers FS II-92-101, Berlin

Krämer, S. (1988), Symbolische Maschinen. Die Idee der Formalisierung in geschichtlichem Abriß, Darmstadt

Krohn, W./Rammert, W. (1986), Technologieentwicklung: Autonomer Prozeß und industrielle Strategie, in: B. Lutz (Hrsg.),Soziologie und gesellschaftliche Entwicklung, Frankfurt, 411-433

Krohn, W,/Weyer, J. (1989): Die Gesellschaft als Labor. Die Erzeugung sozialer Risiken durch experimentelle Forschung, in: Soziale Welt, Heft 3

Kubicek, H. (1987), Fortschritt mit neuen Netzen? In: M. Löwe u.a. (Hrsg.), Umdenken in der Informatik, Berlin, 13-36

Luft, A. L. (1988), Informatik als Technik-Wissenschaft, Mannheim

Mambrey, P./Tepper, A. (1992), Metaphern und Leitbilder als Instrument. Beispiele und Methoden, GMD Arbeitspapiere Nr. 651, Sankt Augustin

Minc, S./Nora, A. (1979), Die Informatisierung der Gesellschaft, Frankfurt (zuerst Paris 1978)

Mumford, L. (1974), Mythos der Maschine. Kultur, Technik und Macht, Frankfurt

Noble, D. F. (1977), America by Design. Science, Technology, and the Rise of Corporate Capitalism, New York

Nygard, K. (1986), Program Development as a Social Activity, in: H.-J. Kugler (Hrsg.), Information Processing 86, Amsterdam, 189-198

Paetau, M. (1990), Mensch-Maschine-Kommunikation. Software, Gestaltungspotentiale, Sozialverträglichkeit, Frankfurt

Rammert, W. (1989a), Das Innovationsdilemma. Technikentwicklung im Unternehmen, Opladen

Rammert, W. (1989b), Der Anteil der Kultur an der Genese einer Technik: Das Beispiel des Telefons, in: Forschungsgruppe Telefonkommunikation (Hrsg.), Telefon und Gesellschaft, Berlin, 87-95

Rammert, W. (1990), Technikgenese und der Einsatz von Expertensystemen aus sozialwissenschaftlicher Sicht, In: Künstliche Intelligenz - KI, Heft 4, 26-30

Rammert, W. (1992a), Wer oder was steuert den technischen Fortschritt? Technischer Wandel zwischen Steuerung und Evolution, in: Soziale Welt, Heft 1, 7-25

Rammert, W. (1992b), "Expertensysteme" im Urteil der Experten. Wissenstechnologie im Prozeß der Technikfolgenabschätzung, in: Technik und Gesellschaft, Jahrbuch 6, Frankfurt

Rammert, W. (1992c), From Mechanical Engineering to Information Engineering: Phenomenology and Social Roots of an Emerging Type of Technology, in: M. Dierkes/U. Hoffmann (Hrsg.), New Technology at the Outset. Social Forces in the Shaping of Technological Innovation, Boulder, Colorado und Frankfurt

Simon, H. (1980), Cognitive Science: The Newest Science of the Artificial, in: Cognitive Science, vol. 4, No. 1, 33-46

Tepper, A. (1988), Leitbilder in der Informatik. Potentiale und Risiken, unveröff. Mskpt.

Volpert, W. (1987), Kontrastive Analyse des Verhältnisses von Mensch und Rechner als Grundlage des System-Designs, in: Zeitschrift für Arbeitswissenschaft, Heft 3, 147-152

White, L. (1968), Machina ex Deo. Essays in the Dynamics of Western Culture, Cambridge, Mass.

Willke, H. (1984), Gesellschaftssteuerung, in: M. Glagow (Hrsg.), Gesellschaftssteuerung zwischen Korporatismus und Subsidiarität, Bielefeld, 29-53

Der Turmbau zu Babel - Kommunikation und Organisation in der Informationsverarbeitung großer Unternehmen

Norman Heydenreich

ADAC e.V.

Am Westpark 8, 8000 München 70

Zusammenfassung

Die Bedeutung der Informatik für die Wettbewerbsfähigkeit der Unternehmen und die Schwierigkeiten bei der Erstellung von Softwaresystemen, die dieser Herausforderungen gerecht werden, sind seit Jahren Gegenstand der Diskussion unter Forschern und Praktikern. Auch an Lösungsansätzen mangelt es nicht: Hersteller empfehlen den Einsatz von noch mehr Software (CASE) zur Automatisierung der Softwareerstellung, die Universität forscht vorwiegend dort, wo bereits die hellen Lampen formaler Methoden installiert sind. Beiden Ansätzen ist die Unterstellung gemeinsam, daß es vorwiegend um die methodisch-technische Unterstützung der Neuentwicklung in sich abgeschlossener Softwaresysteme gehe.

Dies trifft jedoch nicht mehr die in Großunternehmen heute vorhandene Problemlage: Systementwicklungsprojekte bauen auf einem komplexen Geflecht von Informationen, Geschäftsprozessen, Organisationen und Anwendungssystemen auf, für das es keinen Bauplan gibt. Projektteams befinden sich in der Situation der Arbeitstrupps, die bereits in der dritten Generation am Turmbau zu Babel mitwirkten. Die Vielzahl der Beteiligten und ihrer Sichten erschwert die Verständigung auf gemeinsame Ziele und Konzepte.

Der vorliegende Beitrag beleuchtet die Herausforderungen und Risiken der Informationsverarbeitung in großen Unternehmen und stellt praktische Lösungsansätze zu ihrer Bewältigung dar. Dabei liegt der Schwerpunkt auf den Aspekten der Kommunikation und Organisation der an der Gestaltung und Nutzung der Informationssysteme Beteiligten.

1. Herausforderungen und Risiken

Die Informationsverarbeitung leistet heute in vielen Unternehmen einen wichtigen Beitrag zum Unternehmenserfolg nicht nur als Rationalisierungsinstrument, sondern zunehmend auch als Wettbewerbsfaktor im Kampf um anspruchsvollere Kunden. Dadurch steigen die Anforderungen an die Entwicklung und den Betrieb von Informationssystemen und die damit verbundenen Risiken sprunghaft. Die

Komplexität der Informationssysteme nimmt mit jeder Generation rapide zu. Software erfüllt häufig nicht die Erwartung der Auftraggeber und Benutzer in bezug auf Funktionalität und Qualitätseigenschaften. Termin- und Kostenüberschreitungen sind häufig. Projekte scheitern. Doch auch der erfolgreiche Abschluß von Softwareprojekten garantiert noch nicht die Umsetzung des erwarteten Nutzens. Die Abhängigkeit der Betriebsabläufe von der Zuverlässigkeit der Informationssysteme ist bereits erheblich und nimmt noch zu.

Die Ergebnisse jahrzehntelanger Systementwicklung haben in großen Unternehmen ihren Niederschlag in vielen tausenden von produktiven Programmen gefunden. Jahr für Jahr kommen Hunderte von Programmen hinzu - mit steigender Wachstumsrate. Die integrativen Beziehungen zwischen verschiedenen Anwendungen werden immer komplexer.

Die vorhandene Anwendungslandschaft unterstützt die historisch gewachsene Aufbau- und Ablauforganisation der Unternehmen. Sparten- oder funktionsorientierte Systeme werden den neuen Anforderungen einer kundenorientierten Bearbeitung bzw. der funktionsübergreifenden Optimierung von Geschäftsprozessen nicht gerecht. Die Umsetzung dieser Anforderungen setzt einen vollständigen Umbau der Anwendungssysteme voraus.

Doch das in den Anwendungssystemen vorhandene betriebswirtschaftliche Wissen ist verschüttet. Die fachlichen Kenntnisse der Anwender sind auf die Handhabung des DV-Systems reduziert. Dessen Leistungen werden von ihnen vorausgesetzt und sind ihnen zum Teil nicht mehr bewußt. Baupläne sind nicht mehr vorhanden: Weder die fachlichen Daten und Funktionen noch die technische Konzeption sind auf dem heutigen Stand ausreichend dokumentiert.

Eine Neuentwicklung muß oft ganz von vorne beginnen und jahrzehntelange Weiterentwicklungen zusätzlich zu den aufgelaufenen Neuanforderungen in einem Ablösungsprojekt nachbauen - ein riskantes Vorhaben, dessen Durchführung erhebliche Entwicklungsressourcen bindet. Eine schrittweise Ablösung, vergleichbar mit dem Ersetzen von Teilen eines baufälligen Gebäudes während die anderen Teile noch bewohnt sind, wird durch fehlende Transparenz und Modularität der Altanwendung erheblich erschwert, wenn nicht sogar unmöglich gemacht. Entscheidend für die Durchführbarkeit einer solchen Vorgehensweise ist - um im Bild zu bleiben - die Bausubstanz und Statik des vorhandenen Gebäudes.

Bei der Einführung eines neuen Systems für die Mitgliederbestandsführung des ADAC (ADAM) wurde ein erheblicher Anteil des Projektaufwands von 110 Mannjahren für die Absicherung eines störungsfreien Übergangs aufgebracht (Heydenreich, 91). Bereits das alte Mitgliedersystem war über historisch gewachsene Schnittstellen mit zahlreichen anderen Informationssystemen verbunden. Der Austausch glich somit einer Herzoperation: ohne eine funktionsfähige Mitglieder-Datenbank sind auch andere wichtige Informationssysteme nicht arbeitsfähig. Die Möglichkeiten einer stufenweisen Einführung wurden dadurch begrenzt, daß nach dem Einführungszeitpunkt mindestens die volle Funktionalität des alten Verfahrens verfügbar sein mußte und ein gemischter Betrieb von altem und neuem Verfahren wegen der fachlichen und technischen Unverträglichkeit und fehlender Modularität des alten Verfahrens nicht machbar war.

2. Architekturen

Die in Anwendungssoftware getätigten Investitionen, die Beherrschbarkeit der wachsenden Komplexität der Anwendungslandschaft und die Reaktionsfähigkeit auf Anforderungen des Marktes können nur durch entwicklungsfähige Infrastrukturen und Architekturen gesichert werden. Deren Entwicklung und Durchsetzung setzt die Etablierung von Querschnittsfunktionen des Technologie-, Daten- und Anwendungsmanagements voraus.

Die Anforderungen an eine integrierte Vorgangsbearbeitung, benutzergerechte Dialoggestaltung, interne und externe Kommunikation lassen sich auf den bewährten host-basierten technischen Plattformen allein nicht lösen. Der Übergang zu einer flexiblen Client-Server-Architektur muß durch die Definition einer unternehmensweiten technischen Architektur und durch Migrationsstrategien vorbereitet werden.

Die historisch gewachsene Landschaft der Anwendungssysteme ist auf die Unternehmensziele von gestern und vorgestern ausgerichtet und in zahlreichen, nicht vorausgeplanten Schritten an die aktuellen Anforderungen angepaßt worden. Ihre Umgestaltung in Richtung einer, auf die Unterstützung der künftigen Erfolgsfaktoren des Unternehmens ausgerichteten, entwicklungsfähigen Anwendungsarchitektur ist gemeinsame Aufgabe des Geschäfts- und des IV-Managements. Dazu werden im ADAC für Geschäftsfelder, deren Informationssysteme reorganisiert werden sollen, Koordinationsrunden eingerichtet, in denen die Projektleiter bereits definierter Vorhaben und die verantwortlichen Geschäfts- und Informatikmanager die Informatikarchitektur und -planung für das Geschäftsfeld gemeinsam definieren.

Unternehmensdatenmodelle schaffen Voraussetzungen für integrierte Anwendungen, für eine stabile Bildung von Teilsystemen sowie für die Definition von Klassenhierarchien als Grundlage eines objektorientierten Entwurfs von Softwaresystemen. Bei der Entwicklung des ADAC-Unternehmensdatenmodells wurde deshalb ein Ansatz der sparten- und anwendungsübergreifenden Generalisierung von Informationsobjekten und deren Attributen zu abstrakten Objekten und Datentypen verfolgt.

Die unternehmensweit nutzbaren Daten werden bereits in zahlreichen Anwenderunternehmen als eigene Ressource betrachtet, die durch die Querschnittsfunktion des Datenmanagements zu verwalten und nutzbar zu machen ist. In der Praxis kann die Datenadministration oft nur die Einhaltung formaler Regeln sichern, da die Vielzahl der Beziehungen zwischen der großen Anzahl von Datenelementen und den zahlreichen sie nutzenden Anwendungen zu komplex ist. Ein integriertes Management wiederverwendbarer Daten, Funktionen- und Softwarekomponenten auf der Basis einer objektorientierten Methodik könnte die Wirksamkeit dieser Querschnittsaufgaben verbessern. Um die großen Objektmengen modularisierter Softwaresysteme konsistent zu halten, Änderungen kontrolliert durchzuführen und die Transparenz der Systeme für Wartung und Wiederverwendung herzustellen, müssen Organisation, Methoden und Werkzeuge des Konfigurationsmanagements eingeführt werden. "Ordnung halten" wird zur Überlebensfrage für komplexe Informationssysteme!

3. Methoden

Methodische Fragen der Systementwicklung werden oft allein auf technische Produkteigenschaften bezogen. Das verstellt den Blick dafür, daß es im Kern um die Unterstützung der Kommunikation zwischen den an verschiedenen Teilprodukten und in unterschiedlichen Projektabschnitten arbeitenden Entwicklern sowie zwischen dem Entwicklungsteam, dem Anwender und dem zukünftigen Wartungsteam durch klar definierte und durchgängige Entwicklungsergebnisse geht.

Ein strukturiertes Programm ist nicht nur ein Programm ohne GOTO (derartige Regeln haben nur Hilfscharakter), sondern es ist vor allem für den Wartungsprogrammierer verständlich. Eine Projektdefinition oder ein Fachkonzept sollten u.a. Grundlage für Verträge zwischen Auftraggeber und Software-Ersteller sein. Wiederverwendung von Daten und Software-Komponenten setzt ein projektübergreifendes Verständnis ihrer Bedeutung und ihrer Leistungen voraus.

Daraus ergeben sich als wesentliche Anforderungen an eine Methodik der Softwareentwicklung, daß die Kommunikation zwischen den Beteiligten über die Eigenschaften und die Nutzung des Produkts sowie über die Optionen und den Prozeß der Systemgestaltung während der gesamten Lebensdauer eines Softwaresystems adäquat unterstützt wird. Die Erhaltung der Konsistenz zwischen Dokumentation und Software auch in der Wartung und Weiterentwicklung wird durch eine strukturerhaltende Überführung des fachlichen Modells in den DV-Entwurf und in dessen Implementierung unterstützt. Durch die Minimierung von Redundanzen und die Abbildung der Beziehungen zwischen allgemeinen Konzepten und deren Spezialisierungen wird der Zusammenhang zwischen unterschiedlichen fachlichen Anforderungen und Lösungen verständlich. Die gegenwärtig dokumentierte und lehrbare Methodik der Softwareentwicklung erfüllt diese Anforderungen nicht. Die bewährten Konstruktionsprinzipien wiederverwendbarer und änderbarer Software (Schichtenarchitektur, abstrakte Datentypen) und die darauf aufbauenden Konzepte des objektorientierten Designs (Klassenbildung, Vererbung) stehen in Widerspruch zu den heute verbreiteten Methoden für die Erstellung des Fachkonzepts, z.B. Structured Analysis (Heydenreich, 92).

Diese Erfahrung wurde u.a. im ADAM-Projekt (Heydenreich, 91) gemacht. In diesem Projekt wurden bei der Erarbeitung des fachlichen Modells zunächst die Methode der strukturierten Funktions- und Informationsanalyse eingesetzt. Es zeigte sich, daß diese Methode eher die Detaillierung als die Modellierung der Zusammenhänge unterstützte. Sein Unbehagen über das Ergebnis drückte der Leiter der Fachabteilung so aus: Wir haben jedes Schräubchen genau beschrieben - aber am Ende war das Auto kaum noch zu erkennen. Die durchgängige Umsetzung der Ergebnisse der fachlichen Analyse in einen tragfähigen Systementwurf war nicht möglich. Das vorhandene Material mußte auf die wesentlichen Konzepte hin neu strukturiert und verdichtet werden.

4. Vorgehensweisen

Standardisierte Vorgehensmodelle schaffen eine Kommunikationsbasis für den "normalen Projektablauf" zwischen den Projektbeteiligten (Entwicklungsteam, Anwender, qualitätssichernde Stellen und Projektmanagement). Ein starres Phasenmodell liefert einfach handhabbare Grundlagen für klare vertragliche Regelungen (z.B. bei Festpreisprojekten). Es ist jedoch in der Regel kein optimales Modell für die fruchtbare Zusammenarbeit an komplexen, herausfordernden Aufgaben.

Vor allem bei komplexen Automatisierungsprojekten kann nur ein ganzheitliches Verständnis der zu lösenden Probleme zu wirklich nützlichen Lösungen führen. Bei der Systemgestaltung sind die verschiedenen Sichten der von den Auswirkungen des Projektes Betroffenen einzunehmen und in das Aufgabenverständnis einzubringen. Es geht darum, an den richtigen Punkten anzusetzen, um wirksame Verbesserungen zu erzielen. Oft sind organisatorische Maßnahmen effektiver als teuere Automatisierungsprojekte.

Wenn ein DV-Projekt definiert wird, sollte die Gestaltung des Umfelds, in das dieses einzubetten ist, nicht vernachlässigt werden. Der geringe Nutzungsgrad zahlreicher im Einsatz befindlicher Systeme ist ein Hinweis darauf, daß in Relation zum Realisierungsaufwand der Software mehr Gewicht auf die sorgfältige Definition der betriebswirtschaftlichen Ziele und Anforderungen sowie auf die Gestaltung der Nutzungsphase zu legen ist.

Anwender fordern zunächst alles auf einmal. Entwickler neigen dazu, die Probleme und Risiken zu unterschätzen. Große Projekte sind schwer kalkulierbar. Termin- und Kostenüberschreitungen, aber auch Qualitätsmängel der ausgelieferten Software haben häufig ihre Ursache darin, daß das Entwicklungspaket zu groß geschnürt wurde. Die Qualität eines zu großen Softwareproduktes, das in der Regel unter engen Terminvorgaben erstellt wird, läßt sich auch mit hohem Zusatzaufwand und mit den besten Verfahren und Werkzeugen beim ersten Versuch nicht ausreichend sicherstellen. Eine brauchbare Lösung wird selten in einem Zug vollständig ausgearbeitet. Es bedarf oft mehrerer Versuche und eines intensiven Lernprozesses bei Anwendern und Entwicklern auf der Basis von Zwischenergebnissen. Evolutionäre Vorgehensweisen vermindern das Risiko und ihre Ergebnisse sind rascher einsatzfähig. Durch eine phasenübergreifende Parallelisierung der Arbeiten (simultaneous engineering) lassen sich die Durchlaufzeiten großer Projekte erheblich verkürzen.

In Großprojekten des ADAC wurden mit einer Vorgehensweise der inkrementellen Entwicklung positive Erfahrungen gesammelt. Dabei wurden, auf der Grundlage eines fachlichen und technischen Gesamtkonzepts, vor der Erstellung der Produktionsversion mehrere Vorabversionen realisiert und dem Anwender zur Prüfung übergeben. Dadurch konnten Risiken und Spezifikationslücken frühzeitig erkannt und die Brauchbarkeit und Akzeptanz der Lösung entscheidend verbessert werden (Heydenreich 90,92).

ADAM-Projekt

Ein Rückzug auf das alte Mitgliedersystem nach der Einführung des ADAM-Systems war nur innerhalb von wenigen Tagen unter aufholbarem Datenverlust möglich. Deshalb war die Projektstrategie vorrangig auf die Minimierung des Übergangsrisikos ausgerichtet (Heydenreich, 90): Für die Einführungsphase wurden vier Monate geplant, die verbleibenden 20 Monate in 3 Entwicklungssockel (Vorabversionen) unterteilt. Der erste Sockel stellte die Entwicklungsumgebung bereit und lieferte die technische Basis sowie ein 'Durchstichsystem' mit eingeschränktem Funktionsumfang. Dieses Kernsystem sollte als ein fachlicher und technischer Prototyp vom Anwender getestet werden und den Nachweis für die Realisierbarkeit der technischen Konzepte erbringen. Die für den weiteren Projektverlauf grundlegenden Verfahrensweisen - insbesondere die Test-Abwicklung - konnten hier entwickelt, eingeübt und in der Praxis überprüft werden. Im zweiten Sockel wurde der vorhandene Prototyp überarbeitet, in seiner Funktionalität ausgeweitet und erneut vom Anwender getestet. Mit dem dritten Sockel war die Softwareentwicklung abgeschlossen. Parallel dazu wurden 13 Nachbarsysteme auf die neuen Schnittstellen umgestellt. Das System wurde umfangreichen Abnahmetests unterzogen, und die Einführungsvorbereitungen wurden zum Abschluß gebracht.

Die evolutionäre Vorgehensweise hat sich im ADAM-Projekt bewährt. Sie machte das große Projekt beherrschbar, ermöglichte eine intensive Mitarbeit der Anwender, förderte die notwendigen Lernprozesse bei Entwicklern und Anwendern im Verlauf des Projekts und sicherte dadurch die Benutzerakzeptanz der realisierten Lösung. Der Motivationsschub für alle Mitarbeiter, der aus frühzeitigen, vorzeigbaren Ergebnissen kommt, war unverkennbar. Fachliche und technische Probleme wurden rechtzeitig deutlich und konnten in einer verbesserten Version im Rahmen der geplanten Entwicklungszeit ausgeräumt werden. Die frühzeitig vorliegenden Testergebnisse erlaubten eine weitgehende Objektivierung des Projektfortschritts. Das Projektmanagement hatte Klarheit über den Projektstand und konnte beizeiten Maßnahmen ergreifen. Das sehr ehrgeizige Terminziel konnte fast erreicht werden: Der geplante Einführungstermin wurde nur um einen Monat verfehlt.

ADAVIS-Projekt

1988 wurde mit der Entwicklung eines integrierten Geschäftsstellensystems (ADAVIS) begonnen, um die Beratungs- und Vertriebsaufgaben der ADAC-Geschäftsstellen noch besser zu unterstützen. Die Anforderungen legten eine Architektur verteilter Verarbeitung nahe: Die lokalen PCs wurden über ein LAN vernetzt und über einen Gateway und das SNA-Netz an den Großrechner angebunden (Heydenreich, 92a). Projektrisiken lagen vor allem in der Komplexität des organisatorischen Umfelds und im breiten Einsatz neuer, noch nicht erprobter Technologie.

Das technische Neuland in den Bereichen professioneller Anwendungsentwicklung auf dem PC und kooperativer Verarbeitung zwischen Host-Rechnern und PCs warf in mancher Hinsicht die Frage der Realisierbarkeit des technischen Konzepts auf. Neue technische Infrastrukturen und das Know-how des Projektteams über die neuen Technologien mußten projektbegleitend aufgebaut werden.

Zunächst wurde eine objektorientierte Spezifikation der Systemfunktionen sowie ein technisches Grobkonzept erarbeitet und parallel dazu ein technischer Prototyp für die Absicherung der Machbarkeit der PC-Host-Kommunikation realisiert. Die Realisierungsphase wurde aufgrund des Projektumfangs und der Machbarkeitsrisiken in drei Entwicklungsabschnitte gegliedert, die vor der eigentlichen Fertigstellung des auslieferungsfähigen Softwareprodukts zwei Vorabversionen als Lern- und Überprüfungszyklen bereitstellen sollten. Bereits bei der ersten Vorabversion wurden erhebliche Performanceprobleme deutlich, später traten Stabilitätsprobleme auf. Diese hätten bereits frühzeitiger durch weitere technische Prototypen erkannt werden können. So mußte der bis dahin entwickelte Teil der Anwendung unter Qualitätsgesichtspunkten überarbeitet werden. Im November 1990 ging ADAVIS in einer ersten Pilotgeschäftsstelle in Produktion, weitere Geschäftsstellen folgten bald. Das System wird von den Anwendern akzeptiert, seine Performance und Stabilität sind zufriedenstellend.

Die evolutionäre Vorgehensweise hat auch in diesem Projekt Probleme frühzeitig sichtbar werden lassen. Die Unterschätzung der Performance- und Stabilitätsrisiken in der DOS-Umgebung und der daraus resultierende Verzicht auf die Entwicklung technischer Prototypen, stellte sich nachträglich als gravierender Fehler heraus. Insgesamt war das Entwicklungspaket für die erste Auslieferung zu groß geschnürt. Eine stufenweise Einführung wäre durchaus mit der vorhandenen Anwendungslandschaft verträglich gewesen.

Vor allem große oder innovative Softwareprojekte haben zumeist besondere Risiken, denen durch eine situative Vorgehensweise (Projektstrategie) Rechnung getragen werden muß (Heydenreich 92):

- Eine umfangreiche Neuentwicklung mit komplexen interaktiven Benutzeranforderungen kann z.B. über die Erstellung eines ersten fachlichen Prototyps hinaus eine Reihe von Vorabversionen erfordern, die ein entwicklungsbegleitendes Lernen aller Projektbeteiligten ermöglichen (evolutionäres Prototyping).

- Ein Projekt auf technisch innovativer Basis wird bereits parallel zur Ermittlung der detaillierten Benutzeranforderungen technische Prototypen erstellen, die die Tauglichkeit der im Grobkonzept definierten Systembasis absichern.

- Bei der Ablösung eines für die Aufrechterhaltung des Geschäftsbetriebs notwendigen operativen Systems werden Risikoanalysen über die Folgen von Störungen starken Einfluß auf den Umfang der entwicklungsbegleitenden Qualitätssicherungsmaßnahmen und das Vorgehenskonzept haben. Die Ablösungsstrategie, Fallbacklösungen und Brücken setzen Randbedingungen für den Entwicklungsprozeß.

- Erzwingen Markterfordernisse die schnelle Einführung eines neuen Produkts, das neue Software voraussetzt, so muß diese notfalls in einem stark verkürzten und die Entwicklungsschritte parallelisierenden Vorgehen bereitgestellt werden (Crash-Projekt).

Die für ein Softwareentwicklungsprojekt angemessene Entwicklungsstrategie muß im Einzelfall in Abhängigkeit von den Projektzielen und -vorgaben, den Risiken, der Projektgröße, der Qualifikation und Erfahrung des Projektteams und der Anwender, dem politischen Umfeld und zahlreichen anderen Faktoren bestimmt werden. Nach jedem Entwicklungsabschnitt sollte eine Neubewertung der Risiken und eine Anpassung der Vorgehensweise vorgenommen werden (Boehm, 88). Die dadurch eröffneten Freiheitsgrade können zu Schwierigkeiten bei der Projektabgrenzung, Aufwandsschätzung und Fortschrittskontrolle führen und erfordern verbesserte Methoden des Projektmanagements und ein aktiveres Projektcontrolling. Die Frage nach der geeigneten Vorgehensweise und Balance zwischen rigider Planung und unkontrollierter, kreativer Suche nach optimalen Lösungen ist auch abhängig von der im Unternehmen vorhandenen Organisationskultur: Wie wollen oder können die Beteiligten miteinander umgehen?

5. Organisation der Zusammenarbeit

Aufgrund der notwendigen Arbeitsteiligkeit in großen Softwareprojekten wird der Erhalt der konzeptionellen Integrität des Produkts zum kritischen Managementproblem (Brooks, 75). Ein "Systemarchitekt" sollte für die Konsistenz des Systementwurfs über die verschiedenen Teilsysteme und -teams hinweg verantwortlich sein.

Auf der Seite der Benutzer großer Anwendungssysteme findet man oft niemanden, der sich für die Gesamtmenge der Anforderungen an die Neu- oder Weiterentwicklung des Systems veranwortlich fühlt. Jeder Anwender interessiert sich für seine aktuellen Anforderungen, die im Hinblick auf die von ihm zu lösenden Fachaufgaben - und deshalb oft zu speziell - formuliert sind. Das System wird dadurch bereits auf der Fachebene zu kompliziert modelliert und dadurch unüberschaubar und unflexibel. Das Absterben des Anwendungssystems beginnt bereits hier auf der Ebene des fachlichen Anwendungsmodells. Daraus erwächst die Forderung nach der fachlich qualifiziert besetzten Rolle eines "Bauherrn", der die Menge neuer Fachanforderungen auf konsistente Leistungsanforderungen abbildet und somit das fachliche Anwendungsmodell transparent und lebensfähig erhält.

Entwicklung und Betrieb verteilter Anwendungssysteme setzen auch die Verteilung der Anwenderverantwortung voraus. Die Anforderungen an ADAVIS waren sowohl von den verschiedenen zuständigen Fachabteilungen der Zentrale zu definieren als auch von den selbstständigen Regionalorganisationen des ADAC (Gaue) in Vertretung der ADAC-Geschäftsstellen. Die Rolle des Bauherrn wurde von einer DV-Koordinationsstelle innerhalb der Zentrale wahrgenommen. Sie hatte die fachlichen Anforderungen und Lösungskonzepte mit allen betroffenen Organisationseinheiten abzustimmen. Die Berücksichtigung unterschiedlicher Organisationskonzepte in den verschiedenen Regionalorganisationen verursachte zusätzliche Komplexität des fachlichen Modells. Über die Schulung der ca. 1000 Benutzer in der Handhabung der Dialogfunktionen hinaus werden in jeder der 200 Geschäftstellen Supervisor für die Wahrnehmung einfacher Operatingfunktionen aufgebaut sowie ADAVIS-Koordinatoren in jeder Regionalorganisation für die gauspezifische Systemparametrisierung, die Einführungsunterstützung und die Beratung ihrer Geschäftsstellen bei der Systemnutzung.

Die Entwicklung interaktiver Systeme, die sehr eng in menschliche Arbeitsprozesse eingebettet und sich rasch ändernden Anforderungen unterworfen sind, erfordert umfassende Mitgestaltung der Anwender bei der Definition und Gestaltung der Lösung. Der Anwender ist nicht nur an der Systementwicklung "zu beteiligen", sondern er trägt die für die Zielerreichung entscheidende Verantwortung dafür, daß die Projektergebnisse die betriebswirtschaftlichen Anforderungen erfüllen. Daraus ergibt sich die Notwendigkeit einer aktiven, führenden Rolle des Anwenders bei der Ziel- und Anforderungsdefinition, bei der Qualitätssicherung und der Einführung in die Anwenderorganisation. Als Auftraggeber sollte er auch im Projektmanagement stark vertreten sein.

Große Software-Entwicklungsprojekte stellen oft sehr hohe Anforderungen an den Projektleiter. Dieser muß die fachliche Materie beherrschen, methodisch und technisch auf dem neuesten Stand sein, Führungsfähigkeit haben, das Unternehmen gut kennen und mit Geschick im unternehmenspolitischen

Raum agieren. Ohne die volle Unterstützung der Linie hat ein Projektleiter jedoch nur geringe Chancen, ein gutes Ergebnis zu erzielen. Schwierigen Projekten ohne ausreichende "Management-Attention" fehlt die entscheidende Kraft für die Bewältigung der Probleme. Wichtige Voraussetzung ist die Bereitschaft des Managements aller Ebenen, Verantwortung zu übernehmen und sich persönlich für Projekte einzusetzten. Deshalb sollte ein wirksames Projektmanagementkonzept die Linienmanager nicht aus ihrer Verantwortung entlassen oder sie gar zu bloßen Erfüllungsgehilfen des Projektmanagements machen.

Ein im ADAC entwickeltes Projektmanagementkonzept legt die Verantwortlichkeiten und Kompetenzen der Linien- und der Projektorganisation fest. In Analogie zu Marktverhältnissen wurden die Rollen Auftraggeber und Auftragnehmer definiert. Die Rolle des Auftraggebers nimmt der Linienmanager ein, der die Projektziele gegenüber dem Unternehmen verantwortet und im Projekt durchsetzt, den Kosten- und Terminrahmen vorgibt sowie das Projektbudget bereitstellt. Er genehmigt die Planungen sowie Änderungen des Projektauftrags, entscheidet über den Lösungsansatz und nimmt Projektergebnisse ab. Bei Einschaltung von internen Dienstleistungsbereichen, wie der IV-Abteilung, nimmt der zuständige Bereichsleiter die Rolle des Auftragnehmers wahr. Dieser stellt die notwendigen Ressourcen bereit und sichert die professionelle Durchführung durch Vorgabe von Standards, Qualitätssicherungsverfahren und aktive Unterstützung des Projektleiters sowie durch begleitende Projektkontrolle.

Durch große Softwareprojekte werden zunehmend bereichsübergreifende Abläufe neu gestaltet - mit Rückwirkungen auf die Kompetenzen der Einzelbereiche. Bei allen Projekten, welche die Arbeitsorganisation verändern, geht es nicht nur um betriebswirtschaftliche Ziele und fachliche Argumente, sondern in hohem Ausmaß auch um Interessen von Personen und Bereichen, Widerstand gegen Veränderungen und die Abgabe von Kompetenzen. Daher sollte auch die betriebspolitische Dimension Berücksichtigung finden: Wer steht hinter dem Projekt? Wessen Interessen werden verletzt?

Die Probleme in den frühen Phasen des ADAM-Projekts (Heydenreich, 91) waren nur zum geringeren Teil in methodischen und fachlichen Schwierigkeiten begründet, sondern vorwiegend in einem, nur z.T. offen ausgetragenen Interessenkonflikt zwischen Bereichen, die eine spartenübergreifende Bestandsführung anstrebten, und anderen Bereichen, die dadurch einen Verlust ihrer Selbstständigkeit befürchteten. Diese Interessengegensätze konnten nicht im Rahmen des Projekts gelöst werden. Deshalb kam man mit dem Projekt erst voran, nachdem der Projektauftrag auf das betriebspolitisch Durchsetzbare eingeschränkt und die Rolle des Auftraggebers einem starken Befürworter des Projekts klar zugeordnet wurde. Die Übereinstimmung aller Projektbeteiligten über einen klaren und realisierbaren Projektauftrag war eine der wichtigsten Voraussetzung für die erfolgreiche Durchführung des Projekts.

Die Entwicklung komplexer, aufgaben- und nutzungsgerechter Informationssysteme ist eine herausfordernde Gestaltungsaufgabe, die an alle Projektbeteiligten hohe Anforderungen in der Zusammenarbeit stellt. Deshalb ist ein geeignetes Klima für konstruktive und kreative Zusammenarbeit die wichtigste Voraussetzung für erfolgreiche Projekte: gemeinsame Problemlösung, Übernahme von Verantwortung statt Absicherung, gegenseitige Zubilligung und Förderung von Lernprozessen. Wenn Interessenkonflikte zwischen den Betroffenen nicht ausgeräumt sind oder gar das Projekt als Ort der Austragung von Machtkämpfen mißbraucht wird, sind diese Voraussetzungen nicht gegeben.

Fazit

Ehe wir den babelschen Turm noch höher bauen, sollten wir die Tragfähigkeit der Fundamente überprüfen und diese gegebenenfalls verbessern. Dazu bedarf es der Fähigkeit und Bereitschaft zu bereichsübergreifender Zusammenarbeit und zur Entwicklung einer gemeinsamen Sicht der Beteiligten, vor
allem in Projekten, welche die Arbeitsorganisation verändern, und es bedarf - über die Projektsicht hinaus
- der langfristigen Perspektive des Stadtplaners bei der Gestaltung der Bebauungspläne. Die einzelnen
Bauabschnitte sollten in sich überschaubar definiert und ihre Auswirkungen auf die Gesamtstatik vor ihrer Realisierung überprüft werden.

Literatur:

(Boehm 88)   Boehm, B.W.: A Spiral Model of Software Developement and Enhancement, IEEE
                  Computer, 21, 5, 61-72

(Brooks 75)   Brooks, F.: The Mythical Man Month. Adison Wesley Pub., Reading, 1975

(Heydenreich 90) Heydenreich, N.: Projektmanagement-Erfahrungen aus einem Großprojekt. In: Ta-
                  gungsband der GI-Jahrestagung 1990, Reihe Informatik-Fachberichte, Springer-
                  Verlag, Heidelberg, 1990

(Heydenreich 91) Heydenreich, N.: Umstellung der Mitgliederbestandsführung - ein kommerzielles
                  Großprojekt. In: Ludewig, J.: (Hrsg.): Software- und Automatisierungsprojekte -
                  Beispiele aus der Praxis. Teubner, Stuttgart, 1991

(Heydenreich 92) Heydenreich, N.: Ziel- und risikoorientierte Strategien der Anwen-
                  dungsentwicklung. In: Leinweber, G.: (Hrsg.): Software- und Anwen-
                  dungsmanagement - Strategien und Entscheidungshilfen für die Unternehmen-
                  spraxis. Oldenbourg, München, 1992

(Heydenreich 92a) Heydenreich, N., Schneider, K.H.: ADAVIS - ein großes verteiltes Softwaresystem
                  - Automobilclub ADAC steigt jetzt in die kooperative DV ein. COMPUTERWO-
                  CHE 14/1992

Die Praxis der Systementwicklung

Erfahrungen aus der Sicht von BenutzerInnen und EntwicklerInnen

Marlene Wendt
GIAW Gesellschaft für Informatik-Anwendungen
und Wirkungsforschung
Fuggerstraße 33, 1000 Berlin 30

Seit mehr als 12 Jahren beschäftigen wir uns u.a. mit der Planung und Realisierung von Anwendungslösungen für Industrie und Großhandel, vornehmlich mit Produktions-, Planungs- und Steuerungssystemen auf der Basis von Fremdsoftware. Unser Tätigkeitsspektrum umfaßt neben der Analyse bestehender Arbeitssysteme die Erarbeitung von Konzeptionen für neue DV-gestützte Aufgabenbereiche, die Prüfung und Eignungsbeurteilung von Standardsoftware, die Anpassung, Ergänzung und Modifikation von Fremdsoftware, die Erstellung von Individualsoftware sowie Organisationsentwicklung und Umsetzung der Planungen. In zunehmendem Maße sind Analysen und Revisionen bestehender DV-Anwendungen Gegenstand unserer Tätigkeit.

Unserem Verständnis nach ist **Systementwicklung** keinesfalls gleichzusetzen mit **Softwareentwicklung.** Unter Systementwicklung verstehen wir die Entwicklung von betrieblichen Anwendungssystemen, von Arbeitssystemen, von der Analyse bestehender Systeme über Konzeption und Realisierung neuer Anwendungen bis zur Einführung und Pflege der neuen DV-Lösungen. Die jeweils anzuwendenden Methoden und Phasen des Systementwicklungsprozesses werden selbstverständlich von der Entscheidung für oder gegen Standard- bzw. Individualsoftware beeinflußt, allerdings in nur graduellem Maße. Die Diskussion pro oder contra Individualsoftware soll hier nicht geführt werden, wenngleich das Rütteln am Dogma der Individualsoftwareerstellung überaus spannend wäre und in der Informatik schon lange überfällig ist. Unsere Hoffnungen und Erwartungen, in Individualsoftware aufgabengerechtere, organisationsangemessenere und handhabungsfreundlichere Softwarelösungen anzutreffen, haben sich überwiegend nicht bestätigt und lassen uns den Begriff des 'Mythos' der Individualsoftwareerstellung verwenden. Für die nachfolgende Betrachtung der Problemfelder des Praxiseinsatzes von Anwendungssoftware ist auch dieser Unterschied der Softwareherkunft von Interesse.

Welches sind die häufigsten und gravierendsten Probleme im betrieblichen Einsatz von Software und welche möglichen Ursachen könnten ihnen zugrunde liegen?

Wir brauchen aufgabengerechtere Anwendungssoftware!

Die Funktionalitätsdefizite in der zur Nutzung freigegebenen Software sind häufig erschreckend:

o Für die Aufgabenerledigung erforderliche Teilfunktionen wurden ausgespart oder sind nur ansatzweise realisiert.
o Vorgangsketten sind nicht schlüssig und/oder zu unflexibel.
o Für Entscheidungen notwendige Sachverhalte werden nicht dargelegt.
o Funktionsketten sind unterbrochen, weil geringfügige Teilbereiche aus Aufwandsgründen nicht realisiert wurden.
o Die Einhaltung rechtlicher Vorschriften ist nicht gegeben.
o Betriebswirtschaftliche Modelle arbeiten inkorrekt.
o Das Verhältnis von Handhabungstribut zu Nutzen ist ein sehr ungünstiges, d.h. die gewählte Aufgabenlösung ist sehr ineffizient.
o Die realen Arbeitsfolgen sind nicht abbildbar.
o Alternativen in der Aufgabenerledigung werden nicht angeboten u.v.a.m.

BenutzerInnen sind häufig bereit, Unzulänglichkeiten in den softwareergonomischen Interaktionseigenschaften zu akzeptieren, wenn ihnen eine funktionale Aufgabenerledigung nur überhaupt möglich wird.

Innovationen, wie z.B. Funktionen zur Sicherstellung der Anforderungen zur Produkthaftung und Qualitätssicherung oder Verfahren zur Abbildung und Bewertung von Sachverhalten aus den Bereichen Abfallvermeidung, Entsorgungsregelungen und Umweltbelastungen finden nur sehr sehr langsam Eingang in die Softwareprodukte.

Eine der häufigsten Ursachen nicht aufgabengerechter Lösungen ist mangelndes Anwendungswissen auf Seiten der SystementwicklerInnen, welches durch noch so gute Analyse- und Beschreibungsmethoden, durch Kooperation und Beteiligung nicht auszugleichen ist.

Darüber hinaus sind oftmals Defizite in der Kenntnis organisatorischer Wirkungszusammenhänge, von Organisationsprinzipien und -alternativen für unpraktikable und unflexible Handhabungen, wenn nicht gar Unmöglichkeit der Aufgabenerledigung, ursächlich verantwortlich.

In diesem Zusammenhang sei darauf verwiesen, daß die Annahme, daß BenutzerInnen Experten ihrer Arbeit sind, in der Praxis nicht bzw. nur im eingeschränkten, unmittelbaren Tätigkeitsgebiet bestätigt werden kann.

Aufgabengerechtere Lösungen können unseres Erachtens nach nur entstehen, wenn die Fachkompetenz der Entwickler durch Anwendungskompetenz des jeweiligen Sachgebietes ergänzt wird, da ein hohes Maß impliziten Erfahrungswissens in die Lösungen seitens der EntwicklerInnen eingebracht werden muß.

Die Diskussion 'Spezialisten versus Generalisten' könnte interessante Aspekte zum Selbstverständnis der InformatikerInnen beitragen und erschiene mir lohnenswert, geführt zu werden.

Wir brauchen anpassungsfreundlichere Software!

Obwohl es inzwischen vielversprechende Konzepte der Anpassbarkeit von Anwendungssoftware an die betrieblichen und benutzerspezifischen Erfordernisse gibt und obwohl es inzwischen auch Produkte mit sehr guten Anpassungsmöglichkeiten gibt, sind diese Verfahren ungenügend verbreitet. Die Anpassung von Anwendungslösungen durch Eingriffe in den Quellcode ist die aufwendigste, riskanteste, folgenreichste und wartungsintensivste Form der Anpassung. Leider auch die am meisten verbreitete.

Der Mangel an Phantasie bezüglich potentieller organisatorischer und funktionaler Lösungsalternativen überrascht immer wieder und erschöpft sich oftmals schon im Angebot unterschiedlicher Sortierauswahlen und Listenformate, Auswahlen für Anzeigen und Suchbegriffen und ähnlichem, was wir lediglich als eine sehr 'rudimentäre' und bescheidene Form von Anpassbarkeit betrachten können.

Die ökonomischen Aufwendungen für die Realisierung flexibler, anpassungsfreundlicher Software sind nicht unerheblich; ein Grund, daß wir leistungsfähige Anpassungskonzepte in erster Linie in Softwarelösungen mit hohem Vermarktungs- (d.h. Wiederverwendungs-)potential antreffen.

Anzutreffen sind beispielsweise hilfreiche Anpassungskonzepte in Form von:

o Auswahl und Ergänzung von Einstellparametern zu Funktionsauswahlen, Tabellen, Schlüsselverzeichnissen etc.
o Beantwortung von Fragekatalogen im Rahmen von Initial- und Wiederholkonfigurierungen der Anwendung.
o Definition von Wertebereichen, Relationen und Formeln für Plausibilitätsprüfungen.
o Auswahl von Verfahren, betriebswirtschaftlichen Modellen.
o Aktivierung und Deaktivierung von Funktionen und Schnittstellen.
o Wahl der Unterstützungsstufe für das Interaktionsniveau und Hilfefunktionen für Benutzer oder Benutzergruppen.

o Anpassungen des Belegwesens.
o Generierung benutzerspezifischer Menüs.

Einige wenige Softwarepakete bieten bereits standardmäig 'User Exits' zur Einbettung individualprogrammierter Funktionen unter Kennzeichnung der Umgebung und Einschränkungen. Darüber hinaus werden Programmierhandbücher und Empfehlungen zur Modifikation der Standardsoftware veröffentlicht, allerdings nur von wenigen Softwareherstellern.

Die individuelle Anpassung der zugrundeliegenden Datenstrukturen ist erst ansatzweise vorhanden.

Die Anpassungsfreundlichkeit von Individualsoftware ist überwiegend als 'sehr bescheiden' einzustufen. Die Hoffnung, daß gerade die Schaffung von Individuallösungen durch ihren intensiven Bezug auf die reale Anwendungssituation einen solchen Anpassungsprozeß erübrige, bewahrheitet sich ggf. nicht und trägt nur ungenügend dem Sachverhalt Rechnung, daß betriebliche Arbeitssysteme sehr dynamische Gebilde sind, deren Aufgaben und Ziele einem ständigen Anpassungsprozeß ausgesetzt sind.

Wir brauchen eine verbesserte Organisationsentwicklung!

In viel zu geringem Maße findet die potentielle Dynamik von Organisationsabläufen ihren Niederschlag in der Darbietung von Alternativen der Aufgabenerledigung. Alle Erfahrungen zeigen, daß sich die betriebliche Organisation in einem stärkeren, ständigen Anpassungs- und Neuorientierungsprozeß befindet, als bisher angenommen. Individualsoftwarelösungen verfügen meist über sehr geringe bzw. gar keine Anpassungsmöglichkeiten an sich wechselnde, organisatorische Strukturen und führen somit häufig zu einer 'Zementierung' der zum Zeitpunkt der Softwareerstellung vorherrschenden Organisation. Erfahrungsgemäß ist auch diese eher Ausdruck historisch gewachsener Strukturen, denn Resultat und Optimum zielgerichteter Organisationsentwicklung.

In Unternehmen mittlerer Größenördnung findet eine sorgfältige Planung der zukünftigen Aufbau- und Ablauforganisation häufig nicht statt. Es wird in den Unternehmen nicht erkannt, daß die Einführung neuer DV-Lösungen zumeist mit Einführung neuer Organisationsstrukturen verbunden ist, daß in der gewählten Software bereits organisatorische Festlegungen getroffen und realisiert sind und daß diese Eigenschaften ggf. nicht mehr, bzw. nur mit beträchtlichem, ökonomischem Aufwand änderbar sind.
Engagement und Improvisationstalent sollen beim Einsatz der Software die unterlassene Planung ausgleichen, sind dazu aber schwerlich in der Lage.

Aus der Praxis und für die Praxis wünschen wir uns, daß Softwarelösungen, seien es nun Standard- oder Individuallösungen, hinreichend Auskunft geben über

o die organisatorischen Voraussetzungen ihres Einsatzes,
o die realisierten Organisationsalternativen,
o die Änderungsmöglichkeiten,
o Organisationsempfehlungen,
o Vorschläge zur organisatorischen Umsetzung der Software.

Dies könnte z.B. in Form eines Organisationshandbuches erfolgen.

Darüber hinaus brauchen wir Methoden, um aus fertigen Lösungen die organisatorischen Grundannahmen und Eigenschaften in effizienter Weise vorab ermitteln zu können, anstatt sie leidvoll erfahren zu müssen.

Wir brauchen qualifikationsbereichernde Software!

Mit der Einführung beispielsweise eines Produktions-, Planungs- und Steuerungssystems findet in den Unternehmen eine gigantische Anhebung des Leistungsniveaus statt, welche eine Anhebung des Qualifikationsniveaus nach sich zieht, eine These, der sicherlich, wie in der Literatur belegt, nicht jeder folgen wird. Die Annahme, daß mit Einführung komplexer Arbeitssysteme die Qualifikation der BenutzerInnen sinke, bzw. nicht mehr gefordert sei, ist unseren Erfahrungen nach eine fatale Fehleinschätzung und für das Scheitern vieler Anwendungen verantwortlich. In Anbetracht der Tatsache, daß Unternehmen viel zu häufig Ausbildungsmaßnahmen erforderlichen Umfangs nicht finanzieren, oder das Angebot in Zeitpunkt und Umfang nicht dem Bedarf entspricht, wäre es wünschenswert, daß Ausbildungsfunktionen bereits integraler Bestandteil des Softwarepaketes sind.

Erforderlich wären Online-Ausbildungsfunktionen, die sich nicht allein auf die Erklärung der Handhabung der jeweiligen Software beschränken, sondern auch die Vermittlung der betriebswirtschaftlichen Modelle und Grundlagen und die Einübung der Abwicklung von Geschäftsprozessen beinhalten. Diese Trainingsfunktionen müssen natürlich folgenfrei und beeinträchtigungsfrei für die eigentliche Produktionsanwendung sein.

Obwohl sehr gute Erfahrungen mit dem kombinierten Einsatz verschiedener Lernmedien, wie z.B. Online-Ausbildung, Tonträger, Video und Schriften, vorliegen, führt doch jede Abhängigkeit von anderen Medien als dem primären Arbeitsmittel Bildschirm ggf. wieder zu Problemen der 'Zugangsbeschränkung'. Wir meinen, daß der Zugang zu Ausbildungsfunktionen nicht einschränkbar sein sollte.

Hilfefunktionen und Benutzerhandbücher können Ausbildungsfunktionen auch nicht annähernd ersetzen, sind allerdings häufig für die BenutzerInnen die einzigen Quellen des Informationszuwachses.

Abschließende Bemerkungen

Für viele SystementwicklerInnen gehört es zu den verwirrenden Erfahrungen ihrer Berufspraxis,

o daß guten Softwarelösungen ihre Anerkennung versagt bleibt,
o daß BenutzerInnen ergonomisch und funktional schlechte Softwarelösungen vehement verteidigen,
o daß für den 'Erfolg' eines Projektes der Wahl der Hardware und Software eine große Bedeutung zukommt, jedoch keine Erfolgsgarantie darstellt.

Die positive Beurteilung einer Anwendung und die Nutzung derselben ist in nicht unerheblichem Maße eine Frage persönlicher und kollektiver Bewertung und wird maßgeblich durch den Ablauf des Systementwicklungsprozesses selbst, aber auch durch die jeweilige Unternehmenskultur geprägt. Technisch-fachliche Kompetenz der SystementwicklerInnen ist durch Anwendungskompetenz und soziale Kompetenz zu ergänzen, damit der Systementwicklungsprozeß in seiner Breite auch nur annähernd sozialverträglich gestaltet werden kann.

WAS HAT TECHNIK MIT POLITIK ZU TUN?
KONFLIKTMANAGEMENT BEI IUK-TECHNIK- EINSATZ

von

Veronika Lullies und Rolf G. Ortmann

Sozialwissenschaftliche Projektgruppe, München

Einleitung

Was hat Technik mit Konflikt, mit betrieblicher Politik zu tun? Handelt es sich bei Technik denn nicht einfach nur um ein sachliches - neutrales - Hilfsmittel, mit dem bestimmte Unternehmensziele besser und schneller zu erreichen sind? Nach dem offiziellen Selbstverständnis der Unternehmen geht es beim Technikeinsatz doch nur darum, mit diesem Mittel ein von allen Akteuren vertretenes gemeinsames Unternehmensziel zu erreichen. Der Wirtschaftlichkeitsnachweis begründet unwiderlegbar seine Notwendigkeit und seine Zweckmäßigkeit. In diesem Zusammenhang kann - und darf - Konflikt oder Politik nicht vorkommen, würde damit doch an den Grundfesten des betrieblichen Rationalitätsanspruchs gerüttelt.

Und trotzdem: Es geht beim Technikeinsatz - insbesondere beim Einsatz von IuK-Technik - immer auch um Politik! Daß das so ist, leuchtet unmittelbar ein, wenn man bedenkt, daß Unternehmen zwar immer an Zweckrationalität ausgerichtet sind, daß sie aber auch soziale Organisationen sind, in denen Menschen in sozialen Beziehungen zu- und gegeneinander stehen und mit und durch die ihnen jeweils gestellte Aufgabe immer auch eigene Ziele und Interessen verfolgen. Wegen des selbstgesetzten Rationalitätsanspruchs der Unternehmen müssen diese persönlichen Interessen jedoch verborgen werden hinter den objektiven Zielen wie Verbesserung der Unternehmensleistung oder Erhöhung der Effizienz, denn nur solche Ziele gelten als legitim.

Die besondere Bedeutung, die der IuK-Technik in diesem Zusammenhang zukommt, soll in diesem Beitrag deutlich gemacht werden.[1]

I. Erwartungen und Anforderungen an den Einsatz von IuK-Technik

IuK-Technik unterscheidet sich durch ihr Leistungsprofil grundlegend von konventioneller DV-Technik. Mit ihren technischen Merkmalen wie Multifunktionalität, Dezentralisierung von "Intelligenz" und Vernetzung bietet sie neuartige Einsatzfelder, neue Anwendungs- und Nutzungsformen sowie vielfältige Möglichkeiten zur technischen und organisatorischen Integration.

Demgemäß richten die Unternehmen auch hohe Erwartungen an den Einsatz der IuK-Technik: Sie soll dazu beitragen, die geschäftspolitischen Ziele zu unterstützen und ihre Wettbewerbsposition zu verbessern. Mit ihren neuen Möglichkeiten der Arbeitsgestaltung soll sie den Risiken und Belastungen entgegenwirken, die die konventionelle DV-Technik für die Beschäftigten mit sich brachte, und dadurch zur Humanisierung der

---

[1] Dieser Beitrag entstand im Rahmen unseres Forschungsprojekts "Neue Bürotechnik und Management", das vom BMFT im Programm "Humanisierung des Arbeitslebens/Arbeit und Technik" gefördert wurde und bei dem es darum ging, die in der Praxis realisierten Veränderungen von Leitungsfunktionen und Hierarchiestrukturen im Zusammenhang mit dem Einsatz von IuK-Technik zu sammeln und daraus Optionen für die Neugestaltung der Unternehmen zu entwickeln; die ausführliche Darstellung der Projektergebnisse findet sich in Lullies, V./Bollinger, H./Weltz, F.: Konfliktfeld Informationstechnik - Innovation als Managementproblem. (Campus-Verlag) Frankfurt - New York 1990.

Arbeit beitragen. Schließlich soll sie zur Entbürokratisierung, zur Abflachung von Hierarchien und zur Verbreiterung der Leitungsspanne führen.

Dieses Leistungspotential der IuK-Technik zielgerecht zum Tragen zu bringen, stellt neuartige Anforderungen an die Planung und Einführung. Die Fachöffentlichkeit geht davon aus, daß mit ihrem Einsatz der Determinismus konventioneller DV-Technik aufgelöst wird und sich für die Unternehmen ein breiter Spielraum eröffnet für die Gestaltung von Technikeinsatz, von Ablauf- und Aufbauorganisation wie von Managementfunktionen und Hierarchiestrukturen. Alle diese unterschiedlichen Gestaltungsdimensionen müssen zu einem ganzheitlichen Gestaltungsansatz zusammengeführt und gesamthaft aufeinander bezogen werden. Dabei kommt als neuartige Bedingung hinzu, daß es heute meist nicht the one best way, also nur die eine optimale Lösung gibt, sondern daß immer mehrere Optionen zur Verfügung stehen, die jede ihre spezifischen Vor- und Nachteile für die Abwicklung der Aufgabe, für die Beschäftigten, für das Management und für die Zielerreichung hat.

In der Abbildung (siehe nächste Seite) sind die Anforderungen an den Einsatz neuer Technik zusammengefaßt.

Daraus folgt: Die an die IuK-Technik gestellten Erwartungen lassen sich nur erfüllen, wenn mit ihrem Einsatz die bestehende **Ordungspolitik** der Unternehmen verändert wird.

II. IuK-Technik in der betrieblichen Praxis

In unsem Forschungsprojekt "Neue Bürotechnik und Management" haben wir den Einsatz von IuK-Technik in mehr als 30 Unternehmen studiert. Die Ergebnisse dieser empirischen Untersuchung lassen sich folgendermaßen zusammenfassen:

1. Die Verknüpfung von Geschäftspolitik und Technik gelang nur in seltenen Fällen. Meist kam in den Perspektiven und Planungen für den Technikeinsatz die Geschäftspolitik des Unternehmens überhaupt nicht oder nur am Rande vor. Umgekehrt spielte dort, wo es um geschäftspolitische Szenarien und Optionen ging, die Technik vielfach nur eine untergeordnete Rolle, wenn sie überhaupt als Bezugspunkt genannt wurde. Zwar war von "Strategie" viel die Rede, auch von "strategischem Technikeinsatz"; dabei ging es aber eher um ein längerfristig orientiertes, mehr oder weniger umfassendes Technisierungskonzept als um eine systematische Verknüpfung von Geschäftspolitik und Technik. Selbst dort, wo von umfassenden geschäftspolitischen Konzepten berichtet wurde, für die Informatechnik einen integralen Bestandteil darstellte, verlor sich offensichtlich diese Verknüpfung von Strategie und Technik im Zuge der Konzeptrealisierung immer mehr, so daß es auch hier bei der Planung letzten Endes nur noch um Technik ging.

2. Der Einsatz der IuK-Technik wurde nur selten als Möglichkeit für eine systematische Umgestaltung des Unternehmens betrachtet. Konkrete Vorstellungen, die sich auf ganzheitliche übergreifende Veränderungen der Organisation bezogen, wurden kaum geäußert. Es ging also in erster Linie um Technik, entwickelt wurde eine **technikzentrierte** Lösung, die anderen Gestaltungsdimensionen blieben ausgeblendet.

3. Auch Veränderungen von Managmentfunktionen und Hierarchiestrukturen wurden ausgespart - sieht man mal von Verschiebungen der Zuständigkeiten bei dem für den Technikeinsatz zuständigen Führungspositionen ab. Von einer gezielten, systematischen Umgestaltung kann aber auch hier keine Rede sein.

4. An sich bestehender Gestaltungsspielraum wurde nicht ausgelotet, Gestaltungsalternativen wurden nicht systematisch verfolgt. Es wurde lediglich **eine** Lösung entwickelt.

5. Die Planungsprozesse waren die gleichen wie für den konventionellen DV-Einsatz: Trotz einiger Ver-

SPG

DER EINSATZ NEUER TECHNIK
ANFORDERUNGEN AUS DER PRAXIS

1. Verknüpfung von Geschäftspolitik und Technik

2. ganzheitlicher und gesamthafter Gestaltungsansatz

3. Einbeziehung von Managementfunktionen und Hierarchiestrukturen

4. Auslotung des bestehenden Gestaltungsspielraums; Entwicklung von mehreren ganzheitlichen Optionen

5. Veränderung der Planungsprozesse; Verbreiterung des Kompetenzmixes, ganzheitliche Begründungsverfahren; Beteiligung

6. Einbeziehung des gesamten Managements in den Einsatzprozeß

↓

VERÄNDERUNG DER ORDNUNGSPOLITIK

änderungen dominierten die technischen Zentralabteilungen. Zur Begründung des Technikeinsatzes wurde an kostenorientierten Ansätzen festgehalten; eine umfassende Beteiligung aller von dem Technikeinsatz betroffenen Stellen fand nicht statt.

6. Das Management, insbesondere das Top-Management war bei der Entwicklung des Gestaltungskonzepts kaum involviert; da keine Alternativen entwickelt wurden, beschränkte sich die Managemententscheidung auf die grundsätzliche Vorabzustimmung zu dem Vorhaben oder auf die abschließende Zustimmung zu der einen entwickelten Lösung.

Damit konnten natürlich auch die hohen Erwartungen nicht verwirklich werden:

o Die eingesetzte IuK-Technik brachte nur begrenzten strategischen Nutzen für die Unternehmen;

o die Chancen zur Verbesserung der Arbeitsbedingungen konnten nicht genutzt werden ;

o Leitungsfunktionen und Hiearchiestruktren wurden nicht verändert. Die viel beschworene "Krise des Mittleren Managements" fand nicht statt - zumindest nicht im Zusammenhang mit dem bisherigen Einsatz von IuK-Technik.

Fazit: Die Unternehmen tun sich offensichtlich außerordentlich schwer, die Anforderungen zu erfüllen, die an die Planung und Einführung der IuK-Technik gestellt werden. Wie aber lassen sich diese Schwierigkeiten erklären? Sind sie zurückzuführen auf Inkompetenz und Qualifikationsmängel? Oder sind sie nur Ausdruck einer befristeten Übergangsphase, in der die Unternehmen eine gewisse Zeit brauchen, sich auf das Neue einzustellen? Sicherlich, dieses spielt eine nicht zu vernachlässigende Rolle. Aber das ist es nicht allein! Vielmehr konfrontiert die IuK-Technik die Unternehmen mit einem viel grundsätzlicheren Problem: Wie wir gezeigt haben, müßte die Ordnungspoltik von Grund auf verändert werden, um die Anforderungen zu erfüllen. Da aber die bestehende ordnungspolitische Verfassung immer auch verbunden ist mit einer bestimmten Verteilung der Interessen, der Einflußmöglichkeiten und der Macht betrieblicher Akteure, gefährdet der Einsatz von IuK-Technik auch den betriebspolitischen Status quo. Darin liegt das **besondere betriebspolitische Potential** der IuK-Technik.

III. Das betriebspolitische Potential der IuK-Technik

Das Interessen-, Einfluß- und Machtgefüge, das durch die ordnungspolitische Verfassung in Unternehmen konstituiert wird, ist kein festes und starres Gebilde; es verändert sich dadurch, daß die betrieblichen Akteure nicht nur jene "funktionalen" Interessen verfolgen, die sie qua Stellenbeschreibung zu erfüllen haben, sondern mit ihren Handlungen immer auch "persönliche" Interessen etwa nach Ausweitung des eigenen Einflußbereichs oder der Verbesserung der Karrierechancen verwirklichen wollen. Dies ist insbesondere immer dann der Fall, wenn Neuerungen anstehen: Hier wird prinzipiell jeder Akteur darauf bedacht sein, im Zuge der Verfolgung seiner funktionalen Interessen die bestehende Machtverteilung zu seinen Gunsten zu verschieben oder doch wenigstens eine Verschlechterung seiner Position abzuwehren. Die Folge: Jede Neuerung beinhaltet die Gefährdung der eingespielten innerbetrieblichen Kräfteverteilung. Dies ist insbesondere bei Einsatz von IuK-Technik der Fall, der ein hohes Potential zur Destabilisierung etablierter politischer Verhältnisse zukommt.

Im folgenden wird dieses betriebspolitische Potential der IuK-Technik genauer dargelegt.

1. **Die bestehenden Zuständigkeiten und Kompetenzen werden infrage gestellt.**

Soll die IuK-Technik anforderungsgerecht eingesetzt werden, dann müssen - wie wir gesehen haben - die Kompetenzen neu verteilt werden. Wer aber soll denn zuständig sein für die IuK-Technik, beispielsweise für Bürokomunikation, für Mittlere Datentechnik, für technische Netze, Datenbanken oder für dezentrale Technikkonfigurationen? Da es keine trennscharfen Zuordnungskriterien mehr gibt, wie sie für dedizierte Technik bestanden haben, könnten es die verschiedensten technischen Zentralstellen sein, aber ebenso gut auch die Fachbereiche selber.

Wer soll zuständig sein für den strategischen Technikeinsatz? Dies können sicherlich nicht die technischen Zentralstellen allein sein, sondern um Geschäftspolitik und Technik aufeinander zu beziehen müßte auch das Fachbereichs-Management systematisch in die Strategie-Entwicklung einbezogen werden.

Wer schließlich soll zuständig sein für den ganzheitlichen Bezug beim Einsatz von IuK-Technik? Wie paßt ein solcher bereichsübergreifender, gesamthafter Bezug in Unternehmen, in denen man mit grossem Bemühen gerade erst versucht hat, beispielsweise durch Budget- und Ergebnisverantwortung oder Profitcenter-Organisation eine Eigenständigkeit von mehr oder weniger autonomen Teilbereichen aufzubauen? Wer schließlich ist der "neutrale" Protagonist, der das unternehmerische Gesamtinteresse vertritt gegenüber dem eingespielten Interessenpluralismus im betrieblichen Macht- und Einflußgefüge und wo selbst beim Top-Managment von einer einheitlichen Interessenorientierung kaum ausgegangen werden kann?

Mit Einsatz der IuK-Technik geraten die Unternehmen also tief in die Auseinandersetzung über Zuständigkeiten und Kompetenzen. Damit steht die vorhandene betriebspolitische Verfassung zur Disposition, und wie immer, wenn es um deren Veränderung geht, gibt es Manager, die dabei "gewinnen", und solche, die dabei "verlieren" können. Widerstände, Aktionen zur Besitzstandswahrung und Konflikte sind die naheliegende Folge.

2. **Die traditionelle Begründung des Technikeinsatzes wird obsolet.**

Bislang wurde der Technikeinsatz mit rein kostenorientierten Berechnungsmethoden begründet. Demgegenüber lohnt sich der Einsatz der IuK-Technik nur, wenn sie als strategisches Instrument genutzt wird zur Produktverbesserung, zur Erhöhung der Marktpräsenz und ähnlichem. Demnach müssen die Wirtschaftlichkeitsanalysen immer auch abzielen auf eine Bewertung von qualitativen und strategischen Effekten. Zwar liegt mittlerweile eine Fülle von neuartigen, mehr oder weniger diffizilen Methoden vor, mit denen qualitative und strategische Effekte des Technikeinsatzes zu bewerten sein sollen, aber: Ein allseits anerkanntes Verfahren gibt es nicht.

Indem die herkömmliche Wirtschaftlichkeitsrechnung als das gängigste und anerkannte Verfahren für die Begründung des Technikeinsatzes in Frage gestellt wird, werden auch die damit verbundenen Kompetenz- und Interessenverteilungen durcheinander gebracht. Da nun ein allseits anerkanntes einheitliches Verfahren für die Begründung fehlt, kann im Prinzip jeder Akteur den Einsatz neuer Technik mit dem begründen, was er für wichtig und richtig hält: Begründung steht gegen Begründung, Konflikte sind unvermeidbar.

3. **Die herkömmlichen Orientierungen passen nicht mehr.**

Mit der Autonomie der Fachbereiche, insbesondere der Profit-Center-Organisation, hat sich in den Unternehmen ja vielfach eine Orientierung ausgebildet, die auf den Einzelbereich und seinen Erfolg ausgerichtet ist. Statt "Bereichsegoismus" und "Fürstentümer-Denken" erfordert die IuK-Technik jedoch eine auf das Unternehmen als Ganzes ausgerichtete Orientierung. Eine solche Orientierung auf das Ganze ist jedoch nicht zuletzt deshalb sehr schwierig herzustellen, weil sie für das Fachbereichs-Management durchaus exotisch und bedrohlich sein kann. Denn damit wird ja das, was bisher als "Erfolg" galt, in Frage gestellt: Nicht mehr "meine Abteilung und ihr Erfolg" wäre die Bezugsgröße, sondern "unsere Firma". Was aber die Beurteilungskriterien für die Managerleistung bei einer Orientierung auf das Ganze sein könnten, ist eine offene Frage, deren Lösung an das ordnungspolitische Fundament der Unternehmen rührt.

Nicht zuletzt steht mit dem ganzheitlichen Bezug der IuK-Technik auch die "eindimensionale" Denkweise zur Disposition; erforderlich wird "systemisches", "ganzheitliches" oder "vernetztes" Denken. Dieser radikale Umdenkungsprozeß ist wohl die schwierigste Aufgabe, mit der sich die Unternehmen heute konfrontiert sehen. Er setzte voraus, daß die Unternehmen von Grund auf verändert würden, und führte zu völlig neuartigen Bedingungen im betrieblichen Macht- und Einflußgefüge.

4. Die Entscheidung über den Technikeinsatz wird zu einem politischen Akt.

Sollen die an den Einsatz der IuK-Technik geknüpften Erwartungen erfüllt werden, dann muß sich das gesamte Management sehr viel stärker als bisher in den Planungs- und Gestaltungsprozeß involvieren.

Zugleich stellen sich auch neue Anforderungen an die Entscheidungsfindung: Das Management kann sich nun nicht mehr darauf beschränken, ausschließlich über Technik zu entscheiden, sondern es muß mehrere ganzheitliche Optionen auf der Grundlage einer systematischen Folgenabschätzung für so unterschiedliche Aspekte wie Organisation, Wirtschaftlichkeit und geschäftspolitische Ziele bewerten und bei der Entscheidung zugleich eine ganze Reihe von Zielkonflikten lösen.

Da es nicht mehr die eine beste Lösung gibt, sondern immer mehrere Optionen, für deren Auswahl aber eindeutige Entscheidungskriterien fehlen, wird die Entscheidungsfindung zu einem konfliktreichen Aushandlungsprozeß, dessen Ausgang bestimmt wird von der jeweiligen argumentativen und politischen Stärke der Entscheidungsträger - der Entscheidungsprozeß wird zu einem hochpolitischen Akt.

5. Das Management wird selber zum Objekt der Neuerung.

Eine gänzlich neuartige Dimension entsteht bei Einsatz der IuK-Technik schließlich dadurch, daß das Management nicht mehr nur Subjekt ist, sondern selbst zum Objekt der Neugestaltung wird. Gestaltungsoptionen für den Einsatz von IuK-Technik betreffen nun nicht mehr nur Beschäftigte am unteren Ende der betrieblichen Hierarchie, sondern berühren das Management - insbesondere das mittlere Management - unmittelbar in seinen Führungsfunktionen.

Wenn etwa eine unternehmensweite Vernetzung ermöglicht, von allen Arbeitsplätzen auf gespeicherte Informationen zuzugreifen, dann würde das Management sein Informationsmonopol und damit ein Stück der sachlichen Grundlage seiner Macht verlieren. Oder wenn etwa Sachbearbeiter die Möglichkeit erhalten, Arbeitsprozesse als Ganzes am Bildschirm einzusehen, dann würde auch der Manager in seiner Arbeit kontrollierbar, denn Sachbearbeiter könnten nun sehen, was bei ihm wie lange zur Kenntnisnahme oder zur Entscheidung anstand.

Grundsätzlich wird durch jede Form des Technikeinsatzes, durch die die Ablauf- oder die Aufbauorganisation verändert wird, die Funktion und hierarchische Position von Führungskräften betroffen und damit die gegebene Macht- und Einflußverteilung verschoben.

Dadurch, daß die möglichen Gestaltungsoptionen nun immer auch Manager betreffen können und das vorhandene Macht- und Einflußgefüge infrage gestellt wird, werden sie zum Politikum. Sie rufen Gegnerschaften und Widerstände hervor. Die Durchsetzbarkeit wird zu ihrem entscheidenden Kriterium. Das Management muß also entscheiden über Gestaltungsoptionen, von denen es selber unmittelbar betroffen sein kann - und auch dies wird nicht ohne Konflikte ausgehen!

Fassen wir zusammen (Siehe auch die Abbildung "Konfliktfeld Informationstechnik"): Unternehmen, die IuK-Technik einsetzen wollen, sehen sich durch ihr betriebspolitisches Potential mit einem äußerst unübersichtlichen, konfliktreichen Mit- und Gegeneinander in einem komplexen Geflecht unklarer Zuständigkeiten und Interessen konfrontiert. Ob und auf welche Weise dieses Potential in der Praxis auch tatsächlich zur Entfaltung kommt, hängt davon ab, wie die Unternehmen die Einsatzprozesse in diesem offenen Konfliktfeld gestalten.

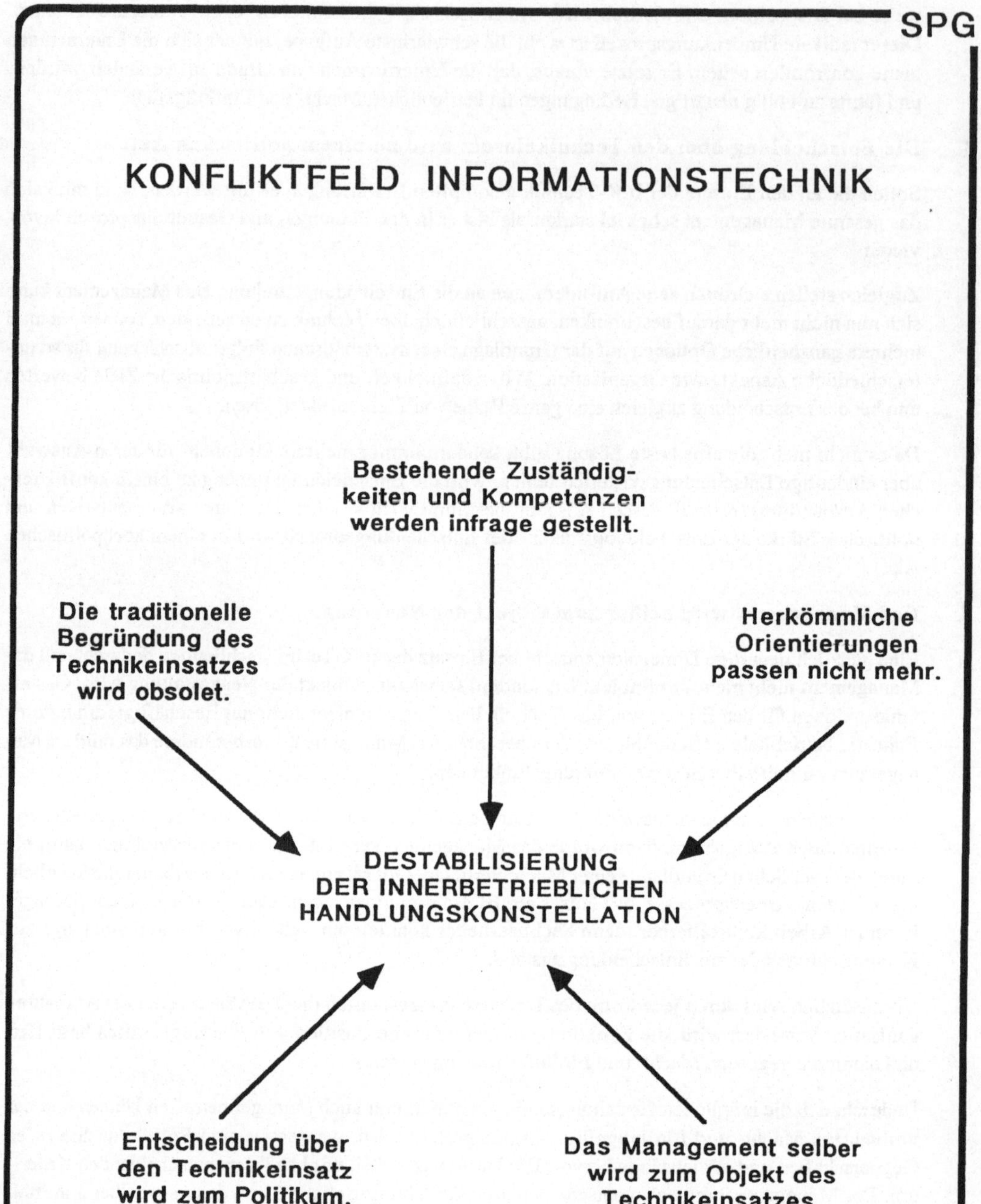

SPG

KONFLIKTFELD INFORMATIONSTECHNIK

IV. Betriebspolitik bei Einsatz neuer Technik

In unserem Forschungsprojekt haben wir in drei Unterenehmen - zum Teil über Monate hinweg - an den betrieblichen Planungs- und Einführungsaktivitäten teilgenommen. Dadurch war es uns möglich, einen sehr viel tieferen Einblick zu gewinnen in die betrieblichen Prozesse beim Technikeinsatz, als dies durch ihre Rekonstruktion in Gesprächen möglich gewesen wäre.

Alle drei Entwicklungsprojekte waren von hoher strategischer Bedeutung für die Unternehmen und hätten folglich auch anderer Planungs- und Einführungsverfahren bedurft als für den Einsatz konventioneller DV-Technik. Dem aber wurde in der Praxis nicht Rechnung getragen!

Die von uns begleiteten betrieblichen Planungsprozesse lassen sich wie folgt charakterisieren:

o   Die Einsatzprojekte von IuK-Technik wurden behandelt wie klassische DV-Projekte.

o   Die Projektorganisation war in der Regel begrenzt auf Mitglieder aus den Rationalisierungsabteilungen Datenverarbeitung und Organisation. Die Projektleitung oblag relativ niedrigen Hierarchiestellen. Die Beteiligung des Fachbereich-Managements war die Ausnahme und blieb auf eng umrissene Inhalte beschränkt. Ansätze zur sytematischen Beteiligung der Betroffenen waren nicht erkennbar. Die Mitwirkung des Top-Managements beschränkte sich auf die Freigabe von Projektmitteln.

o   Die fachlichen Kompetenzen waren weitgehend auf Technik beschränkt, so daß die anderen Gestaltungsdimensionen nur beiläufig berücksichtigt wurden. Zwar sah man vielfach den eigentlichen Sinn des Technikeinsatzes in einer Veränderung von Abläufen und organisatorischen Strukturen, um aber solche weiterreichenden Lösungen zu verwirklichen, fehlte den Planungsverantwortlichen nicht nur die formale Kompetenz, sondern vor allem auch die nötige Durchsetzungsmacht.

o   In allen drei Betriebsläufen waren die Prozesse geprägt von Überlegungen, wie sich der Technikeinsatz und die möglichen Gestaltungsvarianten auf Managementfraktionen und auf die eigene Position auswirkten, und von dem Versuch, auf die politischen Verhältnisse im Unternehmen und die Interessen von mächtigen Teilbereichen oder auch Personen so weit wie möglich Rücksicht zu nehmen. Jede der ins Auge gefaßten Lösungen wurde unter dem Blickwinkel ihrer politischen Konsequenzen beurteilt und bewertet.

Daraus ergibt sich als Quintessenz der untersuchten Planungsprozesse: Um zu verhindern, daß das betriebspolitische Potential der IuK-Technik wirksam wird, wird der an sich bestehende Gestaltungsraum auf Technik eingeengt. Dabei wird systematisch alles ausgeklammert, was Managementfunktionen, Hierarchiestrukturen und damit die bestehende innerbetriebliche Handlungkonstellation verändern könnte, um auf diese Weise die Durchsetzungschancen der entwickelten Lösung zu verbessern. Auf einen Nenner gebracht: Es wird heftig Politik gemacht!

Im Umgang mit der IuK-Technik entsteht somit eine paradoxe Situation: **Um das betriebspolitische Potential der IuK-Technik zu "entpolitisieren", wird der Prozeß selber zu einem politischen Prozeß.** Die Folge: Mit der Einengung auf Technik und der Technikzentriertheit von Planungsprozeß und -ergebnis wird auf der einen Seite die Technisierung forciert und auf der anderen Seite die Chance zur ordnungspolitischen Veränderung vertan, und statt dessen an den bestehenden Verfahren und Strukturen festgehalten.

V. Ansätze für ein Konfliktmanagement bei IuK-Technik-Einsatz

Unternehmen, die die IuK-Technik einsetzen wollen, sehen sich mit folgendem grundsätzliches Dilemma konfrontiert: Das **Leistungspotential** der neuen Technik kann nur dann zum Tragen kommen, wenn auch ihr **betriebspolitisches Potential** entfaltet wird; sollen aber ihre politischen Wirkungen vermieden werden, dann kann auch ihr Leistungspotential nur begrenzt genutzt werden. Der IuK-Technik kommt damit ein **Doppelcharakter** zu, der in ihrem unauflösbaren inneren Zusammenhang von Leistungspotential und betriebspolitischem Potential liegt. Diese beiden Potentiale sind sozusagen die zwei Seiten ein und derselben Medaille, und die Unternehmen können nur das eine haben, wenn sie auch das andere zulassen! (Siehe auch Abbildung "Das duale Gestaltungsfeld")

Daraus ergeben sich als wichtigste Folgerungen für den Einsatz von IuK-Technik: Es muß bewußt anerkannt werden, daß der Technikeinsatz ein politischer Prozeß ist und nicht mehr länger so getan werden, als ginge es nur um Rationalität und sachliche Argumente. Dieses Plädoyer für eine **Politisierung** der Debatte gilt gleichermaßen für die Wissenschaften (etwa BWL, Informatik und Soziologie) wie für die betriebliche Praxis.

Die Wissenschaften haben nun lang genug Empfehlungen und Handreichungen für den "richtigen", erfolgreichen Technikeinsatz abgeliefert, die - so die These - wegen der darin enthaltenen Fiktion der politischen Neutralität von Technik bislang für die Praxis ziemlich folgenlos geblieben sind. Es erscheint dringend erforderlich, daß in der wissenschaftlichen Debatte die rein normative Ebene aufgegeben wird und jene betriebspolitischen Voraussetzungen und Folgen ins Blickfeld rücken, die mit dem Technikeinsatz immer auch verbunden sind.

Für die **betriebliche Praxis** bedeutet **bewußte Anerkennung** des Politischen natürlich nicht, daß nun mit einem Mal öffentlich über Politik verhandelt wird: Wie immer, wenn es um Politik geht, wird auch Betriebspolitik eher unter der Hand und unterschwellig betrieben. Bewußte Anerkennung zielt vielmehr darauf ab, daß sich ausdrücklich mit den **Konflikten** auseinandergesetzt wird, die durch den Einsatz der IuK-Technik virulent werden. Denn die Technik wird nicht etwa dort optimal eingesetzt, wo keine Konflikte auftreten, sondern nur dort, wo die durch sie ausgelösten Konflikte produktiv verarbeitet werden und dadurch eine neue betriebspolitische Verfassung verwirklicht wird.

Dies wiederum bedarf der grundsätzlichen **Entscheidung für eine Veränderung des betriebspolitischen Status-quo.** Nur dort, wo eine solche unternehmenspolitische Entscheidung getroffen wird, besteht die Chance, daß der Einsatz von IuK-Technik nicht in die Mühlen der bestehenden Macht- und Einflußverteilung in der innerbetrieblichen Handlungskonstellation gerät und nur so läßt sich sicherstellen, daß auch ihr Leistungspotential zur Entfaltung kommt.

SPG

DAS DUALE GESTALTUNGSFELD

Die Erwartungen an die neue Technik können nur dann verwirklicht werden, wenn auch die neuen Anforderungen erfüllt werden.

Diese Anforderungen können nur dann erfüllt werden, wenn die Ordnungspolitik von Grund auf verändert wird.

Arbeitsgruppe 1: Informatik und Ökologie

Arno Rolf, Lorenz M. Hilty
Fachbereich Informatik
Universität Hamburg
Vogt-Kölln-Str 30
2000 Hamburg 54

Die Beziehung zwischen der Informatik und ihren Anwendungen auf der einen Seite und den ökologischen Problemen auf der anderen Seite ist von Widersprüchen geprägt. Den ökologisch orientierten Anwendungen, die unter dem Stichwort "Umweltinformatik" vorangetrieben werden, stehen ökologisch sehr bedenkliche Auswirkungen von IuK-Technik-Anwendungen gegenüber, die vor allem durch die Rolle der IuK-Techniken als Trendverstärker und Beschleunigungstechnologie für die vorherrschenden umweltzerstörenden Entwicklungen bedingt sind.

Ökologisch orientierte Anwendungen der Informatik (Umweltinformatik):

– Überwachung von Umweltbelastungen (Umweltmonitoring)
– Integration von Umweltwissen (Umweltinformationssysteme)
– Vermittlung von Umweltwissen (Netzwerke, Tutorsysteme, Simulationsmodelle)
– Umweltforschung, Analyse komplexer Systeme (Auswertungssysteme, Simulationssysteme)
– Umweltplanung, Entscheidungsunterstützung (Expertensysteme, Simulationssysteme)
– Steigerung der Ressourcenproduktivität durch effiziente Energie- und Materialnutzung
  (Prozeßsteuerung und -regelung)
– Realisierung von ökologisch orientierten Logistik-Konzepten, z.B. in der Regions- und Citylogistik
  (Telekommunikation, Logistiksimulation)
– Substitution von materiellem Transport durch immateriellen Transport (Telekommunikation,
  Computer Supported Cooperative Work usw.)

Ökologisch bedenkliche Auswirkungen der Informatik und ihrer Anwendungen:

– Steigerung der Arbeitsproduktivität mit der Folge, daß mehr konsumiert werden muß, damit
  ausreichend gearbeitet werden kann
– Ausweitung der zwischenbetrieblichen und globalen Arbeitsteilung, neue computergestützte raum-
  zeitliche Organisationsmuster mit der Folge eines weltweit ansteigenden Transportaufkommens
  ("geteilte Arbeit ist doppelter Transport")
– Realisierung von logistischen Konzepten wie *Just-in-Time*-Produktion , die flexible Verkehrsträger
  (LKW) bevorzugen und meist hohe externe Kosten, speziell ökologische Kosten, verursachen
– neue Umweltbelastungen durch Chip-Produktion und durch Computerschrott

Die folgenden Beiträge beleuchten das Spannungsfeld Informatik/Ökologie, das wir mit diesen Stichworten nur grob skizzieren können, aus unterschiedlichen fachlichen und institutionellen Perspektiven. Wir hoffen, daß diese mit Absicht kontrastreiche Sammlung von Ansichten und Erfahrungen dazu beiträgt, das Bewußtsein für die Anwendungen und Wirkungen der Informatik im Umweltschutz zu schärfen und das neue Forschungsgebiet "Umweltinformatik" im aufgezeigten Spannungsfeld weiterzuentwickeln.

Die Rolle der Informatik in der Umweltverwaltung

Falk Arnold
Bundesforschungsanstalt für Naturschutz und Landschaftsökologie
Konstantinstraße 110
5300 Bonn 2

Umweltschutz in der heutigen Industriegesellschaft ist ohne Einsatz der Datenverarbeitung und Informatik nicht mehr leistbar. Die mit großem finanziellen und personellem Aufwand erarbeiteten Datenmengen und die Umsetzung der Daten in planungs- und entscheidungsrelevante Information ist heute rationell nur noch mit Hilfe der elektronischen Datenverarbeitung möglich. Grund hierfür ist einerseits das aufgrund zunehmender Belastung unserer Umwelt gestiegene Informationsbedürfnis aber auch andererseits die Erkenntnis, daß moderne Informationstechniken geeignet sein könnten, die Probleme der Umwelt nicht nur sichtbar zu machen, sondern Lösungen zuzuführen. Der Nutzen der Informatik für den Umweltbereich bezieht sich im wesentlichen auf oft nicht exakt abgrenzbare Arten von Anwendungen. Dazu gehört in erster Linie die Überwachung der Umweltbelastung.

Um die Ursachen für Umweltbelastungen beurteilen zu können, bedarf es einer flächendeckenden, aktuellen und verläßlichen *Überwachung der Umweltqualität*. In den Medien Luft, Wasser, Boden im Rahmen verschiedener Meßnetze und Meßprogramme werden hier umfangreiche Datenerhebungen durchgeführt. Wenn diese Datenerhebungen nicht in Datenfriedhöfen einmünden sollen, dann bedarf es hier einer großen Leistung der Informatik in den Übertragungsbereichen und der Verarbeitung. Stabile schnelle Netze, große Massenspeicher, intelligente Verarbeitungsmaschinen, Datenbanksysteme und integrierende Programme sind unerläßlich.

Für den Umweltschutz ist neben der reinen Speicherung die Verknüpfung verschiedenartiger Informationen von herausragender Bedeutung, denn nur auf diese Weise sind die Wirkungen und Abhängigkeiten zu erkennen. Aus diesem Grund sind auch in anderen Bereichen Daten informationstechnisch zu verarbeiten, z.B. Daten über Umfang und Verlauf von Waldschäden, über Umweltschäden an Kulturgütern und Denkmälern. Dazu zählen auch Daten von Stoffen, die Einfluß auf unsere Umwelt haben wie in der Abfallwirtschaft, Grunddaten und Identifizierungsmerkmale von umweltgefährlichen Chemikalien, Inhaltsstoffe von Wasch- und Reinigungsmitteln, Daten über Stoffe im Produktionsprozeß, vor allem im Hinblick auf Risiken von Chemieanlagen und Daten wassergefährdender Stoffe.

Von Bedeutung sind Daten zum Stand der Technik (Recyclingtechnologien, Immissionskennwerte). Sie dienen der Umweltpolitik und der vorbereitenden wissenschaftlichen Arbeit zur Normsetzung.

Besondere Aufgaben kommen der Informatik zu bei der *Analyse und bei der Bewertung von Umweltdaten*. Die anfallenden Datenmengen umfassend, informativ und übersichtlich wiedergeben zu können, sind vor allem spezielle graphische Darstellungsformen besser geeignet als Zahlenkolonnen und umfangreiche Texte.

Besonders wichtig ist neben der Darstellung des Ist-Zustandes auch das Aufzeigen möglicher *zukünftiger Entwicklung der Umweltbelastung* wie wir es z.B. beim Medium Luft bereits durch die Verknüpfung von Emissionsdaten und Wetterprognosedaten betreiben, die eine Vorhersage für Smogsituationen ermöglichen.

Grundlage für eine sinnvolle und zielgerichtete *Planung und Einleitung* von wirksamen *Maßnahmen* ist die Erschließung und Aufbereitung des gesamten bereits vorhandenen Wissens. Dies hört sich leicht an und ist schwer getan. Zu fordern ist eine umfassende Dokumentation der bereits vorliegenden Daten und Informationen in einem integrierten System mit einer einheitlichen Deskribierung und Speicherung nach einheitlicher Umweltklassifikation. Für den großen Teil, im großen Kreis der "Wissensverarbeiter", sind dabei leicht zu bedienende Informationsverfahren wie z.B. masken- und menügesteuerte Benutzeroberflächen von besonderer Wichtigkeit.

Für jedes dieser Teilgebiete sind moderne Informationstechniken und -verfahren ein notwendiges und hilfreiches Instrumentarium zur Erfüllung der genannten Aufgaben und Zielvorstellungen. Dabei wird die von der Informatik zu leistende Unterstützung um so wirkungsvoller sein, je mehr die genannten Teilbeiträge zu einheitlichen, zentralen und umfassenden Umweltinformations- und -dokumentationssystemen zusammenfließen.

Nutzungsmöglichkeiten für solche umfassenden Umweltinformations- und dokumentationssysteme sind dann
- in der Verbesserung des Verwaltungsvollzugs,
- in der Bereitstellung von Daten für Umweltverträglichkeitsprüfungen,
- in der Vorbereitung von politischen Entscheidungen legislativer und administrativer Art,

- auch im Krisenmanagement, wenn es denn erforderlich ist

und

- im schnellen Zugriff auf externe Umweltdaten.

Diesen Aufgaben dient in den Umweltbehörden vor allem die konsequente Verbesserung des Angebotes und der Nutzung von Fachinformationssystemen einschließlich deren Vernetzung mit internationalen Fachdatenbanken.

Die europäische Umweltagentur wird ein wichtiges Instrument in dieser Vernetzung von Systemen und Daten darstellen. Sie wird versuchen alle möglichen Daten nicht nur zu sammeln, sondern sie aufzubereiten, sie aufeinander abzugleichen, sie vergleichbar zu machen und wieder bereitzustellen.

Den genannten Zielen dient im eigenen Geschäftsbereich des Bundesumweltministeriums die Entwicklung z.B. des Landschaftsinformationssystems LANIS durch die Bundesforschungs-anstalt für Naturschutz und Landschaftsökologie in Bonn. Dieses Informationssystem enthält

- die Bundesflächendatenbank für Naturschutz- und Landschaftspflege,

- projektbezogene Datenbanken (wie z.B. die Oberrheinstudie, die Donaustudie),

- die Datenbanken für Arten- und Biotopschutz,

- eine Naturschutzgebietsdatei,

- eine Landschaftsplanverzeichnis und

- die Statistiken verschiedener Herkunft.

Das Umweltbundesamt baut das Informations- und Dokumentationssystem UMPLIS auf. Diese ist ein ganzer Fächer von Datenbanken:

- die Umweltliteraturdatenbank ULIDAT

- die Umweltforschungsdatenbank UFORDAT

- das Informationssystem für Umweltchemikalien, Chemieanlagen und Störfälle INFUCHS

- die Luftimmissiondatenbank LIMBA

- die Datenbank wassergefährdender Stoffe DABAWAS

- das Informationssystem für Umweltschäden an Denkmälern MONUFAKT

- die Meeresumweltdatenbank MUDAB und

- eine umweltrelevante gewässerkundliche Datenbank HYDABA.

Der zweite große Anwendungsbereich von Daten- und Inforamtionssystemen ist ganz sicher die Forschung. Von der Umweltforschung werden Erkenntnisse erwartet über die Minderung von Umweltbelastungen, des Schutzes und des Bewahrens der natürlichen Umwelt.

Die Aufgabe der Forschung und der technologischen Entwicklung im Dienste der Umwelt ist es:

- die ökologischen Zusammenhänge zu entschlüsseln,

- die Verfahren zur leistungsfähigen Überwachung von Emissionsquellen und der Reinhaltung der Luft, Boden und Wasser bereitzustellen,

- künftige Umweltprobleme frühzeitig zu erkennen und die Folgen von Eingriffen in die Umwelt und die weiteren Belastungen abzuschätzen,

- den Stand der Technik weiterzuentwickeln und derzeit angewandte Verfahren im Hinblick auf die Umweltbelastungen zu verbessern und schließlich auch

- neuartige technische Ansätze für emissionsarme industrielle Produktionsprozesse zu finden, um erkannte Risiken abzuwenden und Umweltbelastungen so gering wie möglich zu halten.

Die Umweltforschung im staatlichen Bereich dient im besonderen Maße der Vorbereitung und Weiterentwicklung von rechtlichen Regelungen und Programmen und der damit zusammenhängenden Aufgaben.

Für die mit Umweltaufgaben befaßten Behörden ist der Computer, zum unverzichtbaren Hilfsmittel geworden. Der Realisierungseinsatz ist jedoch höchst unterschiedlich. Er reicht von vereinzelten PC-Programmen in den Fachabteilungen über umfangreiche Softwaresysteme für einzelne Umweltproblembereiche, die von großen zentralen DV-Abteilungen selbst entwickelt und betrieben werden, bis hin zu gesamtheitlichen Umweltinformationssystemansätzen.

Diese langjährige organisatorische Zersplitterung der einzelnen Fachbehörden mit umweltrelevanten Aufgaben in sehr unterschiedlichen ministeriellen Ressorts hat die hier zu leistenden Aufgaben nicht erleichtert, sondern dazu geführt, daß die meisten DV-Anwendungen als isolierte Verfahren für Einzelaufgaben (sozusagen als Insellösungen) realisiert wurden. Die systemtechnische und inhaltliche (datenmäßige) Kompatibilität der Verfahren untereinander ist häufig nicht gegeben, die Zusammenfassung innerhalb eines Gesamtkonzeptes daher ungemein schwierig und aufwendig.

Hier liegt eine der großen Herausforderungen an die Informatik, nämlich zukünftig Inkompatibilitäten bei Systemen und Verfahren zu vermeiden.

Die Anforderungen an den DV-Einsatz nehmen auch und gerade in den Umweltbehörden ständig zu. Mit dem Anstieg des PC-Einsatzes werden in den Kommunen zunehmend umweltbezogene DV-Aktivitäten begonnen. Für den weiteren Ausbau der Computeranwendungen in Umweltbehörden ist die Entwicklung langfristiger und umfassender *Informations-system-Gesamtkonzepte* erforderlich.

Hierzu ist eine enge Kooperation der Umweltbehörden und der Informatik erforderlich. Der Bedarf und die Nachfrage der Verwaltung kann durch eine systematische anwendungsbezogene Verbesserung des Informatikangebotes befriedigt werden.

Anforderungen bei der Entwicklung der Informationstechnik sind hierbei erstens die Schaffung und Einhaltung fachlich vereinbarter technischer Schnittstellen. Zweitens eine sachgerechte Aufteilung von Daten und Programmen auf zentralisierte und dezentralisierte Systeme. Drittens benutzerorientierte Software, ergonomische Gestaltung von Ein- uns Ausgabeschnittstellen mit Menueführung und logischem Programmaufbau und viertens die Weiterentwicklung und konsequente Anwendung der Umweltverträglichkeitsprüfung und der Technologiefolgenabschätzung bei neuen IT-Techniken.

Umweltschutz und Informatik werden dann noch stärker zu Bereichen, die sich gegenseitig ergänzen und bedingen.

Die Beziehung Informatik/Ökologie aus der Sicht der ökologisch orientierten Forschung und der Umweltbewegung

Uwe Fritsche, Koordination Bereich Energie

ÖKO-Institut e.V. Büro Darmstadt, Bunsenstr. 14, 6100 Darmstadt

Einleitung

Das Spannungsfeld "Informatik und Ökologie" wird in vier Dimensionen behandelt:

- Hardware (EDV und Peripherie - Herstellung und Entsorgung)

- Software (Programme für welche Modellierung/Optimierung)

- Ökonomie (Rationalisierung/Hierarchie vs. Integration/Netze)

- Soziales (Cyberspace und Herrschaftswissen vs. offener Zugang)

Der Beitrag diskutiert die vier Dimensionen ohne Anspruch auf detaillierte Analyse. Das Schwergewicht liegt vielmehr auf der Darstellung von Positionen, die sich aus dem Umweltblickwinkel *gegenüber* der Informatik ergeben. Ökonomie und Soziales sind dabei keine eigentlichen Kategorien der Ökologie, im Zuge der Bewertung des Spannungsfelds Informatik/Ökologie dürfen diese "weltlichen" Aspekte aber nicht ausgeklammert werden.

1. Hardware: is small beautiful ?

Die direkt umweltrelevante Dimension der Informatik ist ihre Hardware-Seite. Elektronische DV-Geräte wurden und werden vorwiegend nach rein betriebswirtschaftlichen Kostenminimierungsgesichtspunkten entwickelt, hergestellt und vertrieben. Daher treten Umweltprobleme durch Materialeinsatz (z.B. Lösemittel) und Herstellungsverfahren (z.B. Dotierung) auf. DV-Geräte und Komponenten sind typischerweise von geringem Gewicht, erfordern aber zum Schutz beim Vertrieb spezifisch hohe Aufwendungen (z.B. Frachtverkehr, Verpackung), womit indirekt Umweltbelastungen auftreten. Zudem bleiben wichtige Komponenten von EDV-Geräten nach ihrem Einsatz als Sonderabfälle zurück und sind nur schwer rezyklierbar. Bei Peripherie-Geräten stellen sich vergleichbare Probleme (z.B. Laserdrucker). Durch den Einsatz von DV-Komponenten (z.B. Mikrochips) für eine immer breitere Palette von Aufgaben (Haushaltsgeräte, Pkw, CIM) wächst das Hardwareproblem von den Ursprüngen "Labor" und "Büro" zum ubiquitären Faktor der Waren- und Industriewelt.

Gegenüber anderen Produkten ist DV-Hardware zwar *spezifisch* vergleichsweise rohstoffarm und energieeffizient, und die Tendenz ist weiter fallend. Neue Produkte (Laptops, LCD-Schirme) senken zudem Stromverbrauch und Materialaufwand. Diesem Trend entgegen steht aber die o.g. Verbreiterung des Einsatzes von DV-Hardware - immer mehr Anwendungen führen auch bei sinkender spezifischer Ressourcennutzung zu entsprechenden Konsequenzen für die Umweltbelastung in absoluten Größen. Die "small-is-beautiful"-Chiffre paßt demnach zwar auf jeden *einzelnen* Mikrochip, in der *Summe* stimmt gleichwohl die deutsche Version: "Kleinvieh macht auch Mist".

Obgleich die Umweltprobleme der Hardware durch geeignete Instrumente (Ökobilanzen, -controlling, -design) vermindert werden können, umfaßt die umweltorientierte Bereitstellung von Hardware immer auch die Frage des *Nutzens*: wozu soll das Produkt dienen, gibt es Alternativen (darunter: die Nulloption) ? Hier ist nicht allein die Herstellerseite gefragt, sondern auch der Vertrieb (Transporte, Verpackung, Rücknahme) und die Nutzer (Kaufverhalten). Die Umweltbewegung hat - nach anfänglicher Begeisterung - mittlerweile einen kritischen Block auch auf deutsche *silicon valleys* geworfen, daher wird die Ökobilanz von DV-Produkten an Bedeutung gewinnen.
Günstig ist dabei, daß die Fertigung von Komponenten nur einen geringen Teil des Produktpreises ausmacht, sodaß Mehraufwendungen zur Lösung der spezifischen Umweltprobleme (toxische Additive, CKW-Lösemittel, Sondermüll) keine reale Barriere darstellen. Unter diesen Bedingungen können nicht nur Umweltschützer, sondern auch DV-Anwender eine ökologisch orientierte Produktinnovation einfordern. Die Frage nach dem Nutzen der DV ist aber weiter - und immer öfter - zu stellen.

2. Software: mehr als Bits 'n Bytes

Die Software als zweite Dimension des Spannungsfeldes weist praktisch keine direkten Umweltbelastungen auf[1]. Informatikern mag die anwendungsorientierte Seite ihrer Wissenschaft zwar suspekt erscheinen, Software erlaubt aber mittlerweile extrem wichtige Datenzugriffe und komplexe Modellierung, ohne die moderne Ökologie und Umweltschutz kaum möglich wären. In der Tendenz verspricht Software zudem ganzheitlichere Betrachtungen als die mechanistisch geprägten Modelle aus der Rechenschieberzeit. Angewandte, also problemlösungsorientierte ökologische Forschung ist zunehmend auf leistungsfähige Software angewiesen, und EDV-gestützte Analyse- und Bewertungsinstrumente spielen bei umweltrelevanten Entscheidungen eine immer wichtigere Rolle - sie werden nicht zuletzt auch vom ÖKO-Institut entwickelt. Der Boom bei Umweltsimulation, Umwelt-Datenbanken und Bilanzierungsmodellen hat erst begonnen, moderne Bildverarbeitung, fuzzy-logic und neuronale Netze versprechen dem (angewandten) Ökologen weitere Unterstützung beim Verstehen komplexer Strukturen sowie bei Identifikation, Analyse und Lösung von Umweltproblemen.

Dennoch hat die scheinbar so Grüne Weste der Software ihre gefährliche Kehrseite: Dem o.g. positiven Trend stehen Segmentierung und Normierung entgegen, im digitalen Rausch(en) der Mega-Bytes droht *ökologische Entfremdung*: das Welt-Modell im GigaFLOP-Rechner kennt nur extreme Aggregate und globale Flüsse, nicht die Bürgerinitiative in Costa Rica. Lokales Handeln ist *out of range*, die Weizenbaum'sche Ohnmacht der Vernunft führt zum Primat des DV-mäßig Machbaren.

---

[1] Datenträger für Software sowie Programme, die zu fragwürdigem DV-Einsatz führen ("mein Kochbuch auf dem PC"), einmal ausgenommen.

Das Paradigma der *Ersatz*welt ist Ausdruck ökologischer Entfremdung, deren Gefahr für die Idee des Umweltschutzes nicht unterschätzt werden darf. Diskussionen am MIT haben schon deutlich gezeigt, zu welcher Konsequenz die Software-Dimension der Informatik führen kann: wenn die Systemanalyse zeigt, daß die Gattung Mensch ökologisch versagt, muß eine neue, siliziumbasierte Gattung von KI-Systemen geschaffen werden, die den "Job" per Design besser macht[2].

Hier ist die Informatik im Kern gefragt, wie sie's mit der Ökologie hält. Braucht der "Patient Erde" eine medizinische Diagnosesoftware, realtime-gespeist mit Satellitendaten, um die Fieberkurve des Planeten zu messen ? Sicher ja - Klimamodelle sind nützliche Hilfsmittel, um den Zustand der Bedrohung zu markieren. Selbst der schnellste CRAY sagt jedoch nichts über den (ökologischen) Wert des Mistkäfers. Das "intelligenteste" Transputer-Modell ist blind für Lösungen, die sich erst aus dem Kontakt mit der wirklichen Welt - der Umwelt - ergeben, in der Menschen wirken, und in der mehr Dinge ökologisch wichtig sind als die, die gezählt werden können.

Die künstlichen Welten der Informatik haben zwar ihre Faszination auch im ökologischen Sinn: das Computerexperiment "verbraucht" keine Versuchstiere, und die Simulation chemischer Reaktionen verursacht keine Altlasten. Diese Faszination birgt aber gleichwohl als Gefahr, das Modell anstelle der (Um-)Welt zu setzen, und damit entweder die (Um-)Welt zu negieren oder das Modell zu verabsolutieren - oder gar beides.

Aus ökologischer Sicht läßt sich die Hybris der Informatik, ihrer Werkzeuge und ihrer Schöpfungen nur auflösen, wenn die Informatiker zwar die (Um-)Welt als Terrain und Objekt ihrer Wissenschaft begreifen, aber über *Modelle hinaus* einen Mensch und Umwelt *umfassenden* Ansatz verfolgen, der die realen Handlungsmöglichkeiten und Probleme einbezieht. Die Bilder *von* der Welt dürfen nicht mit der Welt selbst verwechselt werden.

Die mit der Software-Dimension verbundene Gefahr ökologischer Entfremdung verlangt zur Einlösung der positiven Möglichkeiten ein starkes ökologisches Bewußtsein der Informatiker, und die (selbst)kritische Auseinandersetzung der Umweltforschung und der Umweltbewegung mit Informatik und ihren Produkten. So wie bei Hardware sind auch beim Informatik-Produkt Software von "Hersteller"- *und* Nutzerseite stets die Gefahren zu er- und der Nutzen zu hinterfragen.

3.   Ökonomie: mehr als Theorie

Die Ökonomie ist eine weitere Dimension der Umweltrelevanz, die allerdings nicht mehr die Informatik oder ihre Produkte, sondern deren An- und Verwendung betrifft[3].   Die folgenden Ausführungen beziehen sich daher allgemein auf Informations- und Kommunikationstechniken (IuK). Die Wirtschaft adressiert IuK-Techniken bislang überwiegend unter Marktaspekten (d.h. Absatzinteressen), wobei die o.g Hardwareprobleme auftreten. Für die Umweltdiskussion interessanter ist es aber, IuK-Techniken unter dem Aspekt der Produkt*gestaltung* und Markt*information* zu sehen: Das von der ökologischen Forschung entwickelte Konzept der Ökologischen Buchhaltung, Instrumente wie Produktlinienanalysen und Ökobilanzen können ein ganz wesentliches Mittel zur Erreichung umweltorientierter Unternehmensplanung sein - und ohne IuK-Techniken wären diese Instrumente nicht nur schwerfällig, sondern praktisch nicht einsetzbar.

---

[2]   Joseph Weizenbaum, der sich gegen dieses Konzept stellt, wurde deswegen auch schon als "carbon fascist" tituliert.

[3]   Ökonomie meint hier nicht die "Lehre vom Wirtschaften", sondern die Wirtschaft selbst.

Ergänzend zu Managementaufgaben können IuK-Techniken zur Umweltentlastung beitragen, wenn sie bei logistischen Problemen Einsatz finden (z.B. Verkehrsmittelwahl), dezentrale Steuerungsaufgaben übernehmen (z.B. CIM) oder als Mittel zur (öffentlichen) Kontrolle dienen (z.B. Umweltüberwachung). Die zunehmend geforderte Einführung sog. *marktwirtschaftlicher Instrumente* im Umweltschutz erfordert ebenfalls den Einsatz von IuK-Techniken - eine "Schadstoffbörse" für Emissionslizenzen wäre ohne sie kaum zu realisieren[4].

Eine Implementierung in der Wirtschaft erfuhren IuK-Techniken bisher allerdings nicht unter diesen Aspekten - neben dem o.g. Absatzaspekt interessierten sie allein als Managementinstrumente für den Faktor, der heutiges Wirtschaften dominiert: Geld. So wie die Finanzwelt heute auf IuK-Techniken setzt und Unternehmen ihre betriebliche Buchhaltung, Kostenrechnung und Projektanalyse entsprechend gestalten, könnten IuK-Techniken die informationelle Basis "ökologischen Wirtschaftens" bieten. Die komplexeren Aufgaben, die eine Ökonomie jenseits der monetären Dimension aufwirft, könnten durch entsprechend gestaltete IuK-Techniken zumindest unterstützt werden, wie viele Beispiele zur Umweltbilanzierung, Stoffflußanalyse usw. zeigen. In dem Maße, wie die Umweltbewegung die Wirtschaft zu ökologischerem Verhalten bewegen kann, werden entsprechende Instrumente an Bedeutung gewinnen.

4. Die soziale Dimension: Cyberspace oder ökolibertäres Forum ?

Wie bei der Ökonomie fragt auch die soziale Umweltdimension nach den indirekten Effekten der An- und Verwendung von Informatik bzw. ihrer Produkte. Problematisch ist hier die zumindest historisch belegte starke Hierarchisierung von DV-Systemen, die zentralistische Informations- und Entscheidungsabläufe mit entsprechend geringer Kontrolle unterstützt. Sozial gesehen sind solche Systeme eher ineffizient, und ihre Umweltrelevanz liegt in der geringen Flexibilität, mit der sie auf neue Anforderungen reagieren. Umweltpolitisch mindestens ebenso wichtig ist der Aspekt des Zugangs zu DV-Wissen (Hard- und Software). Wie unter 1.-3. aufgeführt, spielen IuK-Technologien eine wichtige Rolle bei der Umgestaltung "der Welt", sodaß entsprechendes Wissen auch die (soziale) Machtfrage über den Stellenwert von Umweltschutz beeinflußt. Als dritter Aspekt tritt die mögliche Realitätsflucht durch IuK-Techniken hinzu, die umweltpolitisch wichtige soziale Akteure zumindest lähmen *kann*: im *Cyberspace* lassen sich Probleme wegprogrammieren, und Konsequenzen des Handelns betreffen nur virtuelle Welten. Demgegenüber bieten IuK-Techniken aber auch Chancen für die soziale Dimension der Umweltproblematik. Diese bestehen in der Stärkung "offener" Systeme zur sozialen und politischen Kommunikation sowie in der Dezentralisierung und ggf. Integration von Arbeitsplätzen. Beispiele für solche neuen Formen sind etwa Mailboxen und elektronische Konferenzen, die nationale und globale Kommunikation zwischen Menschen und Gruppen ohne Transporte oder "Zugangskontrollen" erlauben und so Grenzen in vielerlei Hinsicht transzendieren können. "Telecommuting" ist nicht nur in Ökotopia als Arbeitsform zu vermuten, sondern in den USA schon Teilrealität geworden.

---

[4] Die angebliche Effizienz marktwirtschaftlicher Instrumente ist allerdings mit Vorsicht zu betrachten. IuK-Techniken können aber auch entsprechende Funktionen bei anderen Formen der Regulierung übernehmen.

Die Auswirkungen solcher IuK-Techniken auf die Formen des Zusammenlebens und die politische Kultur sind zwar noch umstritten, aber zumindest die Möglichkeiten einer stärkeren Beteiligung, direktdemokratischer Formen[5] und der sozialen Interaktion ohne stets steigenden Reiseaufwand sind umweltpolitisch interessant.

5.   Ausblick: Ökologisierung der Datenwelt ?

Insgesamt ergibt die Analyse des Spannungsfeldes von Informatik und Ökologie somit eine doppelte Herausforderung für die ökologisch orientierte Forschung und die Umweltbewegung:

*   Die Probleme und Risiken der IuK-Techniken müssen ermittelt, öffentlich diskutiert und gegen die antizipierten Vorteile abgewogen werden, die ökologisch interessanten und sozial verträglichen Varianten von IuK-Techniken müssen als Alternativen erforscht und demonstriert werden.

*   IuK-Techniken als potentielle Informationsbasis einer ökologisch orientierten Ökonomie sowie innovativer sozialer Strukturen und Interaktionsmuster müssen in die Diskussion gebracht und erprobt werden, wobei auch hier die kritische Analyse der Konsequenzen notwendig ist.

Umweltschutz verlagert sich damit auch in die Sphäre der Informationswelt, und Ökologiebewußtsein bzw. Umweltverständnis müssen um die IuK-Aspekte erweitert werden.

Umgekehrt wird mit steigender Bedeutung von IuK-Techniken auch die *Haltung* der Informatiker gegenüber dem Umweltschutz immer wichtiger. Soll die Zukunft der "einen Welt" humanökologisch geprägt sein, darf die Informatik sich nicht in den Cyberspace mit siliziumbasierten Bewohnern flüchten, sondern muß mit dem alten Kohlenstoffmodell Mensch und in der realen (Um-)Welt leben. Zumindest teilweise macht das sogar mehr Spaß, womit schon eine mögliche Motivation und ein erster Ansatzpunkt gefunden wäre.

Das Spannungsfeld zwischen Informatik und Ökologie besteht somit in vielfacher Hinsicht, und die Art der Spannung kann in ökologischer Sicht sowohl destruktiv wie auch produktiv sein. Dies bedeutet viel Anlaß, den Dialog zwischen Informatikern und Umweltschützern (weiter) zu führen.

Am Ende muß dabei nicht jede(r) ein(e) ökologisch orientierte(r) InformatikerIn oder datenorientierte(r) UmweltschützerIn geworden sein - aber einige davon wären doch schon etwas.

---

[5]   So etwa das elektronische "universal town meeting" zur Diskussion und Abstimmung bei Vorhaben, die aufgrund ihrer Bedeutung direktdemokratische Verfahren nahelegen - ein Konzept aus der science-fiction-Literatur, das aber neuerdings der parteilose Präsidentschaftskandidat in den USA immerhin vorgeschlagen hat.

Der Markt für Umweltschutzsoftware

Horst Ellringmann
Dettweiler Straße 2
6240 Königstein

Der Einsatz der Datenverarbeitung im Umweltschutz ist weder eine Angelegenheit für Freaks noch eine Sache, über deren Sinn und Zweck man streiten kann. Denn auch im Umweltschutz hat Software die Fähigkeit, komplexe Zusammenhänge transparent zu machen und damit Entscheidungsfindungen zu erleichtern.

Der verstärkte Einsatz von EDV im Umweltschutz ist eine volkswirtschaftliche Notwendigkeit, da Softwarelösungen den Vollzug der Umweltschutzgesetzgebung beschleunigen und Umweltbelastungen vermeiden helfen.

In allen umweltschutzrelevanten Branchen der Industrie ist ein erheblicher Bedarf an *integrierten Lösungen* zu verzeichnen, denn die meisten Großunternehmen haben in den letzten Jahren Umweltschutzsoftware nur als Insellösungen eigesetzt. Die ganzheitliche integrierte Lösung fehlt bis heute. Daher ist der Handlungsdruck derart gestiegen, daß viele Unternehmen bereits mit Eigenentwicklungen begonnen haben.

Einer der Gründe für das steigende Interesse an Umweltschutzsoftware, oder besser, für den steigenden Handlungsdruck, ist in der "geschickten" Umwelt-Gesetzgebung der Bundesregierung zu finden. Scheinbar unbedeutende Erweiterungen des Bundes Immissionsschutz Gesetzes wie der § 52a haben das Umweltbewußtsein des Managements vieler Unternehmen in einem Maße verändert, das alleine durch die Verschärfung von Richt- und Grenzwerten nicht zu erreichen gewesen wäre. Den Verantwortlichen ist klar geworden, daß sie die Forderung des § 52a, den Behörden auf Verlangen nachzuweisen, wie in ihrem Unternehmen die Einhaltung der Umweltgesetze sichergestellt wird, nur schwer erfüllen können. Die EDV könnte hier entscheidend helfen, wenn die für die betriebliche Planung, Steuerung und Überwachung eingesetzten Systeme (z.B. PPS-Systeme) um Umweltschutzkomponenten erweitert würden!

Der Markt für Umweltschutz-EDV ist noch recht unbedeutend. Die Investitionen der Anwender in Hardware und Software betrugen 1990 ca. 250 Mio. DM. Dagegen betrugen die Gesamtinvestitionen in Hardware, Systemsoftware, Standardanwendungen und Service im Jahr 1990 ca. 24 Mrd. DM.

Im Rahmen von Marktanalysen haben wir in den letzten Jahren den Markt für Umweltschutzsoftware untersucht und kontinuierlich beobachtet. Die nachfolgenden Zahlen basieren auf diesen Analysen und auf Angaben des Statistischen Bundesamtes, die jährlich in der Reihe Investitionen für Umweltschutz veröffentlicht werden.

1. Der Anwendermarkt

Investitionsvolumina der Industrie

In der produzierenden Industrie stellt sich der Bedarf an Umweltschutzsoftware derzeit wie folgt dar:

Industriezweig	Anzahl Unternehmen mit Bedarf *	
	ganzheitlich	Teillösung
Metallverarbeitende Industrie	ca. 400	ca. 1000
Chemische Industrie	ca. 200	ca. 300
Energieversorgende Industrie	ca. 50	ca. 40
Ernährungs- und Genußmittelindustrie	ca. 60	ca. 160
Holz-, Papier-, Druckindustrie	ca. 30	ca. 90
Elektotechnische Industrie	ca. 220	ca. 230

* Diesen Zahlen liegen Betrachtungen der Größe von Unternehmen sowie Gewichtungen der Betroffenheitsgrade aufgrund ihrer Produktionsverfahren und Produkte zugrunde.

Geht man davon aus, daß die großen Unternehmen (Bedarf an ganzheitlicher Software) bereit sind, für Umweltschutzsoftware DM 100.000 auszugeben, beträgt das bereitstehende Investitionsvolumen DM 96 Mio.

Nimmt man an, daß für Teillösungen (Standardsoftware zur Lösung dedizierter Aufgaben) DM 50.000 je Unternehmen investiert werden, beträgt das aufgestaute Investitionsvolumen DM 91 Mio.

Der Bedarf anderer Industriezweige, Institute, Forschungseinrichtungen wird ca. DM 30 Mio. betragen.

In diesen Zahlen sind die neuen Länder noch nicht berücksichtigt.

Eine kürzlich durchgeführte Untersuchung von 100 großen Indusrieunternehmen hat ergeben, daß nur 15% der Unternehmen in den letzten Jahren Umweltschutzsoftware gekauft haben. Es handelt sich überwiegend um Gefahrstoff-Informationssysteme und Produkte für die Abfall- und Wasserwirtschaft.

Über 25 % der Unternehmen haben eigene Software entwickelt. Der Anteil der Eigenentwicklungen ist in der Chemischen Industrie am höchsten.

Die Frage nach Anwendungsbereichen ergab, daß an Software für Abfallwirtschaft, Gewässerschutz und Stoffdatenverwaltung der größte Bedarf besteht. Darüberhinaus suchen die Unternehmen Lösungen für Arbeitsschutz, Gefahrguttransport und Kataster (überwiegend Emissionskataster und Lärmkataster).

Werner Goll, Umweltschutz-Manager der SKW-Trostberg AG erläutert seine Anforderungen an EDV so: "Die Aufgabenvielfalt der in meinem Ressort tätigen Fachbereiche Umweltschutz, Konzessionierung, Arbeits- und Anlagensicherheit, Produktsicherheit/Toxikologie und Qualitätswesen kann effizient und kostengünstig nur über ein modernes und praktikables Umweltinformationssystem bewältigt werden. Die Überwachung der Einhaltung behördlicher Auflagen, die Beschleunigung von Genehmigungsverfahren (intern und extern) und nicht zuletzt der Nachweis des bestimmungsgemäßen Betriebes von Produktionsanlagen stellen hohe Anforderungen an den betrieblichen Umweltschutz. Besonders das

Prinzip der Beweislastumkehr im neuen Umwelthaftungsgesetz erfordert ein ausgeklügeltes Überwachungs- und Dokumentationssystem. U. a. aus diesen Gründen bauen wir ein, in unsere EDV-Landschaft integriertes, betriebliches Umweltinformationssystem auf."

Investitionsvolumina der öffentlichen Verwaltung

Die im Behördenbereich für Umweltschutzsoftware geplanten Mittel dürften für 1992 in der Größenordnung von DM 160 Mio. liegen.

Diese Angabe beruht auf folgenden Zahlen für die alten und neuen Bundesländer:

Bereich	Anzahl
Gemeinden mit 20.000 bis 100.000 Einwohnern	644
Städte mit mehr als 100.000 Einwohnern	82
Landkreise	517
Länder	16
andere relevante Umweltbehörden	ca. 40

Die aufgeführten Gemeinden werden nur punktuell (Fachlösungen wie Indirekteinleiter-Überwachung) in Umweltschutzsoftware investieren. Es wird eine einmalige mittlere Investition von DM 10.000.- angenommen.

Für Städte ab 100.000 Einwohner wurde ein einmaliges mittleres Investitionsvolumen von DM 750.000 ermittelt.

Der Bedarf der Kreise und Regierungsbezirke ist schwer zu fassen. Aufgrund ihrer Aufgaben im Umweltschutz müßten sie mit ganzheitlicher Software ausgrüstet werden. Das wird aber auf absehbare Zeit nicht finanzierbar sein. Wir schätzen das einmalige Investitionsvolumen auf DM 50.000 pro Behörde.

Bei den Ländern können Investitionen in Umweltsoftware pro Jahr angegeben werden. Die 16 Länder der Bundesrepublik bilden zwei Gruppen, nämlich solche, die sich in der Studien- oder Konzeptionsphase befinden (13 Länder) und solche, die bereits in der Realsierungsphase sind (3 Länder) oder ihre Umweltinformationssysteme weitgehend fertiggestellt haben. Für erstere wurde ein mittleres Investitionsvolumen von DM 2,8 Mio., für letztere ein Volumen von DM 15 Mio. pro Jahr ermittelt.

Für die restlichen Umweltbehörden schätzen wir einen Gesamtbetrag von ca. DM 3 Mio.

Die Anforderung an den Funktionsumfang von Umweltschutzsoftware im behördlichen Bereich wollen wir an einem Beispiel aus der Praxis beschreiben:

Jörg Hennerkes, Leiter des Umweltamtes Frankfurt, hat zum Thema EDV im Umweltschutz eine klare Meinung: "Mit dem Aufbau einer effizienten kommunalen Umweltverwaltung sind nicht nur neue Organisationsformen zu schaffen. Es sind auch zeitgemäße Arbeitsmittel zur Bewältigung komplexer Probleme und der in Massen anfallenden Daten bereitzustellen. Das bedeutet für die öffentliche Verwaltung, die vor kurzem erst das Stehpult abgeschafft hat, den Sprung in eine neue Welt zu wagen. Wir müssen die Probleme von morgen zumindest mit den Techniken von heute angehen, sonst haben wir keine Chance. Zur EDV-Lösung gibt es einfach keine Alternative."

Friedrich Göschl, Geschäftsführer der Autinform GmbH, die das EDV-System für das Umweltamt Frankfurt entwickelt, schildert, worauf es ihm ankommt: "Wichtigstes Ziel unseres Projektes ist es, die Vorgangsbearbeitung plan- und steuerbar zu machen und gleichzeitig als aktives Instrument zur Datengewinnung nutzen zu können. Mit zunehmender Nutzung wird der Systemkern – die von allen Vorgansar-ten genutze Datenbasis – ihre Wirkung entfalten und sowohl die Vorgangsbearbeitung verkürzen als auch die Qualität der Arbeitsergebnisse verbessern. In dem von uns entwickelten Datenmodell werden Informationsobjekte wie Schutzobjekte (Teile von Natur und Landschaft), und Überwachungsobjekte (z.B. Industrieanlagen) beschrieben und Beziehungen zum Raum hergestellt. Damit wird es möglich, sowohl objektbezogene Betrachtungen als auch übergreifende Bewertungen (z.B. im Bereich der UVP) vorzunehmen."

Zusammenfassung

Die Investitionsvolumina von Industrie und öffentlicher Verwaltung zusammen ergeben damit einen Betrag von ca. **DM 395 Mio.**

Aufgrund des existierenden Handlungsdrucks gehen wir davon aus, daß der größte Teil dieser Summe in 1992/93 zur Verfügung steht.

2. Der Anbietermarkt

Die im Jahr 1991 mit Umweltschutzsoftware (Standardsoftware und Auftragsentwicklungen) erzielten Umsätze der Anbieter werden DM 150 und 180 Mio. betragen haben. Anwendungen für den Arbeitsschutz und Geographische Informationssysteme sind in dieser Zahl nicht enthalten.

Dieser Umsatz wurde von 80 bis 90 Unternehmen erzielt. Neben den wenigen EDV-Herstellern, die Umweltschutzsoftware entwickeln, treten überwiegend Ingenieurbüros und kleine Softwarehäuser als Anbieter auf.

Interessant ist die Größe der Softwareanbieter nach Beschäftigten.

Anzahl Beschäftigte	Unternehmen
1 - 10	60 %
11 - 20	25 %
21 - 50	2 %
51 - 100	3 %
< 100	10 %

Diese Zahlen erklären die Angebots-Situation im Markt. Die kleinen Softwarehäuser und Ingenieurbüros verfügen zwar meist über ausgezeichnete Sachkenntnisse, sie sind aber nicht in der Lage, neben

Entwicklung und Pflege ihrer Standardprodukte ganzheitliche Software zu entwickeln, die zudem oft noch in bestehende EDV-Landschaften integriert werden müßte.

Die großen Softwarehäuser und die EDV-Hersteller konzentrieren sich auf kundenspezifische Entwicklungen und scheuen Investitionen in eigene Produkte, weil der Return of Invest schwer zu beurteilen ist.

Trotz dieser, aus Sicht der Anwender sicher unbefriedigenden Situation, werden derzeit mehr als 180 Umweltschutzsoftwarelösungen im Markt angeboten.

Der SOFTWAREFÜHRER UMWELTSCHUTZ (MES-Verlag ISBN: 3-928098-00-4) beschreibt alle wesentlichen, derzeit im Markt angebotenen Softwareprodukte für den Umweltschutz. Software-entwicklungen von Instituten, Hochschulen und Behörden wurden in den Softwareführer nicht aufgenommen, weil sie in der Regel für individuelle Anforderungen entwickelt wurden oder Modellcharakter haben.

Eine Übersicht über den Einsatz von Umweltschutzsoftware im Behördenbereich wird vom Umweltbundesamt herausgegeben (UBA-Texte 35/ 36).

3. Voraussichtliche Weiterentwicklung

Anbieter technischer und kommerzieller Standardsoftware für große Industrieunternehmen werden nicht umhin können, Umweltaspekte in ihren Lösungen zu berücksichtigen. Das gilt besonders für Instandhaltung, Qualitätssicherung, PPS, Materialwirtschaft, Kostenrechung und Finanzbuchhaltung.

Die kleinen Softwarehäuser werden ihre Standardprodukte überwiegend im Mittelstand und im kommunalen Bereich absetzen können.

Für alle Anbieter von Umweltschutzsoftware gilt, daß sie von dem bestehenden Investitionsstau und darüberhinaus von einem sicher überproportional wachsenden Markt profitieren können. Die Kosmopoliten unter ihnen werden darüberhinaus den Vorsprung zu nutzen wissen, den die Bundesrepublik in der Umweltschutz-Informatik hat.

Literatur

Strom, P.-C.:   Umweltrecht, E. Schmidt Verlag, 1991

Schulz, Werner: Betriebliche Informationssysteme
                                 Betriebs- und Volkswirtschaft, Heft 6 12.1989

Page, Bernd: Informatik im Umweltschutz
                                 Oldenburg Verlag, 1986

Kreikebaum, Hartmut: Integrierter Umweltschutz
                                 Gabler Verlag, 1990

Pietsch, Jürgen: Umweltinformationssysteme
                                 E. Blottner Verlag, 1991

Meffert/Kirchgeorg: Marktorientiertes Umweltmanagment
                                 Verlag C.E. Poeschel 1992

Substitutionsmöglichkeiten beruflich bedingten Personenverkehrs durch Telekommunikation

Stefan Köhler, ISL, Universität Karlsruhe
Klaus Lange, WIK, Bad Honnef
Michael Berlage, WIK, Bad Honnef

1. Interdependenzen zwischen Telekommunikation und Verkehr

Ausnahmesituationen - wie z.B. im Golfkrieg (Funkschau 1991) oder nach dem Erdbeben in Kalifornien 1989 (Kilborn 1989) - haben gezeigt, daß Videoconferencing bzw. Telearbeit Alternativen zu beruflich bedingtem Personenverkehr sind. Zu prüfen bleibt, inwieweit es sich hierbei nur um kurzfristige oder auch um langfristige Effekte handelt.

Zwischen Entwicklung und Nutzung von Verkehrsmitteln und Telekommunikationstechniken als Raumüberwindungssysteme (Heinze 1989) bestehen Interdependenzen. Bezüglich verkehrlicher Wirkungen der Telekommunikation (Tk) drücken sich diese in folgenden Relationen aus (Mokhtarian 1989):

- Substitution, d.h. Tk ersetzt Verkehr
- Induktion, d.h. Tk generiert zusätzlichen Verkehr
- Effektivierung, d.h. Tk trägt zur Optimierung des Verkehrssystems bei, und
- Flexibilisierung, d.h. Tk erhöht die Optionen bei der Verkehrswege- und Verkehrsmittelwahl.

Angesichts eines zunehmenden Verkehrsaufkommens und in Folge manifester ökologischer Probleme werden in letzter Zeit besonders intensiv Hoffnungen artikuliert, daß mittels Tk verstärkt Verkehr - und hierbei besonders beruflich bedingter Personenverkehr - substituiert werden kann. Ohne auf futuristische Fehlprognosen näher einzugehen, sei auf eine aktuelle Studie von Arthur D. Little (1991) verwiesen, die in den USA bei einer 10 bis 20%igen Substitution jährlich bis zu 23 Mrd. Dollar an Einsparungseffekten bei Treibstoffen, Reisezeit, Erhaltungsaufwendungen für Verkehrssysteme und Umweltschädigungen errechnet hat. In den USA werden von staatlicher Seite verstärkt Anstrengungen unternommen, mittels Telearbeit das Verkehrsystem und die Umwelt zu entlasten. Aber auch in europäischen Ländern - und besonders der Bundesrepublik - könnte der wachsende Problemdruck zu einem dringenden politischen Handlungsbedarf führen.

Der folgende Beitrag zeigt Substitutionsmöglichkeiten im Bereich des beruflich bedingten Personenverkehrs durch Bildkommunikation (Videoconferencing) bzw. Telearbeit auf und diskutiert die Frage, warum "theoretisch" vorhandene Potentiale nur suboptimal ausgenutzt werden.

2. Bildkommunikation und Geschäftsreiseverkehr

Die interaktive Bewegtbildkommunikation befindet sich nach zögerlichem Start in der Phase des take-off. Innerhalb von zwei Jahren hat in den USA die Zahl der Videokonfenzeinrichtungen von unter 1000 auf über 4000 (1990) zugenommen; in der Bundesrepublik dürften zur Zeit knapp 300 Studios (incl. der 14 öffentlichen Studios der DBP Telekom) in Betrieb sein. Mittels immer effektiveren Kompressionsalgorithmen für Videosignale ist die für Videokonferenz notwendige Datenübertragungsrate von 140 MBit/s auf 56 KBit/s heruntergedrückt worden; das jüngst eingeführte ISDN-Bildetelefon ermöglicht Bewegtbildkommunikation in akzeptabler Qualität vom Arbeitsplatz aus. Die Miniaturisierung bzw. Leistungssteigerung der Technik führt zu einem drastischen Preisverfall bei Endeinrichtungen und Gebühren (Funkschau 1991).

Angesichts dieser Entwicklungen erscheinen Hoffnungen nicht mehr unrealistisch, daß in der Geschäftskommunikation, face-to-face-Kontakte, die den physischen Transport der Gesprächsteilnehmer erfordern, durch interaktive Bewegtbildkommunikation ersetzt werden können. Die Einsparungspotentiale hinsichtlich der Geschäftsreisezeiten und -kosten wurden - häufig anhand nichtrepräsentativer Einzelfallbeispiele - mit Größenordnungen von bis zu 80% (Tietz 1987) außerordentlich hoch angesetzt, obwohl aus kommunikationspsychologischen Untersuchungen bereits seit längerem bekannt ist, daß der persönliche Kontakt bei Gesprächs- und Konferenzanlässen eine ausgesprochen wichtige Rolle spielt (Klingenberg/Kränzle 1983). Mittlerweile wird davon ausgegangen, daß mit Videokonferenzen die Geschäftsreisetätigkeit in einer Größenordnung zwischen 10 und 30% reduziert werden könnte (Rotach / Keller 1987, Moktharian 1988, Ollmann 1989).

Ähnlich wie die o.g. Studien, die mittels Potentialabschätzungen und Szenariotechnik die Einsparungseffekte errechneten, zeigt eine Erhebung des ISL[1] unter Videokonferenzanwendern in der Bundesrepublik eine Verringerung der Geschäftsreisetätigkeit bei ca. 1/4 der Befragten an. Zugleich ergeben sich aber auch Hinweise darauf, daß für ca. 1/3 der Befragten die durch eingesparte Reisen gewonnenen Kapazitäten für andere Reisen und Reisezwecke aufgebraucht würden. Für die restlichen traten wegen einer bislang noch geringen Videokonferenznutzung kaum Veränderungen auf. Über alle Befragten gemittelt, zeigt sich, daß die Einsparungseffekte im Geschäftsreiseverkehr unter 10% liegen dürften.

Parallel zu der schriftlichen Befragung ergaben Experteninterviews, die in 25 Videokonferenz anwendenden Unternehmen[2] durchgeführt wurden, daß eine Gegenüberstellung von Investitionskosten und Nutzungsgebühren zu den Einsparungen im Geschäftsreiseverkehr eine für eine Kosten-Nutzen-Analyse stark verkürzte Sichtweise darstellt. Bildkommunikation "rechnet" sich nicht allein durch finanzielle Einsparungen (Salomon u.a. 1991). Positiv, monetär jedoch kaum faßbar, schlagen folgende Effektivitätssteigerungen zu Buche:
- Erhöhung der Anzahl der Konferenzteilnehmer gegenüber face-to-face-Kontakten, woraus insbesondere eine Verbesserung der Informationsqualität der Mitarbeiter resultiert,
- Beschleunigung von Entscheidungsprozessen in Folge qualitativ besserer und umfassenderer Information,
- Erleichterung in der Terminfindung für Konferenzen, und
- Verkürzung bzw. straffere Abwicklung von Konferenzen.

Die schriftliche Befragung bestätigt diese Einschätzung. Die Befragten bewerten diese Veränderungen weitaus positiver als Einsparungen bei ihrer Geschäftsreisetätigkeit. Dabei zeigt sich, daß Personen in

---

[1] Hierbei handelt es sich um eine bundesweite Befragung, die Stefan Köhler vom Institut für Städtebau und Landesplanung der Universität Karlsruhe im Rahmen seiner Dissertation auswertet.

[2] Hierbei handelt es sich um eine Auftragsstudie des Wissenschaftlichen Instituts für Kommunikationsdienste (Bad Honnef) an Stefan Köhler.

leitenden Positionen die qualitativen Verbesserungen in der Kommunikation überdurchschnittlich positiv bewerten.

Eine intensivere Nutzung der Videokonferenztechnologie scheitert an organisatorischen und individuellen Restriktionen. Bei den heutigen Studiolösungen sind häufig langfristige Reservierungen notwendig. Die Teilnehmer müssen ins - mitunter ferne - Studio transportiert werden. Dieser Aufwand schränkt die spontane, situationsangepaßte Nutzung der Videokonferenztechnik noch erheblich ein. Nicht zu vernachlässigen ist auch der Faktor, daß Geschäftsreisen von den Beschäftigten mitunter als willkommene Abwechslung im Berufsalltag bzw. als Gratifikation betrachtet werden.

3. Telearbeit

In ersten Schätzungen ging man davon aus, daß bis zu 50% aller Berufstätigen im Jahr 2000 telearbeiten würden (Nilles u.a. 1976). Trotz vielfältiger Bemühungen dürfte nur ein weit geringer Prozentsatz erreichbar sein.

In den USA wird "telecommuting" auf höchster Ebene forciert; Präsident Bush hat im März 1990 in seinem "National Transportation Policy Statement" auf die besondere Bedeutung von Telearbeit verwiesen. Bis zu 500 private und öffentliche Arbeitgeber haben Telearbeitsprogramme; 3,6 Millionen Beschäftigte arbeiten zumindest an einem Tag in der Woche zu Hause (NTIA 1991). Besonders in Kalifornien werden auf Gesetzgebungswege und in Pilotprojekten neuartige Wege beschritten. Der "1989 Air Quality Management Plan for the South Coast (California) Air Basin" sieht vor, bis zum Jahre 2010 bis zu 30% des Pendelverkehrs einzusparen. Im "State of California Telecommuting Pilot Project" können Regierungsangestellte zeitweise telearbeiten. Dieses Projekt wurde einer systematischen Begleitforschung unterzogen, in der festgestellt wurde, daß die Teilnehmer bis zu 75% an beruflich bedingter Mobilität einsparten und daß die Einsparungseffekte kaum durch zusätzliche nicht-berufliche Mobilität wieder aufgehoben wurden (Kitamura u.a. 1991; Pendyala u.a. 1991). Daß dies kein Einzelbefund ist, sondern für ähnliche Pilotprojekte gilt, belegt Moktharian (1991).

In Europa und der Bundesrepublik wird Telearbeit bei weitem nicht so forciert; die Umweltentlastungsaspekte haben nicht den Stellenwert, wie in den USA. Die EG-Kommission (DGXIII) hat schon im Rahmen ihrer FAST- bzw. Esprit-Programme (Huws u.a. 1990) "telework" gefördert und im März 1992 eine konzertierte Aktion zur Telearbeit bzw. European Telework Forum (ECTF) gestartet. Nach einer kritischen und ernüchternden Diskussion um Teleheimarbeit Mitte der 80er Jahre war in der Bundesrepublik das Thema fast aus der öffentlichen Agenda verschwunden: "Die Revolution fällt aus" (Huber 1987). Durch den Modellversuch der IBM über "Außerbetriebliche Arbeitsstätten" ist Telearbeit erneut in das öffentliche Interesse geraten. Das breite Interesse der IBM-Mitarbeiterschaft am Modellversuch, verkennt die Tatsache, daß nur für eine kleine Gruppe höher qualifizierter Mitarbeiter Telearbeit ermöglicht werden soll.

Insgesamt läßt sich ein Trend von der minderqualifizierten, isolierten, eintönigen Teleheimarbeit hin zu höherqualifizierter, kollektiver, variabler Telezusammenarbeit konstatieren. Dies läßt sich besonders im Telematikbereich beobachten - wie z. B. beim ISDN-Bildtelefonversuch der Integrata AG (Anderer 1992).

Telearbeit ist nur für einen geringen Prozentsatz der arbeitenden Bevölkerung eine wirkliche Alternative. Auch bei denen, wo die berufliche Position Telearbeit möglich erscheinen läßt, hängt es von Familien- und Wohnverhältnissen ab (Hegner u.a. 1989), ob Teleheimarbeit zur attraktiven Alternative wird. Satellitenbüros bzw. Telearbeitszentren, mit denen auch das potentielle Isolationsproblem kompensiert werden könnte, scheinen zukunftsträchtiger zu sein (Ulich 1988). Besonders interessante Ansätze gibt es hierzu in der Schweiz (Cyranek 1991).

Trotz des erwiesenen großen Interesses an dezentralen Arbeitsformen (Kreibich 1989) ist ein "normales" Unternehmen den organisatorischen Anforderungen einer verstärkten Telearbeit noch nicht "gewachsen" (Lenk 1990). Von den notwendigen strukturellen und logistischen Veränderungen abgesehen, erfordert Telearbeit einen neuen Führungsstil ("management by trust"). Besonders das mittlere Management behindert in der Antizipation von Kontrollproblemen die Verbreitung von Telearbeit.
Die Interessen der Manager fallen mit denen der Mitarbeitervertretungen bzw. Gewerkschaften zusammen. Diese erwarten Probleme bei ihrer Funktionsausübung und versuchen Telearbeit einzuschränken. In der Bundesrepublik läßt sich eine langsame Umorientierung der Gewerkschaften (DGB 1991) erkennen. Ein Telearbeitsgesetz könnte - konstruktiv gewendet - Telearbeit fördern.

4. Potentiale und Restriktionen

Videoconferencing und Telearbeit können mittelfristig nur zu einem geringen Prozentsatz - eher ein- denn zweistellig - beruflich bedingten Personenverkehr ersetzen. In bestimmten Branchen - wie. z.B. in der Iuk-Branche - kann dieser Prozentsatz durchaus höher liegen. Auch wenn die Preise für Technik und Netze weiterhin drastisch fallen, kann Tk angesichts gewisser nicht aufzuhebender Nachteile gegenüber face-to-face-Kontakten nur dann zu einer attraktiven Alternative zum beruflich bedingtem Personenverkehr werden, wenn die Nutzer der Verkehrsmittel voll für alle dabei entstehenden Kosten aufkommen müssen, d.h. wenn der Verkehr nicht mehr im hohen Ausmaß indirekt subventioniert wird bzw. Umweltkosten externalisiert werden.
Auch bei massiver "staatlicher" Steuerung können vorhandene individuelle, organisatorische Restriktionen nur langsam überwunden werden (Jaeger/Ernste 1988). Alles in allem wird sich der soziotechnische Innovationsprozeß, indem mittels Videoconferencing und Telearbeit beruflich bedingter Personenverkehr partiell substituiert wird, recht schleppend vollziehen. Er muß als Facette eines komplexen Bewußtseins- und Verhaltenswandels hin zu einer umweltverträglichen Mobilität(sreduzierung) verstanden werden. Wie die Vergangenheit zeigt, können hierbei überzogene Erwartungen in diesem Prozeß nur schaden.
Einwände, daß mittels Tk letztlich mehr Mobilität induziert als substituiert wird (Henckel 1990) und daß mittels Tk indirekt räumliche Wirkungen mit negativen ökologischen Folgen - z.B. Zersiedelung - eintreten könnten (Nilles 1991), müssen ernstgenommen werden. Sie dürfen aber nicht von vorneherein dafür mißbraucht werden, um Bestrebungen, mittels Tk beruflich bedingten Personenverkehr zu substituieren, zu konterkarieren.

Literaturverzeichnis

Anderer, G. (1992): Praxistest bestanden, in: net 46, Heft 1-2, S. 13-17.

Arthur D. Little, Inc. (1991): Can Telecommunications Help Solve Americas Transportation Problems?, A Multiclient Study, Cambridge (Mass.) Februar 1991.

Cyranek, G. (Hrsg.) (1991): Telearbeitszentren - Wiederbelebung von Randregionen durch Entlastung städtischer Zentren?, Dokumentation der Tagung des Gottlieb Duttweiler Instituts, Rüschlikon/Zürich 29. Mai 1991.

DGB (-Bundesvorstand) (1991): Für eine soziale Gestaltung der Telekommunikation - Thesen und Vorschläge des DGB, Düsseldorf (Selbstverlag), Oktober 1991

Funkschau (1991): Videokonferenzen - Boom dank Krieg, in: Funkschau 20/1991, S. 34-42.

Hamer, R.; Kroes, E.; Ooststroom, H. van, (1991), Teleworking in the Netherlands: an evaluation of changes in travel behaviour. In: Transportation, Vol. 18 , S.365-382.

Hegner, F. u.a., (1989): Dezentrale Arbeitsplätze: Eine empirische Untersuchung neuer Erwerbs- und Familienformen, Frankfurt/M, New York (Campus).

Heinze, W.G (1989): Verkehr und Telekommunikation, in: Akademie für Raumforschung und. Landesplanung (Hrsg.), Daten zur Raumplanung, Teil C: Fachplanungen und Raumordnung, Hannover 1989, S. 875-1004.

Henckel, D. (Hrsg.) (1990): Telematik und Umwelt, Berlin (DIFU).

Huber, J. (1987), Telearbeit - ein Zukunftsbild als Politikum, Opladen (Westdeutscher Verlag).

Huws, U. / Korte, W.B. / Robinson, S. (1990): Telework - Towards the Elusive Office, Chichester (John Wiley & Sons).

Jaeger, C. / Ernste, H.(1988): Telearbeit im Kräftefeld zwischen technischer Innovation und organsiatorischer Stagnation, in: Neue Züricher Zeitung vom 31.8.1988, S. 41.

Kitamura, R. u.a., (1991), An evaluation of telecommuting as a trip reduction measure. In: Proceedings of PTRC 19th Summer Annual Meeting 9.-13. Sept. 1991. Sussex, England, S.69-80.

Kilborn, Peter T (1989): Quake Gives an Impetus To Commuting by Phone, in: New York Times v. 15.11.89, Seite A18.

Klingenberg, H. / Kränzle, H-P. (1983): Kommunikationstechnik und Nutzerverhalten, München (CW-Publikationen).

Kreibich, R. (1989): Zukunft der Telearbeit, Berlin / Eschborn (RKW).

Lenk, Th. (1990): Telearbeit - Möglichkeiten und Grenzen einer telekommunikativen Dezentralisierung von betrieblichen Arbeitsplätzen, Berlin (Duncker&Humblot).

Mokhtarian, P. L., (1988), An empirical evaluation on the travel impacts of teleconferencing. In: Transportation Research Serie-A, Vol. 22A, S. 283-289.

Mokhtarian, P. L. (1989), A Typology of Relationships between Telecommunications and Transportation. In: Transportation Research, Vol. 24A, S. 231-242.

Mokhtarian, P. L., (1991), Telecommuting and travel: state of the practice state of the art. In: Transportation, Vol 18, S. 319-342.

National Telecommunications and Information Administration (NTIA) (1991): Telecommunications in the Age of Information, The NTIA Infrastructure Report, Washington (U.S. Department of Commerce) October 1991.

Nilles, J.M. u.a. (1976): The Telecommunications - Transportation Tradeoff: Options for Tomorrow, New York (John Wiley and Sons).

Nilles, J. M. (1988): Traffic reduction by telecommuting: A status review and selected bibliography, in: Transportation Research, Vol. 22A, S. 301-317.

Nilles, J.M. (1991): Telecommunication and urban sprawl: migrator or inciter, in: Transportation, Vol 18, S.411 - 432

Ollmann, R. (1989): Telekommunikation und Geschäftsreiseverkehr - Ergebnisse einer empirischen Untersuchung, in: B. Lutz (Hrsg,): Technik in Alltag und Arbeit, Berlin (Sigma) 1989, S. 81-118.

Pendyla, R. M. / Goulias, K. G. / Kitamura, R., (1991), Impact of telecommuting on spatial and temporal patterns of household travel. In: Transportation, Vol. 18, S.383-409.

Rotach, M. / Keller, P., (1987), Chancen und Risiken der Telekommunikation für Verkehr und Siedlung in der Schweiz. Schlußberichte Teil I und Teil II. ETH Zürich (Verlag der Fachvereine Zürich).

Salomon, I. / Schneider, H.N. / Schofer, J. (1991), Is Telecommuting cheaper than travel? An examination of interaction costs in an business setting. In: Transportation, Vol. 18, S.291-318.

Tietz, B. (1987): Wege in die Informationsgesellschaft. Szenarien und Optionen für Wirtschaft und Gesellschaft, Stuttgart .

Ulich, E. (1988): Menschengerechte Arbeit in Satellitenbüros. Psychologische Gesichtspunkte dezentraler Tätigkeit, in: Neue Züricher Zeitung vom 31.8.1988, S. 45.

Nutzung der Informationstechnik durch Umweltschutz-Organisationen
am Beispiel von Wide-Area-Netzwerken (WAN)

Wolfgang Schröder
Mensch-Umwelt-Technik e.V.
Im Winkel 3
2000 Hamburg 20

1. Einleitung

Nicht nur das Wissen über die Probleme und Zusammenhänge, auch die Vorgehensweisen der Gruppen und Organisatioen, die sich für den Schutz unserer Umwelt einsetzen, haben sich in den lezten Jahren bzw. Jahrzehnten erheblich verändert. Längst gibt es nicht mehr (nur) den typischen "Naturschutzverein". Komplexität und Umfang unserer Probleme, aber auch die Übersättigung der Gesellschaft mit täglichen Umweltkatastrophen durch die Medien bereits am Frühstückstisch haben dazu geführt, daß "die Umweltbewegung" – wenn man überhaupt von einer einheitlichen Bewegung sprechen kann – sehr unterschiedliche Strategien einsetzt.

Folglich sieht deshalb auch die Nutzung von Informationstechnik durch die einzelnen Gruppen sehr unterschiedlich aus. Neben der Frage, ob es für die jeweiligen Aufgaben bereits einsatzfähige Systeme gibt, wurde zumindest bisher bei Organisationen auch die Frage, ob man prinzipiell EDV einsetzen wolle, bzw. ihr Einsatz überhaupt bezahlbar wäre, diskutiert. In letzter Zeit treten diese Aspkete jedoch weiter in den Hintergrund, und der EDV-Einsatz schreitet auch in der Umweltbewegung weiter voran.

2. EDV bei Umweltorganisationen – ein Überblick

Die wichtigsten Hilfsmittel der EDV bei den Umweltorganisationen haben möglicherweise sehr wenig mit konkretem Umweltschutz zu tun. Die Arbeit fast aller Organisationen wird heute einerseits immer stärker durch Bürokratie geprägt (oder besser "behindert") und ist andererseits wesentlich von Öffentlichkeitsarbeit abhängig. Somit kommen hier sowohl Buchhaltungssysteme als auch Tabellenkalkulation, Textverarbeitung und DTP zum Einsatz. Ihre Hilfe sollte trotzdem nicht unterschätzt werden, da sie – wenn sie richtig genutzt werden – helfen können, Zeit und Kosten zu sparen.

Alle anderen Anwendungsbereiche dürften bisher nur in begrenztem Umfang genutzt werden und sich an den jeweiligen Bedürfnissen und Arbeitsgebieten orientieren. Die Palette reicht hier von eigenen Datenbanken über Systeme zur Unterstützung von Kartierungen bis zu Eigenentwicklungen für Spezialzwecke. Ein wesentlicher Teil dieser Systeme stellt keine wirkliche Neuerung, sondern nur eine Beschleunigung bzw. Verbesserung herkömmlicher Arbeitsvorgänge dar.

Auch die Technik des "Wide Area Network" ist nicht neu, obwohl sie in der Umweltbewegung – zumal in Deutschland – bisher nur begrenzt zum Einsatz kommt. Trotzdem bietet sie gegenüber dem immer häufiger genutzten Telefax Vorteile, die nicht von der Hand zu weisen sind:

1. Sie ist das einzige bidirektionale Medium größeren Ausmaßes. Kein anderes Medium ermöglicht es, weltweit Informationen schnell und unbürokratisch so schnell und weit zu verbreiten und zwischen den Empfängern zu diskutieren.

2. Sie bietet die Möglichkeit, die empfangenen Texte und Daten weiterzuverarbeiten.

3. Kommunikationsvorgänge können zeitversetzt abgewickelt werden.

Da gerade auf internationaler Ebene die Zusammenarbeit zwischen den Organisationen angesichts globaler Probleme immer wichtiger wird, können Netzwerke hier ein wichtiges Werkzeug darstellen. Sie bieten die Chance, neue Kommunikationsstrukturen – vorbei an bürokratischen Hürden und hierachischen Schranken – zu realisieren. Damit wird zumindest auf technischer Ebene die Zusammenarbeit z.B. auch zwischen Nord und Süd erleichtert.

3. Netze zu Umweltthemen – ein Überblick

Die Themenvielfalt und Einsatzgebiete der unterschiedlichen Netze sollen nun am Beispiel der UMWELT-Mailbox in Hamburg vorgestellt werden. Die vom Verein Mensch-Umwelt-Technik betriebene Mailbox bietet ihren Benutzerinnen und Benutzern – im Gegensatz zu vielen anderen vernetzten Mailboxen – die Möglichkeit, auf alle umweltrelevanten Themen unterschiedlicher Netze zuzugreifen. Diese sollen hier näher vorgestellt werden.

3.1 APC

APC – Association for Progressive Communications ist ein weltweites Netz,in dem Organisationen und Einzelpersonen aus den Bereichen Frieden, Umwelt, Soziales und Menschenrechte zusammengeschlossen sind. In Hunderten von öffentlichen und internen Konferenzen werden Informationen zu allen wichtigen Themen des Umweltschutzes ausgetauscht.

Beispiel UNCED

Die UNCED – United Nations Conference on Environment and Development – ist wohl das wichtigste Ereignis weltweiter Umweltschutzaktivitäten der vergangenen Jahre. Der Erfolg dieser Konferenz wurde bereits im Vorfeld angezweifelt, da die Positionen bekannt und wirkliche Kompromisse nicht in Sicht waren. Zur Information der beteiligten Delegationen und der interessierten Verbände wurden bereits sehr früh riesige Mengen von Positionspapieren und Ergebnisberichten der unterschiedlichen Arbeitsgruppen veröffentlicht.

Die APC richtete hierzu einige Konferenzen ein, in die z.B. auch die offiziellen Zwischenberichte eingespielt wurden. Damit wurde es für viele Organisationen nicht nur leichter, an die jeweils aktuellen

Informationen heranzukommen, es entstand auch die Möglichkeit, sich weltweit sehr schnell mit anderen Gruppen, die am gleichen Thema arbeiten, auszutauschen. Positions-"Papiere" konnten zur lokalen Veröffentlichung ohne größeren Aufwand übernommen, bearbeitet und übersetzt werden. Bereits vor Beginn der Konferenz waren mehr als 10 MB Texte in den öffentlichen Brettern des Netzes ausgetauscht worden. Angesichts dieser Mengen wird auch der Vorteil gegenüber der Verbreitung auf Papier deutlich: nur die wirklich benötigten Informationen werden ausgedruckt, während der Rest problemlos "entsorgt" werden kann.

Beispiel GREEN

Die Idee von GREEN besteht darin, weltweit Schulen, Hochschulen und interessierte Projekte zusammenzubringen, die gemeinsam an der Untersuchung von Fließgewässern arbeiten. Das "Global Rivers Environmet Education Network" gibt einen exakt definierten Standard vor, der überall gleiche Meßmethoden gewährleisten soll.

Somit können nicht nur die lokal gemessenen Werte leichter mit den Ergebnissen anderer Gruppen in aller Welt verglichen werden, es ist auch möglich, z.B. Fragen der Methodik zu diskutieren, und gemeinsam Lösungen zu finden. Auch hier bietet das Netz die Möglichkeit, ohne großen bürokratischen und finanziellen Aufwand Informationen zwischen Menschen z.B. auf verschiedenen Kontinenten auszutauschen. Daß dabei quasi "nebenbei" noch die Beschäftigung mit einer Fremdsprache erfolgt, wird im schulischen Bereich natürlich gern gesehen.

3.2. EUNET/BIONET-Konferenzen

Die bionet-Konferenzen des EUNET, einem weltweit vorallem an Hochschulen beschriebenen Netzwerk wenden sich schwerpunktmäßig an Molekularbiologen. Hier gibt es Texte zu Genomanalysen, die Entwicklung von Proteinen oder dem menschlichen Chromosomensatz. Aber auch Inhaltsverzeichnisse verschiedener Fachzeischriften, Anfragen und die entsprechenden Antworten mit Informationen zu Labormitteln, Software im biologischen Bereich oder Stellengesuche und -angebote sind hier zu finden. Ferner geht es auch um Populationsbiologie und Forstwirtschaft sowie ein "Who 's who" der Biologie.

3.3. CL/ComLink

CL, das Kürzel für ComLink ist der deutsche Netzzusammenschluß unterschiedlicher Gruppen und Einzelpersonen. Die CL-Bretter überschneiden sich thematisch mit dem englischen Angebot in APC, werden aber ebenfalls bundesweit angeboten, so daß Nachrichten in der Regel innerhalb eines Tages im gesamten Bundesgebiet verteilt sind.

Gegenwärtig zeichnet sich der Trend ab, daß einzelne Personen und Gruppen verstärkt quellenorientiert veröffentlichen und Informationen in Form von "Diensten" anbieten (z.B. Rundbrief Innenpolitik, Pressespiegel Greenpeace u.a.). In diesem Zusammenhang wird auch die Anbindung von Journalisten gefördert, indem spezielle Rubriken z.B. für Presseerklärungen zu aktuellen Themen angeboten werden.

Darüber hinaus bietet die UMWELT-Mailbox Gruppen auch die Möglichkeit der internen Vernetzung, d.h. Konferenzen nur den jeweils von den Gruppen autorisierten Personen zukommen zu lassen, sowie lokale Angebote, z.B. Hinweise auf Umweltveranstaltungen.

4. Diskussion und Ausblick

Ein sehr guter Ansatz wird gegenwärtig mit der verstärkten Anbindung von Journalisten an die Netze verfolgt. Bereits heute erreicht APC täglich quantitativ das gesamte Datenvolumen einer herkömmlichen Presseagentur.

Neben der Verbreitung von Informationen ergibt sich für viele Organisationen und Experten aber auch die Möglichkeit, in weltweitem Rahmen besser zusammenzuarbeiten und gemeinsame Fragen zu diskutieren.

In den vergangenen Jahren hat – bedingt durch die unterschiedlichsten politischen Ereignisse – das Interesse an Netzen wie APC erheblich zugenommen. Auch in Deuschland ist dies der Fall bzw. ist diese Entwicklung bereits abzusehen. Mit der technischen Weiterentwicklung z.B. der Übertragungstechniken einerseits und der Zunahme der teilnehmenden Organisationen andererseits dürfte die Attraktivität der Netze noch erheblich zunehmen.

Umweltprobleme werden uns in den nächsten Jahren immer stärker beschäftigen. Auch die EDV kann hier keine Lösungen anbieten, solange die Bereitschaft zum Handeln fehlt. Eine Möglichkeit besteht aber darin, mit EDV-Werkzeugen die Arbeit derjenigen zu unterstützen, die sich für den Schutz unserer Lebensgrundlagen einsetzen.

Auch ohne die Nutzung von Netzen kann aber heute kaum jemand behaupten, daß er nicht ausreichend mit Informationen über die Situation unserer Umwelt versorgt würde. Trotzdem läßt das Verhalten von Politik und Öffentlichkeit noch wenig Einsicht erkennen. Es ist also fraglich, ob sich dies bei einem Zuwachs an Informationen tatsächlich verbessern wird.

Fehlenden Informationen sind nicht unser Hauptproblem – wir müssen Wege finden, das Überangebot an Informationen richtig zu bewerten und in konkretes Handeln umzusetzen.

5. Literatur

Dvorak, J. C. & Anis, N. (1990). DVORAK's Guide to PC-Telecommunications. Berkeley, California: Osborne McGraw-Hill.

Gengle, D. (1984). The Netweavers's Sourcebook.o.O.: Addison-Wesley.

Goldmann, M. & Hooffacker, G. (1991). Politisch arbeiten mit dem Computer – Schreiben und Drucken, organisieren, informieren und kommunizieren (1.Auflage). Hamburg: Rowohlt.

Mensch-Umwelt-Technik e.V. (1990). Telekommunikation im Umweltschutz – Nutzungsmöglichkeiten und Probleme (2. Auflage), Hamburg: Mensch-Umwelt-Technik e.V.

Roszak, T. (1986). Der Verlust des Denkens – Über die Mythen des Computer-Zeitalters. München: Droemersche Verlagsanstalt

Schröder, W. (1990). Mailboxnetzwerke als Werkzeug im Umweltschutz. In Pillmann, Jaeschke (Hrsg.), Informatik für den Umweltschutz (5. Symposium). Berlin: Springer-Verlag. S. 666-672

Schröder, W. (1992). Mailboxnetzwerke im Umweltschutz. In: Page, Rolf, Hilty, Schröder (Hrsg.): Umwelt und Informatik, Mitteilung Nr. FBI-M-203 des Fachbereichs Informatik der Universität Hamburg, S. 287 - 295.

Vallee, J. (1984). Computernetze (Träume und Alpträume von einer neuen Welt), Hamburg:Rowohlt.

Arbeitsgruppe 2:

Kontroversen um eine geschlechtsspezifische Debatte in der Informatik

Britta Schinzel
Institut für Informatik und Gesellschaft
Universität Freiburg

Heidi Schelhowe
Forschungzentrum Arbeit und Technik
Universität Bremen

In den letzten Jahren hat sich die Diskussion um die Geschlechterproblematik in der Informatik zugespitzt. Die Beunruhigung über die hohen Abbruchquoten der Mädchen im Informatikunterricht sowie die rückläufigen Zahlen der Studentinnen in der Informatik und die Probleme der Informatikerinnen in Wissenschaft und Beruf wird zunehmend unterschiedlich und kontrovers interpretiert.

Die vorliegenden Beiträge sollen den aktuellen Stand der Debatte widerspiegeln. Dabei setzen wir zwei Schwerpunkte

- Frauen in der informationstechnischen Entwicklung.

Hier stellt sich die Frage: gibt es geschlechtsspezifische Methoden, Inhalte und Gestaltungsprinzipien in der Informatik?

- Aneignung von Informationstechnik durch Frauen.

Hier stellt sich die Frage: wirkt sich die zunehmende Informatisierung der Arbeits- und Alltagswelt auf Männer und Frauen unterschiedlich aus?

Im ersten Teil werden zunächst die institutionellen Forschungsbedingungen von Wissenschaftlerinnen in der Informatik dargestellt und diskutiert. In dieser empirischen Studie (Christiane Funken) wird u.a. nachgewiesen, daß besonders strukturelle Benachteiligungen - geprägt durch organisatorische, fachliche und soziale Aspekte der Wissenschaftskultur - Frauen in ihrer wissenschaftlichen Arbeit behindern.

Ulrike Erb untersuchte die Forschungsbeiträge von Frauen bei den GI-Jahrestagungen von 1971 bis 1991. Dabei stellte sich heraus, daß die meisten Forschungsinhalte anwendungsbezogen sind. Allerdings zeigen die GI-Jahrestagungen kein repräsentatives Forschungsbild von Frauen, da die Tagungen einerseits zwar an Themen gebunden sind, andererseits aber manche Forschergemeinden sich nur auf spezialisierteren Fachtagungen, den GI-Fachtagungen, aber auch STACS-, AI- und anderenTagungen treffen.

Fanny Michaela Reisin plädiert in ihrem Beitrag für einen feministischen Curriculumsdiskurs. Sie fordert vor allem eine inhaltliche Auseinandersetzung mit der Informatik anstelle einer erneuten geschlechtsspezifischen Festlegung.

Im zweiten Teil stellen Doris Hülsmeier und Gabriele Winker im Rahmen einer tätigkeitsorientierten Arbeitspsychologie die Auswirkung der Technik auf die geschlechtshierarchische Arbeitsteilung dar.

Daß die Einführung integrierter Büroarbeitsplätze von den Beteiligten je nach Position völlig unterschiedlich wahrgenommen und bewertet wird, zeigt Christel Kumbruck im Bereich der Gerichte und Anwaltskanzleien.

Gisela Frerk und Monika Gatzke demonstrieren anhand einer kleinen Stichprobe den geschlechtsspezifischen Umgang mit electronic banking.

Insgesamt wird sichtbar, daß die Einschätzung der Geschlechterproblematik innerhalb der Informatik sehr heterogen diskutiert wird. Das fatale Mißverständnis, die sogenannte Differenzthese als Defizitthese zu interpretieren, scheint allerdings endgültig ausgeräumt. So geht es nicht länger um die oft sehr divergierende Begründung evt. unterschiedlicher, aber gleichwertiger Arbeitsstile von Frauen und Männern, sondern um die Sichtbarmachung und Änderung der strukturellen Bedingungen, die Frauen behindern, also um eine neue Informatik.

Christiane Funken, Britta Schinzel

Zur Lage des weiblichen wissenschaftlichen Nachwuchses in der Informatik

Christiane Funken
Institut für Informatik und Gesellschaft
Abteilung I: Modellbildung und soziale Folgen
Universität Freiburg

Ginge es in der Wissenschaft und bei den Stellenbesetzungen an den Hochschulen ausschließlich um Eignung und fachliche Leistung, dann müßten die Frauen, die in den letzten zwanzig Jahren sensationell ihre Bildungs"defizite" aufgeholt haben, zur Zeit glänzende Chancen haben! Nicht so in der Informatik! Die gegenwärtige Situation an den Wissenschaftlichen Hochschulen und Fachhochschulen ist vielmehr gekennzeichnet durch eine deutliche Unterrepräsentierung von Frauen[1].

Diese Unterrepräsentanz wächst mit steigender Qualifikationsvoraussetzung und gilt sowohl für Studierende als auch für das wissenschaftliche Personal.

1988 waren in der Informatik nur 15% der Studienanfänger und nur 7% der Promovenden Frauen[2]; knapp 6% der Planstellen für wissenschaftliche Mitarbeiter im Mittelbau (d.h. insbesondere Assistenten- und Akademische Ratsstellen) waren mit Frauen besetzt und gar nur 2% der Professuren.[3]

Vergleichsweise sind ansonsten immerhin ca. 40% der Studienanfänger, etwa 25% der Promovenden und ca. 5% der Professoren Frauen.

Das gesamte wissenschaftliche Personal im Fach Informatik verdoppelte sich von 1982 bis 1988: im gleichen Zeitraum erhöhte sich die Anzahl der Frauen jedoch nur um die Hälfte. Bedauerlicherweise resultiert dieser Anstieg nahezu ausschließlich aus dem Zuwachs an Zeit- und Teilzeitverträgen im Angestelltenverhältnis. Während also der Anteil von Frauen an Professoren-, Privatdozenten-, Lehrauftrags-, Rats- und Assistentenstellen stagniert oder gar rückläufig ist, erhöhte sich lediglich der Anteil von Frauen am wissenschaftlichen Personal auf Nicht-Planstellen (wissenschaftliche Mitarbeiterinnen, Tutorinnen und wissenschaftliche Hilfskräfte) von 8% auf 12,5%.

Diese Zahlenverhältnisse lassen eine "systematische" bzw. strukturelle Benachteiligung der Frauen im Fach Informatik sowohl im Studium als auch in Forschung und Lehre vermuten, denn der Zuwachs der Frauen auf Nicht-Planstellen zeigt immerhin, daß der geringe Frauenanteil in der Informatik nicht an mangelndem weiblichen Potential oder Interesse liegen kann. Außerdem ist - im Gegensatz zu den Verhältnissen in anderen wissenschaftlichen Fächern - die Unterrepräsentanz in den letzten Jahren keineswegs abgebaut,

---

[1] Die Informatik hat eine vergleichsweise junge Wissenschaftstradition, die sich scheinbar geschlechtsneutral gründen konnte, d.h. ihre Entwicklung schien zunächst unbelastet von überkommenen (männlich) geprägten Traditionen und festgefügten Strukturen. Insofern erschien die Informatik als ideales Berufsfeld für Frauen, das den ungehinderten Zugang zu hochqualifizierten technischen Berufstätigkeiten erlaubte. Offenbar konnten sich dennoch - sozusagen unbemerkt - Strukturen durchsetzen, die eine Zurückdrängung bzw. Blockierung von Frauen bewirken.

[2] Der Bundesminister für Bildung und Wissenschaft (Hrsg.) Prüfungen an Hochschulen 1973 - 1988. Bonn, 1990, S. 41 und Statistisches Bundesamt (Hrsg.): Bildung im Zahlenspiegel, 1989, S.95.

[3] ebenda: Personal an Hochschulen 1982 bis 1988. Bonn, 1990, S.58 - 60. Eigene Berechnung.

Die Frage ist nun, ob für den Mangel an weiblichem wissenschaftlichen Nachwuchs strukturelle Bedingungen hinsichtlich der Instituts- und Wissenschaftsorganisation verantwortlich sind, oder aber ob außeruniversitäre Einflüsse die starke Unterrepräsentanz der Frauen in der Informatik bewirken.

Zur Überprüfung der universitären Bedingungen haben das Lehrgebiet für Theoretische Informatik der RWTH Aachen (Prof. Britta Schinzel) und das Institut für Soziologie (Dr. Christiane Funken) eine Studie zum weiblichen wissenschaftlichen Nachwuchs in der Informatik durchgeführt.

Die folgenden ausgewählten Beispiele stützen sich auf diese Erhebung (1990) des weiblichen wissenschaftlichen Personals ausschließlich an *wissenschaftlichen* Hochschulen mit dem *Hauptfach* Informatik.

Aachener Studie zum wissenschaftlichen weiblichen Nachwuchs in der Informatik

Zwölf Informatikinstitute mit dem Hauptfach Informatik legten uns eine geschlechtsspezifische Auflistung ihrer Mitarbeiter und Mitarbeiterinnen vor, so daß der prozentuale Anteil der Frauen beim wissenschaftlichen Personal ermittelt werden konnte:

Prozentualer Anteil des weiblichen wissenschaftlichen Nachwuchses an ausgewählten Instituten für Informatik

Universitäten	Anteil weiblichen Personals
Aachen	7 %
Braunschweig	15 %
Bremen	25 %
Bonn	5 %
Clausthal-Zellerfel	33 %
Darmstadt	18 %
Dortmund	11 %
Kaiserslautern	7 %
Karlsruhe	9 %
Koblenz-Landau	4 %
München	9 %
Passau	0,7 %

Nahezu zwei Drittel aller Institute gaben einen Anteil der Frauen von unter 10% an. Knapp ein Drittel aller Institute liegt bei einem Frauenanteil zwischen 10% und 20% und lediglich zwei Institute erreichen mehr als 20%! Die Tatsache, daß es in der Wissenschaft überwiegend Männer gibt, ist selbstverständlich nicht ohne Konsequenzen für den Wissenschaftsbetrieb und prägt den Universitätsalltag subtil, aber entschieden. Aus der Minderheitenforschung ist beispielsweise bekannt, daß Gruppenmitglieder erst bei einem Anteil von mindestens 15% Beachtung und Akzeptanz erlangen.

Wie bei den männlichen Kollegen bekannt, erhielten zwar auch 70% der von uns befragten Frauen ihre Hochschulstelle durch die Vermittlung "ihres" Professors, insgesamt werden sie jedoch - so ist nachgewiesen - bedeutend " seltener von Hochschullehrern gefördert oder für ein Stipendium vorgeschlagen".[4]

Dies ist fatal, denn in der Regel beginnt der Einstieg in die wissenschaftliche Karriere über studentische und wissenschaftliche Hilfskraftstellen. Überhaupt gilt die interne (personelle) Steuerung eines Forschungs- und Lehrbetriebs und ihre Einflußnahme auf Ausbildungsgänge gemeinhin als das bestimmende Muster für die Professionalisierung und Ausprägung eines Berufsfeldes !

So arbeiten Informatikerinnen im Wissenschaftsbetrieb überwiegend im unteren Positionsfeld des sogenannten Mittelbaus: 63% der befragten Frauen sind als wissenschaftliche Angestellte tätig, 21% der von uns befragten Informatikerinnen besetzt eine Assistentenstelle und gar nur 6% die Stelle einer Rätin. [5]

Die Arbeitstätigkeit der Wissenschaftlerinnen bezieht sich vorwiegend auf Forschung und ermöglicht somit im Prinzip auch Promotion bzw. Habilitation. Allerdings gibt nur etwa die Hälfte der befragten Frauen eine Promotion als Arbeitsziel an und gar nur 5% eine Habilitation!

Es ist anzunehmen, daß durch die oft enge zeitliche Begrenzung der Stellen eine Promotion faktisch erst gar nicht ins Auge gefaßt wird, denn nahezu alle Wissenschaftlerinnen haben kurze Zeitverträge und lediglich knapp die Hälfte aller Frauen sogenannte Anschlußverträge. Obwohl mehr als die Hälfte der besetzten Stellen den Hochschulen zur Verfügung stehende Planstellen (mit einer Mindestbesetzung von 4 Jahren, Verlängerung 1 Jahr = 5 Jahre) sind, scheinen Frauen tendenziell begrenzte Verträge mit einer durchschnittlichen Laufzeit von maximal 3 Jahren zu erhalten!

Dies bedeutet konkret, sie "hangeln" sich von Vertrag zu Vertrag durch und haben keine planbare Zukunftsperspektive. Nach Aussagen von Experten und Doktoranden aber wird dasjenige Promotionsvorhaben am ehesten erfolgreich abgeschlossen, das auf einer Hochschulstelle gefördert wird, da kontinuierliche Finanzierung und Institutionalisierung unabdingbare Voraussetzungen sind. Solche Hochschulverträge konnten immerhin 62% der promovierenden Männer aller Fächer angeben, aber nur 44% der Frauen.

Auch Roloff stellt 1989 als einen der Gründe für die unterdurchschnittliche Promotionsrate der Frauen in der Informatik fest, daß sie vergleichsweise weniger Hochschulstellen, die eine Promotion ermöglichen, besetzen können, und eher auf außeruniversitäre Berufstätigkeit, Stipendien oder private Mittel zurückgreifen müssen.[6]

---

[4] Monatszeitschrift des Wirtschafts- und Sozialwissenschaftlichen Instituts des DGB : WSI Mitteilungen, 12/1988, S.728

[5] Zu beachten bleibt, daß die vorgelegten Daten durch die Beschränkung auf Hochschulen mit Hauptfachinformatikabschluß einen Anteil der Informatikerinnen auf Rats- bzw. Assistenzstellen aufweist, der überproportional hoch gegenüber der Gesamtverteilung in der BRD ist, während der Anteil an weiblichen wissenschaftlichen Hilfskräften entsprechend niedrig ist.

[6] Roloff, C.: Von der Schmiegsamkeit zur Einmischung. Pfaffenweiler, 1989, S.72.

Die Ambivalenz bezüglich der Promotionszeit erhält aber für Frauen noch eine weitere Akzentuierung, indem von ihnen zwar dieselben beruflichen Normen und zumeist noch bessere Leistungen als von ihren männlichen Kollegen erwartet werden, ohne ihnen allerdings zufriedenstellende Zukunftsperspektiven zu bieten. Diese können immer nur heißen: Doppelbelastung oder Verzicht.

Für die meisten Frauen (80%!) nämlich steht fest, daß sie auf jeden Fall Beruf und Familie miteinander verbinden wollen. Lediglich 6% will sich ausschließlich der Familie widmen und nur 14% der Frauen will sich ausschließlich auf den Beruf konzentrieren.

Die Absicht bzw. der Wunsch nach Vereinbarkeit von Beruf und Familie ist offenbar bei den Frauen ein existentielles und folglich zentrales Anliegen. Allerdings beurteilen über 60% aller befragten Frauen ihre Zukunftsplanung bzw. -projektion mit großer Skepsis und glaubt nicht an die gewünschte Vereinbarkeit von Beruf und Familie.

Wie unsere Studie zeigt, läßt sich die berufliche Situation von Informatikerinnen mit den Schlagworten: **fachliche Gleichheit** und **soziale Differenz** beschreiben.

Das Mißverhältnis von Lebensplanung und Realisierungschancen, das so nur typisch für Frauen ist, muß in seiner Beurteilung besondere Beachtung erlangen. In der Wissenschaft kommen offenkundig Faktoren zusammen, die einerseits eine hohe Berufsidentifikation fordern, andererseits aber stets die Position von Frauen als Ausnahmefall konstituieren.[7]

Viele Frauen verzichten deshalb auf eine gezielte Karriereplanung und konzentrieren sich ausschließlich auf die Arbeitsinhalte. Fachliches Interesse anstelle von Aufstiegsinteresse prägen das berufliche Engagement von Frauen. Übrigens ist dieses Phänomen nicht nur für die Wissenschaft bekannt, sondern auch für Frauen im Management.

Die Diskrepanz zwischen dem im Beruf gezeigten hohen inhaltlichen und zeitlichen Einsatz und den dennoch geringen bzw. ambivalenten Karriereambitionen der Frauen in der Informatik resultiert neben den sozialen Aspekten der Wissenschaftskultur auch aus deren **inhaltlicher Organisationsstruktur:**

Wie bereits in einer Voruntersuchung 1989[8] nachgewiesen, bestätigte sich auch in dieser Studie, daß Frauen überwiegend theoretisch fundierte Bereiche der Informatik bei ihren Forschungsinteressen bevorzugen und Forschungsinhalte wählen, die der Kreativität breiten Raum durch offene Lösungsmöglichkeiten bieten, wie dies z.B. in Theorie und Software Engeneering (76%) und Theorie und Grenzgebiete (72%) der Fall ist. Auch innerhalb der Anwendung sind frauentypische Forschungsschwerpunkte oft theoretisch (45%)ausgerichtet.

---

[7]   Entsprechend studieren und forschen Frauen i.d.R. auch ohne weibliche Vorbilder. Der Vorbildcharakter aber hat für die eigene Professionalisierung prägende Bedeutung.

[8]   Schinzel, B.: Vorläufige Systematisierung der "Computing Review" 1988/89 nach den bevorzugten Forschungsinhalten von Informatikerinnen. Unveröffentlichte Untersuchung, Aachen 1989.

Die hier erfaßte Theorieneigung und auch die Hinwendung zu breiteren, interdisziplinären, im sozialen Kontext stehenden Gebieten sind ein - für Frauen - in allen Naturwissenschaften bekanntes Phänomen. Außerdem   zeigt sich immer wieder, daß Frauen methodisch ihre "eigenen" Wege gehen. Beim Programmieren z.B. lösen sie das Problem zuerst theoretisch und ordnen es in Gesamtzusammenhänge bzw. Anwendungen ein. Männer hingegen arbeiten bzw. hacken eher direkt in den PC.[9]

Es zeigt sich insgesamt also eine divergierende Interessens- als auch Methodenausrichtung von Männern und Frauen, die allerdings in der Studien und - Wissenschaftswelt nicht berücksichtigt wird.

Zusammenfassung

Die vorliegenden Ergebnisse der Aachener Studie zum wissenschaftlichen weiblichen Nachwuchs in der Informatik bestätigen nicht nur die allgemeinen Urteile zur Situation der Frauen in den Hochschulen, sondern sie zeigen, daß die Marginalität der Frauen im Fach Informatik sogar noch stärker ausgeprägt ist.

   Frauen teilen nicht in selbem Ausmaß wie Männer die bisweilen manische "Besessenheit dem Technischen gegenüber", sie sind für das - wie Robert Oppenheimer sagt - "technological sweetness" weniger anfällig. Dies macht sie für jene Zweige der Forschung, die die Besessenheit mit sich bringen oder sogar darauf auf-bauen - es sei an die sogenannten hacker erinnert -, weitgehend uninteressant.[10] Umgekehrt aber wäre ihre eher pragmatische und sozialkritische Einstellung diesen Zweigen gegenüber förderlich.

Die Schwierigkeiten ergeben sich einerseits aus dem Widerspruch zwischen der formalen Gleichberechtigung, die sich aus dem rechtlich abgesicherten Zugang von Frauen zu allen Qualifikationsebenen ergibt und den strukturellen Benachteiligungen, die durch organisatorische, fachliche und soziale Aspekte geprägt sind. Nirgendwo mehr werden Frauen explizit aus dem "Wissenschaftsbetrieb" ausgeschlossen, statt dessen aber werden sie implizit benachteiligt und behindert. Obschon die Frauen aus der Wissenschaft nicht mehr wegzudenken sind, bleibt ihr Umgang mit der sogenannten Wissenschaftskultur, ihren verfestigten Regelungen und Handhabungen prekär: diese bestimmt nämlich die Kriterien für die selektive Aufnahme, den Aufstieg und die Existenzformen, innerhalb derer sich ein Wissenschaftlerleben abspielt[11]. Es bleibt unbestritten, daß solche Bedingungen bei Institutionen, in denen die informellen Strukturen der Kontakte, der Wissensvermittlung und Verhaltenssteuerung auf männliche Umgangsformen bezogen sind, für Frauen besonders ungünstig sind.

Das sogenannte Old-boys-network ist ein informelles Netzwerk, das sozusagen parallel zu den offiziellen Gremien, Ausschüssen und Sitzungen mit wirksamen Machtstrukturen fungiert. Erfahrungsgemäß kann mit

---

[9] vgl.:Funken ,Chr. : Geschlechtsunterschiede im Informatikunterricht. In: Mädchen im Mathematikunterricht. Deutsches Institut für Fernstudien an der Universität Tübingen, 1991.

[10] Nowotny,H.: Über die Schwierigkeiten des Umgangs von Frauen mit der Institution Wisssenschaft. in: Hausen, K.,Nowotny, H.: Wie männlich ist die Wissenschaft. Frankfurt 1986, S.28.

[11] Hausen, K., Nowotny, H.: Wie männlich ist die Wissenschaft. Frankfurt 1986, S.24

Frauen die erprobte verschlüsselte Verständigung nicht reibungslos verlaufen. Frauen werden als Störfaktor bzw. Unsicherheitsfaktor empfunden und aus der informellen Kommunikation ausgeschlossen. Folglich bleibt ihnen häufig die politische Hochschullandschaft fremd und die traditionelle, also männliche "scientific community" kann ungehindert weiterfunktionieren. Die Hochschulpolitik und die informelle Wissenschaftskultur aber sind die Orte, wo maßgeblich über Ressourcen, Kapazitäten und Reputation, letztendlich also über Karriere entschieden wird.

In der Folge ist das Berufsleben als Wissenschaftlerin geprägt durch:

I. Zweifel an der Kalkulierbarkeit der Berufsplanung wegen mangelnder Institutionalisierung

II. Zweifel an der Vereinbarkeit von Beruf und Familie wegen Doppelbelastung, fehlenden Teilzeitarbeitsmöglichkeiten, fehlender Kinderbetreuung, etc.

III. Zweifel an der eigenen Kompetenz innerhalb der scientific communitiy wegen "unüblicher" Arbeitsinhalte und -methoden sowie sozialer Ausgrenzung.

IV. Ausschließliche Konzentration auf Sachkompetenz statt auch auf Führungskompetenz bzw. Karriere.

Unabdingbar aber stellen "Kontinuitätserwartungen und Zukunftsgewißheit eine wesentliche Grundlage für den Entwurf beruflicher Strategien und für die private Lebensführung dar"[12], denn längerfristige berufliche und außerberufliche Lebensplanung bedarf ihrer weitgehenden Realisierungsmöglichkeit.

Für Frauen ist ihre Berufstätigkeit kein vorübergehendes Hobby, wie es oft noch heißt und wonach derzeit in der wissenschaftlichen Organisation verfahren wird, sondern sie gehört selbstverständlich zu einem wesentlichen Bestandteil ihrer Persönlichkeit und wird in die Lebensplanung, und das unter hohen Belastungen - wie unsere Studie zeigt - einbezogen.

Wenn davon ausgegangen wird, daß das fachliche Können von Frauen und Männern gleich ist, so sind es die institutionellen Bedingungen, die einer Reform bedürfen.

Wie an einigen Beispielen gezeigt, wirken gerade hochschulstrukturelle Bedingungen als Barrieren für weibliche Wissenschaftslaufbahnen. Neben der sogenannten Wissenschaftskultur müssen deshalb institutionalisierte Hindernisse, administrative Hemmnisse, Gesetze und Verordnungen wie z.B. Befristungen bei Mittelbaustellen oder Altersgrenzen, besondere Regelungen des Hochschulrahmengesetzes (HRG), des Beamtenrechts, des Arbeitsrechts, des Mutterschutzrechts, der Landeshochschulgesetze und Regelungen innerhalb der Hochschulen selber überprüft werden, ob, inwieweit und wie sie faktisch Frauen benachteiligen.

---

[12] Osterland, M.:"Normalbiographie" und Normalarbeitsverhältnis". In: Berger, P., Hradil, S. (Hrsg.) Soziale Welt, Sonderband 7, Göttingen 1990, S.352

Forschungsbeiträge von Frauen in der Informatik

Ulrike Erb
Fachbereich Informatik, Bereich Angewandte Informatik
Universität Bremen

1. Einleitung

Die feministische Kritik der Informatik ist noch recht jung:
1984 fand die erste internationale Konferenz der IFIP-Working-Group "Women, Work and Computerization" in Italien statt. 1986 wurde in der Bundesrepublik eine Fachgruppe "Frauenarbeit und Informatik" der GI gegründet.
Wie in der feministischen Naturwissenschaftskritik bezog sich auch hinsichtlich der Informatik die Kritik zunächst auf die Anwendung der hervorgebrachten Technik und verlagerte sich erst später auf die wissenschaftliche Disziplin selbst.
Anfangs kritisierten insbesondere Sozialwissenschaftlerinnen die herrschende Computerkultur als eine männlich geprägte, die vor allem männlichen Nutzern eine Identifikation mit dem Computer als Status- und Männlichkeitssymbol ermöglicht, während sie mit der weiblichen Geschlechtsrolle verknüpfte Aspekte wie Intuition, Emotionalität, soziale und kommunikative Kompetenz ausgrenzt.
In der sozialwissenschaftlichen Computerkritik geht es u.a. um die durch das Eindringen von Informationstechnologien in die Arbeitswelt von neuem reproduzierte **geschlechtshierarchische Arbeitsteilung**. Zum anderen geht es um mögliche Strategien von Frauen zur **Aneignung von Technik** und EDV-Wissen. Zur Förderung von Frauen in Technikberufen sind als Folge dieser Diskussion entsprechende Modellprojekte und Bildungsprogramme initiiert worden.

Vergleichsweise wenige Beiträge stammen aus der Informatik selbst und betreffen ihre immanenten Forschungsmethoden und Gestaltungsprinzipien. Die Betrachtungen geschlechtsspezifischer Aspekte in der Informatik konzentrierten sich zunächst vor allem auf die Unterscheidung geschlechtsspezifischer **Programmierstile** und **Zugangsweisen** zum Computer. Seit geraumer Zeit stehen jedoch **Informatikmethoden der Systemgestaltung** im Blickpunkt der Frauenforschung. Zunehmend beteiligen sich vor allem Informatikerinnen, die an der Entwicklung von Systemgestaltungsverfahren - wie zyklische und partizipative Systementwicklung, Prototyping u.ä. - arbeiten, an der Frauenforschungsdiskussion.
In ihren Forschungsansätzen geht es um die Frage, wie die Interessen und Neigungen der späteren, meist weiblichen Computerbenutzerinnen möglichst frühzeitig im Systemgestaltungsprozeß berücksichtigt werden können, so daß menschengemäße und benutzungsgerechte Systeme entstehen.
Aus weiblicher Perspektive ist hieran einerseits interessant, daß **Arbeitsbedingungen für Frauen** verbessert und der **Zugang von Frauen zu Computern** erleichtert werden sollen. Andererseits wird das **Bestreben von Informatikerinnen**, kooperativ mit den künftigen Benutzerinnen umzugehen, als typisch "weibliches Anliegen" identifiziert, das zu den "positiven Auswirkungen traditioneller Frauen-Sozialisation" gehört.
Bisher noch nicht systematisch untersucht ist die Frage, welche Themen und Forschungsfragen Informatikerinnen behandeln, welche Methoden sie bevorzugen und wie sie Technik gestalten.

2. Forschungsbeiträge von Frauen in GI-Tagungsbänden

Um eine erste Antwort auf diese Fragen geben zu können, beabsichtige ich, eine ausführliche, durch Interviews gestützte Untersuchung über die Rolle und das Forschungsverhalten von Frauen in der Informatik durchzuführen. Als Vorarbeit hierfür erschien es mir sinnvoll, die Beiträge von Frauen zur Informatikforschung anhand der Tagungsbeiträge zu allen Jahrestagungen der Gesellschaft für Informatik zu analysieren.

Im Rahmen dieser Untersuchung habe ich die GI-Jahrestagungsbände von 1972 bis 1991 im Hinblick auf den **Anteil** der Beiträge weiblicher Autorinnen - insbesondere Informatikerinnen ausgewertet. Wichtig waren mir auch die in diesen Beiträgen zum Ausdruck kommenden **Forschungs**themen von Informatikerinnen. Erste Ergebnisse dieser Auswertung stelle ich im folgenden dar. Dabei gehe ich vor allem auf zwei Aspekte ein:
- die Entwicklung des Frauenanteils an GI-Jahrestagungen im Verlauf der letzten 20 Jahre
- sowie die inhaltliche Orientierung der Beiträge von Informatikerinnen.

2.1. Frauenanteil an GI-Jahrestagungen

Schon ein grober Überblick über die Tagungsbände von Informatiktagungen bestätigt die Aussage, Computer seien "männliche (Wunsch-)Maschinen". Frauen sind an der Forschung und Entwicklung von Informationstechnik kaum beteiligt. Bei den Jahrestagungen der GI sind lediglich 5,7% der AutorInnen von Tagungsbbandbeiträgen weiblich.[1]
Bei den ersten GI-Jahrestagungen 1972-1976 steigt die prozentuale Frauenbeteiligung aufgrund der kontinuierlichen Abnahme der GesamtautorInnen-Zahl von 2,4% auf 5,5%. (siehe Abb. 1) Tatsächlich gab es bei allen diesen Tagungen genau 2 Referentinnen (bis auf 4 Referentinnen 1974). In den drei folgenden Jahren findet sich sogar nur 0 bis eine Frau unter den Autorinnen von Tagungsbeiträgen. Danach bewegt sich der Frauenanteil immer über der 4%-Marke. Nach Rekordhöhen 1983 mit 9,8% und 1985 mit 9,6% ist seit einem erneuten Tief 1986 ein sanfter Anstieg und 1991 sogar fast eine Verdoppelung des Frauenanteils auf 12,2% zu verzeichnen. Hinter diesen Zahlen verbergen sich pro Jahrestagung lediglich 5 bis höchstens 14 Frauen unter insgesamt 111-187 ReferentInnen.

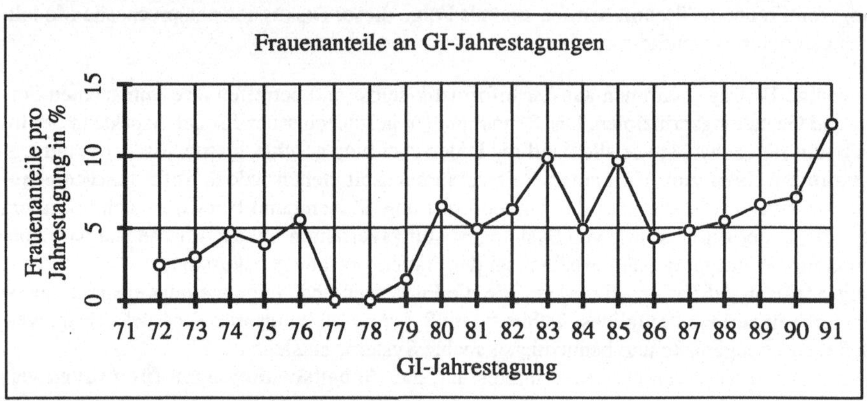

Abb. 1: Frauenanteile an GI-Jahrestagungen

Mit 6,3% ist der Frauenanteil an Fachgesprächen mit Themen der **Angewandten** Informatik wesentlich höher als in allen anderen Fachgesprächen, die erst mit 4,7% (Theor. Themen), 4,6% (Prakt. Themen) und 0,7% (Techn. Themen) folgen.[2]
Während sämtlicher GI-Jahrestagungen taucht nur eine einzige Frau als Autorin in Fachgesprächen mit hardware-technischen Inhalten auf.
Die inhaltliche Verteilung der Beiträge von Frauen in verschiedenen Zeiträumen (1971-77, 1978-84, 1985-91) kann Abb. 2 entnommen werden.

Die weitverbreitete Meinung, daß Frauen sich eher theoretischen Themen als Inhalten aus der praktischen oder gar technischen Informatik zuwenden, bestätigt sich nach der vorliegenden Auswertung nur dann,

---

1 Sicher ist zu berücksichtigen, daß für Frauen die Hemmschwelle, bei solchen Tagungen wie der GI Beiträge einzureichen, höher ist als für Männer.

2 Die Einteilung in Angewandte, Theoretische, Praktische und Technische Informatik folgt einer entsprechenden Einteilung des Studienführers Informatik (1989) sowie der herrschenden Praxis an Informatik-Studiengängen.

wenn man die prozentualen Frauenanteile betrachtet: Der Frauenanteil an theoretischen Fachgesprächen beträgt insgesamt 4,7% (8 Frauen bei 170 GesamtautorInnen) und an praktischen Fachgesprächen nur 4,6% (43 Frauen bei 928 GesamtautorInnen). Andernfalls weisen die absoluten Zahlen mehr als fünf mal so viele Autorinnen bei praktischen als bei theoretischen Fachgesprächen aus.

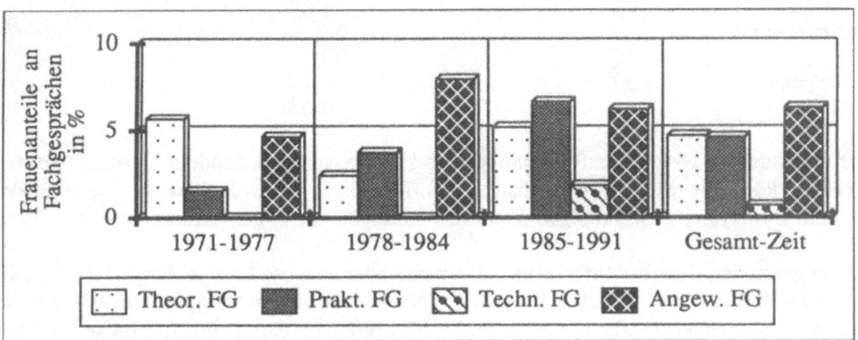

Abb. 2: Inhaltliche Verteilung der Beiträge von Frauen

Ein Vergleich der inhaltlichen Orientierung der Beiträge von männlichen mit der von weiblichen AutorInnen zeigt, daß während 42,9% der von Frauen erstellten Jahrestagungsbeiträge in angewandten Fachgesprächen gehalten werden, dieser Anteil bei den von Männern eingereichten Beiträgen um 10% niedriger bei 32,8% liegt. Spitzenreiter sind sowohl bei den Männern (mit über 50%) als auch bei den Frauen (mit 47,3%) die Anteile von praktisch ausgerichteten Beiträgen. Theoretische Themen nehmen bei den männlichen Autoren 9,2%, bei den Frauen 8,8% ein. Immerhin 8% der männlichen Beiträge widmen sich technischen Themen, bei den Frauen hingegen macht dieser Anteil nur 1,1% aus.

2.2 Inhaltliche Schwerpunkte der Forschungsansätze von Frauen

Im folgenden habe ich die Auswertung eingeschränkt auf Beiträge von Frauen, die in der Informatik-Forschung (und -Lehre) an bundesdeutschen Hochschulen und Großforschungseinrichtungen tätig sind.
Es gibt 35 solcher Beiträge, von denen allerdings nur 15 ohne männliche Coautoren ausgewiesen sind. An einem dieser Beiträge waren 2 Frauen beteiligt.

Während nationale und internationale Fachtagungen zu Frauenforschungsaspekten in der Informatik[3] vor allem Fragen der Arbeits- und Technikgestaltung behandeln und sich die überwiegende Mehrheit der von Informatikerinnen beigetragenen Arbeiten mit soziotechnischer Systemgestaltung und partizipativen Gestaltungsverfahren befaßt, findet sich unter den hier ausgewerteten GI-Jahrestagungsbeiträgen von Frauen nur ein einziger Beitrag, in dem **partizipative Systemgestaltung** thematisiert wird, in zwei weiteren wird für die Berücksichtigung der BenutzerInnen-Sicht plädiert.

Es kann jedoch eine andersgelagerte Häufung der Informatikerinnen-Beiträge in bestimmten Forschungsfeldern beobachtet werden. Zur Veranschaulichung der Schwerpunktbildung bietet es sich an, zu einer differenzierteren Einteilung in Theoretische Grundlagen, Hardware, Maschinennahe Software, Mensch-Maschine-Schnittstelle, Anwendungsspezifische Aspekte und Gesellschaftliche Bezüge überzugehen.
Die hier zugrundegelegten Beiträge von "Wissenschafts"-Informatikerinnen erstrecken sich zum Teil über mehrere der genannten Bereiche, da sie z.B. Software-Entwicklungen für die Benutzungsschnittstelle behandeln oder Software für spezifische Anwendungsfelder entwickeln. Versucht man dennoch eine Zuordnung, so zeigt sich eine deutliche Schwerpunktbildung in den Bereichen Mensch-Maschine-Schnittstelle sowie hinsichtlich anwendungsspezifischer Aspekte:

---

3 Siehe insbes. Schelhowe 1989, Women, Work and Computerization 1985-1991 sowie Women Into Computing 1991.

Schwerpunkt	Verteilung der Beiträge von Informatikerinnen	Anteil in % (36 Inf.innen=100%)
Theoretische Grundlagen	6	16,7%
Hardware	3	8,3%
maschinennahe Software	9	25,0%
Mensch-Maschine-Schnittstelle	13	36,1%
Netze	8	22,2%
Anwendungsspez. Aspekte	17	47,2%
Gesellschaftliche Bezüge	11	30,6%

Fast die Hälfte der untersuchten wissenschaftlich tätigen Informatikerinnen behandeln hiernach **anwendungs**bezogene Technikkonzepte wie z.B. Datenbankanwendungen im Umwelt- bzw. im Ingenieurbereich, Bibliotheks- und Bürosystemanwendungen oder Anwendungen zur Organisations- bzw. Produktionsplanung.[4]

Ein weiterer Forschungsschwerpunkt der Informatikerinnen zeichnet sich bei Entwicklungen im Bereich der **Mensch-Maschine-Schnittstelle** ab: Über ein Drittel der Beiträge widmet sich der Gestaltung von Bildschirmdialogen und Benutzungsoberflächen bzw. der Entwicklung von Animations-, Simulations- und Graphikwerkzeugen. Ein weiteres Viertel der Beiträge beschreibt benutzungsferne bzw. maschinennahe **Software-Entwicklungsprojekte** wie die Konzeption einer virtuellen Bildverarbeitungsmaschine oder den Entwurf spezifischer Datenbank- bzw. Dokumentenverarbeitungssysteme. Ein Fünftel behanelt bereits neuere Themen wie Multimediasysteme und Netztechnologien. **Theoretische Aspekte** wie Codierungsmöglichkeiten, syntaktische Deflexionen und automatisches Beweisen werden immerhin in 6 Beiträgen (mit)behandelt. Es gibt jedoch nur 3 Beiträge im **hardware-technischen Bereich**.

Aus den Auswertungsergebnissen lassen sich einige Thesen herleiten:

i) Nicht fachlich-technische Fähigkeiten fehlen, sondern Identifikationsmöglichkeiten

Während nach meinen Auswertungen der GI-Tagungsbände rund 67% der wissenschaftlich tätigen Informatikerinnen nutzungs- und anwendungsnahe Forschungsfelder bevorzugen, d.h. Technikentwicklungen für konkrete Einsatzzwecke behandeln, widmen sich nur rund 25% hardwaretechnischen oder maschinennahen software- bzw. netztechnischen Konzeptionen und Forschungen. Innerhalb der anwendungsnahen Bereiche fällt eine weitere deutliche Schwerpunktbildung zugunsten von Büro-, Verwaltungs- und Bibliotheksanwendungen auf: Hier forschen 9 Autorinnen, während nur 2 Beiträge sich mit Produktions- und Ingenieuranwendungen befassen.

Um einen ungefähren Vergleich mit den Beiträgen männlicher Autoren zu erhalten, habe ich die inhaltliche Ausrichtung aller Beiträge in Fachgesprächen mit angewandten Themen untersucht: Hier widmen sich 73 männliche Autoren dem Produktions- bzw. Ingenieurbereich und nicht viel mehr, nämlich 85, dem Büro-, Verwaltungs- und Bibliotheksbereich, während 13 weibliche Autorinnen sich mit Büro, Verwaltung bzw. Bibliothek, aber nur 3 mit Anwendungen im Ingenieur- bzw. Produktionsbereich befassen.

Diese Zahlen bestätigen möglicherweise die Auffassung, daß es Bereiche gibt, die aufgrund ihrer Nähe zu bestimmten Weiblichkeitsstereotypen wie Verständigungs- und Beziehungsorientierung, kommunikative und soziale Kompetenz, Einfühlungsvermögen u. ä. eher Identifikationsmöglichkeiten für Frauen bieten; anders etwa als der mit Lärm, Kraft, und ähnlichen Männlichkeitsattributen verbundene Produktionsbereich.

Nach dieser Auffassung ist die Abneigung von Frauen gegen bestimmte "männlich" besetzte Bereiche nicht auf mangelndes Verständnis oder Defizite hinsichtlich der dort benötigten fachlich-technischen Fähigkeiten zurückzuführen. Sie ist vielmehr begründet in fehlenden weiblichen Identifikationsmöglichkeiten und einer Distanz zu der in diesen Bereichen herrschenden männlich geprägten Kultur.

---

4 Der hohe Anteil von Beiträgen zu Anwendungsaspekten ist allerdings nicht unbedingt auf frauenspezifische Besonderheiten zurückzuführen, sondern liegt sehr stark in dem hohen prozentualen Anteil angewandter Fachgespräche auf GI-Jahrestagungen begründet.

Darüberhinaus stützen diese Zahlen sowie auch der hohe Frauenanteil bei der Jahrestagung 1991 mit dem Schwerpunkt Multimedia- und Telekommunikationssystemen die Vermutung, daß Frauen bevorzugt in relativ neue Arbeitsgebiete ausweichen, die noch nicht geschlechtsspezifisch geprägt sind.

ii) Andere Interpretation der Technik statt anderer Faszination

Immerhin elf Autorinnen stellen in ihren Beiträgen - wenigstens mit einer kurzen Aussage - **gesellschaftliche Bezüge** ihrer Forschungen her, indem sie z.B. die Relevanz ihrer Entwicklungen für den Umweltbereich aufzeigen oder Benutzungsschnittstellen für Blinde entwickeln, Fragen der Humanisierung der Arbeit aufwerfen oder die Bedeutung von (internationalen) Standardisierungen im Telekommunikationsbereich erörtern.

Insbesondere vier dieser Autorinnen reflektieren in ihren Beiträgen die Forschungstätigkeit der Informatik ganz grundsätzlich und weisen auf die gesellschaftliche Verantwortung von InformatikerInnen hin:

von der Erörterung der Informationstechnologie-Folgen und Möglichkeiten angepaßter Informationstechnik-Gestaltung über die Untersuchung militärischer Aspekte der Informatik und die Betrachtung von Datenschutzaspekten bis hin zur Frage nach frauenspezifischen Wegen in der Informatik.

Wenngleich für eine fundiertere Aussage zusätzlich die Untersuchung der GI-Beiträge von männlichen Autoren erforderlich wäre, weisen diese Zahlen in Richtung einer These von Doris Janshen und Hedwig Rudolph: Sie haben bei einem Vergleich männlicher **und** weiblicher IngenieurInnen beobachtet, daß sich geschlechtsspezifische Unterschiede nicht so sehr in der "subjektiven und projektiven Kommunikation mit der Technik und der Arbeit mit ihr" zeigen, sondern "am ehesten bei der sozialen Interpretation der Technik und in bezug auf das, was unter das Stichwort 'Technikbewertung' fällt." (Janshen/Rudolph 1987, S.267)

Dies machen sie u.a. daran fest, daß Frauen ihren Arbeitseinsatz bzw. ihre Forschungen auf 'gute' Zwecke beschränken wollen, also daß sie sich eher um Forschungen für die Medizin bzw. nach meiner Auswertung für den Umweltschutz und für Behinderte bemühen als etwa für die Rüstung.[5] Zudem stellen Janshen und Rudolph bei Frauen eine "im Vergleich zu männlichen Kollegen unverhältnismäßig große Bereitschaft" fest, "trotz aller Begeisterung für die Technik an sich, doch auch die negativen Folgen für die Gesellschaft und Menschen in Denken und Arbeit einzubeziehen." (a.a.O., S.267)

Aufgrund meiner Auswertungen vermute ich ebenfalls, daß es den Informatikerinnen nicht an Technikfaszination mangelt, da die meisten sich mit konkreten (software-)technischen Fragen befassen. Skepsis oder Distanz gegenüber bestimmten Technikaspekten läßt sich außer in den gesellschaftlich reflektierenden Beiträgen nicht unmittelbar erkennen. Allerdings läßt sich aus der Orientierung vieler Beiträge auf die Mensch-Maschine-Schnittstelle und dem häufig erhobenen Anspruch, benutzungsfreundliche, interaktive, an verschiedene Benutzungssituationen flexibel anpaßbare Technik gestalten zu wollen, eine Skepsis gegenüber dem bisher in der Technikgestaltung dominierenden **Menschenbild** erkennen. Bereits in einem Beitrag für die GI-Jahrestagung 1974 entwirft Christiane Floyd als Konsequenz aus entsprechenden technischen Entwicklungen ein "neues" Benutzerbild, das nicht mehr von ProgrammiererInnen sondern von SachbearbeiterInnen und BetriebsorganisatorInnen als BenutzerInnen ausgeht. In der Folge wird eine an den BenutzerInnenanforderungen orientierte statt einer technikzentrierten Systemgestaltung eingefordert.

iii) Frauen fühlen sich nicht als "Insider"

In verschiedenen Studien ist festgestellt worden, daß Männer beim Umgang mit Technik in der Regel davon ausgehen, daß sie alles wissen, was sie wissen müssen, während Frauen sich oft nicht als "Insider" fühlen, sondern denken, es gäbe etwas hinter der Technik, das sie nicht kennen. "Sie fühlen nicht, daß der Computer ihnen gehört. Sie haben das Gefühl, daß es eine ihnen nicht zugängliche Wahrheit hinter der Maschine gibt, die sie nicht verstehen." (Merete Lie, mdl. Vortrag, Women, Work and Computerization 1991) Beobachtungen zahlreicher Wissenschaftlerinnen der verschiedensten Disziplinen zeigen, daß diese häufig dazu neigen, in ihren Forschungsarbeiten Querschnittsthemen zu behandeln, Bestandsaufnahmen anzufertigen bzw. eine breiten Überblick von den Voraussetzungen bis hin zu den Konsequenzen ihrer Forschungen (vertikaler Überblick) einzubeziehen. Meine entsprechende Auswertung der GI-Tagungsbeiträge bestätigte

---

5   Die Frage, ob Frauen sich tatsächlich um solche "guten" Forschungszwecke bemühen oder ob sie aufgrund sonstiger Gegebenheiten und Zufälle in solchen Bereichen landen oder vielleicht dorthin abgedrängt werden, macht weitere Untersuchungen erforderlich.

tatsächlich, daß auch dort 12 von 31 Forscherinnen Bestandsaufnahmen bzw. einen horizontalen oder vertikalen Überblick über ihre Forschungsfelder geben. Zum einen hängt dies wahrscheinlich mit dem eher bei Frauen vorhandenen Bedürfnis, ihre Forschungsinhalte anderen zu **vermitteln** zusammen (im Gegensatz zu dem bei Männern häufig anzutreffenden Selbstdarstellungsbedürfnis). Zum anderen resultiert dieses Bedürfnis, Forschungskontexte und technische Hintergründe darzustellen, vielleicht aus dem Bestreben, das fehlende "Insider"-Gefühl auszugleichen.

3. Veränderte Gestaltungsleitbilder und Frauenforschung

Die Orientierung von Frauen auf anwendungs- und benutzungsnahe Forschungsfelder in der Informatik kann auch vor dem Hintergrund der technischen Entwicklung gesehen werden. Der Wandel der EDV-Technik von einer nur von Spezialisten bedienbaren Großrechnertechnologie zu einer arbeitsplatznahen PC-Technologie hat auch einen Paradigmenwechsel der Technikgestaltung zur Folge: Das "Benutzer"bild der Informatik hat sich vom hochspezialisierten Operator zur "normalen" Sachbearbeiterin gewandelt. Entsprechend ändern sich auch die Verfahren der Technikgestaltung. Lineare Entwicklungsverfahren nach dem sogenannten Phasenmodell des Software-Engineering, bei denen ein Software-Produkt von der Problemanalyse bis zur Einsatzreife anwendungs- und benutzerInnenunabhängig entwickelt wird, werden zunehmend abgelöst durch partizipative, zyklische Systemgestaltungsprozesse, bei denen in Kooperation zwischen EDV-SpezialistInnen und BenutzerInnen Prototypen entwickelt und im künftigen Anwendungskontext optimiert werden.

Sowohl die aufgrund des veränderten BenutzerInnenbildes bei der Systemgestaltung zunehmend beachtete Benutzungsfreundlichkeit als auch das partizipationsorientierte Gestaltungsleitbild beziehen kommunikative und kooperative Dimensionen in die Technikentwicklung ein. Gerade in diesen Bereichen forschen, wie die vorliegende Untersuchung und einschlägige Konferenzen zur Frauenforschung in der Informatik zeigen, besonders viele Informatikerinnen. Eine Öffnung der Informatik für diese bislang vernachlässigten kommunikationsorientierten Aspekte bietet nicht nur die Chance für eine menschengemäße und anwendungsgerechte Technikgestaltung sondern auch die Möglichkeit, die Informatik für Frauen attraktiver zu machen. Auch darüber hinaus gilt es, die qualitativ anderen methodischen und technischen Vorstellungen von Frauen zu entdecken und zu fördern. Ob eine mit größerer Frauenbeteiligung entwickelte Technik eher im Interesse von Frauen gestaltet werden kann, muß sich allerdings in der Praxis erweisen.

Literatur:

Janshen, Doris; Hedwig Rudolph (Hrsg.): Ingenieurinnen. Frauen für die Zukunft. Berlin 1987
Schelhowe, Heidi (Hrsg.): Frauenwelt - Computerräume. GI-Fachtagung, Proceedings, Informatik-Fachbericht 221. Bremen 1989
Women into Computing. Gillian Lovegrove, Barbara Segal (Eds.); Selected Papers 1988-1990 (Workshops in Computing). London, Berlin, Heidelberg u.a. 1990
Women, Work and Computerization: Opportunities and Disadvantages. Agneta Olerup, Leslie Schneider, Elsbeth Monod (Eds); Proceedings of the IFIP-Conference on Women, Work and Computerization 1984 in Riva del Sole, Italy. North-Holland 1985
Women, Work and Computerization: Forming New Alliances. Kea Tijdens, Mary Jennings, Ina Wagner, Margaret Weggelaar (Eds); Proceedings of the IFIP-Conference on Women, Work and Computerization 1988 in Amsterdam, The Netherlands. North-Holland 1989
Women, Work and Computerization: Understanding and Overcoming Bias in Work and Education. Inger V. Eriksson, Barbara A. Kitchenham, Kea G. Tijdens (Eds); Proceedings of the IFIP-Conference on Women, Work and Computerization 1991 in Helsinki, Finland. North-Holland 1991

Nicht Projektmamas, eine andere Informatik braucht´s!

Fanny-Michaela Reisin

TU Berlin

FG

Softwaretechnik und Systemgestaltung

Im vorliegenden Beitrag schlage ich vor, einen feministischen Diskurs über Fragen des Curriculums der Informatik einzuleiten. Vereinzelte Beiträge zur vorherrschenden, von traditionellen Fragen und Dilemmata geprägten Curriculumsdiskussion bringen uns nicht weiter. Notwendig ist ein Prozeß der Selbstverständigung über Inhalt und Aufbau eines Informatikstudiums, das als frauengerecht bezeichnet werden kann.

Im ersten Teil will ich anhand einiger Beispiele den Titel des Beitrags erläutern und gleichzeitig aufzeigen, daß wir unsere herkömmliche Frauenrolle festschreiben, wenn wir uns auf Orientierungen beschränken, die die Ebene der allgemeinen gesellschaftlichen Verantwortung in Wissenschaft und Technik nicht überschreiten.

Im zweiten Teil werde ich dann beispielhaft diskutieren, weshalb ich einen Curriculumsdiskurs für wichtig halte.

1. Wir müssen nicht bessere Menschen sein, um in der Informatik anders sein zu können

Den Gedanken, meinen Beitrag mit der Feststellung zu beginnen, daß wir keinem - am allerwenigsten uns selbst - nützen, wenn wir uns die Rolle von Projektmüttern zuschreiben oder zuschreiben lassen, faßte ich bei der Lektüre der neuzeitlichen Managerbibel, die von Tom DeMarco und Timothy Lister für Leiter und Berater im DV-Bereich - ursprünglich speziell in den USA - geschrieben wurde (DeMarco, Lister 1991). "Wien wartet auf Dich!" heißt die deutsche Fassung. Ihr Thema: der bessere Umgang mit "Peopleware" bzw. mit dem "Faktor Mensch im DV-Management".[1]

Dreißig Jahre Managementerfahrungen sowie verschiedene Langzeituntersuchungen über Produktivität, Rentabilität und Rationalität von Softwareprojekten bilden die empirische Basis für das Buch, weshalb es viel gelesen und zitiert wird.

---

[1] Das Wien, das "auf Dich wartet" ist einem Lied von Billy Joel entnommen und steht für "die letzte Station Deiner persönlichen Reise." Die Botschaft der Autoren: Manager sollten ja nicht glauben, daß ihre Mitarbeiter nie darüber nachdächten, "wie kurz die Lebenszeit ist, die jedem einzelnen zur Verfügung steht" und "daß es da noch etwas Wichtigeres geben muß, als den dummen Job, an dem sie gerade arbeiten." (S. 17)

Immerhin konnten fünfhundert Historien aus "echten, industriellen Entwicklungsprojekten" zusammengetragen werden. Eine der markantesten Beobachtungen: Fünfzehn Prozent aller untersuchten Projekte wurden ergebnislos abgebrochen oder mit unbrauchbaren Ergebnissen beendet. Bei großen Projekten, die einen Umfang von fünfundzwanzig Personenjahren oder mehr hatten, wurde sogar jedes vierte nicht beendet. "Die meisten Manager geben bereitwillig zu, mehr Probleme mit Personen als technische Schwierigkeiten zu haben. *Aber sie verhalten sich als Manager nicht dementsprechend.* Sie handeln täglich so, als wären die technologischen Probleme ihre größte Schwierigkeit. Manager verbringen ihre Zeit damit, äußerst verwickelte und hochinteressante Fragestellungen zu durchdenken [...]. Ständig suchen sie nach technischen Genies, die ihnen versprechen, irgendeinen Teil der Arbeit auf besonders intelligente Weise zu automatisieren [...]. Die wichtigsten, personenorientierten Aspekte ihrer Arbeit erhalten oft die niedrigste Priorität."; (DeMarco, Lister 1991, S. 5).
Männer über Männer. Klare Befunde, die zur Frage verleiten, was über Frauen in dem Gewerbe so gedacht wird.

In dem Buch werden Frauen - sieht man einmal von der Bibliographie ab[1] - vier Mal exemplarisch erwähnt. Ich möchte zwei Beispiele wiedergeben. Dabei geht es mir nicht darum, abermals eine männlich verzerrte Wahrnehmung aufzudecken. Im Gegenteil, ich behaupte, daß durch die folgenden Beispiele die faktische Situation von Frauen in DV-Projekten zwar überzeichnet, jedoch nicht gänzlich verfälscht wird. Die unbehagliche Frage ist, ob wir die uns zugedachten Rollenklischees nicht selber verfestigen, indem wir bestimmte positive Wertorientierungen als spezifisch weibliche Anliegen in den Vordergrund stellen.

Beispiel 1: Katalysator im Projekt

Tom DeMarco wird während eines Kurses in einer Firma gebeten, einige Kursteilnehmer zu beurteilen. Speziell an den Leistungen einer der Mitarbeiterinnen werden Zweifel geäußert, da nicht klar sei, was sie eigentlich zum Projekt beizutragen habe; sie sei weder im Programmieren noch im Testen und auch sonst nicht besonders gut.

"Nach einigen Nachforschungen habe ich folgende erstaunliche Feststellungen gemacht. Während ihrer zwölfjährigen Firmenzugehörigkeit hatte die Frau nur in Projekten gearbeitet, die erfolgreich verliefen. Es war nicht offensichtlich, was sie dazu beitrug, aber die Projekte waren immer erfolgreich, wenn sie dabei war. Nachdem ich sie in dem Kurs fünf Tage lang beobachtet und mit einigen ihrer Kollegen gesprochen hatte, kam ich zu dem Schluß, daß sie ein hervorragender Katalysator war. Die Teams arbeiteten viel besser zusammen, wenn sie dabei war. Sie half den

---

[1] Immerhin haben fünf Autorinnen bei einer 46 Titel umfassenden Bibliographie mitgewirkt.

Kollegen, Kommunikationsprobleme auszuräumen und miteinander auszukommen. Die Projekte machten mehr Spaß, wenn sie im Team war. Als ich diese Feststellung dem Manager nahebringen wollte, stieß ich auf Probleme. Er wollte einfach nicht verstehen, daß die Rolle eines Katalysators in einem Projekt wichtig ist."

DeMarco hält solch einen "Katalysator" für wichtig, weil ein Projekt immer in Bewegung ist. "Eine Person, die einem Team hilft, konstruktiv zusammenzuarbeiten, ist doppelt soviel wert (sic! FMR) wie eine Person, die 'nur' arbeitet." (S. 13)

Beispiel 2: Fürsorge und Aufmerksamkeit - das ist Management!

"In meinen Berufsanfängen hatte ich das Vergnügen, in einem Projekt zu arbeiten, das von Sharon Weinberg gleitet wurde. (Sie ist nun Geschäftsführerin der Codd & Date Consulting Group). Sie war ein Musterbeispiel für vieles, was ich heute unter begnadetem Management verstehe. An einem kalten Wintertag habe ich mich aus dem Krankenbett in die Firma geschleppt, um einen ziemlich unstabilen Prototypen für eine Vorführung zusammenzuschustern. Als Sharon in die Firma kam, fand sie mich an mein Terminal geklammert. Sie verschwand und kam nach einigen Minuten mit einer heißen Tasse Suppe zurück. Nachdem sie mich gefüttert und dadurch meine Lebensgeister wieder erweckt hatte, fragte ich sie, wo sie denn neben ihren vielen Managementaufgaben die Zeit dafür hernähme. Mit spitzbübischem Lächeln sagte sie mir: 'Tom, das ist Management'." (S. 40).

Wie gesagt, ich halte die in den Beispielen vorgenommene Reduktion der Rolle der Informatikerinnen auf die genannten Aspekte für überzeichnet. Das eigentliche Problem sehe ich jedoch darin, daß unsere eigenen Aussagen zu frauenspezifischen Anliegen in der Informatik unsere herkömmliche Rolle in Wissenschaft und Gesellschaft eher verstetigen als sie emanzipatorisch aufzuheben.
Wir tun weder uns noch den Informatikerinnen nach uns einen Gefallen, wenn wir beanspruchen, die besseren, für die positiven Wertorientierungen (allein) verantwortlichen, "sozial", "naturverbunden", "ganzheitlich" denkenden Menschen in der Informatik zu sein. Im Gegenteil mit solchen Selbstdarstellungen schreiben wir die überkommenen männlichen Projektionen über Frauen fort und die althergebrachte geschlechtsspezifische Rollenteilung auch in der Informatik fest. Damit soll die Berechtigung des Anspruchs, den in der Informatik völlig ausgeblendeten Subjektbezug geltend zu machen, nicht bestritten werden. Es muß aber, gerade auch im Hinblick auf eine "subjektive Wendung" der Informatik, klarer werden, was an den Grundlagen und Inhalten sowie an den Formen, in denen sie sich vermitteln, aus

frauenspezifischer Sicht anders werden soll und muß. Hier gibt es Defizite im Klärungsprozeß.

2. Was hat die höhere Präsenz der Frauen in der Informatik gebracht?

Die im Verhältnis zu den tradierten männerdominierten Disziplinen höhere Frauenpräsenz in der Informatik[1] hat ihren Grund nicht zuletzt darin, daß die Computertechnologie relativ jung ist. Entstanden zu einer Zeit, als Frauen schon längst Zugang zur Forschung und Entwicklung auch in Naturwissenschaft und Technik hatten, schien die Informatik, gerade wegen der ihr fehlenden Wissenschaftstradition, Frauen bessere Aussichten auf Chancengleichheit zu eröffnen. Hinzu kam der Bedarf an Informatik- und DV-Frachkräften, der gute Berufsaussichten bot[2].

Was hat die höhere Frauenpräsenz gebracht? Haben sich die Hoffnungen auf Gleichberechtigung erfüllt? Konnten frauenspezifische Entwicklungslinien entfaltet oder Inhalte und Vermittlungsformen in Lehre, Forschung und Beruf verankert werden? Haben Frauen durch höhere Präsenz einen faktisch ausweisbaren Einfluß auf den Entwicklungsgang der Informatik und Computertechnologie gehabt?

Unbestritten ist: Es hat sich eine frauenspezifische Informatikorientierung etabliert. Davon zeugen diverse Frauengruppen in den Fachverbänden (ACM, GI, IFIP), die eigene Organe, Netze und Konferenzreihen gestalten. Dennoch, die herkömmlichen Wissenschaftstraditionen wirkt nach wie vor in unseren Diskussionen sowohl über inhaltliche als auch über methodologische Fragen fort. Genuin Neues, an dem ein Bruch mit der Entwicklungskontinuität der "scientific community" ausmachbar wäre, ist bisher nicht erkennbar. Wir haben, so mein Eindruck, noch nicht einmal festgestellt, bis wohin unsere Spielräume im vorherrschenden disziplinären Regelwerk reichen und wo wir auf absolute Grenzen stoßen. Ein solcher Befund würde aber bedeuten, daß wir uns in den bestehenden Verhältnissen einrichten, ohne neue Fähigkeiten und Kompetenzen auszuloten, die uns individuell und vielleicht sogar kollektiv eine andere Richtung weisen könnten.

Wir haben keine einschlägigen Befunde über die Möglichkeit eines geschlechtssspezifischen Zugangs zu Fragen der immanenten Forschung, Gestaltung und Lehre in der Informatik. Ein Diskurs über curriculare Fragen, z. B. über den Aufbau eines frauen-

---

[1] Der Anteil der Informatikstudentinnen ist im Vergleich zum Frauenanteil in anderen technischen und naturwissenschaftlichen Disziplinen hoch, wenngleich er mit 15% nicht einmal halb so hoch ist wie der Frauenanteil an der Gesamtzahl der Studierenden (38%) und nur etwa ein Drittel des Frauenanteils in Human- und Sozialwissenschaften beträgt.

[2] Der Anteil der Frauen in der beruflichen Praxis ist mit 27% ebenfalls höher als in tradierten Ingenieursberufen.

gerechten Grundstudiums, in den wir unsere diversen - auch widerstreitenden - Theorie-, Praxis- und Lehrerfahrungen einbringen könnten, wäre geeignet, unseren Verständigungsprozeß über Inhalt und Methodologie der Informatik weiterzubringen.

Ich halte es für wichtig, Fragen nach dem frauenspezifischen Beitrag zur Veränderung insbesondere des Studiums so radikal wie möglich zu stellen. Anderenfalls laufen wir Gefahr, uns durch affirmative Selbstgefälligkeiten den Blick für die zunehmende Gleichartigkeit der Situation der Frauen in der Informatik und in anderen männerdominierten Disziplinen zu verstellen und möglicherweise eine spezifische Chance zu vertun.

Beunruhigend ist beispielsweise, daß der Frauenanteil an den Informatikstudierenden seit Beginn der 80er Jahre rückläufig ist. Dies gilt nicht nur für die Bundesrepublik (Schmitt 1992). Auch in den USA läßt sich eine rückläufige *Tendenz* aufweisen (Leveson 1989). Die Abbruchquote von Informatikstudentinnen ist bedeutend höher als die der Studenten. Im Verhältnis zur Anzahl der Diplomandinnen ist der Anteil von Frauen an den Promovierenden und Habilitierenden geradzu verschwindend niedrig. Hier sind meines Erachtens nicht nur formalrechtliche und sozialpädagogische Fragen etwa der Quotierung und des geschlechtsspezifischen Unterrichts, sondern grundlegende curriculare Probleme berührt, die die inhärenten Inhalte und den Aufbau der Informatikausbildung an der Schule und Hochschule betreffen.

Wenn die Abrecherinnenquote im Grundstudium besonders hoch ist, dann ist das Grundstudium nicht frauengerecht aufgebaut. Wer sagt denn, daß die elementaren Algorithmen und Datenstrukturen sowie die Grundlagen der Rechnerorganisation am Anfang des Studiums stehen müssen. Vielleicht wären Primärerfahrungen mit Halbfertigkomponenten und ihren Konfigurationen in praktischen Projekten, die auf Grundfragen der Algorithmik und Datenstrukturierung sowie den zugehörigen theoretischen, mathematischen und rechnertechnischen Voraussetzungen führen, eine adäquatere Einführung in das Informatikstudiums? Wie soll sich Motivation für das Studium herstellen, wenn die in seinem Verlauf zu erwerbende Theorie und Praxis der Informatik nicht von Anbeginn in die gesellschaftlichen Bedingungs- und Wirkungszusammenhängen eingeordnet und so vermittelt wird, daß die Sinnfälligkeit des eigenen Tuns und Wollens von einem frauenindividuellen Standort ausmachbar ist?

Die sich tendenziell verschlechternde Stellung der Frauen im DV-Beruf wirft ein Licht auf die ausgebliebene Veränderung des Berufsbildes der Informatik und führt auf Fragen, die nicht minder die Ausbildung und das Studium betreffen. Frauen bilden im DV-Bereich "das Schlußlicht in der Bezahlung selbst bei hoher Qualifikation" (Lötzer 92) und haben auch hier kaum Chancen, berufliche und außerberufliche Bedürfnisse in Einklang zu bringen. "Warum arbeitet sie in einem Softwarehaus und nicht in einer Behörde, wenn sie täglich punkt vier nach Hause muß?" (Simonsmeier 1992)

In Anbetracht der Tatsache, daß nicht nur Fachhochschulen, sondern selbstverständlich auch Hochschulen Massenausbildungsstätten für akademische Berufe sind, liegt genau hier der Hebel für eine Veränderung des beruflichen Selbstverständnisses. Im Mittelpunkt müßte ein Berufsbild stehen, das Qualität nicht nur auf Produkte der InformatikerInnen bezieht, sondern auch die Prozesse einschließt, in denen sie hergestellt und benutzt werden, ebenso wie die gesellschaftlichen Verhältnisse, in denen sich diese vollziehen.

Literatur

(DeMarco, Lister 1991)
Tom DeMarco, Timothy Lister: "Wien Wartet auf Dich! Der Faktor Mensch im DV-Management", München 1991.

(Leveson 1989)
Nancy Leveson: "Women in Computer Science". A Report for the NSF CISE. Cross-Disciplinary Activities Advisory Committee. Information & Computer Science Department, University of California, Irvine 1989.

(Lötzer 1992)
Ulla Lötzer: "Betriebsratsarbeit in einem Softwarehaus: 'Werden wir überhaupt gebraucht?'", in: Gudrun Trautwein-Kalms (Hrsg.): "Kontrastprogramm Mensch-Maschine. Arbeiten in der HighTech-Welt", Köln 1992 S. 166 ff

(Schmitt 1992)
Bettina Schmitt: "Frauen in Informatik und Datenverarbeitung - Die Zurückdrängung beginnt schon im Ausbildungssektor", in: Gudrun Trautwein-Kalms (Hrsg.): "Kontrastprogramm Mensch-Maschine. Arbeiten in der HighTech-Welt", Köln 1992 S. 250 ff.

(Simonsmeier 1992)
Werner Simonsmeier:"Arbeitszufriedenheit und Überforderung der Software-Entwicklerinnen und Software-Entwickler". Vortrag auf einem Workshop.

Sozialverträgliche Arbeits- und Technikgestaltung: Stabilisierung oder Aufhebung der geschlechtshierarchischen Arbeitsteilung?

Doris Hülsmeier
Gesamtpersonalrat für das
Land und die Stadtgemeinde Bremen
Knochenhauerstr. 20-25
2800 Bremen 1

Gabriele Winker
Senatskommission für das
Personalwesen - Beratungszentrum -
Doventorscontrescarpe 172
2800 Bremen 1

Die Tipparbeit den Frauen, die qualifizierte Arbeit den Männern - dies ist immer noch vorherrschende Realität des Arbeitslebens. Dies verändert sich offensichtlich auch nicht durch die Einführung von Computern, wird im Gegenteil teilweise sogar verstärkt. So werden z.B. in der bremischen Verwaltung ca. 90 % der Koordinatorenpositionen, die mit Aufstiegsmöglichkeiten und Höhergruppierung verbunden sind und einen hohen Status genießen, von Männern besetzt, obwohl mehr als die Hälfte der PC-BenutzerInnen Frauen sind.

1. (Arbeits)psychologische Ansätze als Grundlage der Arbeits- und Technikgestaltung

Unsere Ausgangsthese ist, daß die (arbeits)psychologisch fundierten Konzepte der Arbeits- und Technikgestaltung durch Ignorieren des Geschlechterverhältnisses die Stabilisierung der geschlechtshierarchischen Arbeitsteilung unterstützen:

Der Ansatz der Arbeits- und Technikgestaltung, der sich auf die Kognitive Psychologie (Card/Moran/Newell) stützt, verfolgt für die zu untersuchenden Arbeitstätigkeiten einen tayloristischen Ansatz: Als Grundlage dient ein Modell (GOMS), das in der Lage sein soll, das Verhalten eines rationell Arbeitenden vorherzusagen, indem es den kürzesten und sichersten Weg zur Lösung einer Aufgabe spezifiziert. Es handelt sich um ein Aufgabenanalyseverfahren, das beschreibt, welche Operationen für bestimmte Aufgaben idealerweise ausgeführt werden sollen und welche Tasten dabei zu drücken sind. Dies wird als theoretische Grundlage für Laboruntersuchungen genommen, in denen Zeitmessungen für die so analysierten Arbeitsaufgaben vorgenommen werden. Gemessen werden Reaktionszeiten (Intervalle zwischen Tastendrücken) und Anzahl der Tastendrücke jeweils für eine bestimmte Operation (Reiz-Reaktions-Mechanismus). Diese experimentellen Meßverfahren unter sterilen Laborbedingungen sollen zur Evaluierung und Optimierung von Dialoggestaltung und Dialogformen dienen.

Bei diesem Ansatz wird explizit nur die Technik berücksichtigt; sich im Rahmen der Technik-Einführung verändernde Arbeitsinhalte, Arbeitsorganisation und Arbeitsbedingungen bleiben ausgeblendet. Ebenso wenig wird die Persönlichkeit der Arbeitenden, ihre Motivation und Qualifikation berücksichtigt. Auf der Basis des Althergebrachten wird der Reiz-Reaktions-Mechanismus im Sinne von Geschwindigkeit und Fehlerfreiheit optimiert. Computerarbeit wird taylorisiert, das heißt zeitlich und operational vorgegeben und meßbar gemacht. Das trifft die je individuellen Arbeitstätigkeiten in unterschiedlichem Ausmaße: Je höher der Anteil an computergestützter Tätigkeit ist, desto höher auch das Ausmaß an möglicher Taylorisierung. Frauen sind in diesem Zusammenhang besonders stark betroffen - ihre Arbeitsplätze sind vielfach in Datenerfassungsbereichen und im Bereich der zuarbeitenden Büroarbeit mit einem hohen Anteil von Mensch-Rechner-Interaktion angesiedelt. Ein weiteres Anwachsen von Fremdbestimmtheit durch den Computer und Arbeitsdruck sowie ein Verbleiben am unteren Ende der Arbeitshierarchien sind die Folge für die betroffenen Frauen.

Der Ansatz der Arbeits- und Technikgestaltung, der sich auf die tätigkeitsorientierte Arbeitspsychologie Winfried Hackers bezieht, beansprucht für sich die Gestaltung persönlichkeitsförderlicher Arbeitstätigkeiten. Leitkriterien für die Gestaltung sind: Anforderungsvielfalt, Geschlossenheit der zu erfüllenden Aufgabe, Bedeutung der Aufgabe für andere, Autonomie im Sinne von Freiheitsgraden für selbständige Zielstellungen mit Entscheidungen über Tätigkeitsinhalte und -formen, Rückmeldung über Tätigkeitsergebnisse und Kooperation. Die Beteiligung der Betroffenen gilt als die methodische Voraussetzung für die Realisierung dieser Zielvorstellungen.

Die Lebens- und Arbeitsrealität von Frauen wird in diesem Ansatz allerdings nicht berücksichtigt: Die von der Arbeitspsychologie formulierten Tätigkeitsmerkmale umfassen nicht die - individuell unterschiedlichen - Anforderungen an Arbeitstätigkeiten, die sich aus der Doppelverantwortung von Frauen für Erwerbsarbeit und Familienarbeit ergeben. Hinsichtlich der Beteiligung der Betroffenen wird von Gleichberechtigten ausgegangen und Interessenkonflikte ignoriert, die sich z.B. bei der Realisierung qualifizierter Mischarbeit zwischen SachbearbeiterInnen und Schreibkräften beinahe zwangsläufig einstellen. Das durchaus anspruchsvolle Konzept der beteiligungsorientierten, differentiell-dynamischen und persönlichkeitsförderlichen Arbeitsgestaltung bezieht sich somit faktisch nur auf eine bestimmte Gruppe von Beschäftigten, die qualifizierten und durchsetzungsfähigen, in der Regel männlichen Sach- oder Facharbeiter.

2.   Die Bedeutung der Kategorie Geschlecht für die Arbeits- und Technikgestaltung

Unser Anspruch ist, auch über die Arbeits- und Technikgestaltung zum Abbau geschlechtsspezifischer Diskriminierung beizutragen. Persönlichkeitsförderlichkeit für alle Menschen, Männer wie Frauen, kann nur ein Ansatz für sich beanspruchen, der das gesellschaftliche Geschlechterverhältnis mit einbezieht: Frauen sind für die unbezahlten Reproduktionsarbeiten in der Familie zuständig, ihre Verfügbarkeit für die Erwerbsarbeit ist damit eingeschränkt und darauf aufbauend werden ihnen bestimmte, von Männern "übriggelassene" Tätigkeiten in der Erwerbsarbeit zugeordnet. Dies sind in der Regel die schlechter bezahlten und in der Hierarchie tiefer angesiedelten Arbeitsplätze. Aufrechterhalten wird diese geschlechtshierarchische Arbeitsteilung durch unterschiedliche Wirkungsmechanismen, deren gemeinsame Zielrichtung die Zuordnung einzelner Tätigkeiten auf jeweils ein bestimmtes Geschlecht ist. Ein erster Schritt zur Überwindung der traditionellen Arbeitsteilung ist es, die Kategorie Geschlecht mit ihren verschiedenen Dimensionen in die Arbeits- und Technikgestaltung zu integrieren. Sandra Harding folgend unterscheiden wir drei Bedeutungen des sozialen Geschlechts, die strukturelle, die symbolische und die individuelle, die miteinander verwoben sind und die bei der Arbeits- und Technikgestaltung zu berücksichtigen sind:

1. Strukturelle Bedeutung: Die den Frauen zugeordnete Tätigkeiten (im Büro z.B. die Schreibarbeit und die Datenerfassung), sind Teil der institutionalisierten Geschlechterhierarchie, die ein kostengünstiges Produzieren und Verwaltungshandeln sowie eine Abschottung der von Männern ausgeübten qualifizierten Berufe vor der Konkurrenz durch Frauen ermöglicht. Die betrieblichen Interessen am Einsatz weiblicher Angestellter sind vorrangig auf die Nutzung berufsrelevanter Qualifikationen bzw. Qualifikationspotentiale gerichtet. Mit selektiven geschlechtsspezifischen Personalrekrutierungs- und Personaleinsatzstrategien gelingt es, für spezielle Tätigkeiten Frauen einzusetzen, die aufgrund ihrer Zuständigkeit für den Reproduktionsbereich nicht in demselben Ausmaß wie männliche Angestellte bezahlt werden müssen und deren berufsrelevanten Qualifikationspotentiale (soziale Kompetenz, Rechtschreibkenntnisse, Textgestaltungsfähigkeiten) unsichtbar bleiben und damit kostengünstig genutzt werden können. Es gibt starke männliche Interessen an der Aufrechterhaltung dieses status quo und an der Abschottung ihrer Position vor weiblicher Konkurrenz. Das gilt ganz besonders, wenn durch technisch-organisatorische Veränderungen z.B. in den Büros auch schon ohne Konkurrenz der Frauen eine "Verengung der innerbetrieblichen Karrierechancen" (Baethge/Overbeck) zu verzeichnen ist.

2. Symbolische Bedeutung: Die geschlechtshierarchische Arbeitsteilung wird durch einen starken ideologischen Prozeß der Stereotypisierung Männlichkeit versus Weiblichkeit gestärkt. So wird z.B. Schreibarbeit mit Frauenarbeit gleichgesetzt, wird damit abgewertet und ist keinem Mann zuzumuten. Technikkompetenz dagegen wird Männern zugeordnet, die sich dadurch qualifizierte und höherbewertete Arbeitsplätze und damit Macht sichern. Die Geschlechterstereotypisierung erfüllt ihre Funktion der Aufrechterhaltung der Hierarchie zwischen Männer- und Frauenarbeit allerdings gerade nicht über die stabile Zuordnung der immer gleichen Fähigkeiten zu Frauen, sondern durch deren flexible Zuordnung. So werden z.B. Arbeitsplätze, die für Männer zu einem bestimmten Zeitpunkt unattraktiv sind, den Frauen zugeordnet, schlecht bezahlt und im Nachhinein als besonders für Frauen geeignet definiert. Der Begriff "Eignung" muß als Versuch gesehen werde, die vertikale Segmentierung im Berufssystem zu garantieren. Diese Weiblichkeits- und Männlichkeitsstereotype spielen als Deutungs- und Legitimationselemente eine wichtige Rolle und beeinflussen und bestimmen als - von Frauen und Männern auf unterschiedliche Weise angeeignete - faktische Ausgrenzungs- und Zuweisungsraster die geschlechtsspezifische Realität.

3 Individuelle Bedeutung: Die oben dargestellte Geschlechterstereotypisierung oder Geschlechtersymbolik wirkt nicht nur gesamtgesellschaftlich, sondern prägt die Persönlichkeit jedes Einzelnen - Mann wie Frau. Die Wirkungen beginnen bereits in der Wiege und setzen sich über die Kindheit und Jugendzeit bis in das Erwachsenenalter hinein fort. Frauen werden entmutigt, Männer dagegen dazu angehalten, jene Denkweisen und Tätigkeiten auszubilden, die zur Ausführung technischer Arbeit befähigen. Männer brauchen - ungeachtet ihrer tatsächlichen beruflichen Laufbahn - diese Fähigkeiten, um Männer zu werden und zu bleiben, während sie für Mädchen und Frauen nicht nur überflüssig sind, sondern sogar schädlich, wenn sie von anderen als weiblich angesehen werden wollen. Diese geschlechtsspezifische Sozialisation spiegelt sich in den eigenen Vorstellungen der Frauen, die sich in der Regel für technisch unbegabt halten, ebenso wider wie in den Reaktionen ihrer männlichen Umwelt. Beide, Frauen wie Männer, halten an den gesetzten Vorurteilen gerne fest. Selbstverständlich gewordene Vorstellungen besitzen einen Orientierungswert, deren Entzug tiefgreifende Verunsicherungen nach sich zieht. Es ist aber gerade für Männer besonders schwer die ihnen zugeschriebenen Eigenschaften aufzugeben, da davon positive Selbstver-

wertungen, teilweise handfeste Privilegien abhängen und der gesellschaftliche Status der Geschlechter darüber festgelegt wird.

Obwohl die dargestellten Bedeutungen des sozialen Geschlechts auch heute wirken und die geschlechtshierarchische Arbeitsteilung stabilisieren, gibt es gerade im Zusammenhang mit der Computerarbeit, die sich - Frigga Haug folgend - in so vielfältiger Hinsicht von herkömmlicher Arbeit unterscheidet und damit zunächst "kulturell unverträglich" ist, auch deutlich sichtbar andere Tendenzen: Gerade durch erste Möglichkeiten des Aufstiegs von Frauen in qualifizierte Positionen sowie die auch bei Frauen zunehmenden allgemeinen Kenntnisse über Informationstechnologie wird die Geschlechterstereotypisierung brüchig und die männliche Geschlechtsidentität labil. Denn zur Entwicklung männlicher Geschlechtsidentität gehört auch die Übernahme einer sozialen Rolle, die höher bewertet wird als die der Frauen. Konzepte wie die qualifizierte Mischarbeit, die auf breitere Umverteilung von Arbeit und Neustrukturierung von ganzen Abteilungen abzielen, stoßen nicht nur auf eine Reihe interessenorientierter Vorbehalte, die nicht leicht auszuräumen sind, sondern stellen über die schrittweise Aufhebung von Arbeitsteilung dieses Selbstbild in Frage. Dazu kommt - das ist gerade das Interessante bei der Nutzung der Informationstechnologie -, daß typisch technische Fähigkeiten, die die Geschlechterpolarisierung über Technikkompetenz aufrechterhalten, gar nicht mehr in dem Maße gefragt sind. Gerade beim Computer "zeigt sich die technologisch bedingte Obsolenz eines auf Technik zugerichteten Männlichkeitsideals." (Beisenherz) Die technische Funktionsweise ist im alltägliche Gebrauch kaum mehr nachvollziehbar. Durch den Schalenaufbau eines Computers hat auch ein DV-Fachmann wenig mit der Hardware zu tun. Selbst das Betriebssystem, als systemnahe Software gerät immer mehr in den Hintergrund.

Je mehr nur aber die Zuordnung der Informationstechnologie und der höheren Positionen zu Männern und damit das Männlichkeitsbild brüchig wird, desto mehr sind Männer in ihrer je individuellen geschlechtlichen Identität verunsichert. Und diese Verunsicherung erklärt die hohe Emotionalität und Subjektivität, mit der männliche Beschäftigte ihr eigenes Terrain verteidigen, wenn es um Aufhebung typischer Männer- und Frauenbereiche wie z.B. bei dem Konzept der qualifizierten Mischarbeit geht.

Während nun Frigga Haug aus diesen Tendenzen ein Verschwinden der Grenzen zwischen Frauenarbeit und Männerarbeit prognostiziert, sehen wir eher starke Brüche in der an die Arbeitstätigkeit gebundene Geschlechter-Identität. Wird diese Situation jedoch nicht von einer frauenförderlichen Arbeits- und Technikgestaltung aufgegriffen, greift der "alte" Mechanismus, bestimmte Tätigkeiten wiederum zugunsten des männlichen Geschlechts zuzuweisen, wie es vor allem Cynthia Cockburn anhand vieler empirischer Beispiele gezeigt hat.

3.   Ansätze einer Arbeits- und Technikgestaltung im Interesse von Frauen

Deswegen bedarf es einer emanzipatorischenArbeits- und Technikgestaltung, die auf ein Aufbrechen der geschlechtshierarchischen Arbeitsteilung abzielt und sich auf verschiedenen Ebenen bewußt mit der dargestellten vielschichtigen Verankerung des sozialen Geschlechts und deren Widersprüchlichkeit auseinandersetzt. Entsprechend der drei Bedeutungen des sozialen Geschlechts müssen folgende Richtungen eingeschlagen werden:

1. Es gilt, die strukturelle geschlechtsspezifische Benachteiligung von Frauen in der Erwerbsarbeit
    bewußt aufzunehmen, um sie schrittweise abzubauen. Dabei muß die gesellschaftlich vorherr-
    schende Doppelrolle der Frauen als Hausfrau/Mutter und Berufstätige bei der Arbeits- und Tech-
    nikgestaltung berücksichtigt werden. Die Tatsache, daß Frauen in der Regel mit zwei Verant-
    wortungsbereichen bzw. zwei Arbeitsplätzen konfrontiert sind, muß bei Analyse, Bewertung und
    Gestaltung von Arbeitätigkeiten miteinbezogen werden. Daraus resultieren unterschiedliche und
    je individuelle Aufgabenzuschnitte, denn an eine persönlichkeitsförderliche Arbeitsgestaltung
    haben Frauen unterschiedliche Ansprüche, je nach der eingeschlagenen Strategie, mit der sie ver-
    suchen, Berufs- und Familienarbeit zu verbinden. Gleichzeitig müssen Arbeitsplätze von Männern
    so gestaltet werden, daß die Möglichkeit einer Verantwortungsübernahme im Reproduktions-
    bereich überhaupt besteht. Darüber hinaus muß durch eine Einebnung der Hierarchien im Arbeits-
    prozeß und durch Reintegration von qualifizierten Tätigkeiten eine strukturelle Verbesserung
    gerade von typischen Frauenarbeitsplätzen ermöglicht werden.

2. Statt weiter über weibliche Zugangsweisen zum Computer zu diskutieren und damit die Stereoty-
    pisierung zu unterstützen, geht es um ein Aufbrechen der sich im ständigen Wandel befindlichen
    Rollenzuweisungen zugunsten des männlichen Geschlechts. In diesem Sinne sind Qualifizierungs-
    maßnahmen und fachspezifische Arbeitsgruppen frauenbezogen zu gestalten. Es sind zudem Me-
    thoden zu entwickeln, die die verdeckten Qualifikationen und Leistungen von Frauen aufzeigen
    und einer gesellschaftlichen Anerkennung zugänglich machen.

3. Es gilt bei der Arbeits- und Technikgestaltung alles zu unterstützen, wo Individuen in "Nicht-
    übereinstimmung" mit und im Widerspruch zu der Geschlechtsrolle neue Wege ausprobieren.
    Wichtig ist, sich im Partizipationsprozeß ausdrücklich - im Gegensatz zu den Ansätzen der
    Kognitiven Psychologie und der Arbeitspsychologie - auf das Individuum zu beziehen, wenn es
    darum geht, dessen eigene Arbeitsbedingungen und Widersprüche analytisch zu erfassen.
    Verallgemeinerungen vermittels normativer Setzungen sind nicht statthaft. Zu diesem Zweck hal-
    ten wir es für notwendig, die Methode des Widerspruchsexperimentes (Frigga Haug) auszubauen:
    Damit wird eine Bestandsaufnahme konkreter betrieblicher Widerspruchsstrukturen, das heißt eine
    Offenlegung der Handlungsweisen, der Erfahrungen, der vermeintlichen und tatsächlichen Interes-
    sen der beschäftigten Frauen und Männer, möglich. Damit soll die individuelle Handlungsfähig-
    keit von Frauen und Männern im Sinne der Überwindung von Rollenstereotypen gestärkt werden.

Zusammenfassend läßt sich festhalten, daß eine frauenförderliche Arbeits- und Technikgestaltung
Frauen darin unterstützen muß, Schritt für Schritt die sie einengenden und diskriminierenden Ge-
schlechterrollen zu überwinden, nicht damit sie sich der männlichen Lebenswelt mit ihren Reduzierun-
gen anpassen, sondern damit sie ihre jeweils individuelle Schwerpunktsetzung hinsichtlich des Stel-
lenwerts von Familie und Beruf selbst bestimmen können. Um dies zu erreichen, muß eine sozialverträgliche Arbeits- und Technikgestaltung im Interesse von Frauen ihr Hauptaugenmerk auf die Herausbildung einer erweiterten Handlungsfähigkeit der beschäftigten Frauen als Akteurinnen im Produktions-
wie im Reproduktionsprozeß legen.

Eine vollständige Fassung incl. Literaturhinweise kann bei den Autorinnen angefordert werden.

DIFFERENZ ALS LEITBILD DER TECHNIKENTWICKLUNG

Christel Kumbruck
Virchowstr. 30
3500 Kassel

Im folgenden werden empirische Ergebnisse aus einem Untersuchungsprojekt zur Telekooperation in der Rechtspflege im Rahmen der Projektgruppe Verfassungsverträgliche Technikgestaltung (PROVET) exemplarisch vorgestellt. Anwaltskanzleien und Gerichte arbeiteten in einem Probebetrieb mit Electronic Mail und elektronischer Unterschrift an in- und aushäusigen Telekooperationsakten.

METHODISCHE VORBEMERKUNG:

Technikentwickler, -kritiker und die am Probebetrieb teilnehmenden Personen diskutierten gemeinsam ihre Erfahrungen mit Telekooperation im Hinblick auf Gestaltungsoptimierung bezüglich der Kriterien Verfassungsverträglichkeit, Verletzlichkeit und psychosoziale Angemessenheit (vgl. Provet 1991). Das in der Gruppendiskussion erhobene Material wurde bezüglich der psychosozialen Angemessenheit hermeneutisch ausgewertet: Nicht Repräsentativität, sondern Symptomatik, Typizität ist die Orientierung dieser Methodik. Deshalb liefert sie mehr als andere methodische Vorgehensweisen Hinweise auf die Vielfalt differenter Aneignungs- und Umgangsweisen (vgl. Senghaas-Knobloch/Volmerg 1990 S.163 ff) der an der Untersuchung teilnehmenden Menschen mit neuen Arbeitsanforderungen und mit der zu deren Erledigung zur Verfügung stehenden Technik. Aneignungsweisen sind die subjektiven Strategien der Individuen, sich an vorgegebene Bedingungen anzupassen und diese gegebenenfalls umzustrukturieren. Es handelt sich somit sowohl um die Entwicklung von Arbeitsstilen, die Nutzung von Spielräumen, aber auch um die psychische Besetzung der neuen Arbeitsweise. Es gibt demzufolge gruppenspezifische, aber auch individuumspezifische Aneignungsstrategien.
Das Geschlecht spielt dabei als Unterscheidungskategorie eine wesentliche, wenn auch nicht die einzige Rolle. Es hat in unserer Untersuchung z.B. große Affinität zur Kategorie "Sozialstatus". Die Kategorie Geschlecht steht deshalb vielmehr für Differenz per se.

Aufgrund der seitenmäßigen Beschränkungen kann an dieser Stelle die Auswertung nicht bis ins Detail erfolgen. Aber auch bereits durch eine Oberflächenauswertung kann die Verstrickung von individuellen, rollen- und geschlechtsspezifischen Aspekten bei der Technikaneignung beispielhaft gezeigt werden.

MACHTZUWACHS ODER KNÖPFLEDRÜCKER?

In Gerichten und Anwaltskanzleien ist die Arbeitsteilung zwischen einerseits Anwälten und Richtern als inhaltlich an einem Fall Arbeitende und Verfügende und andererseits Gerichtsgeschäftstellenmitarbeiter/innen bzw. Sekretärinnen als administative Tätigkeiten Ausführende sehr starr. Die Telekooperationstechnik ermöglicht den Zugriff aller in einem Gericht oder einer Kanzlei Arbeitenden auf ein Schriftstück bzw. eine Akte und eröffnet damit auch ein Potential zur Aufweichung dieser Arbeitsteilung zumindest insofern, als Richter und Anwälte dann ebenfalls administrative Tätigkeiten mit übernehmen können. So liegen z.B. die Tätigkeiten "elektronisches Signieren" und "elektronisches Versenden" vom Arbeitsablauf her so eng beieinander, daß es rationell erscheint, wenn letztere Funktion vom Richter bzw. Anwalt mit übernommen wird. In unserer Untersuchung hielt man sich jedoch an die traditionelle Aufteilung, ja drückte den Sekretärinnen noch zusätzliche Arbeit durch das Ausdruckenlassen elektronischer Post auf, um im alten Stil arbeiten zu können. Im folgenden die Bewertung der möglichen Verlagerungen durch die Teilnehmer (Sekretärin 1 - S1; Richter 1 - R1):

S1:   Ich finde, es führt zu einer Abwertung. Es fiel ganz schön viel an. Ich muß eigentlich nur noch lernen, welche Knöpfe ich drücke, ich muß ja gar nicht mehr viel dabei denken. Also, so ein Roboter...

R1:   Ich denke, es ist genau andersrum. Aus richterlicher Sicht ist es genau andersrum. Das ist Machtzuwachs der Geschäftsstelle, des Sekretariats und der Richter kann nicht, wenn nicht die Technik vom Sekretariat erledigt wird. Bislang war es immer leicht möglich für einen Richter am Wochenende, wenn Schriftsätze eingehen, alles selber zu machen, vom Lochen bis zum Einpaginieren, Akte aussuchen und wenn er den Schlüssel hat, dann kann er sogar noch frankieren, er könnte alles selber machen.

S1:   Ja, gut. Der Richter wird dann abhängig vom...

R1:   Ja, das meine ich, das ist aber ein relativer Machtzuwachs.

S1:   Die Arbeit an sich ist...

RI: Mag öde sein, ja mag öde sein.

S1:   Man muß eigentlich gar nicht mehr Anwaltsgehilfin lernen, sondern ich muß nur noch lernen, wie ich den Computer bedienen muß.

Gerade darin, wie massiv der Richter an der traditionellen Rollenaufteilung festhält, zeigt sich, daß diese durch die technischen Potentiale in Frage gestellt ist, nämlich durch Einschränkung der richterlichen Arbeitsautonomie. Doch die Kompetenzen kann man dem Richter nicht nehmen - anders als den Sekretärinnen. Und genau diese erleben deshalb Abwertung ihrer Qualifikationen - zum Roboter. Die Irritationen des Richters oder Anwalts werden auf ihrem Rücken ausgetragen, wie auch aus der Antwort einer anderen Sekretärin (S2) auf die Frage nach neuer Arbeitsteilung zwischen ihr und dem Anwalt hervorgeht:

S2:   Nee, auch im Versuch hat sich nicht viel verändert. Weil, er macht sein ganz Normales: er läßt sich alles ausdrucken. Das ist ja die zusätzliche Arbeit.

An anderer (hier nicht wiedergegebener) Stelle wird deutlich, daß der Anwalt doch nicht sein ganz "Normales" macht: Denn er schiebt regelmäig Arbeit auf telekooperativem Wege zu ihr, ohne noch die sinnliche Wahrnehmung eines vor ihr liegenden Berges von abzutippenden Tonbändern oder zu bearbeitender Akten zu haben, die für ihn ein Regulativ der Menge zu erteilender Arbeitsaufträge darstellte. Die daraus für die Sekretärin resultierenden Konsequenzen werden recht drastisch beschrieben:

S2:   *So, wie's da ist, ist es überhaupt keine Entlastung, muß ich ehrlich sagen. Es ist keine Entlastung festzustellen. Dadurch, schon allein die Tatsache, daß ich, ich würde es mal grob schätzen, aber so 40% mehr meiner Zeit pro Tag am Bildschirm verbringe, es - also, kann man schon sehen, daß der Aufwand erheblicher ist. Ich sitze hier, na gut, hier ist dann der Drucker gleich nebenan, das erspart mir das Aufstehen, aber das Aufstehen und Rumlaufen, das ist etwas, was hier total wegfällt, die Bewegung. Also, so ein System ist gut und schön, und irgendeiner, es kommt ja mal vielleicht einer auf die Idee, zu sagen, so, ich mache nur noch alles da drüber, keine Akten mehr und kein Papier mehr und nichts mehr. Werden wir alle zahm. Da will keiner mehr aufstehen und nichts mehr tun. Von der Gesundheit mal ganz abgesehen, den ganzen Tag sitzen, ist eh schon nicht sehr angenehm, aber wenn ich den ganzen Tag nur auf meinem Fleisch sitz und nach Hause gehe, weil, ich habe den Lehrling alle meine Kopien machen lassen, weil ich war so im Druck, ich hatte nur zu schreiben, schreiben, ja dann komme ich abends nach Hause, habe so einen Kopf: wenn mich irgendjemand falsch anspricht, da bin ich knatschig und...*

Die Sekretärin beklagt, daß sie wohl entgegen ihren Erwartungen keine Entlastung, sondern zusätzliche Belastung erfährt. Wobei sie die Tatsache, zusätzliche Bildschirmarbeit zu machen, als besonders belastend erfährt. Es fällt ihr aber recht schwer, von zusätzlicher Belastung zu sprechen. Denn sie hat ja weniger zu tun, weil sie nicht mehr aufstehen muß, weil die "Bewegung wegfällt". Sie hat die Zukunftsvision vor Augen, wo mangels Akten und Papier alles über den Bildschirm läuft und befürchtet, daß dann alle in dem Sinne "zahm" werden, daß sie nicht "mehr aufstehen" und körperlich etwas tun wollen. Die "Zähmung" erfolgt aber wohl sanft alleine durch die Verlockung zur "Faulheit". Und doch hat sie Angst davor. Einerseits wegen der Gesundheit und andererseits wegen der psychisch-emotionalen Ausgelaugtheit, die solch eine Arbeitsweise mit sich bringt: Wo der Kopf dann "leer" ist und sie sich nicht mehr nach der Arbeit auf andere Menschen einstellen kann. Ähnliches beschreibt auch die andere Sekretärin (S1):

S1:   *Also, ich sehe es negativ. Ich sehe das negativ, daß ich dann nur an meinem Stuhl festklebe und da an dem Bildschirm arbeite, ich muß keinen Schritt mehr tun. Also, für die Gesundheit auch, also wenn einer veranlagt ist, der wird olle fett oder wenn er überhaupt keine Bewegung mehr hat, und dann ist es stupide und die, also ich sehe das hier auch abends, daß meine Augen mir schmerzen, weil ich halt häufig in den Bildschirm reingucke, was ich ja so nicht habe. Dann ist man auch so abgeschnitten. Man spricht mit keinem Menschen, man ist ja für sich, ganz alleine.*

Sie macht mit dem drastischen Bild des "am Stuhl Festklebens" die von ihr als total empfundene Vereinnahmung durch die Bildschirmarbeit deutlich: Der Körper darf 'keinen Schritt" mehr tun, wird fett und auch die sozialen Kontakte sind "abgeschnitten". Ihre Wortwahl verdeutlicht, daß sie sich im Gegensatz zur anderen Sekretärin (S2) passiv ausgeliefert fühlt.

Auch der Geschäftstellenbeamte (G1) greift in die Diskussion zum Thema Wertminderung bzw.
Machtverlust ein:

G1:   *Und das, was die Kollegin vorhin sagte, daß man einfach jetzt ein Stück Wertminderung
erfahren würde, insoweit, daß man eben nur noch Knöpfchen drückt und Ähnliches mehr
macht, aber die eigentliche Tätigkeit nicht mehr ausführen kann, sehe ich so auch nicht.
Denn die Tätigkeit, die Aufgabenstellung für die Geschäftsstelle, die Kanzlei, ist ja nach wie
vor die gleiche. Nur ich seh da halt schon ein anders Hilfsmittel, ein anderes Arbeitsmittel
darin. Und diesesArbeitsmittel, dieses Hilfsmittel steht natürlich dann auch Ihnen (dem
Richter d.V.) zur Verfügung und deshalb kann ich das nicht so ganz nachvollziehen, was Sie
vorhin sagten, daß einfach ein Stück Macht an die Kanzlei abgetreten wurde, denn das kann
ich überhaupt nicht nachvollziehen, weil Sie ja diese gleiche Technik auch haben und
genauso gut auch Post ablegen können vom Eingangskorb eben in die entsprechende Akte
rein.*

Da er lediglich als Veränderung die Nutzung eines anderen Arbeitsmittels sieht, kann sich seiner
Meinung nach auch nichts in der Aufgabenstellung und den qualifikatorischen Anforderungen
verändert haben.

Es wird im folgenden die Frage erörtert, wie man die von den Sekretärinnen beklagte körperliche
und soziale Dimension wieder in die Arbeitstätigkeit integriert. Auf eine diesbezügliche Frage des
Gesprächsleiters (I) äußern sich ein Richter (R1) und der Geschäftstellenbeamte (G1):

I: *Was wären dann die Möglichkeiten, das Ganze mehr zu durchmischen?*
R1:   *Akte suchen, im Haus rumrennen, rein sozialen Kontakt haben.*
G1:   *Den sozialen Kontakt kann man auch anderweitig herstellen.*
I: *Nur wie?*
G1:   *Das ist eine andere Frage. Man kann Geburtstag feiern. Man kann Weihnachtsfeier machen
oder Ähnliches mehr.*

Während die Sekretärin vor allem Wert auf den alltäglichen sozialen Kontakt, quasi nebenher, legt,
klammert der Gerichtsmitarbeiter gedanklich den sozialen Kontakt von der Arbeitstätigkeit aus. Es
handelt sich jedoch um zwei verschiedene Qualitäten von sozialem Kontakt, einerseits der, der nur
zu Festtagen aufblühen kann, und andererseits der Kontakt zwischen Tür und Angel, der die
alltägliche Arbeitstätigkeit selbst aufmischt, wo die Arbeitstätigkeit betreffende und private Themen
ineinander übergehen können.
Der Geschäftstellenbeamte sitzt zwischen allen Stühlen: Möglicherweise seinem Geschlecht ist die
Bereitwilligkeit, die sozialen Kontakte auf Festtage zu beschränken, geschuldet. Seiner gehobeneren
Position (zwischen Sekretariat und Richter angesiedelt) entspringt die Gewißheit, keine Abwertung
durch die Telekooperation befürchten zu müssen. Seine individuelle Aneignungsweise beruht auf
der Prämisse, daß die Telekooperationstechnik lediglich ein anderes Arbeitsmittel sei, das keine
weiterreichenden Veränderungen bewirke.
Der Richter dagegen zeigt seine (männliche?) Überlegenheit bezüglich sozialer Bedürfnisse der

Sekretärinnen in der Wortwahl und deren Aneinanderreihung - im Haus rumrennen - rein sozialen Kontakt haben. Doch diese Haltung hat ihr Pendant in der Eigenwahrnehmung der Sekretärinnen. Ihnen fällt spontan als Durchmischungsmöglichkeit auch nur die klassische Sekretärinnentätigkeit ein, nämlich Kaffeekochen.

Die Diskussion zeigt, daß die gleiche Technik unterschiedliche Wirkungen zeigt und unterschiedlich subjektiv wahrgenommen wird. Geschlechts- und statusbedingte Faktoren spielen in unserem Beispiel eine bedeutsame Rolle, die jedoch von individuellen Aspekten noch gebrochen werden. Die Wirkungen der Telekooperationstechnik jedoch, die sich an den Leitideen der schnellen räumlichen Überbrückung und der Papierlosigkeit, d.h. der ständigen Verfügbarkeit allen Materials an jedem Ort, festmachen, werden hierarchiekonform adaptiert: Da die schnelle räumliche Überbrückung dem Anwalt und Richter nützt, müssen die Sekretärinnen weit über die reine Schreibarbeit hinaus Tätigkeiten am Bildschirm verrichten. Da die Papierlosigkeit im Sinne einer elektronischen Akte dem Anwalt und Richter für seine inhaltlichen Tätigkeiten hinderlich ist, müssen die Sekretärinnen zusätzliche Papierausdrucke aller elektronischen Dokumente erstellen. D.h. die Richter und Anwälte wissen durchaus ihre Position auch gegenüber technischen "Sachzwängen" und "Potentialen", z.B. zur Enthierarchisierung, zu behaupten. Die Sekretärinnen aber tragen die Folgen: Sie sind am Bildschirmarbeitsplatz "festgeklebt" und somit vermehrt in ihren mobilen und sozialen Bedürfnissen eingeschränkt. Diese Bedürfnisse werden von der anderen Seite - Männern, Höhergestellten, wie auch unsere wenigen Aussagen schon zeigen, abwertig beurteilt. Die Richter und Anwälte selbst sind mangels sinnlichem Überblick über die Tätigkeit der Sekretärinnen weniger sozial eingebunden, wodurch sich die Schnelligkeitsmaxime der durch Telekooperationstechnik unterstützten Arbeitsweise auch ungebrochener durchsetzen kann. Im Trend dieser "Entbindung" ist deshalb die von den Anwälten im Anschluß an die Probewochen entwickelte Vorstellung, man könnte die Sekretärinnen zukünftig telekooperativ auf Heimarbeitsbasis beschäftigen. Aber auch die Automatisierung vieler Tätigkeiten am Bildschirm, dis bisher noch spezielle Fachkenntnisse voraussetzen, z.B. Aktenanlage und Zuordnung eingegangener Schriftstücke, sodaß nur noch die reine Schreibkraft benötigt wird, ist ein realistisches Szenario. Beide Perspektiven sind nicht im Sinne der Sekretärinnen, weil sie dadurch abgewertet werden und die soziale und körperliche Durchmischung ihrer Tätigkeit reduziert wird.

FAZIT

Gestaltung von Telekooperationstechnik, die dem Kriterium psychosozialer Angemessenheit genügen will, hat die Tatsache, daß gleiche Technik unterschiedliche Arbeitswelten von Männern und Frauen, Niedriggestellten und Höhergestellten sowie deren individuelle Ausgestaltung impliziert, zu berücksichtigen. Im Hinblick auf dieses Ziel ist der Leitidee der schnellen räumlichen Überbrückung und der allzeitigen Verfügbarkeit die der sozialen Verbindlichkeit im Telekooperationsakt dazu zu gesellen und gegebenenfalls als Zielkonflikt auszutragen.

LITERATUR
Senghaas-Knobloch, E./ Volmerg, B.: Technischer Fortschritt
und Verantwortungsbewußtsein. Opladen 1990
PROVET/ GMD: Simulationsstudie Rechtspflege. Ap 51
Darmstadt 1991

Neue Techniken, Frauen und Kleingeld

Gisela Frerk, Monika Gatzke
Gesellschaft für Mathematik und Datenverarbeitung, Sankt Augustin
Institut für Wirtschaft und Technik, BU Wuppertal

I. Einleitung

Das Projekt "Handlungsrationalitäten der privaten Haushalte in der Nutzung neuer Informations- und Kommunikationstechniken (IT)" im Auftrag des Bundesministeriums für Forschung und Technologie untersucht die Wege, in denen neue IT in den Austauschbeziehungen der privaten Haushalte genutzt werden. Die beiden Fallstudien "automatisierte Bank" und "Telebanking" sind Teil dieses Projektes und berühren eine komplexe Thematik. Auch wenn die "Technik" im Mittelpunkt unserer Untersuchung steht, kann nicht davon ausgegangen werden, daß die Technik die Situationsdefinition der Nutzer, z.B. ihre Erwartungen an die Dienstleistung, determiniert. So haben Untersuchungen, die sich auf die technische Ausstattung von Haushalten beziehen (vgl. Rammert 1991; Noeller et Paul 1991), übereinstimmend gezeigt, daß deren Gestaltungsspielraum in der Nutzung der Technik erheblich ist. Die Freiheitsgrade im Umgang mit Artefakten, die sich in der Verfügung der Haushalte befinden, sind größer als wenn dies nicht der Fall ist: So kann die Technik genutzt werden oder nicht, die Nutzer können sich entscheiden, welche Funktionen sie nutzen wollen und welche nicht.

Für eine Untersuchung, die insbesondere auch den Einfluß geschlechtsspezifischer Orientierungen der Nutzer berücksichtigt, bedeutet dies, daß die Ergebnisse der Debatte um "Frauen und neue Informations- und Kommunikationstechnologien" nicht ohne weiteres übernommen werden können. Es kann nicht davon ausgegangen werden, daß die Handlungsstrategien der Nutzerinnen in der Bank in erster Linie durch eine "als ambivalent zu kennzeichnende Haltung von Frauen und Mädchen gegenüber Technik im allgemeinen und den neuen Techniken im besonderen " (Schiersmann 1987, 27) bestimmt sind. Zu berücksichtigen sind darüberhinaus geschlechtsspezifische Orientierungen, die den Verwendungskontext der neuen IT, in diesem Falle den Dienstleistungsort "Bank", betreffen.

II. Spezifische Einstellung von Frauen zum Geld

"Der unwiderstehliche Charme des Geldes" (Kück 1988) realisiert sich für Frauen in anderer Weise als für Männer. Welche Handlungsstrategien erlaubt "Aschenputtels Portemonnaie" (Königswieser et al. 1990). Es ist zu vermuten, daß sich der in zahlreichen Publikationen diskutierte "andere" Umgang von Frauen mit Geld auch in der Bewertung der technisierten Dienstleistung eines Geldinstituts niederschlägt. So wird für Frauen oftmals eine ambivalente Beziehung zum Geld angenommen, die sich in Unselbständigkeit und mangelnder Souveränität äußert, obwohl Frauen für eine Vielzahl der Haushaltsausgaben zuständig sind (Kück 1988).
Für unsere Überlegungen zum Thema "Frauen und (Klein)Geld" ist es speziell interessant, ob sich auch konkret in bezug auf die Inanspruchnahme von Geldinstituten bzw. bei der elektronisch vermittelten Bankdienstleistung geschlechtsspezifische Verhaltensweisen nachweisen lassen. Ist mit Kettschau und Methfessel zu befürchten, daß sich durch den Einsatz neuer IT "innerhalb der Haushalte geschlechtsspezifische Arbeits- und Machtteilungen

verfestigen: auch heute noch sind Männer (noch/schon) für die Behörden, die Geldgeschäfte und das Technische zuständig" (Kettschau, Methfessel 1986). Dabei sind mit Geldgeschäften größere finanzielle Transaktionen gemeint, das "Kleingeld" im Sinne der Verwaltung der alltäglichen Lebenskosten liegt traditionell im Bereich der Frauen.

III. Fallstudie "Automatisierte Bank"

Im Rahmen der Fallstudie "automatisierte Bank" wurden qualitative Interviews mit sechzehn zufällig ausgewählten Kunden der Bank, sieben alleinlebenden Frauen und neun zum Teil verheirateten Männern, die alle über ein eigenes Einkommen verfügten, auf drei Ebenen ausgewertet. Auf der ersten Auswertungsebene, zur Frage, wer die Terminals benutzt, lassen sich geschlechtsspezifische Unterschiede in bezug auf die Akzeptanz des Selbstbedienungssystems nicht feststellen.

Auf der zweiten Auswertungsebene, die sowohl die Frage der Bewertung des Selbstbedienungssystems als auch des Umfangs der ausgeübten Tätigkeiten umfaßt, unterscheiden sich die Befragten erheblich. Vereinfachend lassen sich drei Typen der Bewertung feststellen :
Typ A (drei Männer) bewertet das Selbstbedienungssystem positiv mit der Begründung, daß es im Vergleich mit anderen Banken höhere finanzielle Effektivität ermöglicht. Die Selbstbedienung wird dabei zum einen als Voraussetzung für die günstigen Konditionen der Bank angesehen, zum anderen dient sie dazu, die Termintreue der Zahlungen so exakt zu steuern, daß Zinsverluste minimiert werden.
Typ B (fünf Männer, drei Frauen) bewertet die zeitliche Flexibilität besonders positiv. Die 24stündige Öffnungszeit erweitert den Handlungsspielraum dieser Befragten wesentlich. Hier lassen sich geschlechtsspezifische Unterschiede im Ausmaß der realisierten Zeitflexibilisierung feststellen : während den fünf Männern die Terminals innerhalb der 24stündigen Öffnungszeit entsprechend ihrer individuellen Zeitplanung zur Verfügung stehen, vermeiden die befragten Frauen an den späten Abend oder in den Nachtstunden die Selbstbedienungshalle, da sie sich in ihrer persönlichen Sicherheit gefährdet sehen.
Typ C (vier Frauen) bewertet die Selbstbedienung insgesamt negativ. Mit dem Selbstbedienungssystem verändert sich ihr Handlungsspielraum nachteilig, z.B. durch verkürzte Öffnungszeit der Schalterhalle, verschlechterten und eingeschränkten persönlichen Service.
Auf dieser zweiten Auswertungsebene bewerten die Befragten unter pragmatischen Gesichtspunkten die Technik danach, ob sie für die angestrebten Ziele geeignet ist. Eine im Gegensatz zu Männern ausgeprägtere "Gebrauchswertorientierung" von Frauen in bezug auf Technik läßt sich nicht nachweisen. Dennoch bleiben die Ergebnisse unbefriedigend, da alle Befragten angaben, daß die Bedienung der Terminals einfach und ohne Vorkenntnisse möglich sei.

Die Begründungen für eine positive oder negative Bewertung der Technik verweisen auf die Notwendigkeit einer dritten Auswertungsebene, die die Handlungsstrategien der Befragten über die Dialogsituation Nutzer/technisches Artefakt hinaus in bezug auf die Bereiche "Geld" und "Zeit" umfaßt.
Die Befragten Typ A sehen in der Technik ein Mittel, die Routinetätigkeiten in der Bank finanziell so effektiv wie möglich zu erledigen. Für darüberhinausgehende Geldgeschäfte, z.B. Kreditaufnahme und Geldanlage lehnen sie einen direkten Technikeinsatz ab, persönlichen

Kontakt zwischen Angestellten der Bank und den Kunden halten sie für unerläßlich, um die günstigsten Konditionen auszuhandeln. Indirekt führt der Technikeinsatz im Routinebereich für die Befragten auch hier zu größerer finanzieller Effektivität : die technisch ermöglichte Kostenreduktion im Routinebereich trägt zum Ausbau und zur Verbesserung des Beratungsservice bei. Insgesamt eröffnen sich in der Sicht dieser Befragten keine grundsätzlich neuen Optionen. Die Technikbewertung erfolgt nach dem Maßstab von Handlungstrategien, die auf finanzielle Kosten/Nutzen Optimierung angelegt sind.

Demgegenüber entstehen für die Typ B zuzurechnenden Nutzer neue Handlungsspielräume, da sich durch den Technikeinsatz im Bereich "Bank" die Möglichkeit ergibt, entsprechend individueller Erfordernisse zeitökonomisch zu handeln. Die erreichte "Zeitflexibilisierung" dient den Befragten dieses Musters dazu, über das "Zeitsparen" durch die veränderte Organisation der Erledigung von Geldangelegenheiten hinaus, diesen Lebensbereich zeiteffektiver mit anderen Lebensbereichen, z.B. Freizeit und Beruf, zu verknüpfen.

Die Technik ermöglicht sowohl den Befragten Typ A als auch den Befragten Typ B eine zunehmende Individualisierung, d.h. eine steigende Selbständigkeit und Erweiterung ihrer Handlungsmöglichkeiten. Voraussetzung dafür ist neben einer technikfreundlichen Einstellung ein eigenverantwortlicher Umgang mit "Zeit" und "Geld".

Von einer "freien" Entscheidung im Umgang mit Geld sprechen die vier Frauen Typ C nicht, sondern im Gegenteil von Abhängigkeit. Bezeichnend sind die Aussagen von Frau A, die von der Bank "aufgenommen wurde", oder daß es auf ihre "Bitte" hin eine Angestellte der Bank "gestattet", das Konto zu überziehen. Die Befragten Typ C in unserer Fallstudie gaben an, keine weiteren Geldgeschäfte zu tätigen. Die indirekten Vorteile des Technikeinsatzes im Sinne verbesserter Beratung können diese Frauen nicht nutzen.

Die negative Bewertung des Einsatzes neuer Technologie in der Bank resultiert also nicht aus einer irrationalen Technikfeindlichkeit, sondern entspricht Kosten/Nutzen Kalkülen, die u.a. auch aus geschlechtsspezifischen, soziokulturellen Bedingungen resultieren :
- die Öffnungszeiten der Schalterhalle verkürzen sich
- die Frauen verlieren den für sie aufgrund ihrer Unsicherheit im Umgang mit Geld erforderlichen persönlichen Kontakt mit Bankangestellten
- die von der Bank angebotenen, für die Frauen relevanten Dienstleistungen werden eingeschränkt:"Ich fühl mich mißbraucht als Bedienstete der Bank, daß ich mir selber einen Service erbringen muß, von dem ich denke, daß die Bank das tun soll." (Frau G)

IV. Fallstudie "Telebanking"

In zehn Leitfadengesprächen wurden 4 Frauen und 6 Männer über ihr Nutzungsverhalten beim Einsatz von einem Computer zur Abwicklung finanzieller Transaktionen befragt. Einstimmigkeit herrschte darüber, daß sich Telebanking nur zu einfachen und standardisierten Tätigkeiten eignet. Von den Befragten werden mit Telebanking Einsparungen an Geld und Zeit (insbesondere Informationsbeschaffungs- und Verarbeitungszeiten, Wege- und Wartezeiten, Abstimmungs- und Verhandlungszeiten), höhere Bequemlichkeit, zeitliche und räumliche Flexibilität, aktuellere und bessere Informationen, bessere Kontrollmöglichkeiten verbunden. Neben der tatsächlichen Zeiteinsparung spielt auch das subjektive Empfinden über zeitliche Belastungen bzw. Freiräume eine wichtige Rolle. Ein mit der Zeitersparnis zusammenhängendes Motiv für die Nutzung von neuen IT ist die Verminderung der Abhängigkeit von zeitlichen und räumlichen Reglementierungen. Insbesondere reglementierte Arbeits- und Öffnungszeiten werden als

Hindernis einer größeren Selbstbestimmung angesehen, wohingegen Telebanking rund um die Uhr möglich ist. Hier vermischen sich oftmals auch Motive der größeren Unabhängigkeit, Bequemlichkeit und Zeitersparnis.

Die Hauptgründe gegen Telebanking sind die Angst vor Verlusten an kommunikativen Kontakten und fehlende Notwendigkeit der Anwendung im täglichen Leben. So sieht Frau D. (34, verheiratet, nichterwerbstätig, Stadt) die Möglichkeit, Überweisungen von Zuhause aus zu erledigen, zwar einerseits als sinnvoll an, andererseits wird sie aber als nicht notwendig erachtet, da direkt neben der Wohnung eine Bank ist. Kommunikative Aspekte sind nicht nur für Frauen bedeutsam. Auch Männer (auch jüngere und berufstätige Männer) ziehen face to face Kommunikation möglichen zeitlichen Einsparungen vor. So befürchtet Herr S. (32, berufstätig, Stadt) den Verlust an kommunikativen Kontakten, da Menschen nur noch mit dem Computer und nicht mehr miteinander kommunizieren werden.

Auf einer zweiten Auswertungsebene wird auf das geschlechtsspezifische Nutzungsverhalten abgestellt. Ähnlich wie in der Fallstudie "automatisierte Bank", sind auch im Fall von Telebanking keine geschlechtsspezifischen Unterschiede in der Nutzungsmotivation festzustellen: Alleinlebende Frauen haben eine offene Haltung zum IT-Einsatz, die mit einem Wertewandel im Rollenverständnis einherzugehen scheint. Es macht ihnen Freude, neue IT zu benützen, und sie halten ihre Anwendung für eine Erleichterung der täglichen Arbeit. Diese Gruppe nutzt Telebanking mit den gleichen Motiven wie Männer. In Familienhaushalten dagegen, sogar in jüngeren Zweipersonenhaushalten, übernehmen Männer oftmals die Erledigung der Geldgeschäfte mittels Telebanking. Dies trifft sogar auf zwei Fälle, in denen auch die Frau Computererfahrung hat, zu. Diese Verhaltensweise scheint auf ein eher "historisch" bedingtes Verhalten zum Geld zurückzugehen: Verheiratete Frauen scheinen ein geschlechtsspezifisches Rollenverhalten zu entwickeln. Die Ergebnisse passen auch zu der Untersuchung von Pross (1975), die feststellte, daß mit der Höhe des sozialen Status des Mannes auch sein Recht, über das Familieneinkommen zu verfügen, zunimmt. Das Thema "Frauen und Geld" läßt sich dann nicht mehr von der Diskussion um die gesellschaftliche Stellung der Frau trennen.

V. Folgerungen

Für die Akzeptanz und Nutzung neuer IT ist es nicht ausschlaggebend, in welchem Umfang welche technischen Geräte zu bedienen sind. In bezug auf die Techniknutzung lassen sich die Befragten nicht polarisierend darstellen als Männer, die aufgrund ihrer inneren Affinität zur Technik diese nutzen, und Frauen, die die Techniknutzung aufgrund mangelnden Gebrauchswertes ablehnen. Vielmehr ergeben sich Hinweise darauf, daß die Anwendung neuer IT nicht in erster Linie aufgrund geschlechtsspezifischer Zugangsweisen als positiv oder negativ bewertet wird, sondern daß die Technik als ein Medium angesehen werden muß, welches sich besser oder schlechter zur Verwendung innerhalb schon bestehender Handlungsstrategien eignet. Aus dem eher geschlechtsspezifischen Verhalten in bezug auf Geld (geschlechtsspezifische Verhaltensweisen bei Inanspruchnahme von Kreditinstituten) als gegenüber IT folgt, daß bei Untersuchungen über Technikeinsatz zur Erledigung von Geldgeschäften die ambivalente Beziehung von Frauen zum Geld zu berücksichtigen ist.

Wie die Fallstudie "automatisierte Bank" zeigt, wird die gesellschaftliche Benachteiligung von Frauen also weder in einer "Trendwende" aufgehoben, noch verstärkt. Eher ist die Reproduktion geschlechtsspezifischer Verhaltensmuster zu beobachten. Die Einschätzung aller Befragten, daß die Technik einfach und ohne Vorkenntnisse zu bedienen ist, deutet darauf hin, daß durch den Technikeinsatz keine weiteren Zugangsbeschränkungen für Frauen aufgebaut werden.

Die Fallstudie "Telebanking" weist jedoch darauf hin, daß geschlechtsspezifisches Verhalten im Bereich finanzieller Transaktionen nicht nur reproduziert, sondern sogar verstärkt werden kann. Während die Ergebnisse der Einpersonenhaushalte mit denen der Fallstudie "automatisierte Bank" übereinstimmen, ergibt sich ein anderes Bild, wenn man den Familienhaushalt betrachtet. Hier läßt sich eine andere, die Nutzung neuer IT beeinflussende Dimension finden: Traditionelle Muster der geschlechtsspezifischen Arbeitsteilung beeinflussen die Nutzung neuer IT in den privaten Haushalten. Es ist im Familienhaushalt vielmehr eine geschlechtsspezifische Haltung gegenüber dem Umgang mit Geld zu finden als eine geschlechtsspezifische Einstellung gegenüber neuen IT.

Hinsichtlich möglicher Konsequenzen für die Beziehung zwischen IT und dem täglichen Leben zeigt die Fallstudie "automatisierte Bank", daß keine weitreichenden Effekte durch die Anwendung von neuen IT in standardisierten Situationen zu erwarten sind. Die Fallstudie "Telebanking" läßt dagegen vermuten, daß die traditionelle geschlechtsspezifische Arbeitsteilung die Nutzung neuer IT beeinflußt. Obwohl die finanzielle Abhängigkeit mit wachsender Erwerbstätigkeit auch verheirateter Frauen und steigenden Lohnsätzen abnimmt, scheinen Ehefrauen tendenziell eher traditionelle Rollenmuster zu entwickeln und traditionelle Verhaltensweisen gegenüber dem Umgang mit Geld zu reproduzieren bzw. zu verstärken.

Literatur

SCHIERSMANN, Ch. (1987). Computerkultur und weiblicher Lebenszusammenhang. Bonn.

KETTSCHAU, I.; METHFESSEL, B. (1986). Computerrationalität gegen haushälterische Vernunft. Hauswirtschaftliche Bildung 1986

KÖNIGSWIESER, R.; FROSCHAUER U.; KLIPSTEIN, B.; SCHAUB, U.; VEITH, M. (1990). Aschenputtels Portemonnaie: Frauen und Geld. Frankfurt/M. u. New York.

KÜCK, M. (Hrsg.)(1988). Der unwiderstehliche Charme des Geldes: Vom Umgang mit Geld aus der Sicht von Frauen. Hamburg.

NOLLER, P.; PAUL, G. (1991). Jugendliche Computerfans. Frankfurt/M. u. New York.

PROSS, H. (1975). Die Wirklichkeit der Hausfrau. Hamburg.

RAMMERT, W.; BÖHM, W.; OLSCHA, C.; WEHNER, J. (1991). Vom Umgang mit Computern im Alltag. Opladen.

Arbeitsgruppe 3: Telematik und Mobilität

Günter Müller
Institut für Informatik und Gesellschaft, Universität Freiburg

Mobilität und Kommunikation sind Grundbedürfnisse des Menschen. In immer stärkerem Maße halten informations- und kommunikationstechnische Systeme Einzug in alle Bereiche. Diese Techniksysteme unterstützen den Menschen, indem sie ihm einen höheren kommunikativen Freiheitsgrad ermöglichen, so z.B. die erweiterte, fast ortsunbegrenzte Erreichbarkeit durch die Benutzung von Mobiltelefonsystemen. Diese Arbeitsgruppe beschäftigt sich mit der Frage, inwieweit Telekommunikation physische Mobilität substituieren kann und welche gesellschaftlichen Leitbilder sich in den technischen Projekten niederschlagen.

Im ersten Beitrag zu dieser Arbeitsgruppe wird eine mögliche Entwicklung zukünftiger Telekommunikationsnetze beschrieben. Ausgehend von Konzepten für Mobilkommunikationssysteme und Intelligente Netze werden aus deren Zusammenführung resultierende Strukturen und Dienste diskutiert.

Kulturelle und soziale Entwicklungstrends, wie z.B. die Entstehung der 'Freizeitkultur' und damit die Zunahme an Erholungs-, Vergnügungs- und Urlaubsfahrten, aber auch die internationale Arbeitsteilung, haben zu einem erhöhten Verkehrsaufkommen geführt. Da außerdem erkannt wurde, daß der Ausbau der Verkehrssysteme sowie die Qualität der Verkehrsleistungen einen erheblichen Einfluß auf die Qualität, Funktionsfähigkeit und Effizienz einer modernen Volkswirtschaft hat, führte auch dies zu einem starken Wachstum an Verkehrsleistungen und damit verbunden zum Entstehen vielfältiger Problembereiche, wie z.B. der ökologischen Belastung der Umwelt oder die Kapazitätsgrenzen einer modernen Straßeninfrastruktur. Wir erkennen die Kosten des Wachstums, haben aber wenig praktikable Lösungen.

Zur Vermeidung verkehrsbedingter Belastungen werden von der Informationstechnik erhebliche Potentiale erwartet. Bisher wurde im Straßenverkehr weitgehend auf moderne Techniken und Verfahren zur Informationsgewinnung und -verbreitung verzichtet. Im zweiten Arbeitsgruppenbeitrag werden nun Möglichkeiten erörtert, die durch den Informationstechnikeinsatz entstehen. Lösungswege werden vorgestellt und die zu erwartenden Konsequenzen und Folgen diskutiert.

Der dritte Beitrag beschäftigt sich unter dem Aspekt der Technikfolgenabschätzung mit der Informationstechnikentwicklung für den Verkehr in Bezug auf Chancen und Risiken, Einsatzbedingungen, Datenschutzanforderungen, dem Potential umweltorientierter Verkehrsbeeinflussung und verkehrs-induzierende Effekte.

Diese Beiträge stellen die Aspekte der Mobilität und die Möglichkeiten der Telekommunikation aus wirtschaftlicher, technischer und interdisziplinär als Technikfolgenbetrachtung dar. Sie sind hoffentlich der Beginn einer Technikziel- und Technikeinsatzdiskussion unter ganzheitlichen Vorzeichen.

Mobilkommunikationssysteme und Intelligente Netze: Struktur und Dienste bei der Zusammenführung

Frank Stoll
Institut für Informatik und Gesellschaft
Universität Freiburg
Friedrichstraße 50
W-7800 Freiburg i.Br.

1   Problemstellung

Die Deregulierung und Liberalisierung des Telekommunikationsmarktes sowie Fortschritte in der Mikroelektronik und der Übertragungstechnik verleihen der Mobilkommunikation einen enormen Wachstumsschub. Durch die Zusammenführung von Konzepten für Intelligente Netze und Mobilfunknetze in zukünftigen Telekommunikationsnetzen werden neue Netzkapazitäten geschaffen. Sie ermöglichen die Realisierung einer Vielzahl neuer Mehrwertdienste, z.B. mobiler Auftragsdienste für Geschäftsreisende.

Diese Dienste müssen sozialverträglich, d.h. im Sinne einer sinnvollen Nutzbarmachung für die "Verbraucher" und im Einklang mit gesellschaftlichen Entwicklungen, gestaltet werden. Dies muß vordringlich durch eine sinnvolle technische Gestaltung der zugrundeliegenden Kommunikationstechnologien erreicht werden, die individuellen und allgemeinen, gesellschaftlichen Anforderungen, z.B. hinsichtlich der Nutzungsgestaltung, der Gebührenabrechnung, des Datenschutzes oder der Verringerung von Mobilität, genügt. Anderenfalls können sich diese Technologien und Mehrwertdienste auf dem Telekommunikationsmarkt nicht oder nur sehr schwer behaupten, was die Beispiele Btx und ISDN verdeutlichen. Dies führt zu einer Erhöhung der individuellen und gesamtwirtschaftlichen Opportunitätskosten und zu einer Nutzungseinschränkung potentieller Dienste.

2   Begriffsbestimmung

Systeme zur Mobilkommunikation existieren in verschiedenen Ausprägungen wie Paging-Systeme, Bündelfunk, Telepoints, C-Netz und Mobilfunknetze nach dem GSM-Standard (Global System for Mobile Communications). In Deutschland werden das D1- und D2-Netz nach dem GSM-Standard aufgebaut.

Sie erlauben Teilnehmern eine erweiterte, fast ortsunbegrenzte Möglichkeit zur Kommunikation und führen so zu einem höheren kommunikativen Freiheitsgrad. Zeitersparnis und eine höhere Flexibilität bei der Kommunikation stehen einer geringeren Souveränität der Benutzer bezüglich des Kommunikationszeitpunkts und der Kommunikationssituation als wesentliche Kennzeichen derartiger Systeme gegenüber [Lange90].

Das Mobilfunknetz nach dem GSM-Standard wird hier als Repräsentant für Mobilkommunikations-systeme kurz erläutert [Mann91]. Dieses Mobilfunknetz wird Public Land Mobile Network (PLMN) genannt und besteht aus verschiedenen Netzkomponenten. Verwaltet wird ein PLMN durch das Operation and Maintenance Center (OMC), seine Vermittlungsstellen heißen Mobile Services Switching Centers (MSCs). Diesen sind in Form verteilter Datenbanken realisierte Datenbasen zugeordnet, die bei der Abwicklung von Verbindungen wichtig sind: die Besucherdatei (Visitor Location Register, VLR), die für die Speicherung temporärer Bewegungsdaten eines Teilnehmers und für die Vergabe temporärer Teilnehmerkennungen zuständig ist, die Heimatdatei (Home Location Register, HLR), in der permanente Stammdaten und temporäre Bewegungsdaten des Teilnehmers gespeichert werden und das Geräteidentifizierungsregister (Equipment Identity Register, EIR), in dem für jedes Mobilgerät die zugehörige internationale Mobilgerätekennung gespeichert ist. Die MSCs verwalten jeweils ein oder mehrere Funkgebiete, sog. Location Areas, die wiederum in ein oder mehrere Funkteilgebiete untergliedert sind. Diese Teilgebiete werden jeweils von einer Basisstation (Base Station System, BSS) verwaltet und sind in sog. Funkzellen unterteilt. In diesen Funkzellen operieren die mobilen Stationen (Mobile Stations, MSs). Der Begriff mobile Station umfaßt hier die Teilnehmer-Chipkarte und das Mobiltelefon/Endgerät. Das Authentikationszentrum (Authentication Center, AUC) übernimmt die Teilnehmerauthentifizierung gegenüber dem GSM-Netz. Der Übergang zu anderen Netzen erfolgt durch Gateway-MSCs.

Die weitere Entwicklung der Mobilfunksysteme, insbesondere hin zu personenbezogenen Kommunikationsnetzen (Personal Communications Network, PCN) und -diensten, wird durch den Einbindungsgrad von Komponenten des Festnetzes in Mobilfunksystem-Strukturen geprägt. Die Mobilität von Teilnehmern wird durch eine neue Festnetzstruktur unterstützt, bei der die Datenhaltung wie auch Verarbeitungs- und Steuerfunktionen zentral im Netz lokalisiert sind.

Wesentliches Merkmal dieses sog. Intelligenten Netzes (IN) ist die Trennung von Vermittlungs- und Dienstebene im Netz. Die Spezifikation, die Einrichtung und die Steuerung von Diensten erfolgt unabhängig vom Vermittlungsnetz in separaten IN-Komponenten.

Ein Intelligentes Netz besteht im wesentlichen aus 5 Komponenten [Krüger92]. Der Service Switching Point (SSP) stellt eine Erweiterung digitaler Vermittlungsstellen dar. Ein Verbindungswunsch wird hier zum Service Control Point (SCP) weitergeleitet, der die dafür notwendigen Daten und Steuerfunktionen verfügbar macht. Verwaltet werden die im SCP ablaufenden dienstspezifischen Steuerprogramme durch das Service Management System (SMS), das auch Gebühren- und Statistikdaten erfaßt. In den Intelligent Peripherals (IP) werden Zusatzfunktionen bereitgehalten, z.B. die Sprachausgabe von Ansagetexten zur Dialogunterstützung beim Ablauf der Dienste im SCP. Zur Unterstützung von Diensten, die eine besonders schnelle Reaktion auf Teilnehmeraktionen mit entsprechend höherer Verarbeitungsleistung erfordern, z.B. Aufforderung an den Teilnehmer, seine persönliche Identifikationsnummer (PIN) einzugeben, gibt es die sog. Adjunct-Komponente, die mit dem SSP direkt, d.h. unter Umgehung des gemeinsamen Signalisierungsnetzes, verbunden ist.

3 Die Struktur zukünftiger Telekommunikationsnetze

Zukünftige Telekommunikationsnetze werden aus mobilen und festen Netzteilen aufgebaut sein. Telekommunikations-Infrastrukturen mit kleinen Zellen werden den Gebrauch von Mobiltelefonen mit niedriger Sendeleistung ermöglichen. Im Stadtbereich werden Kleinstzellenstrukturen den Gebrauch von schnurlosen Telefonen, wie sie heute schon in vielen Haushalten zu finden sind, erlauben. Will man Dienstnutzern uniforme Dienste anbieten, muß man die unterschiedlichen Kommunikationssysteme geeignet zusammenführen, was eine bessere Rufsteuerung und Unterstützung der Mobilität von Dienstnutzern erforderlich macht.

Dies kann durch die Zusammenführung von IN- und Mobilfunknetz-Konzepten in zukünftigen Telekommunikationsnetzen aufgrund der flexibleren und leistungsfähigeren Vermittlungsfunktion einer IN-Struktur erreicht werden.

Im Festnetzteil werden bestehende Netzstrukturen um IN-Komponenten und IN-Funktionen in den Vermittlungsstellen erweitert. Im mobilen Teil, hier dargestellt am GSM-Mobilfunknetz, werden bei der Zusammenführung von IN- und Mobilfunknetz-Konzepten [Jabbari92] Funktionen des SSP im MSC realisiert, das auch den Übergang zum Festnetz sicherstellt. Die Funktionalität der verschiedenen Mobilfunknetz-Datenbanken werden in Service Control Points übernommen.

Da die Besucher-Datenbank eine wichtige Rolle beim Verbindungsaufbau spielt und hier eine große Verarbeitungsgeschwindigkeit notwendig ist, sollte die Besucher-Datenbank als Adjunct-Komponente, die jeder MSC/SSP-Komponente zugeordnet wird, implementiert werden. Eine Alternative wäre die Besucher-Datenbank als eigenständigen Service Control Point zu realisieren und damit nicht den MSC/SSP-Komponenten zuzuordnen. In einem Mobilfunknetz mit sehr kleinen Funkzellen und damit vielen Basisstationen und Vermittlungsstellen führt dies aber zu einem großen Übertragungsaufwand zwischen MSC und zentraler Besucher-Datenbank, wenn Teilnehmer ständig den Funkzellenbereich ändern. Bei der Konzeption des derzeit diskutierten GSM-Mobilfunknetzes wurde die erste Variante berücksichtigt, d.h. jeder MSC-Komponente wurde eine Besucher-Datenbank zugeordnet.

4 Anforderungen an zukünftige Kommunikationsdienste

Neue Netzkapazitäten ermöglichen die Schaffung neuer Mehrwertdienste bzw. die Einbringung von verbesserten oder zusätzlichen Leistungsmerkmalen in bestehende Dienste. Als Anwendungen [Krüger92] sind hier zentrale Rufnummernauswertungen (z.B. Service 130), personenbezogene Dienste (z.B. persönliche Rufnummer), Informationsdienste (z.B. Verkehrsinformationen), Notfall- und Sicherheitsdienste (z.B. automatischer Unfallnotruf), Buchungs- und Abrechnungsdienste und Auftragsdienste (z.B. Sekretariatsdienste) etc. denkbar.

Diese Dienste sind dann erfolgreich, wenn sie die nachfolgenden wesentlichen Anforderungen individueller und gesellschaftlicher Art erfüllen. In der Beschreibung wird unter einem Dienstanbieter derjenige verstanden, der einen Dienst anbietet und bereitstellt (z.B. einen Informationsdienst). Der Dienstteilnehmer kann an dem Dienst teilnehmen (z.B. eine Firma, die Informationen in den

Informationsdienst einbringt). Der Dienstnutzer nutzt den Dienst, indem er ihn anwählt und gewünschte Informationen abfrägt.

4.1 Individuelle Anforderungen

Dienste müssen allen Dienstnutzern unabhängig von Technik und Standort der Netzvermittlungsstellen zugänglich sein. Auf wechselnde Nutzeranforderungen muß schnell und flexibel reagiert werden können. Dienstparameter sollen individuell vom Dienstteilnehmer bzw. Dienstanbieter gewählt werden können, z.B. die Verkehrslenkungsart nach Zeit oder Ursprung eines Anrufs.

Dienstnutzer müssen über die Kosten des von ihnen gewählten Dienstes informiert werden, ähnlich dem im GSM-Mobilfunknetz vorgesehenen Entgeltzusatzdienstes *Advice of Charge*.

Dienstewechsel, z.B. City-Paging für lokale Bedürfnisse oder mobiles Telefonieren ohne *Hand-over* oder *Roaming*, müssen mit nur einem (mobilen) Endgerät möglich sein.

Dienste müssen allgemein entsprechend den Anforderungen der privaten oder geschäftlichen Nutzer spezifiziert werden.

Geschäftliche Mobilität wird weiter zunehmen [Neugebauer92] und ein 'mobiler Bürodienst', um auch unterwegs Sekretariatsdienste verfügbar zu haben, wird somit notwendiger zur Unterstützung bzw. Vermeidung von Mobilität. Der Geschäftsbereich hat einen höheren Bedarf an Zusatzdiensten, z.B. mobile asynchrone Dienste wie ein mobiler Fax-Dienst, und ist auch eher bereit einen höheren Preis für bessere Leistungsmerkmale zu bezahlen als der Privatbereich. Die Nutzungskomplexität von Diensten muß insbesondere im privaten Bereich berücksichtigt werden. Das flächendeckende Angebot eines Dienstes ist für beide Bereiche wichtig.

Mobiltelefonteilnehmer sind eher interessiert, einen Anruf zu initiieren, als selbst erreicht, angerufen zu werden [Neugebauer92]. Hier müssen Möglichkeiten vorgesehen werden, die einem Mobiltelefonteilnehmer ermöglichen, nur dann erreichbar zu sein bzw. in Aktion treten zu müssen, wenn er dies wünscht, ohne daß sein (mobiles) Endgerät ausgeschaltet ist. Auf der anderen Seite muß der Wunsch nach Kommunikation entsprechend unterstützt werden.

4.2 Allgemeine Anforderungen

Allgemeine Anforderungen an Dienste betreffen u.a. den Datenschutz und die Beachtung des Rechts auf kommunikative Selbstbestimmung. Probleme, die bereits im digitalisierten Festnetz, z.B. die ISDN-Datenschutzproblematik, und bei Mobiltelefondiensten bestehen, werden in die zukünftigen Telekommunikationsnetze transformiert.

Die Speicherung von Kommunikationsdaten, z.B. zur Entgeltabrechnung, darf nicht unangemessen sein. Insbesondere muß eine Datenspeicherung für die Dienstnutzer transparent sein. Wenn Mobiltelefonteilnehmer einen Dienst anfordern, müssen sie zur Herstellung einer Verbindung verortet werden. Damit ergibt sich die Möglichkeit, aus den dabei erzeugten Daten Bewegungsprofile zu erstellen. Dies muß vermieden werden.

Bei Informationsdiensten muß sichergestellt werden, daß nur eine angemessene Anrufauswertung, z.B. für die Verkehrslenkung oder zu Statistikzwecken, erfolgt.

5 Ausblick

Der weitere Aufschwung und die Nutzung von Telekommunikationsdiensten wird in einem starken Maß von den Preisfaktoren für Endgeräte, Grundgebühren, Gesprächs- und Datenübertragungsgebühren bestimmt. Entscheidend ist aber auch die Erfüllung der o.a. individuellen und allgemeinen Anforderungen bei der technischen Systemgestaltung.

Ein auf dem heutigen Festnetz aufgebautes Telefonsystem mit einer höheren Endgerätedichte, in dem es möglich wäre, mit einer persönlichen Chipkarte, als Multi-Servicecard ausgelegt, zu telefonieren, die außer einer direkten Entgeltabrechnung auch andere Funktionen, z.B. ein persönliches elektronisches Telefonbuch oder Kurzwahlmöglichkeiten realisiert, könnte in einem gewissen Umfang ein Konkurrenzprodukt zu verschiedenen Mobilfunksystemen darstellen.

Die persönliche Chipkarte unterstützt dabei die Mobilität der Telefondienstnutzer. Das Aufsuchen eines anderen Telefongeräts aus Kostenabrechnungsgründen entfällt auch, da die Chipkarte des Telefondienstnutzers direkt belastet wird. Besitzt das Endgerät keinen Kartenleser, sollten die Kartendaten auch direkt per Hand über das Tastenfeld eingegeben werden können.

Die Datenschutzproblematik würde dabei auf die bereits für das digitalisierte Festnetz identifizierten Probleme reduziert, wie sie sich z.B. bei der Rufnummernanzeige und der Anrufweiterschaltung ergeben. Zwingend notwendig ist die Sicherung des Datenschutzes durch eine technische Systemgestaltung, da das technische System u.U. eine längere Lebensdauer hat als das politische System, in dem die Rahmenbedingungen gesetzt werden. Die Diskussion der sich derzeit in Kraft befindenden Telekom-Datenschutzverordnung (TDSV) und der Teledienstunternehmen-Datenschutzverordnung (UDSV) zeigt, daß Verbesserungen gegenüber früheren Verordnungen erzielt wurden, aber dennoch ein Nachregelungsbedarf besteht.

Die Nutzung der persönlichen Chipkarte, in Form einer Kredit- oder Debitkarte, für die direkte Dienstentgeltabrechnung ermöglicht einem Dienstnutzer, möglichst wenig Spuren im Netz zu hinterlassen. Die Nutzung des o.a. Entgeltzusatzdienstes *Advice of Charge* wäre hierfür eine Grundlage. Sie ist in der ersten Aufbauphase der GSM-Mobilfunknetze D1 und D2 nicht vorgesehen.

Ebenso kann der (mobile) Dienstnutzer durch seine persönliche Chipkarte in seinem Primärinteresse, Anrufe zu initiieren, unterstützt werden, indem durch die Chipkarte ein elektronisches Telefonbuch, individuell gestaltbar, verfügbar gemacht wird. Eine öffentlich zugängliche Version wird über einen zentralen Dienst mit netzeinheitlicher Servicenummer und dialogorientierter Nutzerführung bereitgestellt.

Oftmals wird auch die Nutzungskomplexität von neu geschaffenen Diensten unterschätzt, gerade wenn Dienste, die auf eine spezielle Nutzergruppe zugeschnitten entwickelt wurden, der Allgemeinheit verfügbar gemacht werden. Dies gilt insbesondere für bestimmte Formen von Informationsdiensten wie auch für Sekretariatsdienste, z.B. bei Fernabfragemöglichkeiten. Bei einem Informationsdienst über Verkehrsbehinderungen kann ein Dienstnutzer durch Eingabe einer Rufnummer in sein (mobiles) Endgerät Verkehrsbehinderungen in seinem Aufenthaltsbereich erfragen. Die Rufnummer setzt sich dabei aus der Servicenummer, der Straßentypkodierung und der Straßennummer zusammen. Der Dienstnutzer wird dabei dialogorientiert unter Verwendung von Sprachausgabesystemen bzw. Anzeigen auf seinem Display durch das Auskunftssystem geführt. Bei Berücksichtigung des Netz-/Funkzellendesigns und der Nutzung der Standortkennung des Dienstnutzers könnte die Eingabe einer Straßentypkodierung und der Straßennummer entfallen. Der Nutzer erhält automatisch nach Anwahl des Dienstes entsprechend der Serviceunterstützung durch den Dienstteilnehmer eine Liste mit Verkehrsbehinderungen in seinem Aufenthaltsbereich.

Bei der Bereitstellung von Diensten für den privaten Dienstnutzer, ist darauf zu achten, daß der Privatbereich durch ein schwer abzuschätzendes Dienste-Anforderungsprofil gekennzeichnet ist [Neugebauer92]. Grundstandards für die Nutzung von Diensten, auch wenn von unterschiedlichen Dienstanbietern angeboten, sollten verwirklicht werden. Basisfunktionen werden dann durch einfache Eingabekombinationen über das Tastenfeld verfügbar. Weitere, komplexere Funktionen sollten über Menues angeboten werden. Die dialogorientierte Abwicklung von Diensten unterstützt unterschiedliche Nutzergruppen. Hierzu ist es sinnvoll, (mobile) Endgeräte mit größeren Displayanzeigen zu entwickeln.

Zukünftige Telekommunikationsdienste sollten einer qualitativen Nutzungsforschung unterzogen werden. Eine sozialverträgliche Gestaltung dieser Dienste sollte im Sinne einer sinnvollen Nutzbarmachung für die "Verbraucher" verstanden werden. Heutzutage wird der Telekommunikationsdienstemarkt als _der_ Investitionsgütermarkt der Zukunft gesehen. Die Technikfolgenabschätzung sollte sich unter diesem Gesichtspunkt auch mit dem Aspekt der Fehllenkung von Investionen im Zusammenhang mit der Schaffung und Erweiterung neuer Telekommunikationsdienste befassen.

5 Literatur

[Lange90]　　　　Lange, Klaus: Chancen und Risiken der Mobilfunktechnologien, Diskussionsbeitrag Nr. 60, Wiss. Institut für Kommunikationsdienste, Bad Honnef, Oktober 1990.

[Mann91]　　　　Mann, Andreas: Der GSM-Standard, Informatik-Spektrum (1991) 14, S. 137-152.

[Krüger92]　　　Krüger, Friedrichwilhelm: Das Intelligente Netz ermöglicht neue Dienste und Anwendungen, Nachr.-techn. Zeitung ntz, Band 45 (1992) Heft 4, S. 254-261.

[Jabbari92]　　　Jabbari, Bijan: Intelligent Network Concepts in Mobile Communications, IEEE Communications Magazine, February 1992, pp. 64-69.

[Neugebauer92]　Neugebauer, Ursula: PCN - Markt und Nachfrage, in Suckfüll, H. (Hrsg): PCN - Märkte und System für Personal Communication Networks, R. v. Decker's Verlag, Heidelberg, 1992.

Informationstechnik im Straßenverkehr: Ziele, Wege, Konsequenzen

Dirk Hübner, Rolf Hager

Rheinisch-Westfälische Technische Hochschule Aachen

Lehrstuhl für Informatik IV

Ahornstr. 55, 5100 Aachen

1. Einleitung

Die Mobilität ist zu einem essentiellen Bedürfnis unserer Gesellschaft geworden. Sowohl im Individualbereich als auch in unserem Wirtschaftssystem ist diese Beweglichkeit nicht mehr wegzudenken. Die Entwicklung insbesondere des Straßenverkehrs in den letzten Jahren ist gekennzeichnet durch enorme Steigerungsraten bei der Fahrleistung der einzelnen Fahrzeuge und den Zulassungszahlen, welche stellen- und zeitweise zum Kollaps des Verkehrs führen. Erhöhter Streß beim Fahrer, extreme Verkehrsdichten mit unverhältnismäßigen Geschwindigkeiten und Abständen haben insbesondere auf Autobahnen zu einem deutlichen Anstieg der Unfälle geführt (+ 14,9 % von 1989 auf 1990), während die Unfallzahlen insgesamt stagnieren (+ 0,6 % von 1989 auf 1990). Die Umweltverschmutzung durch den Kraftfahrzeugverkehr hat entsprechend den Steigerungsraten zugenommen. Die Einführung des Katalysators hat hier eine Verschnaufpause geschaffen, aber der Güterverkehr verpestet weiterhin ungehindert die Luft mit ungereinigten Dieselabgasen.

Die Gründe für diese Problematik sind vielfältig. Die Entwicklung im europäischen Markt hat den Bedarf an Güterfernverkehr extrem vergrößert. Diese Tendenz wird sich nach der geplanten Grenzöffnung in Europa erst recht verschärfen. Der Schienenverkehr ist nicht in der Lage, den Bedarf wettbewerbsfähig zu decken.

Im Individualbereich ist das Auto zur Selbstverständlichkeit geworden. Selbst kleine Strecken werden mit dem Auto zurückgelegt, günstigste Park&Ride-Angebote werden nur wahrgenommen, wenn sie durch Zwangsmaßnahmen unterstützt werden. So ist z.B. momentan in Aachen während einer Testphase die Innenstadt für Nicht-Anwohner gesperrt. Mehrere Park&Ride-Plätze und -Busverbindungen ermöglichen allen Insassen eines Fahrzeugs für nur DM 5,-- das Erreichen der Aachener Innenstadt sowie die Benutzung aller innerstädtischen Busverbindungen während der Geschäftszeit. Trotz solcher Angebote und der Tatsache, daß von außerhalb die Benutzung von Park&Ride nachweislich *schneller und preiswerter* ist als der eigene Pkw, herrscht an Wochentagen weiterhin das Chaos in Aachens Straßen und am Auto-freien Samstag werden Sperren und Verbotsschilder absichtlich umfahren.

Die Überbrückung mittlerer und großer Strecken hat allerdings einen weitaus größeren Anteil am heutigen Verkehrschaos. Staus insbesondere in Ballungsgebieten zur Hauptverkehrszeit gehören inzwischen zur Tagesordnung und werden vom Fahrer akzeptiert. Die Entfernung zwischen Wohnort und Arbeitsstätte wächst mit der Verschärfung der Wohnungssituation in der Bundesrepublik. Mehr und mehr Arbeitnehmer wählen aus Kostengründen Vororte und sogar Kleinstädte in über 50 km Entfernung von der Arbeitsstätte. Das Angebot an öffentlichen Verkehrsmitteln ist im Gegensatz zum Innenstadtbereich hier extrem schlecht, so daß das Kraftfahrzeug die einzige Alternative bleibt. Zusätzlich dazu werden z.B. Fahrgemeinschaften aus Bequemlichkeitsgründen kaum wahrgenommen.

Dies ist nur ein Teil aller Gründe, die man für die aktuelle Verkehrssituation angeben kann. Eine genauere Betrachtung ist hier nicht erforderlich und wird daher nicht vorgenommen.

Die oben beschriebene Situation hat seit geraumer Zeit den Prozeß des Nachdenkens über mögliche Wege aus dem Dilemma in Gang gebracht. Im anschließenden Kapitel werden Möglichkeiten und Vorschläge vorgestellt und kurz diskutiert.

2. Rückwärts oder vorwärts?

Jedes Problem verlangt seine Lösung. Der Mensch hat in der Vergangenheit immer wieder seine Anpassungsfähigkeit und Intelligenz bewiesen und durch technischen Fortschritt und Eingriffe in die Natur die Zustände beseitigt, die er als unzulänglich ansah. Die Verbesserung der Lebensqualität wurde dabei allerdings in den meisten Fällen mit schwerwiegenden und oft erst im Nachhinein erkannten Nachteilen erkauft. Diese wiederum erforderten neue Lösungen und technische Höchstleistungen.

Es stellt sich daher nun die Frage, inwieweit die heutige Situation des Straßenverkehrs in vielen Teilen der Welt ohne "Rückschritte" entschärft werden kann, oder ob und wieviele Zugeständnisse zu machen sind. Diese beiden Möglichkeiten, zum einen die Bewältigung des steigenden Verkehrsaufkommens durch entsprechende Maßnahmen, zum anderen seine Verringerung durch Einschränkungen oder Umschichtungen sollen im folgenden kurz diskutiert werden.

2.1 Verringerung des Verkehrsaufkommens

a) Senkung des Mobilitätsbedarfs

Der einleuchtenste, aber oft auch schwierigste Ansatz für die Lösung eines Problems ist die Beseitigung der Ursache. In unserem Fall bedeutet dies die Senkung des Mobilitätsbedarfs, also der Notwendigkeit sich von Ort A nach B zu bewegen. Es ist ganz klar, daß gerade dies in vielen Bereichen unserer Gesellschaft kaum möglich ist. Die frühere Dorfgemeinschaft, über deren Tellerrand selten geschaut wurde, kann man nicht mehr zurückholen. Die anhaltende Wohnungsnot z.B. zusammen mit der enormen Steigerung von Miet- und Kaufpreisen führt dazu, daß Wohnort und Arbeitsstätte sich immer mehr voneinander entfernen. Eine Senkung des Mobilitätsbedarfs wäre daher nur durch Behebung solcher Entwicklungen zu erreichen und selbst dann nicht ausreichend.

b) Verringerung des Individualverkehrs

Dieser Weg ist gleichbedeutend mit einer Erweiterung und Verbesserung der öffentlichen Verkehrsmittel, sowie einer Forcierung ihrer Nutzung. Ersteres stößt bei der zunehmenden Verteilung von Wohnorten (siehe a) auf Finanzierungs- und Realisierungsprobleme, ist aber im Stadtbereich einzig sinnvoll.

Die Forcierung einer Nutzung der öffentlichen Verkehrsmittel brachte schon unglaublichste Vorschläge und Versuche hervor, die alle an sich gesehen äußerst unzulänglich sind. Eine Erhöhung des Benzinpreises auf 3,- DM, das Verbot von Zweitwagen, oder das Fahrverbot für Pkw gerader Zulassungsnummer an ungeraden Tagen und umgekehrt (versucht in Athen) werden die Verkehrs- und Transportprobleme nicht lösen. Hinzu kommt, daß solche Vorschläge mitunter unvorstellbare Resultate bringen: Der Athener Versuch z.B. führte dazu, daß viele Zweitwagen angeschafft wurden, deren Zulassungsnummer dem Besitzer das Fahren an allen Tagen durch Fahrzeugwechsel ermöglichte.

2.2 Bewältigung des aktuellen und zukünftigen Verkehrsaufkommens

a) Ausbau des Straßennetzes

Dieser bis heute noch übliche Weg der Problembewältigung sollte sowohl aus Kosten- als auch aus Umweltgründen nicht weiterverfolgt werden. Es muß daher eine Lösung gefunden werden, die mit existierenden Straßen auskommt.

b) Optimierung des Straßenverkehrs durch Einsatz modernster Technologien und Informationstechnik

Vor wenigen Jahren wurden in den Vereinigten Staaten, Japan und Europa Forschungsprojekte ins Leben gerufen, die eben diesen Ansatz verfolgen. Für Europa sind hier die ehrgeizigen Projekte PROMETHEUS und DRIVE zu nennen. Sie sollen daher im nächsten Kapitel genauer betrachtet werden.

3. Mit Informationstechnik zum Ziel

Am Beispiel des PROMETHEUS Projektes, in dessen Rahmen der Autor an Verfahren der Mobil-kommunikation arbeitet, sollen die dort definierten Ziele sowie die Lösungsansätze zu deren Erreichung diskutiert werden. Anhand von einigen Beispielen wird das Potential solcher Anstrengungen beschrieben, und es werden Sekundärfolgen analysiert, die den Erfolg dieser Maßnahmen teilweise in Frage stellen.

3.1 Die Zielsetzung

Die oben genannten Projekte haben im wesentlichen drei Ziele:

1) Effizienz: Optimale Ausnutzung vorhandener Resourcen
2) Sicherheit: Vermeidung von Unfällen, Abschwächen von Unfallfolgen
3) Komfort: Stressminderung, Angebot zusätzlicher Dienste

Positive Auswirkungen auf die Umwelt (z.B. durch Senkung des Spritverbrauchs) kann man als viertes Ziel ansehen, obgleich dieses in der Steigerung der Effizienz mitunter schon enthalten ist.

In der Vergangenheit wurde bei der Verbesserung dieser Ziele auf einzelne, völlig autonome Insellösungen gesetzt. Beispiele hierfür sind z.B. Routenführung durch CD-gestützte Systeme (Komfort) oder das Anti-Blockier-System (Sicherheit). Diese Systeme besitzen allerdings ein allzu beschränktes Potential insbesondere für eine globale Verbesserung. Da außerdem die Problematik solcher Ansätze recht bekannt ist (das ABS führte u.a. bei vielen Fahrern zu noch riskanterer Fahrweise), sollen sie hier nicht betrachtet werden.

Für die Realisierung obiger Ziele werden nun Lösungen vorgestellt, welche in Zukunft mit Hilfe der Infor-mationstechnik zu einer optimalen Verkehrsgestaltung führen sollen. Es handelt sich also um Systeme, welche Informationen nicht nur im Fahrzeug nutzen, sondern auf den Informationsaustausch zwischen Fahrzeug/Fahrer und Umwelt setzen. Erst dies erlaubt auch die Realisierung kooperierender Systeme. Bevor im nächsten Abschnitt auf konkrete Konzepte eingegangen wird, werden einige Unterziele vorgestellt:

Effizienz:
* Stauvermeidung durch rechtzeitige Warnung und Umgehung gefährdeter Stecken
* Routenführung mit optimaler Wegewahl (bezüglich Spritverbrauch oder Fahrzeit) durch effiziente Verkehrszustandserkennung und Informationsübermittlung an den Fahrer

Sicherheit:
* Einflußnahme durch Warnung, Handlungsvorschlag oder automatischen Eingriff: beim Abstandhalten, Überholen, Aus- und Einscheren; bei Unfällen, Nebel oder Glatteis; an Kreuzungen

Komfort:
* Streßminderung: Meldung von Gefahrensituationen, Abstandskontrolle, Umgehung von Staus

Diese Aufzählung umfaßt selbstverständlich nicht alle Teilziele, wie sie in Projekten wie PROMETHEUS definiert wurden. Sie läßt aber schon jetzt Abhängigkeiten zwischen den einzelnen Hauptzielen erkennen. So wird sich eine Senkung des Stauaufkommens neben der Effizienzsteigerung auch positiv auf die Steßminderung beim Fahrer auswirken, wohingegen die Kontrolle des Sicherheitsabstandes Sicherheit und Komfort verbessert, aber die Effizienz verringert.

3.2 Die Lösungsvorschläge

Es werden nun konkrete Lösungsvorschläge und Konzepte vorgestellt, deren Potential und Auswirkungen anschließend analysiert werden.

Steigerung von Effizienz und Komfort durch Verkehrsleitsysteme:

Verkehrsleitsysteme versuchen, den Fahrer auf dem schnellsten Weg zum Ziel zu bringen. Hierzu werden aktuelle Verkehrsdaten erfaßt und ausgewertet. Staus werden entdeckt und Ausweichstrecken berechnet. Die daraus resultierenden Empfehlungen werden schließlich an den Fahrer per Datenkommunikation übermittelt und an einem Bildschirm angezeigt bzw. akustisch weitergegeben. Auf diese Art und Weise verspricht man sich eine Entzerrung des Verkehrsaufkommens an den Knotenpunkten und somit Streßminderung, Zeit- und Spriterspamisse.

In Berlin wurde das LISB (Leit- und Informationssystem Berlin) realisiert. Es arbeitet mit Hilfe von Infrarot-Übertragungseinrichtungen im Fahrzeug und am Straßenrand.

Steigerung der Verkehrssicherheit:

In PROMETHEUS wurden zur Erreichung dieses Zieles zwei Wege eingeschlagen. Der erste basiert auf autonom arbeitenden Radarsensoren im Fahrzeug, die die direkte Umgebung abtasten und Hindernisse erkennen. Hierdurch werden die Abstände zu allen Seiten bestimmt, prinzipiell wird sogar ein automatisches Fahren möglich.

Das zweite Konzept wurde in PROMETHEUS mit dem Namen COPDRIVE (Kooperatives Fahren) belegt. Alle oben genannten Teilziele (siehe 3.1) sollen durch die Kooperation der Fahrzeuge erreicht werden, welche über Datenkommunikation von Fahrzeugrechnern realisiert wird. Je nach Art des Systems ist hierzu allerdings ein möglichst hoher Ausstattungsgrad notwendig. Auf freiwilliger Basis verteilt jedes Fahrzeug über Datenfunk Informationen, die das eigene Fahrzeug betreffen (Geschwindigkeit, Richtung, Position etc.). Alle anderen Fahrzeuge können nun Informationen über die aktuelle Lage in ihrer Umgebung sammeln und auswerten. Über eine geeignete Schnittstelle (optisch und akustisch) werden dem Fahrer dann Empfehlungen oder Warnungen gegeben. Der Vorteil dieses Ansatzes gegenüber dem ersten ist, daß bei entsprechender Technik (z.B. Mikrowellenfunk) die Verkehrsituation über die direkten "Nachbarn" hinaus erkannt wird. Außerdem ist zusätzlich eine Informationsübermittlung von der Infrastruktur zum Fahrzeug möglich.

Beide Konzepte erlauben einen regelnden Eingriff in das Fahrverhalten, z. B. durch automatisches Bremsen, falls eine Gefahrensituation erkannt wird.

4.   Der Weg aus dem Dilemma ?

Für alle neuen Informationssysteme lassen sich besonders drei Probleme identifizieren, die bei der Realisierung und Beurteilung zu beachten sind, und die den Erfolg bzw. das Scheitern eines solchen Systems wesentlich beeinflussen: Systemeinführung und -akzeptanz, unerwartete Sekundärfolgen und rechtliche Probleme.

Bei der Systemeinführung spielt die Preisfrage eine Hauptrolle. Wie teuer ist das System und wer bezahlt es? Ist der Nutzen des Systems für den Einzelnen nicht direkt erkennbar oder wird es für eine Beschränkung der Freiheit gehalten, so muß die Einführung "von oben" gefördert oder erzwungen werden (siehe Gurt oder Katalysator).

Sekundärfolgen neuer Systeme sind in komplexen Umgebungen, wie dem Straßenverkehr mit dem Fahrer als menschlichem Unsicherheitsfaktor, schwer zu erkennen und vorherzusagen. Ein Beispiel hierfür ist das ABS (siehe auch 3.1).

Die rechliche Problematik schließlich sollte nicht minder vernachlässigt werden. Gerade der Datenaustausch, insbesondere mit Fahrzeugen über Funk, bringt Datenschutz- und Sicherheitsfragen (es sollten z.B. keine irreführenden Warnungen an den Fahrer gehen) in die Diskussion. Zusätzlich dazu erschwert sich bei Systemen, die die Sicherheit des Fahrzeugs beeinflussen, die Haftungsfrage, da die Schuld dem Computer angelastet werden kann.

4.1 Das Für und Wider am Beispiel LISB und COPDRIVE

Die unter 3.2 beschriebenen Lösungsansätze sollten vor einer Einführung bzgl. der oben genannten Problembereiche analysiert werden, um unerwünschte Auswirkungen und Kosten zu vermeiden.

Das LISB erfordert die Bereitstellung einer erheblichen Technik auf der Infrastrukturseite, verspricht aber dafür dem Fahrer einen individuellen Vorteil. Die Akzeptanz dürfte daher, bei einem vernünftigen Preis, kein Problem sein. Der versprochene Vorteil muß allerdings sichergestellt sein. Der 5-jährige LISB Großversuch zeigte, daß LISB die Fahrzeit zwar verkürzte, die Anzahl hastiger und unkontrollierter Manöver aber anstieg, da die Fahrer zu plötzlich auf die Empfehlungen des Gerätes reagierten. Außerdem wurden die Fahrer durch die Teilung der Aufmerksamkeit zwischen Verkehr und Bildschirm stärker beansprucht, was dem Ziel der Streßverminderung genau zuwiderläuft.

Ein weiterer Punkt betrifft den Ausstattungsgrad des Systems. Der Großversuch wurde mit der Geringen Zahl von 30 Fahrzeugen durchgeführt. Simulationen mit einer deutlich größeren Zahl von LISB-Fahrzeugen zeigten, daß ab einem bestimmten Ausstattungsgrad die Fahrzeit sogar ansteigt. Zu viele Fahrzeuge folgen dann der Empfehlung und überlasten so die Ausweichstrecke. Dieses Problem dürfte allerdings durch die Verbesserung der Bewertungsverfahren zu beheben sein.

Betrachtet man COPDRIVE, so muß sofort eine wesentliche Einschränkung getroffen werden: Regelnde Systeme erscheinen bezgl. der oben genannten Problembereiche derart fragwürdig, daß ihre Einführung kaum noch in Erwägung gezogen wird. Der erforderliche Ausstattungsgrad ist erst spät zu erreichen und teuer. Der Fahrer akzeptiert kein System, welches ihn von der Entscheidungsgewalt entbindet. Er hält sich weiterhin für den besseren Fahrer und bezichtigt das System der Übervorsichtigkeit. Bei Unfällen wird zudem die Schuldfrage (System- oder Fahrerfehler) schwer zu klären sein.

Aus diesen Gründen werden in PROMETHEUS nur noch assistierende Systeme untersucht, obwohl der erwartete Sicherheitsgewinn nach Expertenmeinung nur im Falle einer Regelung ausreichend hoch ist. Doch auch assistierende Systeme leiden unter den Nachteilen der regelnden Systeme. Zusätzlich dazu werden bestimmte Fahrer, wie beim ABS, durch die Gewißheit einer Unterstützung vom Computer unvorsichtiger fahren, so daß der Sicherheitsgewinn zusätzlich schrumpft. Selbst wenn Warnungen und Empfehlungen z.B. zum Abstandhalten befolgt werden, kann dies zu einer Verringerung der Effizienz führen, da die Fahrzeugdichte geringer wird.

5. Zusammenfassung. Oder: Was tun?

Den Ausführungen des vorigen Kapitels zufolge könnte man meinen, daß alle Arbeiten in diesem Bereich sinnlos und Geldverschwendung sind. Dennoch dürfte der richtige Weg bei der Lösung unserer Verkehrsprobleme der Zukunft aus einer Mischung der Ansätze bestehen, wie sie in 2. skizziert wurden. Ein finanzierbarer Ausbau des öffentlichen Verkehrs, die individuelle Selbstbeherrschung oder der Zwang dazu "von oben", sowie der gezielte und wohlüberlegte Einsatz der Informationstechnik können uns vor dem Zusammenbruch des Verkehrs bewahren. Gewisse "Rückschritte" müssen hierbei in Kauf genommen werden.

6. Literatur

[1]   "Verkehrsunfälle 1990", Auszug aus Fachserie 8, Reihe 7, Gruppe Verkehr VD-81, Statistisches Bundesamt Wiesbaden, Germany, 1991

[2]   Catling, I. et al., "Road Transport Informatics in Europe - Major Programs and Demonstrations", IEEE Transactions on Vehicular Technology, vol. 40, no. 1, USA, Feb. 1991

[3]   "Was ist los mit ABS", ADAC Technisches Informationsblatt, Motorwelt, Ausgabe 4, 1988

[4]   "Leit- und Informationssystem Berlin, LISB", Abschlußbericht des Forschungsprojektes LISB, Berlin 1991

[5]   Spaniol, O. et al., "Ist die Informatisierung des Straßenverkehrs Fluch oder Segen?", RWTH Themen Technik und Gesellschaft, 1/92, Aachen 1992

Informationstechnik für den Verkehr – Medizin oder Droge?
Zur Notwendigkeit einer Technikfolgenabschätzung

Harmsen, Dirk-M. und König, Rainer
Fraunhofer-Institut für Systemtechnik und Innovationsforschung (FhG-ISI),
Breslauer Straße 48, D-7500 Karlsruhe 1

Zusammenfassung

Verkehr hat sich zu einem der größten Belastungsfaktoren der Umwelt entwickelt und wird zunehmend zu einem Engpaßfaktor unserer Volkswirtschaft. Vorliegende Verkehrsprognosen und eine zunehmende Verhärtung der verkehrspolititschen Diskussion sind Hinweise auf einen verschärften Problemdruck.

Von der Informationstechnik (IT) werden in diesem Zusammenhang nennenswerte Problemlösungsbeiträge erwartet. Diese betreffen vor allem die Reduzierung der Umweltbelastungen, die Erhöhung der Verkehrssicherheit, die Überwindung von Kapazitätsengpässen, die qualitative Verbesserung des Nutzverkehrs, die Bündelung von Verkehrsströmen und die Verknüpfung der Teilsysteme. Darüber hinaus werden in Verbindung mit IT-Anwendungen im Verkehr Zukunftsmärkte erwartet, die die Wettbewerbsposition der europäischen IT-Industrie stärken helfen.

Während aktuelle technologische Entwicklungslinien vornehmlich auf Teilsysteme und Fahrzeuge gerichtet sind, wird der Integration und Koordination verschiedener Verkehrsträger und damit der Optimierung des Gesamtverkehrssystems gegenwärtig nur eine geringe Beachtung geschenkt. Es ist absehbar, daß konventionelle Verkehrsleit- und -informationssysteme häufig nur zu geringen Entlastungseffekten führen. Ihre Ausrichtung auf einzelne Verkehrsträger trägt zudem zu deren verkehrspolitischer Festschreibung bei.

Vor dem Hintergrund einer Vermeidung von Fehlschlägen technologischer Ansätze werden aktuelle Entwicklungen der Informationstechnik für den Verkehr im Hinblick auf Chancen und Risiken, organisatorische und rechtliche Einsatzbedingungen, Verletzlichkeit, Datenschutzanforderungen, Potential umweltorientierter Verkehrsbeeinflussung und besonders auf nicht beabsichtigte, verkehrsinduzierende Effekte hin diskutiert.

1. Verkehr – Stellenwert und Entwicklung

Der Ausbau der Verkehrsinfrastruktur, verkehrstechnische Innovationen sowie die damit verbundenen Veränderungen der Siedlungsstruktur haben das Verkehrssystem zu einem *essentiellen Bestandteil des ökonomischen und sozialen Gefüges* werden lassen. Die ständige Weiterentwicklung des technischen Angebots sowie eine sich stetig vergrößernde Nachfrage nach Verkehrsleistungen haben einen substantiellen Beitrag zur Mehrung des gesellschaftlichen Wohlstandes geleistet. Sie verursachen aber auch beträchtliche negative ökonomische, ökologische und soziale Folgeerscheinungen. Angesichts zunehmender Verkehrsdichte werden Kapazitätsgrenzen immer sichtbarer.

Verkehrsleistungen sind gleichsam Motor und Ausprägung wirtschaftlicher und gesellschaftlicher Prozesse. Unternehmerische Strategien sowie eine wachsende Freizeitmobilität führten zu einer weit *überproportionalen Entwicklung des Verkehrsaufkommens* in den letzten drei Jahrzehnten, sowohl im Personen- wie auch im Güterverkehr. So stieg das Verkehrsaufkommen im Personenverkehr zwischen 1960 und 1988 von ca. 239 auf ca. 660 Milliarden Personenkilometer. Dies entspricht fast einer Verdreifachung des Verkehrsaufkommens (Teufel et al. 1989). In besonderem Maße sind die Städte von dieser Entwicklung betroffen. So hat sich beispielsweise in Düsseldorf die Zahl der in die Stadt ein- und ausfahrenden Kfz von 1960 bis 1988 verzehnfacht (Brög 1989). Prognosen über die zukünftige Verkehrsentwicklung in der Bundesrepublik ergeben unter Beibehaltung der heutigen verkehrspolitischen Rahmenbedingungen eine weitere Zunahme des PKW-Verkehrs um ca. 25 % allein bis zum Jahr 2000 (Rothengatter 1989).

Der Verkehr hat sich dadurch auch zu einem der *Hauptbelastungsfaktoren der Umwelt* entwickelt. Insbesondere das Auto wurde in den letzten drei Jahrzehnten zur wichtigsten Ursache von Luftverschmutzung,

Lärm und Unfällen und zur zweitwichtigsten Ursache des Flächenverbrauchs. Nach Schätzungen des Fraunhofer-ISI ergeben sich in der Gesamtbilanz durch Umweltschäden und Unfälle verursachte externe Kosten des Straßenverkehrs in Höhe von 68-77 Milliarden DM (Grupp 1986). Dies bedeutet einen Anteil von ca. 4 % am Bruttosozialprodukt der BRD - Kosten die mehr und mehr am Wirtschaftswachstum zehren werden.

2. Informationstechnik für den Verkehr

Vor dem skizzierten Hintergrund werden von der Informationstechnik (IT) nennenswerte Problemlösungsbeiträge erwartet. Dies betrifft vor allem die Reduzierung der Umweltbelastungen, die Erhöhung der Verkehrssicherheit, die Überwindung von Kapazitätsengpässen, die qualitative Verbesserung des Nutzverkehrs, die Bündelung von Verkehrsströmen und die Verknüpfung der Teilsysteme. Mit IT-Anwendungen im Verkehr und diesbezüglichen technologischen Entwicklungen werden darüber hinaus wichtige Zukunftsmärkte verbunden. In der aktuellen technologiepolitischen Diskussion werden diesen Feldern auch Chancen zugesprochen, die Wettbewerbsfähigkeit der europäischen IT-Industrie entscheidend zu verbessern, und zwar vorwiegend im Verbund mit Bereichen, in denen die europäische Industrie bereits heute eine starke Position einnimmt (z. B. Telekommunikationssysteme, Automobilelektronik; vgl. Gerstenberger 1991).

2.1 Mögliche Problemlösungsbeiträge

Generell können *Lösungsbeiträge der IT zur Verkehrsproblematik* auf folgenden Ebenen betrachtet werden:
* Substitution physischen Verkehrs durch Telekommunikation;
* fahrzeugbezogene Innovationen, die sich auf das unmittelbare Umfeld des Verkehrsmittels beziehen;
* system- bzw. netzbezogene Innovationen zur Steuerung und Koordination von Transportvorgängen in und zwischen Verkehrsnetzen.

Nicht nur der sprunghafte Nachfrageschub nach Videokommunikation während des Golfkrieges im ersten Quartal 1991, sondern auch die wachsende Verbreitung neuer Arbeitsformen (z. B. ortsungebundene Arbeit, Telearbeitszentren) sowie neue Dienstleistungsangebote (z. B. Teleshopping, Telebanking) verweisen auf *Substitutionspotentiale physischen Verkehrs durch IT-Anwendungen*. Untersuchungen über den Einsatz von Videokonferenzen in der geschäftlichen Kommunikation haben dagegen gezeigt, daß vorhandene Substitutionswirkungen (die Potentiale werden auf 10-20 % geschätzt; Ollmann 1990) bisher nur in Teilbereichen eingetreten sind.

Im Mittelpunkt der folgenden Betrachtungen stehen nicht mögliche Substitutionspotentiale durch IT, sondern vielmehr Rationalisierungspotentiale bei der Erbringung von Verkehrsleistungen. Dazu gehören sogenannte "intelligente" technische Lösungen, die auf eine effizientere Nutzung der vorhandenen Infrastruktur und die Vermeidung unnnötiger Verkehre infolge von Informationsdefiziten gerichtet sind, z. B. durch eine Verbesserung der Kommunikationsgrundlagen mit Hilfe von Verkehrsleit- und Routeninformationssystemen (Harmsen 1991).

Während aktuelle technologische Entwicklungslinien vornehmlich auf *fahrzeugbezogene Innovationen* (elektronische Fahrzeugführer-Unterstützungssysteme in Form von Abstands-Warnsystemen, Straßenzustandserkennung, automatischer Spurführung, Hinderniserkennung, etc.) *und Teilsysteme* (Straße, Schiene, Flugzeug, Schiff) gerichtet sind, wird der Integration und Koordination verschiedener Verkehrsträger (z. B. integrierte Verkehrsleitsysteme) und damit der Optimierung des Gesamtverkehrssystems gegenwärtig nur eine geringe Beachtung geschenkt (König/Harmsen 1991, Zoche/König 1990).

Die größten Forschungsanstrengungen zum Einsatz von IT sind gegenwärtig für den Individualverkehr sowie den straßengebundenen Güterverkehr (Harmsen 1990) zu verzeichnen. Allein im EUREKA-Forschungs- und Entwicklungsvorhaben PROMETHEUS (PROgraMme for a European Traffic system with Highest Efficiency and Unprecedented Safety) werden - zusammen mit westeuropäischen Automobilindustrien - elektronische Fahrzeugführer-Unterstützungssysteme (Antiblockiersysteme, Abstands-Warnsysteme, Straßenzustandserkennung, automatische Spurführung, Hinderniserkennung, etc.) für über 1,3 Mrd. DM entwickelt. Dieses Programm - zusammen mit dem komplementären EG-Programm DRIVE (Dedicated Road Infrastructure for Vehicle safety in Europe) - untersucht die Nutzung der Elektronik sowie der Informations- und Kommunikationstechnik zur *Verbesserung der systemimmanenten Schwächen der Fahrzeuge* im Hinblick auf (1) eine bessere Nutzung existierender Infrastrukturen (Effizienz), (2) die Senkung der Unfallrisiken (Sicherheit), (3) die Erhöhung des Fahrkomforts und (4) die Verringerung von Schadstoffausstoß und Lärmbelästigung (Umwelt).

Da diese Ziele sich teilweise widersprechen, sind Verbesserungen immer nur in Teilbereichen möglich. So sind etwa "Effizienzsteigerung" (Durchsatzmaximierung) und "Umweltschutz" (Schadstoffminimierung) nicht immer gleichzeitig realisierbar (Spaniol 1992). Gerade im Hinblick auf ihre Zielerreichungswahrscheinlichkeit verweisen Kritiker auf *gravierende konzeptionelle Defizite dieser Programme* (z. B. Rothengatter 1991): (1) die zugrundeliegenden Entwicklungsleitbilder enstammen Ideenworkshops und haben nur in wenigen Fällen Aussicht auf Realisierbarkeit, (2) die Einzelprojekte orientieren sich weitgehend an den Interessen der einzelnen Firmen und sind an die Voraussetzung zusätzlicher Infrastrukturen gebunden ("intelligente Straße"), (3) aufwendige technische Spielereien, deren Beiträge zur Problemlösung nur marginal sind, (4) fehlender programmatischer Charakter mit verbindlichen Zielvorgaben. Inwieweit diese Kririk greift, können letzlich nur empirische Untersuchungen über die Wirksamkeit einzelner Komponenten zeigen. Solche Untersuchungen liegen bisher nicht oder nur unsystematisch vor. Im folgenden werden erste empirische Erfahrungen diskutiert.

Entlastungseffekte durch den Einsatz konventioneller Verkehrsleitsysteme liegen nach Untersuchungen des amerikanischen Büros für Technikfolgenabschätzung (OTA) in der Größenordnung von 10 bis 20 % der Verkehrsleistung (Wright 1990). Aufgrund der vorliegenden Verkehrsprognosen wird dieses Potential durch den allgemeinen Verkehrszuwachs in kurzer Zeit kompensiert werden. Noch deutlicher wird allerdings die begrenzte Reichweite solcher Ansätze zur Kapazitätserweiterung, wenn man sich vor Augen führt, daß seit 1960 das bundesdeutsche Straßennetz (alte Länder) um 35 %, die Verkehrsleistung im Individual- und im Straßengüterverkehr jedoch um jeweils rund 370 % und die Zahl der Autos sogar um 620 % zugenommen hat. Allein zwischen 1980 und 1991 nahm die Straßenfläche um 4,5 %, die Zahl der PKW um 40 % zu (Bundesministerium für Verkehr 1991).

Interessant erscheint an dieser Stelle auch ein Vergleich mit *nichttechnischen Maßnahmen*, z. B. der Bildung von Fahrgemeinschaften im motorisierten Individualverkehr. Hier können durch die Erhöhung des derzeitigen durchschnittlichen Besetzungsgrades eines PKW von 1,4 auf 2,0 Personen 40 % der Fahrleistungen eingespart werden (Baum 1991). Erfolge können ebenfalls von *organisatorischen Maßnahmen* vorgewiesen werden, die infrastrukturelle Knappheitsrelationen mit marktwirtschaftlichen Instrumenten angehen ("road pricing") und die zu einer Beeinflussung der Verkehrsmittelwahl führen. So konnte beispielsweise in Singapur durch entsprechende Maßnahmen eine Reduktion des in die Innenstadt einfahrenden PKW-Verkehrs von 34 % erreicht werden, obwohl die Zahl der Arbeitsplätze im selben Zeitraum um 40 % zunahm (Steierwald/Kirchhoff 1990).

Verkehrsleitsysteme wirken vielfach als Angebotsverbesserung für einzelne Verkehrsträger. Am Beispiel des Aachener Parkleitsystems konnte gezeigt werden, daß hiervon eher eine stimulierende, *verkehrsinduzierende Wirkung* auf die Autonutzung ausgehen kann. Die Verringerung des anteiligen Parksuchverkehrs von 25 % auf 21 % wurde im gleichen Zeitraum durch eine um 10 % gestiegene Gesamtzahl der Parkenden wieder aufgehoben; der PKW-Verkehr auf den Zufahrtsstraßen zur Innenstadt nahm deutlich zu (Apel/ Lehmbrock 1990).

Solange neue Technologien nur isoliert für den Verkehrsträger Straße entwickelt werden und nicht auf die Integration und Koordination verschiedener Verkehrsträger (Optimierung des Gesamtverkehrssystems) gerichtet sind, laufen angebotsverbesserernde Maßnahmen ("flüssiger Verkehr") Gefahr, kaum einen Beitrag zum Abbau verkehrsbedingter Belastungen zu liefern. Eine *partikulare Ausschöpfung von Kapazitätsreserven* kann zudem einer Festschreibung verkehrspolitischer Prioritäten zugunsten einzelner Verkehrsträger gleichkommen, aus deren eigener Logik eine starke Zunahme des motorisierten Individualverkehrs zu erklären ist (Bracher 1990).

Neben den Auswirkungen von Verkehrsleit- und -informationssystemen auf Verkehrsleistung und -struktur konnten in ersten Feldversuchen auch *Rückwirkungen auf individuelles Fahrverhalten und den gesamten Verkehrsfluß* festgestellt werden. Während beispielsweise beim Großfeldversuch LISB (Leit- und Informationssystem Berlin) die durchschnittlichen Fahrzeiten aufgrund verbesserter Führung ortsunkundiger Autofahrer verkürzt werden konnten, ist durch Reizüberflutungen (ständiger Blickwechsel zwischen Display und Realität) die Zahl der unkontrolliert bzw. überhastet eingeleiteten Fahrmanöver angestiegen (Spaniol et al. 1992). Ebenso unterliegt das Akzeptanzniveau der Routenempfehlungen erheblichen Schwankungsbreiten. Beispielsweise können staubedingte Ausweichempfehlungen entweder von den meisten wahrgenommen und damit der Stau nur verlagert werden, oder sie werden überwiegend ignoriert. Letztgenannter Effekt läßt sich nicht nur bei konventionellen Verkehrsdurchsagen beobachten, sondern auch bei der Verkehrsbeeinflussungsanlage auf den Autobahnen zwischen Mannheim und Stuttgart, deren Wechselwegweiser praktisch nicht beachtet werden (Lutz 1991).

2.2 Wirkungsrichtungen

Aufgrund ihrer Einbettung in wirtschaftliche und gesellschaftliche Prozesse können Informationstechniken hinsichtlich ihrer *substituierenden, modifizierenden bzw. generierenden Wirkungen auf Verkehrsstruktur und -entwicklung* aus der Gesamtheit der auftretenden Wirkungen nur bedingt isoliert werden – sie bilden nur ein Element unter mehreren (Köhler 1991). Insbesondere verkehrserzeugende Wirkungen blieben bisher weitgehend unbeachtet, obwohl vorliegende Studien davon ausgehen, daß unter den gegenwärtig vorherrschenden Produktions-, Einsatz-, Verbreitungs- und Nutzungsbedingungen von IT mit wachsenden Belastungen für die Umwelt zu rechnen ist und positive Umwelteffekte in der Tendenz durch negative überkompensiert werden (vgl. Henckel/Nopper 1990, König 1991). Ein wesentlicher Grund hierfür ist die Erhöhung des Aktivitätsniveaus durch die zunehmende weltweite Vernetzung durch Informationstechniken, die sich auch auf den physischen Verkehr auswirkt.

3. Notwendigkeit einer Technikfolgenabschätzung

Um *Fehleinschätzungen bzw. Fehlschläge technologischer Entwicklungen* zu vermeiden, sind die in der Realisierung befindlichen Systeme im Hinblick auf Chancen und Risiken (vgl. auch DLR 1990), organisatorische und rechtliche Einsatzbedingungen, Verletzlichkeit, Potential umweltschonender Verkehrsbeeinflussung und besonders auf nicht beabsichtigte und verkehrsinduzierende Effekte hin zu überprüfen.

In diesem Zusammenhang sind folgende Aspekte zu untersuchen (König/Harmsen 1991):
* Akzeptanz und Marktpotentiale der genannten IT-Systeme angesichts hoher Kosten für Infrastruktur und für das einzelne Fahrzeug,
* Risiken durch Verletzlichkeit und Sensibilität des Gesamtsystems (gestiegenes Staurisiko angesichts verlorener Puffer im System, Systemausfall),
* Nettoeffekte bei der Verkehrssicherheit (Systemausfall, individuelles Fahrverhalten, nichtmotorisierte Verkehrsteilnehmer),
* Netto-Umwelteffekte unter Berücksichtigung nicht intendierter verkehrlicher Effekte (Verkehrsinduktion, Verdrängungseffekte innerhalb des Straßennetzes und in Wohngebiete, weitere Verdrängung umweltfreundlicher Verkehrsmittel),
* rechtliche Fragen hinsichtlich Nutzung (Verantwortung bei Fehlverhalten und Unfällen) und Betrieb (Funktionsfähigkeit, Verletzlichkeit),
* Datenschutzvorkehrungen angesichts der möglichen Erfassung und Speicherung von Bewegungs- und Verhaltensprofilen.

Demgegenüber kann von bisher wenig entwickelten Komponenten der Leit- und Informationssysteme eine *gezielte Verbesserung von Umweltqualität und Verkehrssicherheit* erwartet werden. Dazu gehört die Bewirtschaftung des Verkehrsraumes mit Hilfe der IT, die zu einer Beeinflussung des Verkehrsverhaltens, der Verkehrsmittelwahl und zur Überwindung von Kapazitätsengpässen beiträgt. Für den Einsatz in Frage kommen dabei elektronische Systeme zur Erhebung von Straßen- und Parkplatzbenutzungsgebühren, integrierte Systeme zur Parkplatzreservierung, zur individuellen Information über verschiedene Verkehrsmittel und Reisezeiten, Systeme zur Beschleunigung von Bussen und Bahnen und zur Warnung der Fahrer bei Fehlverhalten (z. B. zu hohe Geschwindigkeit, Geisterfahrer).

4. Literatur

Apel, D./Lehmbrock, M. (1990), Stadtverträgliche Verkehrsplanung, DIFU Deutsches Institut für Urbanistik, Berlin 1990

Baum (1991), Verkehrsentlastung durch Rationalisierung des Straßenverkehrs, in: VDI (Hg.), Mobilität und Verkehr, VDI-Berichte 915, Düsseldorf 1991, S. 153-166

Bracher T. (1990), Verkehrsoptimierung im Güterverkehr, in: Henckel 1990, S.148-165

Brög, W. (1989), Public Awareness des ÖPNV, Studie im Auftrag des VÖV, Socialdata München 1989

Bundesministerium für Verkehr (1991), Verkehr in Zahlen, bearbeitet durch das Deutsche Institut für Wirtschaftsforschung (DIW), Berlin 1991

DLR (1990), TA-Konzeption Verkehr - Aufgaben für Technikfolgenabschätzungen im Verkehrsbereich, Deutsche Forschungsanstalt für Luft- und Raumfahrt, Köln 1990

FhG-ISI (1991), Zweiter Technikreport, Studie im Auftrag des Büros für Technikfolgenabschätzung des Deutschen Bundestages (TAB), Karlsruhe 1991

Gerstenberger, W. (1991), Auswirkungen der Informations- und Kommunikationstechnik auf die zukünftige Beschäftigung in der Europäischen Gemeinschaft, in: IFO-Schnelldienst 30/91, S. 8 ff.

Grupp, H. (1986), Die sozialen Kosten des Verkehrs, in: Verkehr und Technik 9,10/1986 S. 359 ff., S. 403 ff.

Harmsen, D.-M. (1990), Advanced Information and Telecommunications Systems (AITS) for Road Freight Transport, Expertise for OECD Joint ICCP-RTR Project 'Advanced Logistics and Information Technology in Road Freight Transport Operations', FhG-ISI 1990

Harmsen, D.-M. (1991), Weisen Verkehrsleitsysteme Wege in die Zukunft?, Vortrag im Rahmen der Enquête "Telekommunikation und Mobilität" der Bundeskammer der Gewerblichen Wirtschaft in Wien am 18. 9. 1991

Henckel, D. (Hg.) (1990), Telematik und Umwelt, Deutsches Institut für Urbanistik, Berlin 1990

Henckel, D./Nopper, E. (1990), Umweltwirkungen der Telematik - ein einführender Überblick, in: Henckel 1990, S. 14-43

Köhler, S. (1991), Interdependenzen zwischen Verkehr und Telekommunikation - ein Beitrag zu den Wirkungen von Neuerungen in der Informations- und Kommunikationstechnik auf die Entwicklung des Personen- und Güterverkehrs, unveröffentlichtes Arbeitspapier, Karlsruhe 1991

König, R. (1991), Informationstechnik und Umwelt, in: FhG-ISI 1991, S. 191-197

König, R./Harmsen, D.-M. (1991), Informationstechnik und Verkehr, in: FhG-ISI 1991, S. 198-204

Lutz, G. (1991), Neue Verkehrsbeeinflussungsanlage sorgt für Verwirrung, in: Badische Neueste Nachrichten, 25.6.1991

Ollmann, R. (1990), Substitution von Personenverkehr durch Telekommunikation, in Henckel (1990), S. 166-197

Rothengatter, W., DIW Deutsches Institut für Wirtschaftsforschung (1989), Stellungnahme zur Verkehrsanhörung der Enquête-Kommission Schutz der Erdatmosphäre am 16./27. 6. 1989 in Bonn

Rothengatter, W. (1991), Konzeptionelle Defizite im Verkehrssystem, in: Albach, H. et al. (Hg.), Technikfolgenforschung und Technikfolgenabschätzung, Berlin 1991, S. 237-263

Spaniol, O. et al. (1992), Bedeutet die Informatisierung des Straßenverkehrs Fluch oder Segen?, in: RWTH-Themen 5/92, S. 54-57

Steierwald, M./Kirchhoff, P. (1990), Strategische Verkehrskonzepte zur Lösung innerstädtischer Verkehrsprobleme durch Beeinflussung der Verkehrsmittelwahl, in: VDI (Hg.), Neue Konzepte für den fließenden und ruhenden Verkehr, VDI-Berichte 817, Düsseldorf 1990, S. 117-132

Teufel, D. et al. (1989), Die Zukunft des Autoverkehrs, UPI-Bericht Nr. 17, September 1989

Wright K. (1990), Pkw 2000 - Trends in der Automobiltechnik, in: Spektrum der Wissenschaft 7/1990 S. 44 ff.

Zoche, P./König, R. (1990), Chancen des Einsatzes öffentlicher Datennetze bei der umweltverträglichen Steuerung des Personennahverkehrs, in: Pillmann, W./Jaeschke, A. (Hg.), Informatik für den Umweltschutz, 5. Symposium, Wien, September 1990, Proceedings, Berlin 1990, S. 789-798

Arbeitsgruppe 4:

Künstliche Intelligenz
und das moderne Bild vom Menschen

Gerhard Strube und Britta Schinzel
IIG der Universität Freiburg
Friedrichstr. 50, 7800 Freiburg

Moderne Informationstechnik und ihre Voraussetzungen, insbesondere die formalen mathematisch-logischen Methoden, haben nicht nur die Arbeitsweise der Human- und Geisteswissenschaften verändert, sondern auch die Theoriebildung in diesen Fächern nachhaltig beeinflußt. Am deutlichsten zeigt sich dies für die Künstliche-Intelligenz-Forschung und ihre Wechselwirkungen mit der modernen Kognitionspsychologie. Zugleich liefert der Kognitivismus eine gemeinsame Grundlegung für eine Theorie menschlicher wie maschineller Intelligenz, indem er kognitive Prozesse als solche der Informations-verarbeitung auffaßt.

Aber auch das Menschenbild der "naiven" oder Alltagspsychologie hat sich unter dem Einfluß der Computerwissenschaften und insbesondere den realen und erwarteten Möglichkeiten künstlicher Intelligenz gewandelt. So, wie Kognition und insbesondere sprachliche Kompetenz zur Begründung einer Sonderstellung des Menschen gegenüber den Tieren herangezogen wurden, erscheint heute die biologische Verankerung des menschlichen Geistes als Anlaß, menschliche und maschinelle Intelligenz als grundverschiedene Phänomene zu behaupten. Phänomenologie und Biologie liefern so Ansatzpunkte zu einer Kritik des Kognitivismus. Der erste Beitrag dieser Arbeitsgruppe setzt sich mit dieser Zielrichtung mit dem Thema "Körperlichkeit" auseinander.

Widerspruch hat der Kognitivismus auch von der "biologischen Erkenntnistheorie" Humberto Maturanas und seiner Anhänger erfahren. Der zweite Beitrag dieser Arbeitsgruppe führt die KI-Kritik dieser Richtung weiter, indem er evolutionsbiologische Gesichtspunkte heranzieht. Im Gegensatz dazu holt der dritte Beitrag zur Gegenkritik aus. Die kritisierte "Computermetapher" weist auch er zurück zugunsten der These, daß die der traditionellen Künstlichen Intelligenz und Kognitionswissenschaft zugrundeliegende "starke KI-Hypothese" (Kognition = Berechnung) sich bisher als die wissenschaftlich fruchtbarste erwiesen hat.

Damit spannen die drei Beiträge den Rahmen der anschließenden Diskussion in der Arbeitsgruppe auf: Ob Theorie und Praxis der Künstlichen Intelligenz geeignet sind, dem modernen Bild des Menschen neue Dimensionen zu eröffnen, oder ob sie zur unzulässigen Verkürzung des Menschenbildes führen und damit nicht zum Wohle des Menschen ("cui bono?") beitragen .

Gerhard Strube

ZUM VERHÄLTNIS VON KÖRPERLICHKEIT UND KOGNITION

Konsequenzen des kognitionswissenschaftlichen Paradigmas

Barbara Becker und Elke Steven

I Einleitung

Betrachtet man die Forschungsansätze der klassischen Kognitionswissenschaft, so fällt auf, daß die körperliche Basis kognitiver Prozesse bei der Erforschung grundlegender Prinizipien der menschlichen Kognition einen sehr geringen Stellenwert einnimmt. In unserem Beitrag möchten wir nunmehr zunächst den Nachweis liefern, daß sowohl die traditionellen Ansätze, aber auch die methodologischen Alternativen innerhalb der Kognitionsforschung das leibliche Fundament nach wie vor ungenügend berücksichtigen. Sodann werden wir unter Bezugnahme auf neuere Ansätze in der Philosophie den Nachweis erbringen, daß eine Vernachlässigung des Körpers eine unzulässige Zugangsweise bei der Entwicklung von Erklärungsmodellen über die menschliche Kognition darstellt. Im dritten Schritt werden wir aufzeigen, daß die Negierung des leiblichen Moments überhaupt erst die Möglichkeit schafft, Visionen eines künstlichen Geistes zu entwickeln bzw. von einer evolutionären Überwindung des Menschen durch Computergehirne zu träumen.

II Die methodologischen Prämissen der Kognitionsforschung

Die Kognitionsforschung ist gekennzeichnet durch das Informationsverarbeitungsparadigma, d.h. durch die Vorstellung einer grundsätzlichen Vergleichbarkeit von Mensch und Computer hinsichtlich der Art und Weise, wie Informationen aufgenommen und bearbeitet werden. Dabei gründet die klassische Kognitionsforschung auf der sogenannten Symbolverarbeitungsthese, derzufolge kognitive Prozesse auf der (regelgeleiteten/formalen) Manipulation syntaktisch konfigurierter Entitäten basieren. Mentale Prozesse gelten als irreduzibel gegenüber ihrer physikalischen

Realisierung, sie können demnach unabhängig von der materiellen Ebene betrachtet und beschrieben werden. Darüberhinaus findet sich eine rein individualistisch verengte Sichtweise (methodologischer Solipsismus), die eine ausschließliche Betrachtung mentaler Strukturen impliziert. Die Idee, daß eine Vernachlässigung des jeweiligen Umfelds sowie der physikalischen Basis zulässig ist, führt überhaupt erst zu der Überzeugung, mithilfe von Computersimulationsprogrammen adäquate Erklärungsmodelle für kognitive Vorgänge entwickeln zu können.

Eine derartige Vorgehensweise läßt jedoch wesentliche Momente außer acht, die für die menschliche Kognition sinnkonstitutiv sind; hierzu zählen: die Kontext- /Situationsabhängigkeit kognitiver Prozesse, deren soziale und kulturelle Einbindung, die Handlungsabhängigkeit von Kognition sowie die Leibgebundenheit mentaler Phänomene. Aspekte einer solchen Kritik wurden innerhalb der Kognitionswissenschaft aufgenommen und im Rahmen der mitlerweile entwickelten methodolgischen Alternative des Konnektionismus aufgegriffen. Unter diesem Etikett wird die Idee verhandelt, daß Kognition auf der mannigfachen Vernetzung einfacher Einheiten fußt und sich aus deren Interaktion komplexe kognitive Strukturen herausbilden. Hier soll - so zumindest der Anspruch - die Kontextabhängigkeit ebenso berücksichtigt werden wie die Art und Weise, wie die physikalische Basis kognitiver Prozesse organisiert ist. Betrachtet man jedoch entsprechende Modelle genauer, so erweist sich, daß hier zwar einige Eigenarten der Informationsverarbeitung im Gehirn simuliert werden, jedoch die oben angeführten grundsätzlichen Probleme der Kontextualität und Körpergebundenheit von Kognition nicht zu lösen sind. Eine erst in jüngster Zeit publik werdende andere Alternative, unter Begriffen wie "Robotics", "Artificial Life" oder "Artificial ecology" subsumiert, versucht, die Handlungsabhängigkeit von Kognition stärker in den Blick zu nehmen und das Agieren eines Organismus in einer Umwelt als wesentlich für die Herausbildung kognitiver Strukturen zu betrachten. Obwohl mit solchen Ansätzen sicherlich eine weitgehendere Annäherung an die Entwicklung von Kognition gelingt, bleibt doch auch hier das körperliche Fundament in eigentümlicher Weise unbeachtet, nicht zuletzt wohl deshalb, weil der menschliche Körper in seiner Eigenart und Komplexität durch simple Artefakte kaum simulierbar ist.

III Leiblichkeit und Kognition

Die Eliminierung des Leiblichen aus der Betrachtung kognitiver Prozesse ist nicht neu. Bereits die klassische Erkenntistheorie, insbesondere der Rationalismus, beschränkten sich bei ihrer Analyse des Erkenntnisprozesses auf die reflexive Ebene, auf das "Cogito". Das einzelne denkende Subjekt wurde zur sinnkonstitutiven Instanz und die Frage nach den Möglichkeiten von Erkenntnis letztlich immer nur damit verknüpft. Der ontologische Dualismus von Descartes drückt dies vielleicht am deutlichsten aus: In der von ihm vorgenommenen Trennung von Körper und Geist liegt genau jene für die Kognitionswissenschaft heute typische Sichtweise begründet, die Idee nämlich, daß der Geist unabhängig von seiner körperlichen Verankerung existiert, daß es sich bei Körper und Geist um zwei unabhängige Entitäten handelt, die allemal im Sinne der Wechselwirkung in Beziehung zueinander treten. Die Körperlichkeit des Menschen spielt demnach bei der Analyse von Erkenntnisvorgängen allenfalls eine periphere Rolle. Die körperliche Einbettung in die Welt ist gegenüber der reflexiven Welterfassung in der traditionellen Philosophie von sekundärem Interesse.

Mit der Phänomenologie wurde zunächst die lebensweltliche Gebundenheit des Subjekts wieder ins Blickfeld genommen und damit die klassiche Trennung von Subjekt und Welt zumindest in Frage gestellt. Merleau-Ponty weitet diesen Blickwinkel aus, indem er die Leiblichkeit in den Mittelpunkt seiner Analysen setzt. Für ihn ist der Leib das vorgängige Moment, das Fundament aller menschlichen Seinserfahrung. Erst die Tatsache, daß Menschen über einen Leib verfügen, erklärt ihr spezifisches "In-Der-Welt-Sein", welches nicht als ein rein reflexives, sondern immer als ein körpergebundenes betrachtet werden muß. Die menschliche Existenz kann somit nicht als primär reflexiv gedacht werden, sondern ist immer eine inkarnierte Existenz. Die Welt erschließt sich somit dem Subjekt primär durch dessen leibliches Ausgerichtetsein zur Welt, durch sein Handeln in der Welt. Diese Leiberfahrung ist unmittelbar, sie bildet das Fundament jeglicher Form von Reflexion.

Der Leib ist dabei für Merleau-Ponty die Instanz der Weltverankerung zwischen Innen und Außen; er ist gleichzeitig subjektiv erlebter Leib, aber auch physikalisch beschreibbarer Leib - er erweist sich somit als Mittler zwischen Natur und Geist, die klassische Subjekt-Objekt-Spaltung der traditionellen Erkenntnistheorie wird durchbrochen.

Leiblichkeit erweist sich als unhintergehbar, als apriorisches Moment menschlichen Daseins. Sinnkonstitution fußt stets auf dieser unmittelbaren leiblichen Erfahrung des Menschen und drückt sich wiederum auch stets aus in körperlichen Gesten. Bedeutung ist ohne diese Bezugnahme nicht zu denken, schöpft sich erst aus diesen Quellen inkarnierter Existenz; sie rein syntaktisch zu betrachten, wie dies zumindest in den klassischen Ansätzen der Cognitive Science erfolgt, hieße, diesen inkarnierten Weltbezug zu leugnen und damit eine Grundbedingung menschlichen Daseins außer Acht zu lassen.

Der reflexive Weltbezug ist also der Unmittelbarkeit leiblichen "In-Der-Welt-Seins" nachgeordnet und kontinuierlich dadurch geprägt. Präreflexive Leiblichkeit und reflexives Sein wirken so stets ineinander - ihre künstliche Abspaltung, ihre (selbst mit einer rein heuristischen Perspektive) vorgenommene Trennung, ist unzulässig.

IV Auswirkungen der Negation von Körperlichkeit

Die Negierung des körperlichen Fundaments kognitiver Prozesse hat auf verschiedenen Ebenen Implikationen, die nicht unproblematisch sind.
Zunächst bezieht sich dies auf den Erklärungswert von Modellen der Kognitionswissenschaft. Die oben kurz skizzierte Relevanz des Körperlichen für die Entwicklung und Ausprägung mentaler Fähigkeiten muß in den computationalen Modellen außer Acht gelassen werden, da diese über die leibliche Weltverankerung und das ursprüngliche "Zur-Welt-Hin-Ausgerichtetsein" nicht verfügen. Jedes kognitionswissenschaftliche Modell birgt infolgedessen eine unzulässige Simplifizierung bei der Beschreibung kognitiver Prozesse in sich. Sein Erklärungswert ist dementsprechend fragwürdig. Die Grenzen kognitionswissenschaftlicher Modellierung offenzulegen, muß demnach zum immanenten Prinzip dieser Disziplin werden, um zu vermeiden, daß sich ein Bild des Menschen in

unserer Kultur herausbildet, das eher an Computer-Metaphern orientiert ist als an der lebensweltlichen Verankerung des Subjekts.

Gefährliche Ausmaße nimmt die Verneinung des Körperlichen aber in spekulativen Überlegungen an, wie sie sich in jüngerer Zeit im amerikanischen Raume breit machen: Minsky, aber insbesondere Moravec entwickeln nicht nur die Vision, einen künstlichen Geist zu schaffen, der dem menschlichen Intellekt überlegen sei; darüberhinaus führen sie aus, daß dessen Stärke gerade in seiner Körperlosigkeit bestünde: Das defizitäte Moment, was dem Leib per se innewohnt - bedingt durch potentielle Krankheit und Sterblichkeit - könne vermieden werden mit der Konstruktion von intelligenten Artefakten, in denen die geistige Kapazität schon alleine dadurch enorm gesteigert werden könne, als diese hemmenden Faktoren nicht ins Spiel kämen.

Die normative Grundlage unserer Kultur bezieht sich jedoch immer wieder auf den Erhalt von Lebendigem und damit immer auch auf den Leib. Wird der Schutz von Leben, also Geist und Körper, zugunsten visionärer Vorstellungen von artifiziellen Intelligenz-Giganten hintangestellt, gibt es kaum mehr ein Argument gegen die These, wie sie von Moravec vertreten wird: daß intelligente Artefakte die längst überfällige evolutionäre Überwindung des Menschen einleiten.

Computer und Ökosystem -
zwei Metaphern fürs Denken und Lernen

Dirk Siefkes[1]
Technische Universität, Fb. Informatik
Franklinstr. 28/29
1000 Berlin 28

Die beiden Metaphern

"Damit habe ich nicht gerechnet." "Mein Kopf ist voll für heute." "Da habe ich nicht schnell genug geschaltet." Wir reden, als sitze in unserem Kopf ein Computer, mit Speicher und Rechenwerk, den wir so programmieren, daß er die Gedanken, die wir ihm füttern (!), richtig verarbeitet. Zwar sind viele dieser Metaphern älter als der Computer, aber jeder versteht sie heute so. Auch wissenschaftlich ist die *Computermetapher* üblich geworden. So stellen die drei Psychologinnen M. Chi, J. Hutchison und A. Robin in einer Arbeit [1989] kindliches Wissen durch "Begriffsgraphen" dar. Die Knoten stehen für Begriffe, die Kanten für Bezeichnungen. Sie identifizieren Wissen mit solchen Graphen und bezeichnen die Grapheigenschaften als "Wissenstruktur".

Solche Vorstellungen korrespondieren mit Bemühungen, menschliches Denken auf dem Computer zu simulieren. Dabei werden - in der Metapher wie in der Simulation - zum Beispiel Gedanken mit (logisch geglätteten) Sätzen identifiziert und Sätze durch Begriffsnetze und Wissen durch Satzstrukturen dargestellt; Begriffe sind teils elementar, teils implizit oder rekursiv durch Begriffsnetze gegeben. Denken heißt dann aus gegebenem Wissen neues mit Hilfe von Regeln erschließen. Beim Lesen wird außer der Wissensbasis noch die Regelbasis geändert. Lernen heißt ändern.

Letztlich geht die Computermetapher auf Plato zurück. Weniger alt ist die *Ökometapher*, in der Denken mit der Entwicklung in einem Ökosystem verglichen wird. Ich kenne sie von Gregory Bateson. In seinen Büchern "Ökologie des Geistes" [1972] und "Geist und Natur" [1979] beschreibt er Lernen von Lebewesen und biologische Evolution als zwei gekoppelte stochastische Prozesse, die nach denselben Prinzipien verlaufen. Präzisiert man die Analyse fürs menschliche begriffliche Lernen, so kommt man auf folgendes Bild (genauer in der unten angegebenen Literatur): Gedanken sind Individuen in einem Ökosystem, schwimmen also als Fische durch ihre Bucht; je nach Umfang entspricht Wissen zu einem Thema einer biologischen Art bis zu einer ökologischen Nische. Denken ist nicht Fortbewegung - dabei ändert sich nicht genug -, sondern Fortpflanzung: Unsere Ideen geben wir begrifflich weiter, so wie Fische ihre Eigenschaften genetisch vererben; Begrife entsprechen also den Genen. Wir lernen und erinnern begriffliches Wissen so, wie Arten sich erhalten und ändern - durch natürliche Selektion.

Zwei unterschiedlichere Metaphern fürs Denken sind kaum denkbar. Als erstes fällt wohl der Unterschied in der Struktur auf: In der Computermetapher bilden Begriffe, Sätze, Wissen eine dreistufige Hierarchie mit den Begriffen als Fundament; die Beziehungen sind zwischen je zwei Knoten einfach, können nur insgesamt sehr komplex sein; man kann jede Ebene ändern, ohne die darunterliegende ändern zu müssen. In der

[1] Den Grund für diese Arbeit konnte ich während eines Forschungssemesters am Institute of Cognitive Studies in Berkeley legen, finanziert durch ein Reisestipendium der Stiftung Volkswagenwerk; siehe den Bericht "Fish in Schools or Fish in Cans - Evolutionary Thinking and Formalization" sowie die Arbeit "Sinn im Formalen?" (AK "Theorie der Informatik" der GI). Ich danke den Mitgliedern des Instituts und des AK für die Zusammenarbeit und der VW-Stiftung für die großzügige Unterstützung.

Ökometapher dagegen gibt es kein unten oder oben: Die meisten von uns essen die Fische und lassen den Rogen liegen; für gewisse Feinschmecker aber ist der Fisch nur eine lästige Zwischenstufe auf dem Weg zum Kaviar; für die Natur schließlich scheinen Individuen und Eier gleich unwichtig zu sein: sie produziert beide in Massen, um nur die Art zu erhalten. Entsprechend ist uns - in Prüfungen zum Beispiel - Wissen wichtiger als sein jeweiliger Ausdruck, auch wenn wir nur den erfragen können. Allerdings legen wir großen Wert auf Begriffe - stimmt die Ökometapher nicht? Ich glaube eher, daß uns die Philosophen einen Streich spielen: In der Umgangssprache sind wir mit Wörtern freigebig; obwohl in ihnen unsere gesamte sprachliche Erfahrung ruht, werfen wir sie achtlos unter unsere Zuhörer und erhalten sie - frisch geschliffen oder gebrochen, aber immer funkelnd - zurück. Nur Wissenschaftler und Fanatiker versuchen, ihre Begriffe reinzuhalten, bis sie vor Geiz abgegriffen sind.

Begriffsbildung und Lernen

Sprachliche, motorische und soziale Entwicklung von Kindern verlaufen verzahnt, wie zum Beispiel der russische Psychologe Vygotski in den 2oer Jahren gezeigt hat; siehe seine Arbeiten in dem Band "Mind in Society" [1978]. Ein Kind, das sich mit Hilfe eines Hockers und eines Stocks einen Keks vom Regal angeln will, kommt besser zurecht, wenn es sich dabei laut "Gedanken macht" - mit sich oder Erwachsenen Strategien bespricht und sie gleichzeitig ausführt. Das paßt zur Ökometapher, nach der Begriffe nicht als Darstellungen von irgend etwas von außen übernommen wurden, sondern sich beim Verarbeiten lang wiederholter Erfahrungen im Menschen "ausbilden". Bei allen Tieren gehen Erfahrungen "in Fleisch und Blut" und vor allem in Muskeln und Nerven über, aber nur beim Menschen werden sie gleichzeitig "begriffen" und sind verfügbar, um die Erfahrung gedanklich zu wiederholen, dabei besser zu begreifen und auf dieser Grundlage neue Erfahrungen machen zu können. Elementare Begriffe wie 'unten - oben', 'warm - kalt', 'im Gleichgewicht' entwickeln sich so lange vor der Sprache, ja vor der Geburt, im sozialen Kontakt, also "beladen" mit Gefühlen und daher am tiefsten verankert. Solche "unmittelbaren" Bedeutungen beschreibt Mark Johnson in "The Body in the Mind" [1987]; er nennt sie 'image schemata', weil sie lebhaft wie Bilder und unvermittelt wie Kants Schemata sind.

"Ontogenese folgt der Phylogenese" lautet eine nützliche Faustregel in der Biologie: Die individuelle Entwicklung entspricht in großen Zügen der Entwicklung der Art. Säugetierembryos sehen eine Weile wie Fische aus, weil Fische ein Stadium in der Evolution der Säugetiere darstellen. Wenn sich Begriffe biologisch entwickeln (Ökometapher), kann man aus Vygotskis Untersuchungen einmal schließen, daß die Menschen Sprache und Werkzeuge gleichzeitig entwickelt haben - eins ist nicht "denkbar" ohne das andere, in der kindlichen Entwicklung wiederholt sich die historische. Andererseits braucht nach der Ökometapher Sprechen ein Entwickeln von Begriffen: Die Fische, über die ich rede, hole ich aus meiner Bucht, so wie sie dort entstehen. Dabei rekapituliere ich - ontogeny follows phylogeny - mit jedem Wort, das ich gebrauche, seine Geschichte. Ich kann nicht 'Fisch' sagen, ohne daß dabei - zumeist mir nicht bewußt - der erste selbstgefangene Stichling sich in meiner Jungensfaust windet, der Butt von Günter Grass' Buchumschlag mich anglubscht, der Fischmarkt in Athen mir in die Nase steigt.

Dazu paßt, wie wir in der Umgangssprache mit Begriffen umgehen. Zum Beispiel denke ich bei 'Fisch' an Hering oder Forelle, nicht an Hai oder Schleierschwanz. Alle vier sind gleichermaßen Fisch, aber nicht gleich typisch. Die Psychologin Eleanor Rosch spricht deswegen von Klassifikation nach "Prototypen" statt nach Charakteristika: Was Fische sind, lerne ich anhand von "Musterbeispielen", nicht an Listen von Merkmalen. Auch sonst sind Begriffe und Begriffssysteme vielfältig strukturiert und nicht einfach (Hierarchien von) Klassen; siehe zum Beispiel ihr Buch "Cognition and Categorization" mit Barabara Lloyd [1978] und ihre Arbeit "Classification of Natural Objects" mit Carolyn Mervis [1981].

Auf der Fülle solcher Untersuchungen bauen Mark Johnson und George Lakoff in Büchern wie "Metaphors We Live By" [1980], "The Body in the Mind" [1987], "Women, Fire, and Dangerous Things" [1987] auf und arbeiten philosophisch und linguistisch daran weiter: Nicht nur die elementaren Bereiche der Sprache erhalten ihre Bedeutung direkt aus der Erfahrung; mit Hilfe von Metaphern übertragen (griech. metapherein) wir diese reichhaltige Struktur in die höchsten Abstraktionen. Nur metaphorisch zum Beispiel sind Abstraktionen hoch und können Strukturen reich oder arm sein. In der Biologie sind solche Mechanismen bekannt. Evolutionssprünge lassen sich unter anderem dadurch erklären, daß genetische Entwicklungen plötzlich in einem anderen "Kontext" neue "Bedeutung" erhalten. Dieselben Vorderflossen können zu Vorderbeinen, Flügeln oder Armen evolvieren; eine Raupe kann durch "Augen" auf dem Hinterleib einen üblen Artgenossen "imitieren" und so "sich schützen".

Mit der Ökometapher übertragen wir diese reichen Strukturen von der Ökologie auf die Erkenntnistheorie. Vielfach lassen sich so bekannte Erscheinungen ohne neuen Begriffsapparat einheitlich verstehen, wie oben metaphorisches Denken oder Johnson's image schemata. Schöne Beispiele liefert das "frame concept" in der Künstlichen Intelligenz. Da Begriffe in der Computermetapher elementar sind, erhalten sie ihre Bedeutung durch einen zusätzlichen "Rahmen" von expliziten Regeln, informaler Beschreibung oder Benutzerwissen. Nach der Ökometapher ist eine solche Trennung zwischen System und Rahmen nicht möglich oder zumindest willkürlich. Fische entwickeln sich nicht in einer gegebenen Bucht, die sie vielleicht dadurch verändern; Fische und Bucht evolvieren gemeinsam. Die Fähigkeit zur Anpassung steckt in Fischgenen ebenso wie in anderen ökologischen Mechanismen, die wir zum Beispiel 'geologisch' nennen, weil wir die Fische dabei außer Acht lassen. Das Verb 'anpassen' ist transitiv, braucht Subjekt und Objekt. In den Büchern von William Thompson zur Gaia-Hypothese [1987, 1989] beginnen die Autoren eine Evolutionstheorie, in der sie so genauer auf die Zusammenhänge eingehen; sie ist überzeugender, teilweise einfacher.

Umgang mit Formalismen und Maschinen

Was nützt uns Informatikern eine evolutionäre Theorie des Denkens? Rechner sind Maschinen, die wir mit Hilfe von Formalismen planen, bauen und benutzen. Maschinen und Formalismen entwickeln sich aber nicht. Stimmt das? Sicher sind Maschinen leblose Gegenstände, sonst wären sie nicht verläßlich; und auch Formalismen, mit deren Hilfe wir Zeichenreihen auf dem Papier manipulieren, wirken tot. Aber Formalismen haben einen geistigen Anteil: Wir müssen ihre Regeln und Definitionen verstehen, sonst können wir mit ihnen nicht umgehen. Zeichen zum Beispiel sind "räumliche Verweisstrukturen"; ich kann sie nur benutzen, wenn ich weiß, was 'oben' und 'unten', 'rechts' und 'links' ist. Und was heißt 'verweisen'? Wie kann ein unbewegliches isoliertes Symbol für einen lebendigen Zusammenhang stehen?

Wir führen uns selbst systematisch in die Irre! Wir fassen Formalismen als in sich geschlossene regelgeleitete Kalküle auf und meinen, wir könnten uns diesen Regeln unterwerfen, unabhängig von der Umgebung, wenn wir Formalismen benutzen. Das Ergebnis ist die Softwarekrise oder Neue Mathematik in der Grundschule, wobei die didaktische Krise tiefer und weiter reicht als die syntaktische, auch wenn darüber weniger gesprochen wird. Wenn wir Menschen irgend etwas nicht können, nicht eine Sekunde lang, ist es das: formalen Regeln folgen, Formalismus spielen. Dem Problem gehe ich in der Arbeit "How to Communicate Proofs or Programs" [1988] nach.

Formalisieren heißt einen sprachlichen Bereich von der Umgangssprache abschotten: Mit Hilfe von Definitionen legen wir Begriffe, mit Hilfe von Regeln ihre Verwendung fest. Die Schotten sind aber nicht wasserdicht; wir wehren nur Strömungen ab, ändern die Wassertiefe. In solchen abgeschotteten Becken züchten wir neuartige Fische. Wir betonen die Eigenschaften, auf die es ankommt, unterdrücken andere. Nur die Fortpflanzungsfähigkeit dürfen wir nicht gefährden, sterile Fische können wir nicht weiterzüchten. Das ist unser Dilemma beim formalen Arbeiten: Je mehr wir Begriffe und Regeln präzisieren, um Genauigkeit und Übersichtlichkeit zu gewinnen, desto unsicherer stehen wir auf dem natürlichen Boden gewachsener Erfahrung. Formale Sicherheit können wir erlernen, als Einzelne, als wissenschaftliche Gemeinschaften, als Kulturen. Aber das Unsicherheitsprinzip gilt, fürs Lernen und Entwerfen ebenso wie fürs Benutzen.

Verstehen wir also das Umgehen mit Formalismen als Schwimmen zwischen zwei Extremen: In der freien Fischbucht können wir Wissenschaftler nicht mitschwimmen; in der Umgangssprache läßt sich nicht wissenschaftlich arbeiten. Aber im gekachelten Becken mit destilliertem Wasser gedeihen unsere Fische nicht. Andrea diSessa nennt in seiner Arbeit "Phenomenology and the Evolution of Intuition" [1983] die naiven Mechanismen, mit denen wir z. B. physikalische Phänomene behandeln, "phenomenological primitives"; ohne diesen Untergrund könnten wir keine wissenschaftlichen Theorien züchten. Wissenschaft, die ihren Sinn nicht mehr aus menschlichen Problemen erhält, ist überhaupt sinnlos. Biologen ist das Phänomen vertraut: Lebewesen können nur existieren, wenn ihre biologischen Variablen zwischen gewissen Grenzen pendeln. In meinen Arbeiten über "Kleine Systeme", siehe zum Beispiel den Sammelband [1992], habe ich *Sinn* - als sprachliche Bedeutung und als gelebte Bewertung - zu den biologischen Variablen hinzugefügt und ein System als "klein" (angemessen) bezeichnet, wenn es in allen Dimensionen flexibel ist. Nur in kleinen Systemen können Menschen wahrnehmen, kommunizieren, handeln, insbesondere wisenschaftlich arbeiten. In der Computermetapher sind solche Unterscheidungen nicht ausdrückbar.

Repräsentationen

Einen Vorteil hat die Computermetapher: Man kann mit ihr über Repräsentationen sprechen. Mit Begrifen stellen wir Dinge und ihre Eigenschaften dar und machen uns "im Kopf" Gedanken "über die Welt". Diese "Abbildtheorie" ist aus vielerlei Gründen im Verruf. Das Hauptproblem ist in der Philosophie als "Leib-Seele-Problem" bekannt: Wenn die Trennung zwischen "innen" und "außen" real ist, wie kommt die Verbindung zustande? Wenn sie imaginär, die Welt also in unserem Kopf ist, wie können wir kommunizieren?

In der Ökometapher ist für Repräsentationen weder Raum noch Bedarf. Repräsentationen sind lokal: Innerhalb eines Rahmens, der fest bleibt, wird ein Bereich auf einen anderen abgebildet. Dabei bleiben Strukturen erhalten: Repräsentieren wir Dinge durch Begriffe, so werden Beziehungen zwischen Dingen zu Beziehungen zwischen Begriffen; Wissen wird zu einer mathematischen Sruktur, wie wir oben sahen. In der Ökometapher spielen Begriffe die Rolle von Genen. Gene enthalten alles, was die Art zur Erhaltung braucht; also auch die Beziehungen zur Umwelt, also die Umwelt? Das geht nicht. Gene sind nur ein Teil des komplizierten Mechanismus "Evolution"; sie sind abgetrennt von ihrer Umgebung ebensowenig zu verstehen wie die Art, die sie "repräsentieren"(!), abgetrennt von der Umwelt, mit der sie durch die Individuen dauernd in stürmischer Beziehung steht (und fällt). Ebenso sind Begriffe durch die Gedanken, mit denen wir sie in ständig wechselnde "Kontexte" setzen, innig mit all unserem Wissen verwoben. Es gibt kein Innen und Außen, keinen festen Rahmen. Wir können mit unserem Wissen nicht die Welt repräsentieren; alles würde auf alles abgebildet, es gäbe nur Konfusion. Im evolutionären Bild des Denkens ist für Repräsentationen kein Raum.

Und kein Bedarf. Das Ökosystem Geist ist nicht ein Abbild, sondern ein Teil der Welt. Verschiedene Ökosysteme kommunizieren nicht durch Signale, sondern durch Austausch. Fische schwimmen zwischen den

Buchten hin und her. Soweit die Bedingungen es erlauben, siedeln sie sich an, stören, bereichern. So "weiß" jede Bucht, was "in der Welt" vor sich geht, und erhält und verändert sich entsprechend. (Diese Bild paßt auch nicht zum Konnektionismus, der neuen Computermetapher der Künstlichen Intelligenz. Dabei werden zwar begriffliche Repräsentationen aufgegeben, aber neuronale Netze sind, wie jede Art von Simulation durch Maschinen, abgeschlossene Einheiten, atomar aufgebaut und zerlegbar, mit fester (Ein/Ausgabe-) Beziehung zur Umgebung. Sie sind hervorragend zur Mustererkennung einsetzbar; aber wer gibt ihnen die Muster?)

Francisco Varela, Evan Thompson und Eleanor Rosch entwerfen in dem Buch "The Embodied Mind" [1991] eine Kognitionswissenschaft "ohne Grundlagen", bauen dabei auf den in dem Buch "Der Baum der Erkenntnis" [1991] zusammengefaßten Erfahrungen von Humberto Maturana und Francisco Varela weiter. Die Autoren haben mich stark beeinflußt, auch wenn sie die Ökometapher nicht direkt benutzen. Sie verstehen evolutionäres Denken aus der Weisheit buddhistischer Meditation und den Erkenntnissen moderner Evolutionstheorien. In beiden findet sich im Gegensatz zum abendländischen Denken kein Fundament, auf dem Gebäude zu errichten wären. In der Natur wie in der Weisheit kann man sich nur kreisend bewegen.

Literatur

Bateson, Gregory 1972: Steps to an Ecology of Mind. Ballantine Books.
    Deutsch: Ökologie des Geistes. Suhrkamp stw 571, 1985
- " - 1979: Mind and Nature - a Necessary Unity. Bantam Books.
    Deutsch: Geist und Natur - eine notwendige Einheit. Suhrkamp 1982
Chi, Michelene T. H., Jean E. Hutchinson, and Anne F. Robin 1989:
    How Inferences About Novel Domain-Related Concepts Can be Constrained by Structured Knowledge.
    Merrill-Palmer Quarterly, vol. 35, no. 1, pp. 27-62
diSessa, Andrea 1983: Phenomenology and the Evolution of Intuition.
    In D. Gentner, A. Stevens (eds): Mental Models. Hillsdale NJ: Lawrence Erlbaum, pp. 15-30
Johnson, Mark 1987: The Body in the Mind. Chicago London: University of Chicago Press
Lakoff, George 1987: Women, Fire, and Dangerous Things. Chicago London: University of Chicago Press
- " -, and Mark Johnson 1980: Metaphors We Live By. Chicago London: University of Chicago Press
Maturana, Humberto, and Francisco Varela 1987: The Tree of Knowledge. - The Biological Roots of
    Human Experience. Berkeley: Shambala Press. 2nd ed.
    Deutsch: Der Baum der Erkenntnis - Die biologischen Wurzeln des menschlichen Erkennens.
    Bern: Scherz, 2.Aufl. 1987
Mervis, Carolyn, and Eleanor Rosch 1981: Categorization of Natural Objects.
    Ann. Rev. Psychol. vol. 32, pp. 89-115
Rosch, Eleanor, and Barabara Lloyd (eds) 1978: Cognition and Categorization.
    Hillsdale NJ: Lawrence Erlbaum
Siefkes, Dirk 1988: How to Communicate Proofs or Programs.
    In Christiane Floyd et al. (eds) 1992: Software Development and Reality Construction. Berlin Heidelberg New York: Springer, pp. 140-154
- " - 1991: Sinn im Formalen? Wie wir mit Maschinen und Formalismen umgehen.
    In Wolfgang Coy et al. (eds) 1992: Sichtweisen der Informatik.
    Braunschweig Wiesbaden: Vieweg, S. 97-114
- " - 1992: Fish in Schools or Fish in Cans - Evolutionary Thinking and Formalization.
    International Computer Science Institute Berkeley, TR-92-009, February 1992, 50 pp.
- " - 1992: Formale Methoden und Kleine Systeme.
    Braunschweig Wiesbaden: Vieweg
Thompson, William (ed) 1987, 1989: Gaia - a Way of Knowing: Political Implications of the New Biology.
    Gaia 2 - Emergence: The New Science of Becoming. Hudson NY: Lindisfarne Press
Varela, Francisco, Evan Thompson, and Eleanor Rosch 1991: The Embodied Mind - Cognitive Science and
    Human Experience. Cambridge: The MIT Press
Vygotski, L. S. 1978: Mind in Society - The Development of Higher Psychological Processes.
    Cambridge London: Harvard University Press

Wider die Computermetapher

Die starke KI-Hypothese und ihre Mißdeutungen

Gerhard Strube

Universität Freiburg
Institut für Informatik und Gesellschaft
Friedrichstr. 50, 7800 Freiburg i.Br.

Wissenschaftliche Theoriebildung hat - zumal in der Psychologie - schon immer Anleihen bei anderen Wissenschaften gemacht. Ob bei William James zu Ende des vorigen Jahrhunderts die menschliche Aufmerksamkeit mit dem Lichtkegel einer Lampe verglichen wurde, ob die Triebtheorie der Psychoanalyse Sigmund Freuds das Bild eines hydraulischen Systems mit Sicherheitsventilen und Druckausgleichsmechanismen provozierte, ob später die mathematisch-psychologische Entscheidungstheorie sich marktwirtschaftlicher Analogien bediente, immer waren Modelle anderer Wissenschaften zwar nicht buchstäblich, aber metaphorisch übernommen worden und hatten zur Formulierung von Theorien über den Menschen angeregt. Speziell für die Kognitionspsychologie moderner Prägung, die sich in den fünfziger Jahren herausbildete, hat sich die Ansicht eingebürgert, daß sie eine Frucht der "Computermetapher" sei. In der Tat hat sicherlich das Interesse an Kybernetik wie Informationstheorie, beide um 1948 entstanden, in Zusammenhang mit dem Beweis des Machbaren, den die ersten Computer lieferten, der kognitiven Psychologie mächtige Impulse vermittelt. Und einzelne ihrer Ergebnisse, wie das nahezu für ein Jahrzehnt forschungsleitende Modell menschlicher Informationsverarbeitung von Atkinson & Shiffrin (1968), lesen sich wie der Nachbau eines damaligen Rechners. Mir scheint aber, daß eigentlich nicht die Metapher vom Computer den Aufschwung der kognitiven Psychologie und der Kognitionswissenschaft bestimmt hat, und daß insofern die populäre Ansicht fehlgeht. Doch davon später. Wenden wir uns zunächst der gängigen Kritik zu, die gegen jedwede Parallele zwischen Geist und Computer gerichtet ist.

Kritik an der Computermetapher des Geistes

Daß die Computermetapher "für die Psychologie schädlich" sei, und daß wir stattdessen *"brain-style modeling"* benötigten, hat David Rumelhart 1988 auf dem Internationalen Psychologenkongreß in Sydney verkündet. Dabei wird das Paradigma des Konnektionismus, das er propagiert, von anderen (z.B. Becker & Steven in diesem Band) durchaus dem Informationsverarbeitungsansatz zugeordnet und implizit unter die Computermetapher subsumiert. Die rechte Lesart seiner Kritik soll aber wohl sein, daß die (herkömmliche, also auf Symbolverarbeitung rekurrierende) Computermetapher die biologischen Grundlagen menschlicher Geistestätigkeit negiert. In ähnliche Richtung zielte schon John Searles berühmte KI-Kritik von 1980.

Das ist nicht alles. Nehmen wir den Punkt der "Leiblichkeit". Wenn man mit Merleau-Ponty von der unmittelbar gegebenen leiblichen Existenz ausgeht und ihr die geistige Reflexion nachordnet – eine entwicklungspsychologisch nicht unproblematische Annahme, da sich keinesfalls erst die gesamte Körperlichkeit und danach erst Geistiges entwickelt –, gelangt man schnell zum Verdikt einer "unzulässige(n) Simplifizierung bei der Beschreibung kognitiver Prozesse" (Becker & Steven, in diesem Band).

In ähnlicher Weise ist auch die (bei Jerry Fodor tatsächlich programmatisch vertretene) Reduktion auf interne Repräsentationen als beklagenswerte Folge der Orientierung an der Computermetapher kritisiert worden, sowie die Vernachlässigung von Kommunikationsprozessen und damit der sozialen Komponente, der Einbettung von Kognition in den jeweiligen situativen Kontext usw. Besonders nachhaltig kommt indes bei modernen Kritikern der KI die von Maturana und seinen Schülern, insbesondere Varela vertretene Auffassung zur Geltung, wonach es ein verhängnisvoller Irrtum sei und biologischen Wahrheiten zuwiderlaufe, Kognition als Informationsverarbeitung anzusehen. Weiterungen solcher Fundamentalkritik finden sich beispielsweise bei Siefkes (in diesem Band).

Um diese Kritik richtig einschätzen zu können, ist m.E. dreierlei nötig: (1) Zunächst Klarheit zu gewinnen über die "starke KI-Hypothese", die im Gegensatz zu irgendeiner vagen "Computermetapher" wirklich die Grundlage der Künstlichen Intelligenz darstellt, (2) die Kognitionstheorie von Maturana und Varela näher zu betrachten, und (3) die Möglichkeiten zu untersuchen, die von der Kritik als vernachlässigt angemahnten Aspekte im Rahmen der starken KI zur Geltung zu bringen. Dies soll im folgenden geschehen.

Die starke KI-Hypothese

Sie ist (allerdings eher, um die Fruchtlosigkeit aller Künstlichen Intelligenz zu erweisen) in Searles berühmter Arbeit von 1980 als Grundlage der KI identifiziert worden. Auf ihren Kern reduziert, besagt sie, daß kognitive Prozesse nichts anderes sind als solche der Informationsverarbeitung, mithin Berechnungsprozesse. In dieser Form liegt die starke KI-These auch der modernen Kognitionswissenschaft zugrunde (Habel, Kanngießer & Strube, 1990). Man beachte, daß diese These den Bereich kognitiver Prozesse grundsätzlich auch für Computer eröffnet; dies jedoch keinesfalls gleichbedeutend ist mit der Annahme, daß irgendwelche Computer Modelle menschlicher Kognition seien, wie eben die Computer-Metapher (in der Psychologie z.B. das bereits erwähnte Atkinson-Shiffrin-Modell) suggeriert. Noch präziser: Unter Zugrundelegung der starken KI-These läßt sich Kognition, auch menschliche Kognition, als System von Berechnungsprozessen (oder, in der Terminologie von Newell & Simon, als Symbolverarbeitung) fassen, aber keinesfalls ist alles, was Kognition heißen kann, deshalb schon menschliche Kognition. Es könnte vielmehr durchaus sein, daß mit Computern menschliche Kognition nur insoweit modellierbar ist, als sie allgemeine, von menschlichen Spezifika unabhängige Kognition sein kann.

Daraus sind zwei Schlüsse zu ziehen: (1) Die starke KI-These steht konträr zur Computermetapher. Die Gleichung "Kognition = Informationsverarbeitung" ist nicht metaphorisch gemeint, sondern wörtlich zu nehmen. Insofern stellt die KI, wie Sybille Krämer (1988) ausführt, in der Tat die Erfüllung des mit Leibniz verbundenen Programms dar. – (2) Insoweit das Thema der Modellierung menschlicher Kognition betroffen ist, entziehen sich die nichtkognitiven (z.B. biologischen) Voraussetzungen und Randbedingungen menschlicher Kognition selbst der Computermodellierung. Kognitionswissenschaft ist somit ein Forschungsprogramm, das – wie andere notwendigerweise auch – gegenüber der Fülle menschlichen Lebens auf eine, wenn auch wichtige Perspektive verkürzt ist. Die bisher erwiesene wissenschaftliche Fruchtbarkeit dieses Ansatzes rechtfertigt ihn.

Die Aporien von Maturana und Varela

Maturana ist einer der Autoren der berühmten Arbeit über die visuelle Wahrnehmung des Frosches (Lettvin, Maturana, McCulloch & Pitts, 1959), in der die Informationsverarbeitung des Frosches untersucht wird. Doch danach wandte Maturana sich radikal von dem Gedanken ab, daß Kognition Informationsverarbeitung ist. In ihrer Arbeit über die Größenkonstanz der (menschlichen) Wahrnehmung (Maturana, Varela und Frenk, in Maturana, 1985) wird anstelle der hier üblicherweise herausgestellten Verarbeitung der Information über die Entfernung eines Gegenstandes folgendes erklärt: Der vom Gegenstand ausgehende Reiz "stört" ("perturbiert") in nicht näher bezeichneter Weise das System (d.h. die wahrnehmende Person). Das System reagiert darauf so, daß es seinen Zustand gegenüber dieser Perturbation aufrechterhält. Dies geschieht durch Anspannung des Ziliarmuskels im Auge und die dadurch erfolgende Krümmung der Augenlinse. So weit, so gut. Mit Recht betonen die Autoren hier, daß im Zentrum der Forschung stehen sollte, was innerhalb des Systems geschieht; diese antibehavioristische Haltung wird allerdings von der Kognitionswissenschaft ohnehin geteilt. Aber Maturana et al. sagen gar nichts darüber – und lassen es dadurch als geradezu unerklärbares Rätsel erscheinen – wieso die Linsenkrümmung vom Organismus gerade so eingestellt wird, daß der vom Blick fixierte Gegenstand auf der Netzhaut möglichst scharf erscheint. Hier zeigt sich eine grundlegende Aporie des Maturanaschen Ansatzes, und ich muß sagen, daß die herkömmliche Kognitionswissenschaft, die den gesamten Regelungsvorgang betrachtet, hier eindeutig den Vorzug verdient.

Die Auseinandersetzung mit Maturana und Varela wird erschwert durch die idiosynkratische Terminologie und die apodiktische Redeweise der Autoren, deren Kehrseite die Heranbildung von Jüngern anstelle kritischer Gefolgsleute ist. Nimmt man die Äußerungen wörtlich, so führt Kognitionswissenschaft à la Maturana sich schnell selbst ad absurdum: "Lebende Systeme sind kognitive Systeme, und Leben als Prozeß ist ein Prozeß der Kognition. Diese Aussage gilt für alle Organismen, ob diese ein Nervensystem besitzen oder nicht." (Maturana, 1985, S. 39) Wenn wir diese Aussage ernst nehmen, muß es auch Kognitionswissenschaft von der Amöbe geben, oder vom Kohlrabi. Ich gestehe aber, daran wenig Interessantes finden zu können.

Es verwundert mich sehr, daß trotz solch krasser, an Beispielen beliebig vermehrbarer Mängel der von Maturana und Varela vertretene Ansatz auf so breites Interesse stößt. Insbesondere wird er gerne zur Grundlage entschlossener, wenn auch meist wenig detaillierter KI-Kritik gemacht (z.B. bei Winograd & Flores, 1986, oder bei Siefkes, in diesem Band). Die Versprechungen Maturanas in bezug auf neue empirische Einsichten sind bisher nicht eingelöst worden, und es wird wohl auch dabei bleiben: Eine neue Kognitionswissenschaft kann wegen der grundsätzlichen Beschränktheit dieses Ansatzes auch nicht herauskommen. Angesichts dieser Sachlage scheint es mir lohnender, die Chancen auszuloten, die der in dieser Hinsicht ungleich erfolgreichere Ansatz der klassischen, am Symbolverarbeitungsparadigma orientierten KI bietet.

Wiedergewinnung von Leiblichkeit und Umwelt

Yorick Wilks hat einmal bemerkt, daß wohl kein künstliches System jemals verstehen könne, was "Zahnweh" bedeutet. Ähnlich argumentiert Dirk Siefkes (in diesem Band): "Ich kann nicht ´Fisch´ sagen, ohne daß dabei - zumeist nicht bewußt - der erste selbstgefangene Stichling sich in meiner Jungensfaust windet, der Butt von Günter Grass´

Buchumschlag mich anglubscht, der Fischmarkt von Athen mir in die Nase steigt." Ist dies, wie für Searle (1980), der Beweis, daß Computer nicht in der Lage sein können, natürlichsprachliche Äußerungen zu verstehen? Oder daß beim Verstehen, wie Siefkes meint, die Ontogenese oder gar die Phylogenese von Wörtern rekapituliert wird? Kann ich das verstehen, der ich nie einen Stichling gefangen habe und erst nochmal den "Butt" aus dem Bücherregal holen muß, um mir seinen Umschlag anzusehen? (Es ist natürlich klar, daß Siefkes hier nur meint, daß persönliche Erinnerungen evoziert werden, und hier ist nicht der Ort, das *other minds problem* zu erörtern.) Aber wie steht es mit der Notwendigkeit solcher persönlicher Erinnerungen? Sie reichern die assoziative Bedeutung von Begriffen fraglos an; ob sie aber unverzichtbar sind, um sprachliche Äußerungen zu verstehen, hängt davon ab, was man Verstehen zu nennen bereit ist. Schon Abelson weist (in der *peer discussion* zu Searle, 1980) darauf hin, daß Verstehen auch bei uns Menschen graduell variiert, und daß keinesfalls immer – wofür er hübsche Beispiele bringt – persönliche Erfahrungen dabei im Spiel sein müssen. Wenn aber Derartiges keine notwendige (und außerdem nicht einmal eine hinreichende) Bedingung des Verstehens darstellt, kann diese Argumentation die traditionelle KI wohl kaum aus den Angeln heben.

Dennoch eröffnet sich hier ein grundlegenderes Problem. Gewisse Spielarten des Kognitivismus, insbesondere die von Jerry Fodor propagierte, wollen Kognition völlig loslösen von irgendwelcher Physis. Dies steht zweifelsohne in der Tradition der *Physical Symbol Systems Hypothesis* von Newell und Simon (1976), die ja die prinzipielle Beliebigkeit der physischen Implementierung von Symbolverarbeitungssystemen betonen, durch die erst künstliche Intelligenz möglich wird. Aber das sozusagen beliebig wählbare physische Substrat der Symbole ist natürlich nicht identisch mit "Leiblichkeit". Wenn unser Körper Wasser von der ganz anderen Art der bekannten Gedankenexperimente Putnams enthielte, wäre sicherlich die Substanz anders, und doch tangierte das allein nicht unsere Leiblichkeit. Leiblichkeit meint selbst wieder die Organisation des Lebendigen, nicht eine bestimmte physikalisch-chemische Zusammensetzung.

Leiblichkeit meint im Kontext des Symbolverarbeitungskonzepts die Verankerung von symbolischen Repräsentationen mit Weltgegebenheiten, mit denen sie aufgrund der sensorischen und motorischen Organisation des Systems verknüpft sind. "Fisch" wird somit an eine bestimmte Klasse von Wahrnehmungen gebunden. Newell (1980) wird im Vergleich zu der meist zitierten Arbeit von Newell und Simon (1976) weit deutlicher, wenn der den Symbolbegriff diskutiert. Er will ihn explizite nicht bloß im Sinn der Automatentheorie (d.h. also als Elementarzeichen oder syntaktisch korrekte Kombination aus solchen) verstanden wissen, sondern betont den Weltbezug der Symbole. Diese Betrachtungsweise eröffnet zwar das *other minds problem* in verschärfter Form (Wie muß das Weltbild von künstlichen Systemen mit dezidiert nichtmenschlicher sensumotorischer Ausstattung eigentlich aussehen?), bricht andererseits dem üblichen Einwand mangelnder "Leiblichkeit" in der KI und Kognitionswissenschaft die Spitze.

Vergleichbar könnten die übrigen sonst von Kritikern genannten Punkte (mangelnde Einbeziehung sozialer Interaktion und Kommunikation beispielsweise) durch Ausloten der in Systemen der verteilten KI bereits ansatzweise realisierten Möglichkeiten als durchaus mit der starken KI-Hypothese vereinbar erwiesen werden, worauf in diesem Rahmen allerdings aus Platzgründen verzichtet werden muß.

Nicht verzichten kann ich auf den Hinweis, daß die üblichen Kritiken über den – wie sie jedenfalls meinen – Erweis der prinzipiellen Unangemessenheit des traditionellen (symbolischen) Informationsverarbeitungsmodells hinaus kaum etwas zu bieten haben, was die konkrete empirische Erforschung menschlicher Kognition oder gar die Konstruktion intelligent zu nennender Maschinen voranbringt. Der einzige Ansatz, der hier praktische Erfolge vorzuweisen hat, ist der Konnektionismus; und dieser ist ebenfalls dem Informationsverarbeitungsparadigma verpflichtet. Er hat aber gegenüber Symbolverarbeitungssystemen den Nachteil mangelnder Durchschaubarkeit der Modelle, und daher bleibt der Erklärungswert konnektionistischer Modelle für eine Theorie der Kognition im einzelnen deutlich geringer als bei traditionellen Ansätzen. Auch dort heißt natürlich Modellieren, eine Abstraktion zu vollziehen; doch jede Theorie stellt eine Abstraktion dar, deren Brauchbarkeit sich daran erweisen muß, ob sie die Forschung vorantreibt. Die starke KI-Hypothese hat hier bisher bestens abgeschnitten.

Fazit

Nicht eine "Computermetapher", sondern die in der starken KI-Hypothese behauptete Äquivalenz von Kognition und Berechnung hat die kognitionswissenschaftliche und KI-orientierte Forschung in den vergangenen Jahrzehnten erfolgreich vorangetrieben. Mißdeutungen dieses Ansatzes haben die Chancen verkannt, die er beispielsweise für eine Einbeziehung der Leiblichkeit, der Außenwelt und der Kommunikation bietet. Alternative Ansätze waren weit weniger erfolgreich hinsichtlich der Erklärung menschlicher Kognition und der Konstruktion kognitiver Systeme. Maturana entwirft eine völlig andersartige Kognitionswissenschaft, die aber neue empirische Resultate bislang schuldig geblieben ist und in Gefahr steht, den Begriff der Kognition als Synonym für "Leben" zu verwenden und ihn damit aufzulösen. Der Konnektionismus andererseits, als zwar dem Gedanken der Informationsverarbeitung verpflichteter, doch der Symbolverarbeitung zumindest reserviert gegenüberstehender Ansatz (am positivsten äußert sich hier Smolensky, 1988) ist vergleichsweise erfolgreich in praktischer Hinsicht, läßt aber in seinen Modellen weitgehend die Erklärungskraft traditioneller Ansätze vermissen. Der produktive wissenschaftliche Wert der starken KI-Hypothese ist somit auch heute unbestreitbar: Besseres haben wir (noch?) nicht.

Literatur

Atkinson, R. C., & Shiffrin, R. M. (1968). Human memory: A proposed system and its control processes. In O. Spence & O. Spence (Eds.), *Advances in the psychology of learning and motivation* (Vol. 2, pp. 89-195). New York: Academic Press.

Habel, C., Kanngießer, S., & Strube, G. (1990). Editorial "Kognitionswissenschaft". *Kognitionswissenschaft, 1*, 1-3.

Krämer, S. (1988). *Symbolische Maschinen. Die Idee der Formalisierung in geschichtlichem Abriß.* Darmstadt: Wiss. Buchgesellschaft.

Lettvin, J. Y., Maturana, H. R., McCulloch, W. S., & Pitts, W. H. (1959). What the frog's eye tells the frog's brain. *Proceedings of the Institute of Radio Engineers, 47*, 1940-1951.

Maturana, H. R. (1985). *Erkennen: Die Organisation und Verkörperung von Wirklichkeit* (2Braunschweig: Vieweg.

Newell, A. (1980). Physical Symbol Systems. *Cognitive Science, 4*, 135-183.

Newell, A., & Simon, H. A. (1976). Computer science as empirical inquiry: Symbols and search. *Communications of the ACM, 19* (3).

Searle, J. R. (1980). Minds, brains, and programs. *Behavioral and Brain Sciences, 3*, 417-457.

Smolensky, P. (1988). On the proper treatment of connectionism. *Behavioral and Brain Sciences, 11*, 1-74.

Arbeitsgruppe 5: Informatisierung der Gesellschaft: wer treibt sie voran, wohin geht sie, worin liegt der Nutzen, wem nützt sie?

Peter Mambrey, Gesellschaft für Mathematik und Datenverarbeitung, St. Augustin
Helmut Volkmann, Siemens AG, München

Nach fast 20jähriger wissenschaftlicher Kongreßarbeit einer Gesellschaft für Informatik, bei über 3000 Mitgliedern eines Fachbereichs "Informatik und Gesellschaft", bei Existenz von thematisch ähnlich gelagerten Fachgruppen, z.B. der Industriesoziologie in der Deutschen Gesellschaft für Soziologie oder des Arbeitskreises Politik und Technik der Deutschen Gesellschaft für Politische Wissenschaften und zahlreichen Förderprogrammen von Stiftungen und Staat muß es verwundern, daß die Titelfragen überhaupt noch gestellt werden können. Aber leider haben wir auf diese einfachen Fragen immer noch keine ausreichenden und allgemein akzeptierten Antworten, die theoretisch und empirisch fundiert sind. Dies wird sich auch nicht so schnell ändern. Natürlich gibt es eine große Zahl von Studien, es gibt eine Menge Wissen. Dabei fällt aber auf, daß dieses Wissen häufig sehr speziell ist, es bezieht sich auf eine bestimmte Technik oder eine bestimmte Anwendung und gilt nur für einen engen Zeithorizont und einen beschränkten Kontext. Erkenntniserschwerend kommt auch das Schisma zwischen technischer Perspektive und sozialer Perspektive hinzu, wobei der sozialen Ignoranz der technischen Perspektive die besserwisserische Arroganz der sozialen Perspektive gegenübersteht.

Die Konzeption einer Informatik als Gestaltungswissenschaft, wie sie Wolfgang Coy vorschlägt, steht praktisch immer noch in den Sternen. Doch nicht nur die unterschiedlichen Perspektiven erschweren den Zugang zur Reflexion der Informatisierung der Gesellschaft. Es sind auch ganz praktische methodische Probleme: die Dynamiken der technischen und sozialen Entwicklungen, deren Interdependenz, die Komplexität von Techniken und Organisationen, die Verflechtungen, die Wechselwirkungen und Bedingtheiten und letztlich die unterschiedlichen Interessen von Herstellern, Entwicklern, Nutzern und Betroffenen.

Die Reflexion der Informatisierung der Gesellschaft hinkt somit der praktischen Entwicklung weit hinterher. Wir wollen uns deshalb in einigen ausgewählten Bereichen überblicksartig und verallgemeinernd die Fragen nach den Leitorientierungen der Entwicklung stellen, deren Triebkräften, den Kräfteverschiebungen, den Gewinnern und Verlierern, den alten und neuen Problemen und deren Lösungen.

Bei den Bereichen handelt es sich um die Leitorientierungen, die eine "Informationsgesellschaft" ausmachen (Helmut Volkmann). Es wird auf die Informatisierung der "Dritten Welt" durch Entwicklungszusammenarbeit eingegangen (Günther Cyranek). Die Informatisierung des politischen Systems wird in ihren Optionen und Folgen für Akteure und Betroffenen aufgezeigt (Peter Mambrey). Für die wissenschaftliche Arbeit werden die Rückwirkungen durch Anwendung von Planungs- und Steuerungssystemen analysiert (Manfred Scheifele/Wolfgang Pohl). Als Alternative zur technischen Rationalisierung wird die Möglichkeit der sozialen Rationalisierung erläutert und geprüft (Magdalene Deters/Frank Helten). Veränderungen, die durch den Einsatz neuer Techniken für Kunst und Kultur entstehen, werden aufgezeigt (Martin Warnke).

Basierend auf praktischen Erfahrungen wird versucht, die allgemeinen Fragen zu beantworten, um die Zukunftsperspektiven einer Informatisierung oder auch Alternativen dazu herauszuarbeiten und mit dem cui bono zu verknüpfen. Dies soll auf der Tagung im Arbeitskreis mit den Teilnehmern gemeinsam erfolgen. Dem liegt die Ansicht zugrunde, daß im gemeinsamen Diskurs über Technik Technik sozial gestaltet werden kann.

Leitorientierung der Informatisierung: Informationsgesellschaft?

Helmut Volkmann
Siemens AG
Zentralabteilung Forschung und Entwicklung
Otto-Hahn-Ring 6
8000 München 83

1.   Leitorientierung "Identifikation der fundamentalen Transformation"

Das Grundanliegen ist, das noch bestehende Fragezeichen zur Informationsgesellschaft, das Befürchtungen und Angste signalisiert, in ein Ausrufezeichen für die Informationsgesellschaft, das Hoffnungen weckt und Phantasien beflügelt, zu wandeln. Dabei können Leitorientierungen helfen. Die generelle Herausforderung ist, den Prozeß des Wandels zum Positiven zu beschleunigen und eine bereits von dem Zukunftsforscher Willis Harman aufgestellte Hypothese einzulösen (1):

> Wir könnten die erste Gesellschaft in der Geschichte sein, die fähig ist, die fundamentale Transformation zu identifizieren, während diese noch als Prozeß stattfindet, und so handeln, daß die sozialen Opfer, die sie begleiten, reduziert werden.

Waren die vergangenen Jahre, ja sogar Jahrzehnte, seit und mit der Nutzung des Computers eher noch durch Anstrengungen der Problematisierung und der Erzeugung von Problembewußtsein gekennzeichnet, so kommt es jetzt darauf an, das Bewußtsein für Lösungsnotwendigkeiten und Lösungsmöglichkeiten zu schärfen und Ideen für die Gestaltung der Zukunft zu wagen.

Obwohl es mit dem Verstreichen der Zeit eher noch schwerer geworden ist und wird, so markiert der " Erdgipfel von Rio" doch eine Wendemarke. Die argumentative Kraft kann der Präzisierung der Aufgabenstellungen und der Lösungsansätze gewidmet werden.

2.   Leitorientierung "Maximierung von Leistungen und Minimierung von Störungen

Dennoch sind Warnungen vor übertriebenem Optimismus angebracht. Die Leitorientierungen für die Gesellschaft, die dann auch Leitorientierungen für eine Informatisierung sein
können, damit der Faktor Information zum Nutzen für die Gemeinschaft gebraucht wird, müssen sich nach wie vor in einigen Vorstellungen einschneidend wandeln:

Die vorherrschend einsinnige Maximierung von Leistungen (z.B. Marktanteile, Gewinne, Einschaltquoten und Wählerstimmen) muß ergänzt werden durch eine Minimierung der die Leistungen begleitenden Störungen!

Stand bisher die Informatisierung im wesentlichen im Dienste der Leistungsmaximierung, so muß sie gleichzeitig in den Dienst der Störungsminimierung gestellt werden. Ergänzend zu einem berechtigten "gegen etwas" muß ein nicht minder wichtiges "für etwas" treten. Mit einer Orientierung wie

Informationsgesellschaft ist mehr als Industriegesellschaft plus Informationstechnik

ist es nicht ausreichend, die Argumente gegen den Einsatz von Informationstechnik in die Prozesse der Gestaltung einzubringen, sondern es müssen zusätzliche Gestaltungsprozesse mit Pro-Argumenten entfaltet werden, die dem "mehr als" gewidmet sind.

3. Leitorientierung "Evolutionäre Auffassung von Fortschritt"

Was nutzt Fortschritt auf der Leistungsseite, wenn der durch Störungen verursachte Rückschritt überwiegt. Anders gefragt, welche Art von Fortschritt ist überhaupt erstrebenswert? Die Leitorientierung bildet die evolutionäre Fortschrittsauffassung, die K.W. Deutsch in Anlehnung an den Biologen Julian Huxley für die Gesellschaft sinngemäß interpretiert hat: "Wenn die Menschen in mehr Umgebungen leben könnten, wenn sie mehr Verhaltensmöglichkeiten und damit mehr Wahlmöglichkeiten haben, wenn sie also größere und verschiedene Freiheitsräume erwerben, dann machen sie Fortschritt° (2). Der Preis für diese Optionalität des Fortschritts ist Komplexität. Eine Herausforderung ist und bleibt die Beherrschung von Komplexität.

Die treibenden Kräfte marktwirtschaftlich geleiteter gesellschaftlicher Entfaltung sind wissenschaftlicher Erkenntnisfortschritt, technischer Fortschritt und wirtschaftliches Wachstum. Sie bedingen und treiben sich gegenseitig mit Wirkungen auf die ganze Gesellschaft. Die dabei zu erbringenden Leistungen haben zwar Wohlstand bescherende Potentiale hervorgebracht, sind jedoch mit Störungen verbunden. Diese Triade der treibenden Kräfte muß im Sinne einer evolutionären Fortschrittsauffassung erweitert und ergänzt werden. Der Lösungsansatz läßt sich mit Hilfe von drei Stichworten verdeutlichen (3):

- Die Natur als Basis aller Existenz muß in ihrem natürlichen Wachstum geschützt und gefördert werden.

- Der Mensch als aktiver Gestalter muß sich in einem erweiterten Aktionsraum entfalten können; er muß erweiterte Aktionsmöglichkeiten erlangen und für die Gestaltung sinnvoll nutzen.

- Die Komplexität des Ganzen, wie sie durch vielfältige Institutionen repräsentiert wird, muß "beherrscht" werden.

Die erste Triade der treibenden Kräfte ist durch die zweite Triade "natürliches Wachstum, Erweiterung der menschlichen Aktionsmöglichkeiten und Beherrschung von Komplexität" zu umfangen. Beide regulieren sich gegenseitig.

Durch die Nutzung der Informationstechnik sind Regulative und Instrumentarien zu schaffen, die es ermöglichen, den Fortschritt der Gesellschaft in der erweiterten Auffassung zu kontrollieren und zu steuern. Diese Regulative und Instrumentarien müssen so geschaffen sein, daß einerseits der Zustand der Gesellschaft in ihrer globalen Interdependenz jederzeit für jedermann transparent ist und daß andererseits jeder einzelne erkennt, mit welchen Beiträgen er zu Verbesserungen und/oder Verschlechterungen des Zustandes beiträgt: Gestalten kann letztlich nur der einzelne!

4. Leitorientierung "Der Mensch als Bürger und Verantwortlicher"

Der einzelne ist in einer Doppelrolle: Er ist einerseits Bürger in einer Mikrogemeinschaft seiner Region und er ist andererseits Mitglied von (großen) Organisationen, die in der Gesellschaft für jeden einzelnen Bedürfnisse befriedigen (Wirtschaften!), aber auch Macht und Einfluß ausüben.

Wirtschaftliche Bedürfnisbefriedigung und die Ausübung von Macht und Einfluß müssen so reguliert werden, daß die Leitorientierung einer evolutionären Fortschrittsauffassung in der Praxis umgesetzt werden kann. Zwei Leitbilder, die sich in der Doppelrolle des einzelnen gegenseitig fördern, können große, prozeßtreibende Kräfte entfalten:

Fortschrittsgerechte Preisgestaltung der Wirtschaftsgüter

Fortschrittsgerechte Partizipation des einzelnen an der Gemeinschaft

Das System der sozialen Marktwirtschaft ist dann leistungsfähig, wenn die Preise alle Kosten, also auch die der Störungen beinhalten, d.h. wenn volkswirtschaftlich richtig gerechnet wird. Allein die Kenntnis, in welchem Umfange falsch gerechnet wird, würde den Bürger zu Entscheidungen bringen, die dem Ganzen nutzen. Die komplexeren Anforderungen einer volkswirtschaftlich richtige Kalkulation sind durch moderne Methoden der Information und der technischen Unterstützung bei der Aufbereitung zu bewältigen.

Umgekehrt funktioniert Demokratie dann, wenn sie im Sinne der evolutionären Fortschrittsauffassung anfaßbar und mitgestaltbar wird, d.h. wenn der einzelne der Gelegenheit hat, bei den Problemlösungen mitzuwirken. Das gilt sowohl für seine Rolle als Bürger als auch in seiner Rolle als Mitglied in einer Organisation. Demokratie kann dann funktionieren, wenn alle Bereiche der Gesellschaft demokratischen Regulativen unterworfen sind. Dazu gehört, daß sich alle Beteiligten und auch der einzelne nicht nur an den eigenen Interessen, sonderen auch an den Interessen der anderen, die sie durch Störungen gefährden, orientieren.

5. Leitorientierung "Vorbild in Korrespondenz der Erfordernisse"

Leitbilder und Leitorientierungen sind Wegbereiter für das in der Zukunft liegende Ziel einer erstrebenswerten Gesellschaft, die angesichts der Bedeutung des Faktors Information als Informationsgesellschaft charakterisiert werden kann:

Informationsgesellschaft ist eine informierte, problemlösende, zukunftsgestaltende und fortschrittsorientierte Gemeinschaft.

Charakterisierungen und Interpretationen bleiben aber abstrakt, wenn es nicht gelingt, sie zu operationalisieren und zu personalisieren. Dies kann über die Doppelrolle für jeden einzelnen versucht werden: Jeder ist sich selbst in der einen Rolle Vorbild für die andere! Und beide Rollen sind im Verbund zu sehen, so daß sie miteinander korrespondieren. In diesem Sinne lassen sich Erfordernisse in ihrer gegenseitigen Korrespondenz skizzieren. Was wird gebraucht?

Orientierung für die Verantwortlichen	Orientierung für den Bürger
interdependente Lösungen von Problemen	Beteiligung des Bürgers an Problemlösungen
synoptische Strategieentwicklung	synoptisches Lehren und Lernen
produktive und konsumptive Information und Werbung	produktives und konsumptives Infotainment und Entertainment
aufgaben- und problemzentriertes Arbeiten	aufgaben- und problemzentriertes Lernen

6. Leitorientierung "Operationalisierung: Personalisierung und Lokalisierung"

Lernen ist in beiden Rollen angesagt, damit mit Hilfe des Gelernten in gegenseitiger Befruchtung die Zukunft gestaltet werden kann. Dazu gehören nicht allein das Training von Fähigkeiten und Methoden, sondern vor allem ein "Lernen, wie man lernt" und ein "Lernen, wie man hilft", was in die Entwicklung der Persönlichkeit einmündet.

Der weltweite informationstechnische Verbund kann dazu sicherlich erhebliche Beiträge leisten. Beispielhaft lassen sich konkrete Wünsche artikulieren:

- Entwurf eines Programms zur medialen Völkerverständigung anstelle des Exports von weltweitem Unterhaltungskonsum
- Einrichtung eines Mediendienstes, der über den Zustand der Welt laufend und bestmöglich informiert
- Einrichtung einer Tele-Universität für die Aus- und Weiterbildung in globalem, vernetztem, ganzheitlichem Denken

Das Telezeitalter darf aber nicht darüber hinwegtäuschen, daß die persönliche Begegnung wichtig bleibt, ja sogar als Gegengewicht zu einer Anonymisierung (wieder) zunehmend wichtiger wird.

Ein weiterer Schritt zur Operationalisierung ist, Stätten der Begegnung zu schaffen, in denen die Beteiligten mit neuartigen Methoden ihr Wissen bei der Lösung von Problemen einbringen können (Problemlösungszentren) und im Vorlauf und problembegleitend das notwendige Wissen erwerben und adäquate Lösungsmethoden trainieren können (Wissensstätten und Wissensstädte). Derartige Stätten sind lokal und regional durchaus konkret als Bauwerke für Denkwerke(r) zu errichten (4), so daß der Vater mit dem Sohne dorthin und hineingehen und sagen kann: "Damals haben wir hier das Problem XY bearbeitet und gelöst und in absehbarer Zeit wirst Du hier an einem Programm zur Zukunftsgestaltung teilnehmen." Derartige Bauwerke können Kunstwerke sein, auf die die Bürgerinnen einer Stadt stolz sind und für das die Organisationen einer Region sich mit Geld und Geist bei Beteiligung der Bürgerinnen engagieren. Eine Utopie (5)?

(1)   Harman, Willis W.: An Incomplete Guide to the Future, New York, London, 1976
(2)   Deutsch, Karl W.: Soziale und wi rtschaftliche Aspekte der Informationsgesellschaft, i n: Sonntag, Philipp (Hrsg.): Die Zukunftder Informationsgesellschaft, Frankfurt/Main, 1983
(3)   Volkmann, Helmut: Mehr als Informationsgesellschaft - Wagnisideen für eine aktive Zukunftsgestaltung, in: gdi-impuls 2/91
(4)   Volkmann, Helmut: Vom Nutzen der Zukunftsforschung. Skizzen zum Leitbild einer Wissensstadt, in: Zukünfte Nr. 2, 4/92
(5)   Forscher, Fakten, Visionen. Das BR-Wissenschaftsmagazin: Wie utopisch sind Utopien? Sendung im Bayerischen Fernsehen, 3. Programm, am 3. Juni 1992

Informatisierung der "Dritten Welt" durch Entwicklungszusammenarbeit

G. Cyranek
Technologie und Gesellschaft
Gottlieb Duttweiler Institut für wirtschaftliche und soziale Studien
Langhaldenstr. 21
CH-8803 Rüschlikon / Zürich

Im Rahmen der Entwicklungszusammenarbeit spielt Technologietransfer von Industrieländern in Entwicklungsländer (EL) eine zentrale Rolle für Modernisierungsstrategien. Insbesondere wird den Informations- und Kommunikationstechnologien (IT) eine wichtige Rolle zugeschrieben. EL können sich der globalen Informatisierung (Cyranek 91) nicht entziehen (Burgelman 92). Für die Entwicklungszusammenarbeit ist es allerdings unabdingbar, Kriterien für einen erfolgreichen Transfer zu entwickeln. Anhand ausgewählter Fallstudien können Erfahrungen ausgewertet werden (Büsselmann, Cyranek, Gonzalez 90).

Heute leben 3,5 Mrd. Menschen in Entwicklungsländern, davon 70% im ländlichen Raum. Der potentielle Beitrag der IT zur Entwicklung relativiert sich angesichts dieser Zahlen:

> "Successful use of information technology in Developing Countries has been few and isolated and its overall impact on development and poverty alleviation has been very small in relation to expectations. Information technology could be a strong instrument for development provided its indigenious development as well as transfer are geared to the social and technical context of Developing Countries." (final workshop statement at the conference Challenges, vgl. Bathnagar, Cyranek, Mallampally, Sutz 91)

In Abhängigkeit der ausgewählten Gruppe von Entwicklungsländern wird man unterschiedliche Schwerpunkte setzen. Wir können Länder mit genügend grossem eigenen Binnenmarkt wie Brasilien und Indien betrachten, oder die auf dem Weltmarkt konkurrenzfähigen vier Drachen Taiwan, Singapur, Hongkong, Südkorea. Wieder anders ist die Situation in Ländern wie z.B. Indonesien, Kenia oder Uruguay. Wichtig sind dabei die Einsatzbereiche der Informationstechnologien, die sozialen Auswirkungen des Einsatzes sowie die Voraussetzungen für Qualifizierungsmassnahmen. Neben der Diskussion um Technologie- und Entwicklungsstrategien sind die Themen Aus- und Berufsbildung, Industrielle Produktion und Dienstleistungunternehmen mit High Tech sowie Möglichkeiten des Softwareexports für Entwicklungsländer zentral.

Ausbildung und Berufsbildung

Bei der Förderung der Informationstechnologie in Entwicklungsländern spielt Ausbildung eine zentrale Rolle. Hochschulen, Fachhochschulen, Berufsschulen (und vereinzelt allgemeinbildende Schulen) haben bereits in vielen Entwicklungsländern Informatik im Curriculum berücksichtigt. Allerdings scheint mir wichtig, eine verstärkt anwendungsbezogene Ausbildung, verbunden mit lokalen oder nationalen Problemstellungen notwendig. Bislang orientieren sich Curricula in teils grotesker Starrheit an Ausbildungsmuster der Industrieländer. Der Schwerpunkt im Transfer, wie heute noch üblich, darf also nicht in der Hard- und Software allein liegen, vielmehr ist mit den Ausbildungsinstitutionen gemeinsam eine Entwicklungsstrategie für längerfristige Kooperation zu erarbeiten. Es ist lohnenswert, Förderschwerpunkte und Projekte internationaler Organisationen wie Third World Academy of Science (Munasinghe 86), UN-ATAS, UNESCO mit dem Intergovermental Informatics Programme, UNIDO (z.B. Haywood et al. 91), der Weltbank, die International Telecommunications Union usw. daraufhin zu untersuchen. Die technische Ausstattung ist häufig nicht mehr der Engpass, stattdessen fehlt es am Anwendungswissen.

Industrielle Produktion und Dienstleistung

Für ausgewählte Industriesektoren ist zu untersuchen, inwieweit auch Entwicklungsländer auf modernste Fertigungsverfahren wie Computer Integrated Manufacturing angewiesen sind, wenn sie in engen Bereichen auf dem Weltmarkt konkurrenzfähig sein wollen. Die Frage des Technologieniveaus ist für Entwicklungsländer zentral, will man nicht auf Dauer von Experten der Industrieländer abhängig sein. Hier ist von Interesse, wie europäische Erfahrungen im Zusammenspiel von Mensch, Technik, Organisation z.B. im CIM-Bereich auch für Entwicklungsländer genutzt werden können. Allerdings gibt es auch kritische Stimmen (Ebel), die vor einer überschnellen Integration computergestützter Fertigungsmethoden warnen, da die Struktur der in Entwicklungsländern am meisten anzutreffenden Klein- und Mittelbetriebe (KMU) dem Investitions- und Ausbildungsbedürfnis für CIM nicht gewachsen sei. In den Industrieländern ist man erst jetzt dabei, Modelle von CIM auch für KMU zu erproben. Seiner Ansicht nach sind Empfehlungen für Entwicklungsländer im Zusammenhang mit CIM verfrüht. Allerdings kann auf der Unternehmensebene viel gelernt werden, wenn die Arbeitsorganisation im Vorfeld von CIM-Investitionen analysiert wird, um systematische Schwachstellen der Arbeitsproduktivität aufzudecken. Auf Staatsebene ist danach eine Industriepolitik zu formulieren, die eine nachhaltige Entwicklung zum Ziel hat, die entsprechende Beratungskapazitäten aufbaut, die den technologischen Wandel und seine Potentiale analysiert, die die Aus- und Weiterbildung der Arbeitnehmer auch für High-Tech-Projekte sicherstellt.

Neben dem Produktionssektor sind die Auswirkungen der Informationstechnologie auf den Dienstleistungssektor relevant. Die Telekommunikation bietet für Entwicklungsländer auch die Möglichkeit, verstärkt in den Daten- und Informationsaustausch weltweit eingebunden zu sein, sofern die technische Infrastruktur finanzierbar ist. Dabei ist auch die Rolle multinationaler Unternehmen zu berücksichtigen: Findet Technologietransfer tatsächlich statt, oder ist das, was passiert, nur mit assembling zu beschreiben? Roche et al. sehen dagegen in den Multis die einzige Gewähr für Technologietransfer. Nur über das Engagement der Multis sei für Entwicklungsländer eine Chance gegeben, technologischen und wirtschaftlichen Anschluss an die weltweite Informationsgesellschaft zu finden. Aber um welchen Preis?

Software Export

Für Entwicklungsländer wie Indien, Malaysia, Philippinen wird verstärkt der Softwareexport als Devisenbeschaffer diskutiert. Die grösste Erfahrung hat seit Jahren Indien mit der Software-Produktion für amerikanische und europäische Unternehmen gesammelt. Die Frage stellt sich, ob dies ein langfristiges Modell sein kann, da bei der Software-Entwicklung mit dem Anwender kooperiert, die Software vor Ort adaptiert, modifiziert und gewartet werden muss. Auch wird der ausbleibende trickle-down-Effekt vom Export zu Inlandaktivitäten kritisiert (Heeks 92). Indien hat heute nach einer Phase der Abschottung Rahmenbedingungen für den Softwareexport geschaffen: Zugang der Exportunternehmen zu Devisen, um modernste Hard- und Software für Testumgebungen in Indien sowie Satellitenkommunikation zu den Kunden zu realisieren. Indien will bis 1995 seine Deviseneinnahmen durch Software-Export verfünffachen: 500 Mio US$ werden eingeplant (Lakshminarayan 91). Mittelfristig muss, so die Ansicht der staatlichen Planer, das Fundament des indischen SW-Exports in einer Informatisierung der indischen Gesellschaft liegen. Staatliche Stellen beginnen deshalb, zig Millionen US$ in IT-Projekte zu investieren: die Indischen Eisenbahnen für erweiterte Sitzplatzreservation und zur Ortsbestimmung des Rollmaterials on-line (geplant mit ISDN), Datenbanken zur Verbrechensbekämpfung, Anwendungen im medizinischen Sektor, in ländlichen Entwicklungszentren usw.

Der vergesssene Kontinent: IT in Afrika

Viele haben Afrika unter entwicklungspolitischen Gesichtspunkten schon abgeschrieben, da sich insbesondere im schwarzen Kontinent in der letzten Entwicklungsdekade nichts entwickelt hat, sondern im Gegenteil: Bürgerkriege, Hungersnöte statt Selbstversorgung, Korruption, Brain Drain. Trotzdem möchte ich die afrikanische Lage näher untersuchen. Welche Bedeutung hat in dieser Situation Technologie-Transfer? Welchen Beitrag kann IT für eine nachhaltige Entwicklung in Afrika leisten? Welche Vorstellungen haben afrikanische Forscher, Entwickler, Anwender? Die wirtschaftliche Situation in vielen afrikanischen Ländern ist katastrophal: Vom Einsatz der IT wird wenigstens ein effektiveres Management in Wirtschaft und Staat erwartet. Besonders im öffentlichen Bereich wird eine effiziente Ressourcennutzung unter Einsatz von IT bei Elektrizitätsversorgung, Transport, Telekommunikation oder auch in der staatlichen Verwaltung angestrebt (Bathnagar & Odedra 92).

Ausgangspunkt für Anwendungen der IT mit dem Ziel einer nachhaltigen Entwicklung in afrikanischen Ländern (UNESCO 90, Woherem 92) muss die Ausarbeitung einer nationalen Informatik-Strategie sein: unter Berücksichtigung der wirtschaftlichen und technologischen Entwicklungsziele wie nationale Entwicklungsanforderungen, technische Kommunikationsinfrastruktur, Ausbildungsbedarf für einen Mindestenzeitraum von 5 Jahren, Bedarf von Unternehmen und Organisationen, Formulierung der Anforderungen an Hard- und Software sowie Standards, Besoldungspolitik für IT-Personal, Rahmenbedingungen für die Industrie, Bedarf an nationalen Datenbanken und Kommunikationsnetze etc.

Zur Orientierung und zur Erleichterung einer Süd-Süd-Kooperation im Hinblick auf eine IT-Politik können die afrikanischen Länder in drei Gruppen eingeteilt werden. Kriterien der Einteilung sind u.a. (vgl. Woherem 92): Bevölkerungszahl, Analphabetenrate, Schulsystem, Universitäten und Ausbildungsinstitute, Ausbildungspersonal für IT und Kapazität für IT-Training, finanzielle Ressourcen für Kommunikationsinfrastruktur (u.a. Glasfaserkabel) und IT-Industrie: oberste Kategorie z.B. Nigeria, Algerien, Ägypten, in der mittleren Kategorie z.B. Kamerun, Kenia, Zimbabwe, in der untersten Kategie z.B. Mali, Tschad, Uganda.

EL können sich der Integration moderner Technologien nicht verschliessen. Aber sie müssen sich klar sein über die Auswirkungen ihrer Anwendungen. Die IT-Auswirkungen können in den Industrieländern bei breiter Anwendungsdichte analysiert werden. Die Ergebnisse lassen sich auch für afrikanische Verhältnisse diskutieren. Fragen der Qualifizierung, aber auch der Dequalifizierung, der Produktivität und der Produktqualität bei Einsatz der IT in Produktion und Dienstleistung sind zu beantworten. Das bedeutet insbesondere: Übernommene Software transportiert westliche Werte durch Implementierung organisatorischer Abläufe. Soziokulturelle Fragestellungen bei der Einführung von IT-Systemen werden in Entwicklungsländern noch zentraler: wie können IT-Systeme an afrikanische Organisationsstrukturen angepasst, wie sozio-kulturelle Werte berücksichtigt werden?

Eine Durchsicht afrikanischer IT-Erfahrungen zeigt auch verheerende Projekt-Fehlschläge (wie in Industriestaaten natürlich auch). Gründe sind u.a. (Quarshie 90; Odedra 91; Woherem 92):
* Abbruch von Projekten auf halbem Weg, da technisch nicht realisierbar.
* IT-Anwendungen automatisieren die falschen Funktionen innerhalb einer Organisation.
* die Systemeinführung erfolgt ohne Qualifizierung der Anwender.
* neue Systeme lassen sich nicht in vorhandene Software integrieren.

Eine wesentliche Ursache dieses Zustands: ein wirklicher Technologie-Transfer findet nicht statt. Gründe für den ausbleibenden Transfer sind u.a.(vgl. Odedra 91)
* Syteme werden angeschafft, für die nur Bedienungswissen erworben wird, aber keine Programmier- oder Wartungskenntnisse vermittelt werden.
* der Computermarkt in Afrika wird dominiert von multinationalen Unternehmen wie Bull, IBM, ICL, NCR, Wang.

- der Mangel an qualifizierten einheimischen Programmierern.

- die meisten ausländischen Berater, die Systeme entwickeln, haben keine Kenntnisse der lokalen Gegebenheiten.

- obwohl internationale Organisationen wie UNESCO oder UNIDO das Bewußtsein für IT in Afrika fördern und Geräte zur Verfügung stellen, fehlt eine angemessene Ausbildung für den adäquaten IT-Einsatz dieser Hard- und Software-Lieferungen.

- die Mehrzahl ausländischer Entwicklungshilfe ist mit Produkten und Beratern des Geberlandes verbunden und bezieht die lokalen Fachkräfte zu wenig ein.

Deshalb wird die Entwicklung eigener Fähigkeiten in den afrikanischen Ländern und die Formulierung und Umsetzung einer nationalen Technologiepolitik immer dringender, um die Abhängigkeit von IT-Multis und internationalen Organisationen zu verringern. Die Kriterien für sozialverträgliche, angepasste IT (Avgerou & Land 92) müssen in den Entwicklungsländern selbst entwickelt werden.

Literatur

Avgerou C. and Land F. (1992): Examining the appropriateness of Information Technology. In Bathnagar & Odedra.
Bathnagar S. and Cyranek G. (eds.) (1992): Technology Transfer for Development: Prospects and Limits of Information Technology in Developing Countries. Delhi: Tata McGraw Hill (forthcoming).
Bathnagar S. and Odedra M. (eds.) (1992): Social Implications of Computers in Developing Countries: Opportunities, Risks and Benefits. Nairobi: Kenya Computer Institute.
Bathnagar S., Cyranek G., Mallampally P., Sutz J. (1991): Computer Technology – an Appropriate Mean to Overcome Poverty in the "Third World"? In Hucho (ed.): Challenges. Science and Piece in a Rapidly Changing Environment. Berlin: Technical University
Burgelman J.-C. (1992): Assessing Information Technologies and Telecommunications Services: The Case of Developing Countries. In Bathnagar & Odedra
Büsselmann H.-H., Cyranek G, Gonzalez R. (eds.) (1990): Computer against Poverty - Poverty through Computers?. Paris: UNESCO Intergovernmental Informatics Program.
Cyranek G. (Hrsg.) (1991): Wo bleibt die Informationsgesellschaft ? Rüschlikon: GDI
Ebel K. (1992): Computer Integrated Manufacturing: A new Menace for Developing Countries. In Bathnagar & Cyranek
Haywood B., Vuorinen P., Tóth-Hizsnyik É. (1991): Automation and Developing Countries: with a Specific Focus on Africa, and the Textile, Clothing and Footwear Industries. Wien: UNIDO
Heeks R. (1992): Strategies for Indigenising IT Production in Developing Countries. In Bathnagar & Odedra
Lakshminarayan N. (1991): Indian Software Production for the World Market. In Bathnagar & Cyranek
Munasinghe M. (ed.) (1989): Computers and Informatics in Developing Countries. London: Butterworth.
Peterson S. (1990): Microcomputer Training for the Government of Kenya: The Case of Kenya Institute of Administration. In Information Technology for Development, 4 (Vol. 5), 381-412.
Quarshie J. (1990): Assessment of the Impact of Computers and Information Technology on Ghana's Economic Development Process. In Bathnagar S. and Bjorn-Andersen N.: Information Technology in Developing Countries, 115-132. Amsterdam: North-Holland.
Roche E., Goodman S., Chen H. (1992): The Landscape of International Computing. In Advances in Computing. Spring edition.
UN-ATAS(1986): New Information Technologies and Development. New York: UN Advance Technology Alert System. Centre for Science and Technology for Development.
UNESCO (1990): Priority: Africa. Seminar on informatics in the service of the development of education in Africa. Final Report. Lomé, Togo.
Woherem E. (1992): Strategies for Indigenisation of IT in Africa. In Bathnagar & Odedra

Informatisierung des politischen Systems
- Leitorientierungen, Triebkräfte, Kräfteverschiebungen,
Gewinner und Verlierer-

Peter Mambrey
GMD-FIT
Schloß Birlinghoven
5205 St. Augustin 1

"nur, wenn man sich Gedanken über das Morgen
macht, hat man eine Chance, die Zukunft mitzugestalten." John Sculley[1]

Was ist "Informatisierung des politischen Systems"?

Seit Anfang der achtziger Jahre findet eine Informatisierung des politisch-administrativen
Systems statt, von der zu erwarten ist, daß sie in vielerlei Richtungen mittel- und langfri-
stig massive Wirkungen zeitigen wird. Von Informatisierung wollen wir dann sprechen,
wenn an Arbeitsplätzen elektronische Informations- und Kommunikationstechniken -
Techniken zum Versenden, Speichern oder Verarbeiten von Informationen- neu eingesetzt und genutzt werden. Diese Informatisierung erfaßte die Arbeitsplätze im Deutschen
Bundestag, in den Landtagen, in den Regierungen und Verwaltungen auf Bundes- und
Landesebene, in den Kommunalverwaltungen, in den Parteien und in anderen politischen
Organisationen. Diese Informatisierung befindet sich nicht mehr an ihrem Anfang, sondern in einigen Institutionen, wie dem Deutschen Bundestag, ist der quantitative Aufbau
abgeschlossen und der qualitative Ausbau beginnt. Wir haben es also mit einer schnell
wachsenden Durchdringung der politischen Arbeitswelt mit neuen Techniken zu tun.
1949 teilten sich zwei Abgeordnete einen Schrank in der zum Parlament umgebauten Pädagogischen Hochschule in Bonn. Heute verfügen sie über eigene Zimmer, Mitarbeiter und
entsprechende Techniken. Zu welchen Verbesserungen hat das geführt? Fühlen sich die
Bürger besser repräsentiert, sind die politischen Entscheidungen transparenter und bürger-
näher, ist die Kontrolle von Regierung und Verwaltung effizienter, gelingt die für alle ver-
bindliche Daseinsvorsorge, die politische Alltagsaufgabe, besser als früher? Sicherlich müssen sich die Arbeitsbedingungen von Politikern den Umweltbedingungen anpassen. Aber
es ist schon zu fragen, wie die technische Umwelt aussehen soll, wer darüber bestimmt und
ob Fortschritt nur immer technischer Fortschritt=Technisierung sein muß.

Die Informatisierung des politischen Systems ist dadurch gekennzeichnet, daß die Praxis
der Reflexion weit vorauseilt. Es werden IuK-technische Fundamente gelegt, von denen
unklar ist, ob sie technisch und politisch tragfähig sind. Es ist gut möglich, daß die IuK-
Technik zur Schlüsseltechnik im parlamentarischen Willensbildungs- und Entscheidungsprozeß werden wird. Deshalb ist eine demokratische Kontrolle und Steuerung von Einsatz
und Anwendung notwendig. Dazu gibt es aber zuwenig Wissen und kaum Steuerungs-
instrumente. Voraussetzung für eine demokratische Steuerung und Kontrolle ist eine
öffentliche Diskussion dessen, was geschieht und was geplant wird. Es müssen öffentlich
Fragen zur Informatisierung des politischen Systems gestellt und beantwortet werden.
Diese Fragen lassen sich zugegebenermaßen leichter stellen als beantworten, z.B. wer erhält
mehr Macht, mehr Freiheit, bei wem wird Macht und Freiheit eingeschränkt? In diesem
Beitrag sollen Fragen zu den intendierten und nichtintendierten Veränderungen gestellt
und Problembereiche aufgezeigt werden, um eine Diskussion in Gang zu bringen. Wir
haben es m.E. mit einem Forschungsdefizit und einem Problemwahrnehmungsdefizit zu

---

[1] John Sculley in : Apple Live Heft 3 März 1992 editorial

tun. Es gibt erst wenige empirische Untersuchungen der Veränderungsprozesse, die der Einsatz von IuK-Technik mit bewirkt hat, und sie leiden unter methodischen Problemen. Der Untersuchungszeitraum ist oft sehr kurz, die Innovationsprozesse oft nicht abgeschlossen und die Prozesse sehr aktuell. Ein weiteres Problem liegt in der Beschränkung der Perspektive auf isolierte Probleme, um überhaupt einigermaßen abgesicherte Aussagen machen zu können[2]. So herrscht oft der Blick auf die Einführung und Nutzung von Anwendungen am Arbeitsplatz und die Reaktionen der Arbeitnehmer vor. Die systemische Perspektive fehlt[3]. IuK-Technik als Infrastruktur und die Vernetzung von Arbeitsplätzen und Organisationen muß jedoch unter systemischer Perspektive der Wechselwirkung und Veränderung gesehen werden, wenn man z.B. Aussagen über Kräfteverschiebungen machen will[4]. Wir wollen uns in diesem Text mit vier Problembereichen beschäftigen, in denen Veränderungen aufgetreten sind oder sich abzeichnen.

Das Verhältnis zwischen Bürgern und Abgeordneten / Parlamenten

Der Einsatz von IuK-Techniken in den Büros von Parlamenten und Parteien hat sicherlich zu einer verstärkten Öffentlichkeitsarbeit geführt und zu einer verstärkten direkten schriftlichen Ansprache der Bürger. Die Technik wurde zum Desk-Top-Publishing benutzt: Parteizeitungen, Flugblätter, Urkunden, Ankündigungen, peppige Informationen etc. Es konnten und wurden Serienbriefe geschrieben, Zielgruppenansprache, z.B. Information von Betriebsräten über Arbeitnehmerfragen, war nun im größeren Maßstab möglich. Durch Vorgabe von Musterbriefen der Fraktionen, die kopiert und variiert werden konnten, wurde der Ausstoß an Wählerpost sicherlich deutlich erhöht. Es waren somit keine grundsätzlich neuen Formen von Wählerbetreuung möglich, sie wurden aber durch den Einsatz von IuK-Technik wesentlich leistungsfähiger. Die politische Präsenz, der Nachweis des persönlichen Einsatzes des Politikers für die Ziele und Interessen von Bürgern konnte so intensiver geführt werden. Dies gilt für alle Ebenen, vom Bundestag über die Landtage, die Kommunalparlamente und lokalen Gliederungen der Parteien. Responsivität und Leistungssteigerung im quantitativen und qualitativen Sinne sind eingetreten. Es handelt sich jedoch bisher wesentlich um eine informationelle Einbahnstraße (mit Ausnahme einiger Geisterfahrer), die vom Politiker zum Bürger führt. Das Bild von Politikern und Parlamenten, das sich die Bürger machen, wird immer noch im wesentlichen vermittelt über die Printmedien, Radio und Fernsehen und ist vielfach negativ. Deshalb wird die direkte, an den Bürger gerichtete Eigenwerbung in Form von Selbstdarstellung von Abgeordneten und Parlamenten sicherlich steigen. Dabei bieten sich neue IuK-Techniken und -medien an. Vielleicht wird Bürgern deshalb bald zu Wahlkampfzeiten anstelle von Parteiprogrammen Videoclips ins Haus geschickt. Im Interesse der Bürger und auch der Abgeordneten kommt es darauf an, aus der bisherigen informationellen Einbahnstraße einen gesellschaftlichen Diskurs zu gestalten.

Das Verhältnis zwischen Abgeordneten und Parlamenten

Das Ideal der Informationsgleichheit wird in der parlamentarischen Auseinandersetzung als Waffengleichheit begriffen. Es wird dabei Machtgleichheit unterstellt. Tatsächlich existiert ein starkes Informations- und Zuarbeitungsgefälle zwischen Regierungsfraktionen und Oppositionsfraktionen. Der Einsatz von IuK-Techniken ist in diesem Zusammenhang eine strategische Innovation, die für die einzelnen Politiker und die Fraktionen insgesamt zu einer größeren Aktualität und Authentizität von Informationen führen kann, besseren

---

2 vgl. Einemann, Edgar: Parteicomputer für mehr Demokratie?.Marburg 1991.
3 vgl. Mambrey, Peter/Erich Vorwerk/GerhardWurch: Computer im Deutschen Bundestag. Opladen 1991.
4 vgl. Lange, Hans-Jürgen: Bonn am Draht. Politische Herrschaft in der technisierten Demokratie. Marburg 1988.

Zugang zu Informationsquellen eröffnen kann, neue Informationsquellen erschließen kann und zu einer besseren Aufbereitung von Information führen kann. Bundestagsabgeordnete könnten z.B. auf Datenbestände von Landesregierungen ihrer Couleur oder auf Datenbestände der Lobby zugreifen. Das Informationsgefälle könnte so verringert werden. Dabei entsteht aber die Gefahr der Abhängigkeit und der wissentlichen oder unwissentlichen Manipulation durch Informationsanbieter.

Obwohl immer noch das Ideal des freien Mandats[5] besonders von den Medien verkündet wird und auch auf Seiten des Parlaments Maßnahmen unternommen werden[6], die Stellung der einzelnen Abgeordneten zu stärken, haben wir realiter einen Fraktionenparlamentarismus. Das Spannungsverhältnis zwischen Fraktionsdisziplin und Freiheit des Mandats könnte durch den Einsatz von IuK-Techniken eine neue Beziehung eingehen. Die IuK-Techniken eröffnen den Abgeordneten neue Koalitionsmöglichkeiten via Netzwerke und erweiterte Informationsmöglichkeiten. Da die Fraktionen aber mittels ihrer Systeme Unterstützungsleistungen anbieten (z.B. Argumentationshilfen zu aktuellen Problemen, Beschlußprotokolle etc.) und diese von den Abgeordneten auch genutzt werden, dürfte sich eher der Einfluß der Fraktionsmanagementsysteme gegenüber den Techniken der einzelnen Abgeordneten durchsetzen. Die Übernahme der Sichtweise des Anderen kann den Tod der eigenen Möglichkeiten bedeuten. Für Abgeordnete bedeutet dies die Reduzierung von Meinungs- und Lösungsvielfalten in einer Fraktion und ein frühes Einschwören auf die Meinung der Fraktionsführung.

Das Verhältnis zwischen Parlament und politischem Willensbildungs- und Entscheidungsprozeß

Die Parlamente sind sicherlich weniger Orte politischer Entscheidungen, sondern eher Orte politischer Diskussion. Die Öffentlichkeitsfunktion der Parlamente wird durch die Medien den Bürgern vermittelt. Die Reaktionen auf die Informationen werden auf vielfältige Weise wieder in den politischen Entscheidungsprozeß zurückgespeist, z.B. durch Gespräche mit Abgeordneten, Wahlen, Aktionen von Gruppen oder Organisationen etc. IuK-Techniken können dabei unterstützen, sie können aber andererseits dazu führen, daß der Trend zum Arbeitsparlament anhält, zur Detailsteuerung, zu Einzelfallgerechtheit, zu Professionalisierung und zu einem hohen Detaillierungsgrad von Politik auf Kosten der Transparenz von Politik für den Bürger. Transparenz, Nachvollzug, Einordung, Zustimmung oder Ablehnung als notwendige Voraussetzungen für demokratische Legitimation und demokratische Steuerung wären gefährdet. Über Techniken wie Fax, Mail, Serienbriefe könnte natürlich auch von Partikularinteressen versucht werden, Einfluß auf die Abgeordneten zu nehmen. Beispiele, wie mächtig Instrumente werden können, sind die Umfrageforschung und der Teledialog (TED), mittels derer die Popularität von Personen und Entscheidungen per Telefonanrufe gemessen wird. Hier erhält die repräsentative Form der Demokratie Konkurrenz durch je nach Einstellung populistische oder plebiszitäre Komponenten. Heute wird der Teledialog schon aktiv genutzt, die Stimmungslage der Nation spiegelt das Politbarometer wieder, dem sich kein Entscheider leichtfertig entziehen kann. Über Hit oder Shit bestimmen relativ wenige und zufällig anwesende aktive Zuschauer via Medien!

Die Leitideen derjenigen, die in den sechziger und siebziger Jahren in den USA das Konzept des Personal Computers initiierten, waren Basisdemokratie über Netzwerke und die Entwicklung von technischen Hilfsmitteln zur Durchsetzung von Volkssouveränität,

---

[5] vgl. Lückhoff, J.: Das "freie Mandat" des Abgeordneten. In: Aus Politik und Zeitgeschichte. Beilage zur Wochenzeitschrift Das Parlament B5/89, S. 17-25.

[6] vgl. die Ad-hoc-Kommission Parlamentsreform und die Kommission Einsatz neuer IuK-Techniken

zur Emanzipation des Einzelnen, zur Verwirklichung individueller Freiheit. Der Computer war Gegenkultur zum Establishment.[7] Diese emanzipatorischen und Anti-Establishment- Leitbilder in der PC-Entwicklungshistorie scheinen verschüttet. Die Optionen für alternative Lösungen bestanden, die Wege wurden nicht gegangen. Ob durch iuk-technische Anwendungen der Kompetenzentleerung der Parlamente entgegengesteuert werden kann, wird sich in naher Zukunft zeigen. Politik verlagert sich immer stärker aus den parlamentarischen Institutionen heraus in korporatistische, intergouvernementale oder supranationale Verhandlungssysteme[8]. Netztechnische Lösungen für Parlamente und Abgeordnete erscheinen wichtiger denn je, damit sie als Akteure in den Verhandlungssystemen präsent sein können und nicht ausgeschlossen werden.

Politische Kultur

Die Informatisierung der politischen Kultur kann eine Vielfalt ganz unterschiedlicher Effekte haben. Wir wollen nur einige nennen: Es kann eine Menge an Informationsmüll[9] angehäuft werden. Das sind Daten, die kaum oder gar nicht aussagekräftig sind und die Informiertheit suggerieren. Informationen werden aus sich heraus interessant, weil Ihnen Unterhaltungswert zugemessen wird, nicht weil sie jemand braucht. Ein Beispiel ist das Guiness Buch der Rekorde: die längste Torte der Welt etc. Müllstatistiken führen zur Gewöhnung an unkritischem Umgang mit statistischen Daten, die der lebensweltlichen Erfahrung nicht entsprechen. Politik wird anhand von synthetischen Informationen[10], also anhand von Daten und Zahlen betrieben, der sinnliche Kontakt bleibt aus. Politik wird zur Abstraktion. Auf der abstrakten Ebene läßt sich symbolische Politik betreiben[11]. Die Verdatung kann dabei die neue Sichtweise sein, bei der Präzision und Administrierbarkeit vor Wahrhaftigkeit und sinnlicher Erfahrung steht. So läßt sich Armut in Deutschland als "<600,DM/Monat" ausdrücken. Diese Armutsdefinition suggeriert Objektivität. Durch die Objektivierung werden selektiv Sachzwänge gesetzt und Lösungsmöglichkeiten bieten sich selektiv an, hier z.B. auf der materiellen Ebene, die andere Ebenen ausblendet und zu Unthemen[12] macht. So werden durch Werkzeuge, hier die IuK-Techniken, in der Politik bzw. politischen Auseinandersetzung Sichtweisen präferiert bzw. unterdrückt. In der Politik gilt, daß nicht Wissen = Macht ist, sondern der Wissensvorsprung. Da die IuK-Techniken eingesetzt werden, um einen Wissensvorsprung zu erreichen und dabei Abgeordnete, Parteien, und Parlamente und Regierungen sich in einer wechselseitigen Konkurrenzsituation sehen, scheint eine Spirale ohne Ende absehbar. Durch ein Mehr an Technik scheint man möglicherweise seine persönliche Situation verbessern zu können, eine fortschreitende Technisierung ist dabei aber die Folge. Der zunehmende Einsatz von Computern lenkt auch von der Frage ab, wie Probleme alternativ gelöst werden können, fixe Innovationswege erscheinen vorgegeben. Neue Technologien führen zu neuen Wissensmonopolen, da sie diejenigen begünstigen, die den Zugriff haben und über die Qualifikation des Zugreifens verfügen. Dies ist nie gleich verteilt, es existieren immer aus sich heraus Zugangsbarrieren für Gruppen. Die einzige Person in einer Stadt, die über ein Telefon verfügt, hat keine Vorteile, die einzige Person, die keins hat, ist ausgeschlossen. In

---

[7] Roszak, Theodore: Der Verlust des Denkens. Über die Mythen des Computer-Zeitalters. München 1986, S. 199 ff.

[8] vgl. Benz, Arthur/Fritz W. Scharpf/Reinhard Zintl: Horizontale Politikverflechtung. Zur Theorie von Verhandlungssystemen. Frankfurt/New York 1992.

[9] vgl. Postman, Neil: Das Technopol. Frankfurt am Main 1992.

[10] vgl. Kevenhörster, Paul: Politik im elektronischen Zeitalter. Politische Wirkungen der Informationstechnik. Baden-Baden 1984.

[11] vgl. Edelman, Murray : Politik als Ritual. Die symbolische Funktion staatlicher Institutionen und politischen Handelns. Frankfurt am Main 1976.

[12] vgl. BachrachPeter/Morton S. Baratz: Macht und Armut. Eine theoretisch-empirische Untersuchung. Frankfurt am Main 1977.

ganz erheblichem Umfang ist jetzt schon eine Diffusion von Verantwortung durch den Einsatz von IuK-Techniken eingetreten. In dem Maße, wie Computer anthropomorphisiert werden, geschieht auch eine Verschiebung von Schuld auf den Computer bzw. erfolgt eine Diffusion von Verantwortung. Dies ist gerade in einer repräsentativen Demokratie, die aus der persönlichen und parteilichen Verantwortung lebt, eine zentrale Gefährdung, die einen Wechsel von Repräsentativität zu Funktionalität bedeuten kann. Der Einsatz von neuen Medien und Breitband-Kommunikationsinfrastrukturen erleichtert die Neudefinition und Redefinition von Begriffen, weil sie neue, zusätzliche Sprachrohre für diejenigen darstellen, die über sie verfügen. So können aus positiv besetzten Fahnenwörter negative Stigmawörter gemacht werden, z.B. Kollektiv, Sozialismus, Asyl etc. Die Möglichkeiten verbessern sich, Begriffe neu zu besetzen und zu verbreiten. Es verbessern sich auch die Chancen, Inhalte verschwinden zu lassen und mit Stimmungen statt Argumenten zu werben. Die Videologisierung von Politik schreitet voran, (bewegt-)bildliche Symbole lösen immer stärker das geschriebene Wort ab und führen zu neuen Informationsstrategien, bei denen durch Bilder und Töne zusätzliche Emotionen beim Betrachter ausgelöst werden, als es ein geschriebenes Wort vermag, wie beim Fernsehwerbespot "Wir sind Europa" zur Europawahl 1989[13]. Die Verletzlichkeit der IuK-Technik durch bewußte Manipulation oder Unfall führt zu stärkeren Anforderungen an Sicherheit und Schutz durch Redundanz, Sicherheitsüberwachungen, persönlichen Kontrollen und Dokumentationen, die einen hohen Regelungsbedarf nach sich ziehen. Dabei ist zu befürchten, daß die sächlichen und individuellen Kosten der Sicherheitsüberwachung den Nutzen eines Systems übertreffen können[14].

Fazit:

In den Ausführungen sind wir nahe an der Gegenwart geblieben. Wir gehen nicht davon aus, daß bald in einem "virtual parliament" sich bei Abstimmungen die "data gloves" aller Wahlberechtigten heben, nachdem sie im "brain flight" die Problem- und Lösungsräume durchmessen haben. Es wird in nächster Zeit die persönliche Anwesenheit von Abgeordneten im Parlament weiterhin nötig sein und der Abstimmungsandroide, der für die virtuelle Präsenz auf Sitzungen zuständig ist, wird noch auf sich warten lassen. Aber Veränderungen durch verstärkten Einsatz von Techniken zeichnen sich im Detail ab, die Summe, das Ganze hält sich noch verborgen. Machtverschiebungen, Sieger und Verlierer basieren auf der Metapher der Politik als immerwährende Schlacht. Eine andere Perspektive wäre Kooperation und Synergie. Dies bedeutet eine Abkehr vom altliberalen, englischen, pluralistischen, eher anti-etatistischen Demokratieverständnis hin zu einem neuen Toquevilleschen Versorgungsstaat mit funktionalem Fraktionenparlamentarismus in dem Politikingenieure mit Unterstützung von Technik die Bürger verwalten. Ist dieses Leitbild gewollt? Oder gibt es Alternativen dazu, z.B. für einen der Gesellschaftsrealität adäquaten reformierten Parlamentarismus? Es fehlt Wissen über das parlamentarische Arbeiten Morgen, es fehlen explizite Leitbilder und deshalb fehlt auch die gesellschaftliche Diskussion. Gesellschaftlich akzeptierte Leitbilder der parlamentarischen Entwicklung müssen dem Technikeinsatz zeitlich vorangehen. Sie können auf den Gestaltungsoptionen aufsetzen, die neue Techniken bieten. Bisher liegt der Schwerpunkt des Einsatzes auf der Beseitigung von Defiziten, strategische Alternativen zur Verbesserung von Effizienz, Transparenz und Partizipation des parlamentarischen Regierungssystems fehlen. Es wäre wichtig, daß Politiker und Bürger über die Chancen und Risiken des Technikeinsatzes Diskurse führen, um Verantwortungsgrenzen und Einsatzgrenzen zu ziehen, und um nicht ungewollt Bedingungen zu schaffen, die nicht mehr reversibel sind.

---

[13] Holly, Werner: Wir sind Europa. Die Fernsehwerbespots der SPD zur Europawahl 1989. In: Liedtke, Frank/Martin Wengeler/Karin Böke (Hrsg.): Begriffe besetzen. Strategien des Sprachgebrauchs in der Politik. Opladen 1991, S. 258-275.
[14] vgl. Roßnagel et al.: Die Verletzlichkeit der 'Informationsgesellschaft'. Opladen 1989.

Rückwirkungen von Planungs- und Steuerungssystemen auf Organisation und Inhalt wissenschaftlicher Arbeit
- am Beispiel aktueller Entwicklungen in der Fraunhofer-Gesellschaft (FhG) -

Manfred Scheifele*, Wolfgang Pohl
*Fraunhofer-Institut für Arbeitswirtschaft und Organisation
Stuttgart

EDV-gestützte Planungs- und Steuerungssysteme, Projektmanagementsysteme (PMS) oder detaillierte Informationssysteme für das monetäre Controlling verheißen geeignete Instrumente zu sein, um die Entwicklungszeiten zu verkürzen und die Produktivität von Forschung und Entwicklung zu erhöhen. In der betrieblichen Praxis wird vor ihrem Einsatz in der Regel eine Analyse der Schwachstellen in der Projektarbeit unterlassen, da die Versprechungen der Systemanbieter recht plausibel erscheinen. Die Grundregel der Arbeitsgestaltung "Organisation vor Technik" wird mißachtet. In einigen Betriebsvereinbarungen zu PMS wird die "Neutralität" der Systeme mehr beschworen als eingelöst: "Das PMS soll die Planung und Steuerung von Projekten und Ressourcen innerhalb der jeweils instituts- bzw. einrichtungsspezifischen Organisationsformen unterstützen." – In diesem Beitrag wollen wir auf einige Defizite in der Modellierung wissenschaftlicher Tätigkeit aufmerksam machen. Unsere Überlegungen sind von aktuellen Entwicklungen in der Fraunhofer-Gesellschaft geleitet, die auf Strukturveränderungen der wissenschaftlichen Arbeit beim Einsatz von PMS hindeuten.[1]

Defizite in der Modellierung wissenschaftlicher Arbeit

• Dauer und Verlauf eines Forschungsvorhabens sind nicht genau determinierbar. Zur Behandlung der Unsicherheit gibt es jedoch keine geeigneten Modelle.

Grundannahme in den EDV-gestützten Systemen ist, daß der Forschungsprozeß dadurch vorhersagbar wird, daß er in für sich planbare Teilaktivitäten und deren Abhängigkeitsbeziehungen untergliedert wird. Die detaillierte Untergliederung in Aktivitäten, denen die zur Durchführung bestimmten Ressourcen zugeteilt werden, soll die Planungsgenauigkeit für das gesamte Projekt garantieren. Die Anwendbarkeit der industriellen Zeit- und Kapazitätsplanung wird nicht in Frage gestellt. Es wird mißachtet, daß der Natur von Forschungsvorhaben unvorhersehbare Verläufe eigen sind. Dies gilt ebenso für zumindest solche "Entwicklungsaufgaben, die einen hohen Grad an Komplexität, Neuigkeit und Variabilität bei einem niederen Grad an Strukturiertheit aufweisen" (Picot et al 1988). Ob und in welchem Umfang beliebige Entwicklungsprojekte planbar sind, läßt sich anhand der Ausprägungen dieser Merkmale abschätzen. Die Zeitrechnung mit konventionellen Netzplanverfahren, die den derzeitigen PMS zugrunde liegen, zeichnet sich durch eine starre Struktur, d.h. eine rein deterministische Ablauflogik, und deterministische Zeiten aus. Die Erweiterung um stochastische Aktivitätendauern (im Netzplanverfahren PERT[2] , das in einigen PMS angebo-

---

[1] Wir gehen in diesem Beitrag nicht der Frage nach, ob PMS tatsächlich ein effektiver Beitrag zur Verkürzung von Entwicklungszeiten sind. Weil sie nur wenige Teilaufgaben des gesamten Projektmanagements abdecken, sind daran berechtigte Zweifel angebracht. Die wenigen vorliegenden Defizitanalysen der industriellen FuE (z.B. Brockhoff 1990) deuten daraufhin, daß es vorwiegend organisatorische Probleme sind, die langwierige Entwicklungszeiten verursachen und nicht etwa Schwächen in der quantitativen Zeit-Mengen-Disposition. Vgl. auch unseren Beitrag: Pohl & Scheifele 1992.

[2] PERT = Program Evaluation and Review Technique, ein Vorgangspfeilnetz; siehe etwa Neumann 1975.

ten wird) geht von einem viel zu eingeschränkten wahrscheinlichkeitstheoretischen Modell aus, operiert mit unbegründet starken Vereinfachungen und führt auf Schätzfehler von 30% und mehr wie Beispielrechnungen belegen (vgl. Neumann 1975, S.233f). Naheliegende stochastische Modelle können nicht zu Planungszwecken verwendet werden, da die Wahrscheinlichkeitsverteilungen weder für die Aktivitätendauern noch für die Auswahl alternativer Vorgehensweisen bekannt sind. Simulationsrechnungen zur Umgehung dieser Schwierigkeiten fehlt die empirische Basis, um zu statistisch gesicherten Aussagen zu führen. Entscheidungsnetzpläne, GERT[3] bspw., stellen zwar ein fortgeschritteneres Verfahren dar, das nach Abschluß von Aktivitäten aufgrund des bisherigen Verlaufs und der verfügbaren Mittel Entscheidungen über alternative weiterführende Wege zuläßt. Diese komplexen Netzpläne sind - verständlicherweise - in keinem PMS enthalten. GERT verwendet Bewertungsvektoren, die sich aus der Ausführungswahrscheinlichkeit und der zufälligen Dauer einer Aktivität zusammensetzen. Die Auswertung eines GERT-Netzplans löst die Grundaufgaben: Bestimmung der Wahrscheinlichkeit für das Eintreten der verschiedenen Zielereignisse; Ermittlung der Wahrscheinlichkeitsverteilung der Projektdauer unter der Bedingung, daß ein gewisses Zielereignis eintritt, Bestimmung der Verteilung der Projektdauer schlechthin (vgl. Neumann 1975, S.332). Dazu sind Simulationsrechnungen erforderlich. Zur Interpretation der daraus resultierenden stochastischen Ergebnisdaten gibt es keine statistisch gesicherte Unterstützung. Falsche Aussagen sind also die Regel.

• Informelle soziale Beziehungsgeflechte und der "gesellschaftliche" Verhaltenshintergrund (z.B. Probleme der organisatorischen Struktur und "kleiner Dienstweg") können - vor allem, wenn sie zeitlichen Veränderungen unterliegen - in PMS nicht dargestellt werden.

Gesicherte Erkenntnis ist, daß die Art der Kooperationsbeziehungen zwischen Projektbeteiligten unterschiedlicher fachlicher Ausrichtung und organisatorischer Einbindung sowie die Art ihrer Kommunikation den Projektverlauf maßgeblich beeinflussen. Dem Projektverlauf eigentümlich und gewiß ist auch, daß sich die Kommunikations- und Kooperationsbeziehungen sowohl inner- wie interorganisatorisch verändern. Wie sich diese "gewachsenen Strukturen" verändern, ist allerdings nicht sicher. Wie wenig PMS dazu in der Lage sein können, solche Art Beziehungsgeflechte und den Verhaltenshintergrund abzubilden, kann schlagend am "kleinen Dienstweg" verdeutlicht werden. Er steht schlechthin für ausgezeichnete und erfolgreiche Projektkooperation. Dennoch kann und darf er nicht zur Grundlage von formalisierter Forschungsplanung gemacht werden – jede personelle Veränderung beeinträchtigt die informellen Strukturen und macht die Planung obsolet. Im übrigen wären für einen geplanten "kleinen Dienstweg" Qualifikationsprofile erforderlich, die Prognosen über die Entwicklung personeller Kooperation erlauben; so etwas wäre weder realisierbar noch wünschenswert. Genauso wenig wie der kleine Dienstweg (als Beispiel für personengebundene Kooperation) durch PMS darstellbar ist, sind es Probleme der organisatorischen Struktur. Jede Organisation weist Widersprüchlichkeiten und eine Entwicklung auf; ihre Unwägbarkeiten treten umso deutlicher hervor, je stärker die Forschungseinrichtung von personellem Wechsel betroffen ist oder je stärker sie einer Wachstumsdynamik unterliegt. Als ein davon induzierter Aspekt seien nur innerorganisatorische Konkurrenzbeziehungen herausgegriffen, die unbeachtet bleiben müssen und damit generell unterschätzt werden. Die Historizität von Projektabläufen, Projektabfolgen und Organisations- und Personalentwicklung bleibt – obwohl sie hohe Prägekraft für die Forschungsergebnisse hat – in PMS notwendigerweise außer Betracht.

---

[3]   GERT = Graphical Evaluation and Review Technique arbeitet mit 6 Typen von Entscheidungsknoten; s. Neumann 1975

• Leistungs- und Verhaltenskontrolle bedingt durch den Zwang zur laufenden Aktualisierung und die Bevorzugung von Standardlösungen gegenüber alternativen innovativen Ansätzen im Projekt sind die Folge, wenn kreative Tätigkeit trotzdem planbar gemacht wird.

Die ProjektmitarbeiterInnen sind zur ständigen Berichterstattung über Arbeitsfortschritt und Status der Arbeiten verpflichtet. Da diese Informationen zusammen mit Plandaten und aktualisierten Terminen im PMS verwaltet werden, ergibt sich die technische Möglichkeit zur Leistungs- und Verhaltenskontrolle, denn die Systeme "überprüfen nicht nur die Einhaltung formaler Planungselemente (Verfahrenskontrolle), sondern sie erlauben indirekt auch Rückschlüsse auf Leistungsergebnis und -verhalten der kontrollierten Mitarbeiter und zielen damit auch auf eine (positive) Beeinflussung individueller Leistungsaspekte". Domsch und Gerpott 1988 (S.91) sprechen offen davon. Darstellungsformen wie die Meilensteintrendanalyse zwingen zur Rechtfertigung. Erleichtert wird die Planbarkeit durch die Anpassung der Realität an den Plan und die Beschneidung der Kreativität. Kalkulierbare Standardlösungen bergen ein geringeres Risiko als innovative Ansätze. Das drückt sich bereits in der Projektstrukturierung aus. Schematische Bewertungsverfahren ("MTM in der Forschung"), die die Planung vermeintlich erleichtern, sind innovationsfeindlich.

• Widerspruch zwischen den Hierarchieebenen ist vorprogrammiert: Während die untere Ebene mit der Projektwirklichkeit zu tun hat, planen die höheren Ebenen mit einem beschränkten Modell der Wirklichkeit, das im besten Fall unbeachtet oder ohne Einfluß bleibt und im schlechten Fall zum Planungs- und Abarbeitungshindernis wird.

Die Planung und Steuerung von Forschungsprojekten sowie die dazugehörige Abschätzung der notwendigen Ressourcen ist (und bleibt) eine erfahrungsgeleitete Tätigkeit, die, wie angedeutet, eine Vielzahl von tatsächlichen und möglichen Einflüssen berücksichtigen muß. Die Prognosen (z.B. über Fertigstellungstermine) einer erfahrenen Projektleitung sind kontextabhängig, selbst wenn diese nur mit einem Grundgerüst von Zeit-Mengen-Verhältnissen operiert. Die in der Prognose implizit berücksichtigten Umstände und Eventualitäten werden in der Regel nicht benannt und können wohl auch häufig nicht artikuliert werden. In PMS ist das Prognosedatum weitgehend kontextunabhängig und lediglich mit rechenbaren Ressourcenquantitäten verbunden. Das Abtrennen vom Kontext wird erst zum Problem, wenn in die Domäne der Projektleitung eingegriffen wird. Genau dieser Eingriff wird aber durch PMS nahegelegt, denn scheinbar verfügen jetzt auch höhere Hierarchiestufen über die kalkulierbaren Eckdaten des Planungswissens im Projekt.

Verschärfend kommt eine den PMS inhärente Hierarchisierung hinzu. Damit ist gemeint, daß die Konzeption der gängigen PMS entgegen den Trends der arbeitswissenschaftlichen Diskussion nicht etwa die Rücknahme rigider Arbeitsteilung, die Dezentralisierung von Aufgaben und ihre gruppen-, abteilungs- und organisationsübergreifende Lösung fördert, sondern die herkömmlichen Arbeitsmuster der industriellen Produktion reproduziert oder gar verfestigt. In aller Regel ist die Datenstruktur streng hierarchisch gestaltet; Eingriffe können nur zentral vorgenommen werden. Selbst der Lesezugriff ist in den großen Systemen so konzipiert, daß den unteren Projektebenen die Transparenz über das eigene Projektgeschehen grundsätzlich verwehrt wird, weil ihnen damit zugleich Einblick in andere (Teil-)Projekte gewährt würde. Insofern können die Systeme ihre Abkunft aus der Rüstungs- und Raumfahrtindustrie schwer verleugnen. Die Ausführung als Multiprojektmanagementsystem zur übergreifenden "Optimierung" des Ressourceneinsatzes hinsichtlich Terminen und Kosten setzt voraus, daß alle Arbeitskräfte entsprechend formaler Eigenschaften, aber unabhängig vom konkreten Projektzusammenhang, verplanbar sind und daß den Einzelprojekten von zentraler Stelle aus Prioritäten zugeteilt werden. Die zentralistische Totalplanung wird Illusion bleiben. Sie ist zum Scheitern verurteilt, weil sie die spezifisch menschlichen Fähigkeiten, auch mit unvorhersehbaren Situationen kreativ und flexibel umzugehen, rigider Vorgaben wegen ungenutzt läßt. Zudem wird durch eine solche lediglich mengenorientierte "Optimierung" jeder Ansatz von Personalentwicklung ausgeblendet.

Fallbeispiele zur betrieblichen Realität

An zwei Beispielen aus der Auftragsforschung der FhG sollen die Vielfalt der realen Organisationsstrukturen und ihre Entstehung sowie mögliche und prognostizierbare Verschiebungen zwischen Aufgaben, Kompetenzen und Organisationsebenen (Ausführung, Institutsleitung, zentrale Führungsebene) diskutiert werden. Das erste Beispiel deutet auf technisch induzierte Probleme hin, während im zweiten die kurzschlüssige Ausrichtung eines Institutes auf die Technik in der Absicht verfolgt wird, an den Versprechungen der technischen Lösungen teilhaben zu können.

1. Exemplarisch werden die Organisationsebenen, die Aufgaben und Kompetenzen innerhalb eines Instituts vorgestellt. Es wird aufgezeigt, welchen Einfluß z.B. die gewachsene Konfiguration aus Personen, Eigenart der Projekte und Umgang mit organisatorischen Umbrüchen für die Ausbildung neuer Projektstrukturen und Forschungsinhalte haben. Die Vielfalt möglicher Strukturen steht der Einführung eines obligatorischen institutsweit einheitlichen PMS entgegen bzw. die Einführung droht die Vielfalt und damit ihre Entwicklungsfähigkeit zu zerstören. Denn beim institutsweiten PMS würden Fortschrittsdaten und Terminübersichten aus allen Projekten systembedingt in **einer** Stelle (PMS-KoordinatorIn, FuE-Controlling o. ä.) zusammengeführt. Die zentrale Einsatzplanung der "Ressourcen", durch Eingriff in die Kompetenzen der Abteilungen und die zentrale Festlegung von Prioritäten, wäre möglich oder könnte zumindest als machbar erscheinen. Hinweise auf eine solche – beabsichtigte und unbeabsichtigte – Veränderung der betrieblichen Sozialverfassung, insbesondere auf die Funktionszuweisung bei hierarchischen Zwischenebenen (Abteilungs- und Gruppenleitung), können aus den Erfahrungen mit dem Einsatz von Produktionsplanungs- und -steuerungssystemen (PPS) gezogen werden (vgl. Hildebrandt, Seltz 1989). Die Reichweite der durch die EDV ausgelösten Rückwirkungen ist umfassend: Prinzipiell mögliche Zugriffe der zentralen Führungsebene hätten satzungsrechtliche Konsequenzen, da bisher den Instituten Planungsautonomie zugesichert ist.

2. Das zweite Beispiel zeigt die direkte Anpassung organisatorischer Strukturen an die Erfordernisse des Planungssystems. Als erste Maßnahme wird die bisherige Aufbau- und Ablaufstruktur des Instituts aufgelöst. Die WissenschaftlerInnen und das technische Infrastrukturpersonal werden nicht mehr als arbeitsfähige eigenständige Gruppen mit unterschiedlichen Qualifikationen zusammengefaßt: Als Beginn weiter reichender Veränderungen werden stattdessen alle WissenschaftlerInnen scheinbar zu ProjektleiterInnen aufgewertet, deren Bedarf an technischer Unterstützung mittels eines zentralen Planungssystems zugeteilt wird. In welchem Ausmaß diese Anpassung der Organisation an die Technik tatsächlich zu einer "Verarmung" des Instituts führen wird, wird sorgfältig zu verfolgen sein.

Schlußfolgerungen

Nachhaltige Verbesserungen der Bedingungen von Projektarbeit, die im Zusammenhang mit dem Einsatz von Planungssystemen stehen, erfordern Überlegungen in verschiedenen Richtungen. Vorrangig ist dabei – weil ein leichtfertiger Einsatz von PMS schnell zur Be- oder Verhinderung von innovativen Ansätzen der Personal-, Organisationsentwicklung und Arbeitsgestaltung führt – die grundsätzliche Anerkennung der

Begrenztheit der Systeme. Aus der Auseinandersetzung um ihre Einführung in der FhG leiten wir weitere Hinweise ab, die hier nur angerissen werden können:

Dem Einsatz eines wie auch immer gearteten Planungssystems muß eine Organisations- und Schwachstellenanalyse vorausgehen. Vorrangig sollte dabei an die Schaffung bzw. die Erhaltung von Freiräumen für die menschliche Flexibilität gedacht werden. Zwischen allen Beteiligten im Forschungsprozeß ist ein Konsens über den begrenzten und dezentralen Einsatz eines Planungssystems anzustreben. Wirksame Beteiligungsstrukturen für Betroffene und Betriebsräte bei Einführung und Betrieb sind abzusichern. Jedoch müssen Kriterien für unterstützende EDV-Systeme erst noch herausgearbeitet werden. Die Reduzierung des Kontrollpotentials ist dafür nur eine hinreichende, wenngleich wichtige Voraussetzung.

Unter den hier im Vordergrund stehenden Fragen der Modellierung und Konzipierung der Systeme verdienen Überlegungen zu Datenstrukturen, die entgegen der betrieblichen Hierarchie aufgebaut sind, besondere Beachtung. In den derzeitigen Systemen ist die Vergabe differenzierter Zugriffsberechtigungen, damit die Möglichkeiten zur Kontrolle reduziert und keine falschen Schlußfolgerungen gezogen werden, nicht möglich. Wenn überhaupt kann nur unzureichend und unter großen Schwierigkeiten ein Modell für Zugriffsberechtigungen entgegen der betrieblichen Hierarchie implementiert werden. Eine Entkoppelung von Zeiten und Personen ist dabei notwendig. Angesichts der vorgestellten Defizite muß bei der Systemkonzeption die Vorstellung aufgegeben werden, daß eine genaue Planung erreicht werden kann. Stattdessen ist auf Projektebene ein System zur Dokumentation der eigenen Belastung nicht nur im Projekt und wichtiger Termine nützlich. Es kann innerhalb eines Projektteams zu mehr Transparenz über das Projektgeschehen beitragen. Zur Übersicht über die finanzielle Lage bzw. zur Unterstützung bei der Akquisition neuer Projekte reicht eine grobe Darstellung und Fortschreibung der Kapazitätsauslastung von Organisationseinheiten aus. Für dispositive Zwecke wird das System nicht verwendet.

Wenn Planungsysteme nach Kriterien dieser Art entwickelt werden, lassen sie sich so einsetzen, daß sie Organisationsformen und Inhalte wissenschaftlicher Arbeit nicht negativ prägen. Sie wären gestaltbar.

Literatur

Brockhoff, Klaus 1990. Stärken und Schwächen industrieller Forschung und Entwicklung. Umfrageergebnisse aus der Bundesrepublik Deutschland. Stuttgart: Poeschel.

Brockhoff, Klaus; Picot, Arnold & Urban, Christoph (Hg.) 1988. Zeitmanagement in Forschung und Entwicklung. Sonderheft 23 Schmalenbachs Zeitschrift für betriebswirtschaftliche Forschung.

Domsch, Michel & Gerpott, Torsten J. 1988. Akzeptanz von Zeitkontrollen in der industriellen Forschung und Entwicklung. In: Brockhoff, Klaus; Picot, Arnold & Urban, Christoph (Hg.). S. 86 – 111.

Hildebrandt, Eckardt & Seltz, Rüdiger 1989. Wandel betrieblicher Sozialverfassung durch systemische Kontrolle? Berlin: Edition Sigma.

Neumann, Klaus 1975. Operations Research Verfahren, Band III. Graphentheorie, Netzplantechnik. München, Wien: Carl Hanser Verlag.

Picot, Arnold; Reichwald, Ralf & Nippa, Michael 1988. Zur Bedeutung der Entwicklungsaufgabe für die Entwicklungszeit – Ansätze für die Entwicklungszeitgestaltung. In: Brockhoff, Klaus; Picot, Arnold & Urban, Christoph (Hg.). S. 112 – 137.

Pohl, Wolfgang & Scheifele, Manfred 1992. Arbeitsorganisation und Projektmanagementsysteme. Technische Rationalisierung in Forschung und Entwicklung. Erscheint in: Die Mitbestimmung.

Soziale Akteure im Technisierungs- und Informatisierungsprozeß

Magdalene Deters & Frank Helten
TU Berlin
PTZ-S / FKH
Pascal-Str. 8-9
W-1000 Berlin 10

I

Die Schwierigkeit der Beurteilung des Einsatzes und der Folgen der Leistungen computerunterstützter Arbeits-, Informations- und Kommunikationsmittel hat die Diskussion in den sozialwissenschaftlichen Disziplinen der Industrie-, Technik- und Organisationssoziologie angeregt. Man sucht nach neuen Erklärungsmustern bzw. versucht, bewährte Erklärungsmuster zu modernisieren. Man hat "die Technik" als Forschungsgegenstand wiederentdeckt und versteht sie in ihrem Entstehungs- und Verwendungszusammenhang als durch soziale Prozesse geprägte und damit auch steuerbare Artefakte/Projekte. Hier sind sich die Vertreter der Fachdisziplin einig. Aber in welche Richtung geht der Technisierungs- und Informatisierungsprozeß? Und wer steuert ihn?

II

Und hier sind sich die Vertreter der Fachdisziplin überhaupt nicht einig: In der sozialwissenschaftlichen Diskussion hat der Einsatz von Informations- und Kommunikationstechnologien im Arbeitsprozeß unter dem Stichwort systemische Rationalisierung eine Kontroverse ausgelöst. Umstritten sind folgende Annahmen des Ansatzes: 1. Unternehmerisches Handeln ist zweckrationales, systematisches und strategisch planvolles Handeln. 2. Das Verwertungsinteresse des Kapitals setzt sich hinter dem Rücken der Akteure durch. 3. Der grundlegende Einflußfaktor betrieblicher Veränderung ist Technik bzw. technisch induzierte Rationalisierungsmaßnahmen. 4. Technische Rationalisierungsmaßnahmen erfolgen "in einem Zug". (Vgl. zum Stand der Diskussion: Bergstermann/Brandherm-Böhmker (Hg.) 1990).
Im Gegensatz zu diesen Annahmen halten wir aufgrund eigener empirischer Untersuchungen fest, daß technisch induzierte Rationalisierungmaßnahmen als inkremental ablaufende und von Widersprüchen charakterisierte Prozesse beschrieben werden können. Wir unterstellen also kein zweckrationales und linear prozessierendes Handlungsmodell betrieblichen Handelns. Wir sehen auch nicht, daß Technisierung und Informatisierung "in einem Zug" erfolgen. Eine zentrale Rolle in dem Ablauf von Technisierungsprojekten spielen neben den intendierten Rationalisierungszielen, spezifische organisationskulturelle, arbeitsorganisatorische und mikropolitische Verhältnisse. Bedeutsam sind Fragen der Organisation von Interaktion, Kommunikation und Kooperation im Arbeitsprozeß sowie die Form des Beziehungsgeflechts arbeitsbezogener Netzwerke. Die Qualität der sozialen Prozesse und Strukturen trägt dazu bei, ob technisch induzierte Rationalisierungsmaßnahmen gelingen oder scheitern. Betriebe, so unsere Beobachtung, entwickeln nichttechnische und zwar soziale Varianten systemischer

Rationalisierung. Das zentrale Merkmal dieser sozialen Rationalisierung ist die "Optimierung" sozialer Prozesse durch eine "geschickte" Verbindung subjektiver und unternehmerischer Bedürfnisse oder, wie es in frühen betriebswirtschaftlichen Überlegungen heißt, durch eine "Bestgestaltung des Subjekt-Subjekt Verhältnisses" (Meyer 1951). Konkret bedeutet dies, daß Problemlösungsprozesse u.a. durch Stimulation der Motivationsstruktur der MitarbeiterInnen infolge der Förderung ihrer fachlichen, sozialen und kommunikativen Kompetenzen effektiviert werden.

Aus diesen Einschätzungen leiten wir folgende These ab: Soziale und technische Rationalisierung stehen in enger Wechselwirkung zueinander und eröffnen sozialen Akteuren aufgrund verschiedener Formen betriebsinterner Öffentlichkeit auch unterschiedliche Möglichkeiten, Informatisierungsprojekte "entwicklungsförderlich" und "aufgabenangemessen" (Volpert 1989) zu gestalten.

III

Am Beispiel der Entwicklungs- und Konstruktionsabteilungen (E+K) zweier Unternehmen (A+B) gleicher Größe, aber mit unterschiedlichen Organisationsmodellen, möchten wir die Wechselwirkung zwischen sozialen und technischen Rationalisierungsformen verdeutlichen.

Beide Unternehmen weisen hinsichtlich des CAD-Einsatzes folgende Parallelen auf: 1. Sie verfügten zum Zeitpunkt der Untersuchung über einen ähnlichen Erfahrungszeitraum mit CAD. 2. Die Einführung erfolgte von oben, trotz unterschiedlicher organisatorischer und arbeitsbezogener Grundsätze. 3. Der Einführungsmodus erschwerte die Akzeptanz von CAD, und führte darüber hinaus in Unternehmen A zu Unzufriedenheiten, da Widersprüche zu den im Managementmodell fixierten Beteiligungsformen im Informations- und Kommunikationsprozeß offensichtlich waren. 4. Die mit dem CAD-Einsatz verbundenen Rationalisierungsziele wurden nur undeutlich formuliert.

Unterschiede zwischen beiden Unternehmen ließen sich hinsichtlich des Ausstattungsgrades mit CAD sowie generell der Technisierungsstrategien feststellen. Differenzierte Lösungsstrategien konnten wir auch für die Bewältigung der mit der CAD-Nutzung auftretenden sozialen und kommunikativen Problemlagen beobachten, die im folgenden kurz beschrieben werden sollen.

Die in dem normativ orientierten Managementmodell von A angelegten arbeitsorganisatorischen Formen und Führungsstrukturen können grob als eine mit paternalistischen Elementen unterlegte kooperative und offene Struktur charakterisiert werden (Organisationskultur). Der teamartig organisierte Arbeitsprozeß ermöglicht relative Handlungs- und Entscheidungsspielräume, zumal Eigenverantwortlichkeit und selbständiges Arbeitshandeln sowie soziale und kommunikative Kompetenz als Eigenschaften eingefordert werden. Der Aufbau interaktions- und kommunikationserleichternder sozialer Netzwerke, ein relativ geringer Bürokratisierungsgrad und die Durchlässigkeit hierarchischer Strukturen sind strategisch eingesetzte Medien für die Beschleunigung des Problemlöseprozesses in E+K Abteilungen. Infolge der Wirkungen des betrieblichen Sozialisationsprozesses kann von einer gegenseitigen Anspruchshaltung hinsichtlich der Einhaltung und Erfüllung der festgelegten Interaktionsprinzipien gesprochen werden. Diese Prinzipien wurden von den Mitarbeitern auch bei der Einführung von CAD zugrundegelegt. D.h. die Art der Einführung aber auch die nicht aufgabengerechte technische Ausstattung wurden kritisiert mit dem Ergebnis, daß durch die Bildung einer task-force Gruppe der Kritik Rechnung getragen und das Ausstattungs- und Ausbildungskonzept in relativ kurzer Zeit den Arbeitsanforderungen angepaßt wurde. Nach einem mehrjährigen Erfahrungszeitraum stellt sich der Erfolg dieses Verfahrens in der nahezu problemlosen Integration der Technik in den Arbeitsprozeß dar und in der Veränderung der Ingenieursarbeit, die heute die gesamte Durchführung eines Projektes von der Entwicklung bis zur Detaillierung umfaßt. Diese von den IngenieurInnen weitgehend akzeptierte Umstrukturierung des Arbeitsprozesses führte schließlich zur Einsparung fast aller Technischen ZeichnerInnen.

Unternehmen B dagegen gehört zu den Traditionsbetrieben mit ausgeprägten bürokratischen und hierarchischen Strukturen, befindet sich aber derzeit in einer Umbruchsituation. Zum einen soll mit Hilfe des traditionellen "top-down" Modells ein normativ und kooperativ orientiertes Managementkonzept ähnlich wie in A eingeführt werden, zum anderen wurden entsprechend dem Divisionalisierungskonzept dezentrale Strukturen eingezogen.
In Verbindung mit dem noch vorherrschenden restriktiven bis autoritären Führungsstil ("Königreiche", "Industriedenke") kommt es jedoch zu erheblichen Vermittlungsproblemen mit negativen Folgen für den Informationsfluß, den sozialen Netzwerken, der Motivation und nicht zuletzt für die CAD-Nutzung. Bereits in der Phase des Ausprobierens von CAD wurde das klassische Modell der Arbeitsteilung zwischen IngenieurInnen und Technischen ZeichnerInnen aufrechterhalten, so daß diese heute zwar versiert mit CAD zeichnen können, das Potential der Systeme jedoch kaum ausnutzen können. Interessierten Ingenieuren wird die Einarbeitung in CAD eher erschwert oder sie werden an der Entwicklung einer systemspezifischen Software gehindert, durch die das System erst zeitsparend eingesetzt werden könnte. D.h. Macht- und Statusprobleme verbunden mit autoritären Strukturen, die den notwendigen Informationsfluß behindern und arbeitsbezogene Netzwerke eher stören als sie zu forcieren, führen zu erheblichen Problemen in der Effektivierung des Technikeinsatzes.

IV

Die beiden vorgestellten Fälle betrieblicher Praxis haben gezeigt, daß die Formen und Muster der sozialen Rationalisierung erhebliche Unterschiede aufweisen, die sich u.a. an dem Grad der Mitgestaltung von Technisierungs- und Informatisierungsprozessen ablesen lassen.
Versucht man nun eine Bewertung der mit diesen sozialen Rationalisierungen wechselwirkenden Informatisierungs- und Technisierungsverhältnisse und eine Beantwortung der verschiedenen in dieser Arbeitsgruppe anstehenden Fragen (wer treibt die Informatisierung voran; wem nützt sie?), dann zeigt sich in grober Vereinfachung und in einem auf den Mikrokosmos Betrieb bezogenem Ausschnitt folgendes Bild:

Formen der sozialen Rationalisierung des Typs "Organisationskultur" erhöhen aufgrund der hier eingebauten und gewollten Kommunikationsmöglichkeiten die Chancen der sozialen Akteure, Alternativen zum bestehenden/geplanten Technisierungs- und Informatisierungsmodell und zum vorherrschenden Arbeitsmodell zu entwickeln. Diese Form der systemischen aber sozialen

Rationalisierung beeinflußt die intrinsische Motivation der sozialen Akteure, weil Arbeitsumwelt und Arbeitsergebnis als mitgestaltbare Elemente verstanden werden. Die Kosten dieses Modells sind für die Mitarbeiter durch einen Mehraufwand an Arbeitszeit sowie durch die Preisgabe individuell vorhandener Wissenselemente gegeben. Der entsprechende Betrieb kommt also in den Genuß von zusätzlichen und oft auch unentgeltlichen Ressourcen. Die Informatisierung wird aufgrund von interaktiven und rekursiven Prozessen zwischen unterschiedlichen Akteursgruppen kooperativ vorangetrieben. Sie ist an die Bedürfnisse der Akteure angepaßt, weil diese ihre Form mitbestimmt haben.

Formen der sozialen Rationalisierung des Typs "Traditionsbetrieb" (bzw. Betriebe im Umbruch) sind hinsichtlich der Mitgestaltungschancen weniger offen. Die vorhandenen Wissenspotentiale werden nicht ausgeschöpft und mögliche arbeitserleichternde Vorteile der Informatisierung und Vernetzung der betrieblichen Arbeit können sich nicht entfalten, weil unterschiedliche soziale Akteure sich innerhalb des Betriebs gegenseitig blockieren. Informatisierung wird nicht als Kooperationsprojekt verstanden und kann aus diesem Grunde den spezifischen Bedürfnissen der Mitarbeiter weniger gut angepaßt werden. Die hier herrschende Form der sozialen Rationalisierung reflektiert nicht den neuartigen Charakter einer Informationstechnik, die ihr Leistungsspektrum erst durch ihren Vernetzungscharakter gewinnt.

Auf der betrieblichen Ebene, so das Fazit, entwickeln soziale Akteure das Informatisierungsprojekt in Wechselwirkung mit den bestehenden (organisatorisch ausdifferenzierten) Formen der sozialen Rationalisierung. Um den Nutzen der Informatisierung zu erhalten, werden konservative Betriebe nicht umhin können, sich auch sozial zu modernisieren. Damit ergeben sich fast zwangsläufig erkennbare Chancen arbeitnehmerorientierter Gestaltung des Informatisierungsprojekts.

Literatur

Bergstermann, J., Brandherm-Böhmker, R. (Hg.) (1990): Systemische Rationalisierung als sozialer Prozeß, Bonn
Deters, M., Helten, F. (1992): Rationalisierung, Kommunikation und Ingenieurshandeln. In: Littek/Heisig/Gondek (Hg.): Organisation von Dienstleistungsarbeit. Sozialbeziehungen und Rationalisierung im Angestelltenbereich, Berlin, S. 81-96
Meyer, A. (1951): Die soziale Rationalisierung des Industriebetriebes, München
Volpert, Walter (1989): Entwicklungsförderliche Aspekte von Arbeits- und Lernbedingungen. In: Zeitschrift für Berufs- und Wirtschaftspädagogik (ZBW). Beihefte, Heft 8 : Lernen und Arbeiten, 117-134, Stuttgart: Franz Steiner Verlag

Zur Informatisierung von Kunst und Kultur

Martin Warnke
Universität Lüneburg
Stresemannstr. 6
D-2120 Lüneburg

Ebenso wie im industriellen Arbeitsprozeß halten Computer im Kulturbetrieb Einzug in Büros und Werkstätten.
Wie jede andere Verwaltung bedient sich eine Museums- oder Kulturamt-Leitung der vornehmlich buchhalterischen Dienste moderner Rechner. Wie in jeder größeren Firma gibt es Präsentationen und Dokumentationen, die rechnergestützt entstehen. So unterscheidet sich der Verwaltungtrakt des Kulturbetriebs in Hinblick auf seine Informatisierung nicht fundamental von anderen Betrieben. Im Museumsbetrieb haben sich allerdings Spielarten des Rechnereinsatzes herausgebildet, die, wohl wegen der Besonderheiten bei den verwalteten Dokumenten, eine eigenständige Bedeutung erlangt haben. Hierüber ist schon vielfach berichtet worden (siehe z.B. [16][17][24]), vor allem im Zusammenhang mit Hypertext- und Multimedia-Konzepten; dies soll an dieser Stelle nicht wiederholt werden. Für die Bedeutung des Hypertext-Konzepts für die literarische Produktion und Rezeption soll aus Platzgründen auf die bereits mächtig angewachsene Spezialliteratur verwiesen werden (siehe etwa [1][4][5][14][19]).
Bei der Produktion von Kulturgütern sind nur wenige Parallelen zur Industriearbeit auszumachen. Mit seinen Methoden ist der Rechnereinsatz, wenn er analog zur industriellen Produktion erfolgt, für den Kultur- und Kunstbetrieb (bislang?) nicht akzeptabel: computergestützte Massenproduktion liegt auch weit jenseits der Idee einer Warholschen factory, deutet sich aber bereits auf den Datenmüllhalden computergestützter Bildwelten an. Neben den Aspekt der technischen Reproduzierbarkeit von Kunstwerken, den Benjamin in seinem berühmten Aufsatz analysierte [2], tritt die technische Produzierbarkeit von Kunst. Von beidem soll hier die Rede sein.
Es bleibt unausweichlich, daß die Diskussion um eine Künstliche Kunst (so z.B. [18]) als einer geistigen Leistung mit ähnlichen Argumenten zu führen sein wird wie die um eine Künstliche Intelligenz. Einige Bemerkungen hierzu schließen den Beitrag ab.

1. Der Fälscher ist der Held der elektronischen Kultur

Die Möglichkeiten algorithmischer Manupulierbarkeit digital gespeicherten Materials, vor allem Schnitt, Collage und Filterung, stehen im schlechten Ruf, die Grenzen des Redlichen zu überschreiten. Der Spiegel fragt zum Thema "Elektronische Bildverarbeitung": »Wo beginnt die Bilderlüge?« [20] und berichtet, daß selbst die renommierte National Geographic's vor Bildmanipulation, wie sie nur der Computer möglich macht, auf ihren Titelseiten nicht zurückschreckt. Im Geschäftsbereich "Popularmusik", in dem ohne Rechnereinsatz im Tonstudio schon lange nichts mehr geht, fürchten die Verleger um ihre Einkünfte: [7] "Neue Techniken der Übertragung und des Kopierens, die mannigfache Möglichkeiten der Vervielfältigung bis hin zum 'Musik-Klau' bieten, stellen für die Musikverleger eine zunehmende Gefahr dar. ... »Wie auf einem Ersatzteillager werden Tausende von Melodien per Computer (Sampling) gestohlen, um dann unerkannt als Disco-Pop wieder aufzutauchen«, sagte der Vizepräsident des Verbandes, Hans Wilfried Si-korski."
Software-Piraterie allerorten. Wem schadet, wem nützt sie?
Olaf Metzel, geb. 1952, bildender Künstler, hat seinen Kommentar dazu gemacht: das Werk, das in der Hamburger Kunsthalle gigantische, zerstörte Leiterplatten der Mikroelektronik zeigt, trägt den Titel "»Der Fälscher ist der Held der elektronischen Kultur« (Glenn Gould) V". Es leitet über zu dem dort zitierten kanadischen Pianisten Glenn Gould (1932-1982), der, bekannterweise, die massenhafte elektronische

Reproduzierbarkeit seines Materials, der Musik, zur Grundlage seiner Arbeit machte. Zur spezifischen medialen Situation der Musik bemerkt er zunächst: "'Ob wir es anerkennen oder nicht, die Langspielplatte verkörpert mittlerweile geradezu die Realität der Musik'"[13]. Daran hat sich natürlich durch den Siegeszug der digitalen CD-ROM nichts geändert[1]. Die Abkehr vom Life-Ereignis des Konzerts ermöglichte es ihm, schon vor dem Einsatz rechnergestützter Methoden, umfangreiche Manipulationen an seinem Material vorzunehmen: "...Die Technologie hat das Vermögen, ein Klima der Anonymität zu schaffen und dem Künstler die Zeit und Freiheit zu geben, seine Auffassung eines Werks nach besten Kräften vorzubereiten, eine Aussage zu vervollkommnen, ohne sich über Trivialitäten wie Nerven oder Fingerfertigkeit Gedanken machen zu müssen" [11].

Die Methode, "eine Aussage zu vervollkommnen", war der Schnitt, wie er natürlich schon mit der analogen Bandmaschine möglich war. Daß dies eher eine Gefahr für Verleger (s.o.) als für die Künstler selbst ist, beleuchtet sein Satz: "... daß man niemals einen Stil zusammenkleben kann – man kann nur Abschnitte zusammenkleben, die mit einem Überzeugtsein von einem Stil zu tun haben" [13]. Das Resultat eines schöpferischen Akts ist, so ist der Satz aufzufassen, nicht durch die schlichte Rekombination seiner Versatzstücke zu einem neuen Kunstwerk zusammenzuschneiden. Daran ändern auch raffiniertere digitale Schnittmethoden nichts.

Auf der anderen Seite zeigte Gould, wie Filterungsmethoden [12] und vor allem Schnitt-Technik seine künstlerischen Aussagen zu formulieren halfen. Idealtypisch kann seine Einspielung der Fuge a-moll des ersten Teils des "Wohltemperierten Klaviers" von J.S.Bach gelten [10]. Sie ist nach eigenem Bekunden [13] eine Collage aus zwei takes, die in ihrer unterschiedlichen Auffassung des Stücks die gewünschte stilistische Abwechslung zwischen Exposition, Durchführung und Reprise des Themas boten. Um selbst zu überprüfen, daß solches Tun keine Frankensteinschen Monster oder zusammengestoppelten Wolpertinger erzeugt, sondern ein Klangerlebnis von analytischer Klarheit und künstlerischer Bestimmtheit, höre man sich die ersten 20 Takte an. In Takt 14 beginnt die Durchführung und der Schnitt der beiden takes findet auf der Note statt.

Zusammengefaßt: "Die Rolle des Fälschers, des unbekannten Herstellers unbeglaubigter Güter, ist emblematisch für die elektronische Kultur. Und wenn dem Fälscher Ehre erwiesen wird für seine Kunstfertigkeit und er nicht mehr geschmäht wird für seine Habgier, werden die Künste zu einem wahrhaft integralen Bestandteil unserer Zivilisation geworden sein" [13].

Die Filterungs- und Ediermöglichkeiten, die für den Film längst zur Selbstverständlichkeit geworden sind, halten mit der mediendeckenden Digitalisierung auch in anderen Künsten Einzug. Auffassungen, die den Schnitt für den Film erlauben, ihn jedoch in der Musik und in anderen Zweigen kultureller Produktion als Unehrlichkeit ablehnen, werden in zunehmenden Konflikt mit den wünschenswerten ästhetischen Folgen der elektronischen Fälscherwerkstatt geraten.

2. Der Laplacesche Dämon als Spürhund der Kunst

Der Stuttgarter Künstler Wolfgang Kiwus braucht für seine Computergraphiken keinen Monitor. Er erkundet Punkt, Linie, Schraffur und gesetzten Text, indem er sie mittels Assemblerprogrammen von einem Nadeldrucker zu Papier bringen läßt. Der Laplacesche Dämon[2], der aus dem Zustand des Systems "Welt", hier dem Programm und den Eingabedaten, alle späteren Zustände, also auch den output[3] kennt,

---

[1]Im Gegenteil: das Zusammenwachsen von Unterhaltungselektronik und Rechnertechnik und die Entwicklung der interaktiven Medien eröffnet solche Perspektiven auch in den bildenden Künsten.

[2]"Ein Geist, der für einen gegebenen Augenblick alle Kräfte kennt, welche die Natur beleben, und der diese Angaben der mathematischen Analyse unterwirft, könnte in derselben Formel die Bewegung des größten Himmelskörpers und des leichtesten Atoms eingreifen. Zukunft und Vergangenheit wären seinem Blick gegenwärtig" (Laplace, zitiert nach [3]).

[3]Hierbei handelt es sich sozusagen nur um einen "halben Laplaceschen Dämon", denn die Vergangenheit bleibt ihm verschlossen!

steht seiner Arbeit Pate. Dabei ergibt sich eine merkwürdige Spannung zwischen programmierter Determiniertheit auf der einen Seite mit der unvorhersehbaren Komplexität dessen, was das Papier bedeckt, auf der andern. Seine Programme sind patchwork aus diversen Ansätzen, archäologische Schichtungen seines Arbeitsprozesses. Sein Material, also das Papier, das Farbband und die Druckermechanik, führt ein stoffliches Eigenleben, indem es bis zum Zerreißen strapaziert wird. Seine Graphiken enthalten sich jeder Geschmacksentscheidung, insofern sind sie un-willkürlich. Dennoch weiß auch der Künstler nicht, welches Resultat der nächste Versuch bringen wird, insofern sind sie un-vorhersehbar.

Nicht umsonst stammt der Text, den er, aus inhaltlicher Sicht zwingend, aus algorithmischer Sicht willkürlich, als Parameter immer wieder in den Prozeß einbringt und aus der seine Buchstabenlandschaften erwachsen, von Max Bense: "Der geistige Mensch und die Technik" [3]. Er, Bense, nimmt sich in dieser Schrift gerade dieser existenziellen Spannung zwischen "gnadenloser Perfektion und Prädestination" der technischen Welt und der ursprünglichen menschlichen Welt, die auch die schöpferische Freiheit mit einschließt, an. Sie beschreibt die Pole, zwischen denen sich zu Zeiten fortschreitender Informatisierung auch die Kunst befindet: "Sie [die apparative Welt der technischen Physik] ist wie ein harter, kalter Traum der Materie; sie entleibt sich zu ihrer wahren Gestalt, sie entäußert sich jedoch nicht ihrer Gesetze. Sie verliert ihren Duft, ihre Wärme, ihr Leben und ihren Tod - und ist doch nicht so abstrakt wie eine platonische Welt; sie bringt selbst keine fühlenden, denkenden, erkennenden und verstehenden Wesen hervor, aber sie wird selbst von solchen Wesen hervorgebracht, und sie hat das stille natürliche Werden ersetzt durch eine einsame dürre Phantasie des Fortschritts." Dennoch: "Es ist ein Kriterium für den Geistigen, indem er entweder eine höhere beherrschende Stufe der Rationalität gewinnt oder in der Wildnis der Mystik und Irrationalität die Distanz verliert. Und der Geistige lebt doch aus der Distanz vor den Dingen, die Ausbildung der Distanz gehört zu den metaphysischen Kräften der geistigen Existenz. Geistiger ist, wer die Kraft der Distanz von der bewohnten Welt noch besitzt. Modern ist, wer seinem Zeitalter gewachsen ist."

Dort, wo der Laplacesche Dämon in der Kunst zu seinem Recht kommt, entstehen konzeptionell strenge Arbeiten. So auch bei Achim Wollscheid, der, passenderweise, am Rande der 21. GI-Jahrestagung 1991 eine Arbeit vorgestellt hat. Es ging dort um das Verhältnis von Bild und Klang: von der Willkür des Künstlers beherrscht, zeigte jeder Teil der Arbeit eine veränderliche Computergraphik, deren Zustand in der Folge vollständig von meßbaren Parametern der zugehörigen Klänge abhing: der Dämon konnte ans Werk gehen, nachdem ihm seine deterministische Welt konstruiert worden war. Allerdings, und das machte den Reiz der Arbeit aus, war der Zusammenhang zwische Klang und seiner Visualisierung nicht trivial: die dämonischen Regeln kamen nicht gänzlich ans Licht, das Verhältnis von Zufall und Notwendigkeit blieb in der Schwebe.

Bei den frei fallenden Kugeln von Akke Wagenaar, einer Mitarbeiterin von Peter Weibel am Institut für Neue Medien an der Städelschule in Frankfurt, liegt die Laplacesche Welt als Uhrwerk in Reinform vor: die Anfangsbedingungen werden präpariert, jede Kugel erhält Anfangslage und Impuls, anschließend werden sie sich und der Gravitation überlassen. Eine Computeranimation zeigt, wie die Kugeln miteinander und dem virtuellen Boden kollidieren, auf den sie ihren Schatten werfen[1]. Würden die Bilder das Ensemble wie gewohnt von außen zeigen, gäbe dies nichts Bemerkenswertes. Doch: nach einigen Momenten realisiert man als Betrachter, daß man selbst in einer der Kugeln steckt; die Szene wurde berechnet mit einem virtuellen Beobachterstandort inmitten einer der Kugeln[2]. Hier wird bislang Ungesehenes sichtbar: der Blick aus der Kugel auf die Kugeln simuliert eine Körper- und Raumerfahrung, die, machte man sie jemals real, wohl die letzte, letale, wäre. "Das reale Korrelat von Simulationen ist vielleicht die Katastrophe", schrieb Friedrich Kittler [15] und zu Computerfilmen allgemein: es "sieht so aus, als ob sich pro Sekunde 25 Margritte-Effekte nacheinander abspulen, irgendwo auf wechselnden Simulationen von Erde und Mond.

---

[1]So ist die virtual reality die einzige Welt, in der der Laplacesche Dämon, auch physikalisch, noch ungebrochen wirkt. Dabei wäre dies nicht nötig: eine Welt, in der Quanteneffekte eine wesentliche Rolle spielten, wäre als VR mühelos zu realisieren. Man braucht lediglich das Plancksche Wirkungsquantum auf makroskopische Werte anzuheben, und eine Fülle völlig neuartiger Lebenserfahrungen wäre denkbar.

[2]Nicht umsonst stellt Akke Wagenaar ihre Arbeiten auf der ars electronica 1992 in Linz vor, deren Motto die "Endophysik" ist, die "Welt von innen".

... Das ist Kunst von heute - ein Maximum des Machbaren. Aber sie heißt nicht mehr Kunst sondern Medientechnik."

So ist es nicht verwunderlich, daß die Kunst dem Militär nachhinkt: Interaktive Computergraphik in Echtzeit, wie sie etwa Jeffrey Shaw mit seiner The Legible City (für eine Werkübersicht siehe z.B. [23]) präsentiert hat, verwendet gerade noch finanzierbares equipment, bis auf's Äußerste abgespeckte Flug- oder Fahrsimulatoren[1].

Informatisierung der Kunst heißt vor allem auch: Stellen der künstlerischen Arbeit unter das ökonomische Diktat von Hochtechnologie.

3. data dump

Es ist natürlich nicht ausgemacht, daß uns der Laplacesche Däman auf sinnvolle Wege führt. Als Widerpart der Wirklichkeit, auch der technischen, thematisiert Kunst auch Datenmüll, data dump. In einer gleichnamigen Arbeit zeigt Georg Mühleck (Einreichung für das Symposium INTERFACE II, Februar 1993 in Hamburg) schier endlose Folgen konvulsivisch auf den Bildschirm erbrochene, an Zellkulturen erinnernde Bilderserien. Jedes computergenerierte Bild ein Original, "Austreibung des Sinns durch ständige Belagerung der Sinne" [18].

Eine augen- und ohrenfällige Variation des Themas stammt von Christian Hübler und Alexander Tuchacek [21]: Ein Sprachsyntheseprogramm spricht sich selbst - einen C-Quellcode - der Programmtext ist sichtbar, entstellt durch Glasbausteine, die vor die Monitore gebaut sind. Gleichzeitig kann der synthetische sprachliche output über Kopfhörer mitgehört werden. Semantik tragende Anweisungen einer Programmiersprache geraten absichtsvoll zu sinnlosem Gelalle, weil ohne Sinn als Anweisung für Menschen und weil ohne Sinn für den Gehalt gesprochen.

Liebevoll ironisch deutet Adib Fricke in seinem "Lächeln des Leonardo da Vinci" [9] die geschwätzige Sprachlosigkeit aleatorischer[2] Satzschwälle in ein Vernissagen-small talk um: auf dem Bildschirm erscheinen zufällig zusammengestellte Sätze zur bildenen Kunst, bis zu 30 Millionen verschiedene. Erst die schier unerschöpfliche Produktivität bei der Erzeugung von Seichtigkeiten verdeutlicht den maschinellen Ursprung.

Timm Ulrichs zeigte 1991 in der Ausstellung "Auf Bewährung" in Lüneburg [22] (jetzt in der Kunsthalle Recklinghausen) eine Arbeit, die zwar von einer industrieüblichen Computersteuerung abhing, aber nicht deshalb für das Thema der Informatisierung von Kunst und Kultur wesentlich ist. Sein "Stirn und Gestirne" macht sinnfällig, wie aus einer einfachen Gestalt, dem Profil des Künstlers, das auf die Schnittflächen eines aufgerollten Gummibandes gezeichnet wurde, ein scheinbar chaotisches Gebilde erzeugbar ist - data dump: das Band wird auf einen zweiten Teller gespult, wobei sich die Schnittkanten anders arrangieren und sich der Profil-Umriß in eine Punktwolke ähnlich einem Sternenhimmel auflöst. Nach einiger Zeit wickelt die Maschine das Band wieder um, und die Gestalt ersteht neu als Umriß des Ulrich'schen Profils.

Die Arbeit zeigt zwei Seiten derselben Medaille, die einfache Gestalt in der angemessenen Darstellung und die Auflösung der Form, die wuchernden Details, die auf einer falschherum gewikkelten Sichtweise beruhen. Paradigmatisch beschreibt dieses Wechselverhältnis die Polarität der begrifflichen Einfachheit und Kompaktheit der schlichten Rekursionsgleichung $z=z^2+c$ zu den vor Details berstenden Apfelmännchen und fraktalen Gebirgen (wie [6] feststellte). Diesen data dump kann uns erst der Computer bescheren, ohne den modernen Fluchtpunkt des floating point processor blieben diese Welten ungeschaut.

---

[1]Bezeichnenderweise bewegt man sich durch Shaws lesbare Städte auch mit dem Fahrrad, und konsequenterweise schafft Shaw für sein neues, gut betuchtes Institut für Bildmedien am Zentrum für Kunst und Medientechnologie in Karlsruhe nun auch "richtige" Flugsimulatoren an [23].

[2]Nach Glenn Gould bedeutet übrigens, zumindest in der Musik, Aleatorik den "Triumph des quasiimprovisatorischen Weitergebens des Schwarzen Peters" [13].

4. Künstliche Kunst mit künstlichen Köpfen?

So stellt sich eine Situation dar, in der die Rechnertechnik in ihrem Werkzeugcharakter als universeller Filter und Editor in den Hintergrund tritt. Sie prägt in dieser Rolle das Produkt nicht mehr und sedimentiert zur alltäglichen materiellen Basis der Produktion von junk und von Qualitätsware. Es ist in diesem Szenario keine Frage, daß der Mensch allein alle die Gestalt prägenden Entscheidungen trifft.

In der Fortsetzung der Mathematisierung des Blicks, wie sie die Renaissance mit Erfindung der Zentralperspektive in Gang setzte, erfindet die Jetzt-Zeit Welten, in denen der Laplacesche Dämon erneut zu seinem Recht gelangt. Rechnerisch hoch komplexe künstlerische Konzeptionen werden durch die performance heutiger Rechner realisierbar. Neben die Statik der zentralperspektivischen Konstruktion tritt der Algorithmus in Funktion einer Sonde, die dynamische (Aus-) Geburten künstlerischer Imagination auslotet. Wenngleich vielerorts festgestellt wird, daß dies deshalb noch lange keine Kunst ist (z.B. in [18] und [6]) und kaum Ausstellungen zur "Kunst mit dem Computer" stattfänden, wenn an die Werke dieselben Ansprüche gestellt werden würden wie an konventionalle Arbeiten, so kann man doch nicht endgültig ausschließen, daß das Werkzeug über seine ursprünglichen Einsatzgründe hinauswachsen und den Blick auf die Welt zu weiten imstande sein kann.

In jedem Fall ist es angebracht, die Einsichten, die im Verlauf der KI-Debatte erstritten wurden, auf die Versuche zu einer computergestützten Kunst anzuwenden. Die Rollenverteilung zwischen Mensch und Maschine, die Formalisierbarkeit schöpferischer und intellektueller Leistungen, auch wieder fünf (?) Stufen der Expertise [8] sind Probleme, die in fast unveränderter Gestalt wieder auftauchen.

Das Supremat des menschlichen Geistes über den Automaten ist bereits jetzt ein Resultat, das sich per Analogieschluß festhalten läßt.

Ich danke Carmen Wedemeyer und Diethelm Stoller für Tips und viele Gespräche.

Literatur

[1] Andersen, P.B.: Towards an aesthetics of hypertext systems. A semiotic approach, in: Ritzk, A.. Streitz, N. und André, J. (Hrsg.): ECHT '90. The Cambridge Series On Electronic Publishing 224-237. Paris: Cambridge University Press 1990.

[2] Benjamin, W.: Das Kunstwerk im Zeitalter seiner technischen Reproduzierbarkeit, Frankfurt/Main: Suhrkamp 1988.

[3] Bense, M.: Der geistige Mensch und die Technik, in: Über Leibniz. 26-48. Jena und Leipzig: Karl Rauch Verlag 1946.

[4] Bolter, J.D.: Writing Space: the Computer, Hypertext, and the History of Writing. Hillsdale, New Jersey: Lawrence Erlbaum Associates 1991.

[5] Bush, V.: As we may think. Atlantic Monthly, 176(1), 101-108 (1945).

[6] Coy, W.: Dem Wahren, Schönen, Guten. Die künstlerische Botschaft der Mathematik, in: Michel, K.M. und Spengler, T. (Hrsg.): Das Chaos. November 1989, 43-58. Berlin: Kursbuch/Rotbuch 1989.

[7] dpa: Verleger besorgt über neue Formen des "Musik-Klaus", in: Frankfurter Rundschau 8.6.1992.

[8] Dreyfus, H.L.und Dreyfus, S.E.: Künstliche Intelligenz–Von den Grenzen der Denkmaschine und dem Wert der Intuition. (Übers von Michael Mutz) rororo Computer Reinbek: Rowohlt 1986.

[9] Fricke, A.: Das Lächeln des Leonardo da Vinci. Berlin: Edition Fricke und Schmidt 1990. Computerprogramm.

[10] Gould, G.: J.S.Bach: Das Wohltemperierte Klavier M3K 42266. CBS Masterworks. 1975. Audio CD.

[11]   Gould, G.: Glenn Gould in Conversation with Tim Page, in: Page, T. (Hrsg.): The Glenn Gould Reader. 451-461. London: faber and faber 1988. deutsch "Coda: Glenn Gould im Gespräch mit Tim Page" in "Vom Konzertsaal zum Tonstudio", Schriften zur Musik II, München 1987, Übersetzung von Hans-Joachim Metzger.

[12]   Gould, G.: Music and Technology, in: Page, T. (Hrsg.): The Glenn Gould Reader. 353-357. London: faber and faber 1988. deutsch "Musik und Technologie" in "Vom Konzertsaal zum Tonstudio", Schriften zur Musik II, München 1987, Übersetzung von Hans-Joachim Metzger.

[13]   Gould, G.: The Prospects of Recording, in: Page, T. (Hrsg.): The Glenn Gould Reader. 331-353. London: faber and faber 1988. deutsch "Die Zukunftsaussichten der Tonaufzeichnung" in "Vom Konzertsaal zum Tonstudio", Schriften zur Musik II, München 1987, Übersetzung von Hans-Joachim Metzger.

[14]   Idensen, H.und Krohn, M.: Vom Hypertext in der Kunst zur Kunst des Hypertext, in: Gloor, P.A. und Streitz, N.A. (Hrsg.): Hypertext/Hypermedia-Fachtagung. Informatik-Fachberichte 249, 296-300. Berlin, Heidelberg, New York: Springer-Verlag 1990.

[15]   Kittler, F.und Rötzer, F.: Synergie von Mensch und Maschine (Gespräch). kunstforum international, 98 (Jan./Feb. 1989), 108-117 (1989).

[16]   Lipp, A.: Kunst im Netzwerk. Hamburg: Hamburger Kunsthalle 1986.

[17]   Mylonas, E.und Heath, S.: Hypertext from the Data Point of View: Paths and Links in the Perseus Project, in: Ritzk, A., Streitz, N. und André, J. (Hrsg.): ECHT '90. The Cambridge Series On Electronic Publishing 324-336. Paris: Cambridge University Press 1990.

[18]   Nake, F.: Künstliche Kunst. kunstforum international, 98 (Jan./Feb. 1989), 85-94 (1989).

[19]   Nelson, T.H.: A New Home for the Mind. Datamation, 28 (March), 169-180 (1982).

[20]   NN: Knackige Würstchen. Der Spiegel, 30, 1990. 150-151.

[21]   NN: Ausstellung Vorstellung Aktion. Kunsthochschule für Medien Köln 1991. Ausstellungskatalog.

[22]   Studentinnen und Studenten der Universität Lüneburg, Magisterstudiengang Angewandte Kulturwissenschaften u.a. in: B. Peters und K.H. Schmidt (Hrsg.) Auf Bewährung - Ein Museum auf dem Prüfstand zeitgenössischer Kunst. Lüneburg: Universität Lüneburg 1991. 103 S., Ausstellungskatalog.

[23]   Shaw, J.: Reisen in virtuelle Realitäten - Ein Gespräch mit Florian Rötzer. kunstforum international, 117, 286-303 (1992).

[24]   Warnke, M.: Hypersystem-Projekte im Kulturbetrieb, in: Wallmannsberger, J. (Hrsg.): Hypertext - State of the Art. München: Oldenbourg 1992.

Arbeitsgruppe 6: Methoden und Verfahren einer sozialorientierten Gestaltung von Informationstechnik

Werner Langenheder
Gesellschaft für Mathematik und Datenverarbeitung, St. Augustin
Universität Freiburg, Institut für Informatik und Gesellschaft

Dieter Klumpp
Standard Elektrik Lorenz, Stuttgart

Daß die Entwicklung und der Einsatz von Informationstechnik nach ökologischen und gesellschaftlich erwünschten Kriterien verantwortungsbewußt gestaltet werden kann und muß, wird inzwischen weitgehend anerkannt. Ein wesentliches Handicap besteht jedoch darin, daß die dafür geeigneten Methoden, Verfahren und Werkzeuge fehlen oder nicht genügend bekannt sind. Gerade Informatiker und Systementwickler fragen zuerst nach "Tools", bevor sie etwas entwerfen, entwickeln, bearbeiten oder implementieren.

Sozialorientierte Gestaltung von Informationstechnik setzt hohe Ansprüche. Es bedeutet vor allem: Erweiterung der Perspektiven und Zielvorgaben, Beteiligung der betroffenen Individuen und Interessengruppen, ganzheitliche Betrachtungsweise, synergetisches Handeln und Interdisziplinarität.
Bei dem Versuch, diese Ansprüche in der Praxis umzusetzen, treten gravierende Probleme auf:
* Verständigungsprobleme aufgrund unterschiedlicher Sprachen, Grundannahmen und Sichtweisen,
* vorherrschende Belohnungsmechanismen, die Spezialisten fördern und Generalisten abwerten (wissenschaftliche Reputation z.B. ist nahezu ausschließlich an Disziplinen orientiert),
* erworbene Denkstrukturen, die das linear-kausale Denken betonen, während das vernetzte Denken weit weniger entwickelt ist.

Wenn sozialorientierte Gestaltung von Informationstechnik erfolgreich sein soll, dann müssen die Probleme, die sich aus Perspektiven-Erweiterung, ganzheitlicher Betrachtungsweise und Interdisziplinarität ergeben, sehr ernst genommen werden. Es genügt nicht allein, Technik sozial verträglich zu gestalten, also Schaden zu vermeiden und negative Folgen, wenn sie eingetreten sind, zu kompensieren. Das Augenmerk muß von Anfang an auf eine sozial positiv orientierte Technikgestaltung gerichtet sein, also vorrangig auf den sozialen und ökologischen Nutzen zielen. Es ist eine antizipative Orientierung erforderlich.

In dem ersten Beitrag dieser Arbeitsgruppe zeigen Martin Kalinowski, Urs Andelfinger und Anja Hartmann wichtige Aspekte interdisziplinär und systemisch ausgerichteter Gestaltungskonzepte auf, benennen dabei auftretende Schwierigkeiten und stellen beispielhaft einige ausgewählte Verfahren vor.
Von entscheidender Bedeutung ist der Prozeß der Zielfindung und die daran beteiligten gesellschaftlichen Gruppierungen. Besonders schwierig und in den bisherigen Verfahren nahezu völlig vernachlässigt ist die Einbeziehung von Bürgern und Betroffenen im Kontext eines allgemeinen gesellschaftlichen Diskurses. Das Verfahren der Planungszelle und des Bürgergutachtens ist einer der Versuche, diesem Ziel näher zu kommen. Es wird in dem zweiten Beitrag von Detlef Garbe vorgestellt und beispielhaft erläutert.
Ebenfalls von grundlegender Bedeutung für die Gestaltung der Informationstechnik und bisher kaum beachtet ist die technische Normung. Sie erhielt erst in jüngster Zeit durch die Entwicklung der Telekommunikation und bei der Diskussion um die Einführung des ISDN-Netzes zunehmende Aufmerksamkeit. Hierauf geht Heinzpeter Höller in seinem Beitrag näher ein.
Für eine so stark mathematisch und formal ausgerichtete Disziplin wie die Informatik ist es besonders mißlich, wenn die für einen sozialorientierten ganzheitlichen Gestaltungsansatz erforderlichen mathematisch-formalen Analyseverfahren und Beschreibungsmethoden fehlen oder unzureichend sind. Fred Röhner setzt sich in seinem Beitrag mit diesem Problem auseinander und zeigt beispielhaft auf, wie naturwissenschaftliche Methoden der Synergetik auf sozialwissenschaftliche Problemfelder anwendbar sind.

Verzahnung von technisch-ökonomischen mit sozialorientierten Kriterien in der Gestaltung von Informationstechnik

Martin Kalinowski[1], *Urs Andelfinger*[1], *Anja Hartmann*[2]

[1] Zentrum f. Interdisziplinäre Technikforschung, TH Darmstadt, Hochschulstr. 1, 61 Darmstadt
[2] Inst. f. Informatik III, Projektbereich Integrierte Folgenforschung, Universität Bonn, Römerstr. 164, 53 Bonn

1 Einleitung

Das **Arbeitsfeld** der sozialorientierten Gestaltung von Informationstechnik hat sich in den letzten Jahren derartig dynamisch entwickelt, daß hier nicht ein repräsentativer Überblick gegeben werden kann. Stattdessen wird vor allem betrachtet, welche Rollen verschiedene Disziplinen und interdisziplinäre Ansätze in diesem **Forschungsfeld** haben, und es werden ausgewählte Verfahren vorgestellt, mit denen technisch-ökonomische mit sozialorientierten Kriterien zusammengeführt werden können.

2 Die Integration von technisch-ökonomischer und sozialorientierter Entwicklung

Die klassischen Methoden und Verfahren zur Gestaltung informationstechnischer Systeme sind Entwicklungs- und Planungsverfahren, die entweder ein Maximum an Leistungen bei einem Minimum an Kosten anstreben oder losgelöst von konkret vorliegenden technischen Systemen und ohne Bezug zu den technisch-orientierten Leistungsmerkmalen ermitteln, welchen sozialen Kriterien ein technisches System genügen sollte. Spezielle Verfahren sind notwendig, um die technisch-ökonomischen Kriterien einerseits und die sozialen andererseits miteinander verzahnen zu können. Einen ersten wissenschaftlichen Ansatz bildete die sozialwissenschaftliche Wirkungsforschung. Ausgehend von ex-post-Ansätzen in den siebziger Jahren[3] liegt der Fortschritt in der Hinwendung von einer korrektiven zu einer prozessualen und weiter zu einer normativen Gestaltung technischer Systeme.
Der Fortschritt bei der Verzahnung von Anforderungen kann daran gemessen werden, wie frühzeitig soziale Kriterien in den Prozeß der Genese einer Technologie eingebracht werden können, so daß ein breiterer Entscheidungsspielraum für Alternativen offen bleibt. Durch Revisionen kann dieser Entscheidungsspielraum auch im Nachhinein wieder erweitert werden und durch auf Dauer flexible technische Lösungen kann er erhalten bleiben. Falls die Wissenschaft zu diesem Verzahnungsprozeß einen wirksamen Beitrag leisten

---

[3] Eine erste Bestandsaufnahme machten Reese et al. (1978); siehe auch Tonnenmacher/Seetzen/Sieber (1988).

will, muß sie sich aus ihrem disziplinären Elfenbeinturm herauswagen und Verbindungen eingehen sowohl mit anderen Disziplinen (interdisziplinäre Grenzöffnungen) als auch mit Beteiligten aus der Praxis, mit anderen Akteuren und gesellschaftlichen Gruppen (inter-organisatorische Grenzöffnungen). Wenn sie sozialorientiert sein will, muß sie entgegen wissenschaftlichen Gepflogenheiten Stellung beziehen (normative Grenzöffnung).[4]

Modellhaft vereinfacht und geleitet von der idealisierten Vorstellung einer linearen Technikentwicklung in Phasen lassen sich verschiedene Vorstellungen davon entwickeln, wie der Verzahnungsprozeß ablaufen kann. Der klassische Fall besteht darin, ein System in der Praxis einzuführen und zu beobachten, welche Schwierigkeiten sich in der Anlaufphase ergeben, die ggf. kostspielige Korrekturen nötig machen. Soziale Folgen werden nur indirekt registriert (z.B. durch den Protest von Betroffenen) oder als externe Folgen aus der Systembewertung herausgehalten und allenfalls in einem mehr oder weniger offenen gesellschaftlichen Diskurs thematisiert. Soziale Reibungen werden genauso behandelt wie technische Fehler. Die sozialwissenschaftliche Wirkungsforschung kann derartige Folgen zwar analysieren, bleibt aber bisher eher unbeachtet und unberücksichtigt von denjenigen, die die Technik entwickeln.
Auf der gesellschaftlichen Makroebene kann die Verzahnung durch institutionell unterstützte und fachlich qualifizierte Diskurse verbessert werden.[5] Die Wirkungsforschung muß sich auch mit den Folgen auf dieser gesellschaftlichen Ebene befassen und ihre Ergebnisse in den Diskurs einfließen lassen. Auf der Mikroebene kann die Verzahnung durch Rückmeldungen von Betroffenen verbessert werden, insbesondere durch frühzeitige Beteiligung bei der Einführung von Informationstechnik. Dieses Verfahren kann durch Prototyping oder Pilotprojekte vor einer breiten Einführung unterstützt werden.[6] Dadurch wird ein interaktives Gestalten unter Einbeziehung der wahren Benutzer möglich. Der i.d.R. notwendige Aushandlungsprozeß kann durch externe Gestaltungsberater vermittelt werden (Mediation).

Vier Schwierigkeiten tauchen auf: (1) Je unreifer eine Entwicklung ist, desto mehr Gestaltungsspielraum läßt sie offen, desto unklarer und schwieriger wird es aber für die potentiell Betroffenen, Bewertungen abzugeben. (2) Die Kosten und der Zeitaufwand für Beratung und Aushandlungsprozesse scheinen zu hoch, um die Betroffenenbeteiligung immer frühzeitig genug zu ermöglichen. (3) Das Einbeziehen der Betroffenen setzt sowohl partizipative und hierarchiefreie Strukturen als auch kommunikative Kompetenz voraus. Betroffene müssen für den Diskurs qualifiziert werden, um ihre Partizipationschancen entsprechend nutzen zu können. (4) Sozialisationsbedingte Rollenverständnisse und in einem Betrieb tradierte Vorstellungen von Arbeitsteilung und Mitbestimmungsrechten (v.a. die weit verbreitete Verkündungskultur) erschweren die Partizipation.
Deshalb wird es als geeignet angesehen, soziale Kriterien in Richtlinien von wissenschaftlichen Verbänden, in Checklisten, Gestaltungshinweisen und technischen Normen quasi

---

[4] Dabei ist eine deutliche Trennung zwischen Analyse und Bewertung und der zugrundeliegenden Annahmen vorzunehmen.

[5] Stransfeld (1991)

[6] Derartige Gestaltungsforschung oder "konstruktive TA" wird beispielsweise in der Telekommunikation bisher nur ansatzweise betrieben Garbe/Lange (1991).

festzuschreiben. Es wird sogar versucht, soziale Kriterien in Werkzeuge für Systementwickler einzubauen.

Eine wesentlich weiterreichende Verzahnung als durch die genannten Bemühungen auf der Makro- und der Mikroebene kann erreicht werden, wenn ein technisches System gleichzeitig und in einem wechselseitigen Prozeß entwickelt wird mit dem sozialen System, in das es eingebunden wird (integrierte Ansätze).

3 Kurzvorstellung ausgewählter Verfahren

Aus der großen Zahl von Verfahren (z.B. Szenarienentwicklung, Planungszelle, Mediation, Wertanalyse, Ökobilanzen, Produktlinienanalyse) werden im Folgenden einige ausgewählte vorgestellt, die insbesondere im Bereich von Informations- und Kommunikationstechnologien angewendet worden sind.

Wertbäume der Sozialverträglichkeit: In Wertbäumen werden möglichst umfassend alle zur Bewertung technischer Systeme relevanten Kriterien der Sozialverträglichkeit systematisch zusammengefaßt.[7] Diese Kriteriensysteme werden v.a. als Abfrageraster zur Ermittlung der sozialen Akzeptanz bei Betroffenen benutzt.
Bisher wird immer versucht, lineare Wertbäume zu erstellen. Tatsächlich gibt es aber zahlreiche Wechselbeziehungen zwischen den verschiedenen Anforderungen an Technik. Es gibt hierarchische Abhängigkeiten, Redundanzen, Konkurrenzbeziehungen und andere Beziehungen zwischen den Kriterien. Die Interessen von weit entfernt Betroffenen werden vernachlässigt. Die Kriterien der Sozialverträglichkeit stehen in starker Konkurrenzbeziehung zu Kriterien der Funktionalität, ökonomischen Effizienz und Sicherheit und auch untereinander.
Analyse der Verfassungsverträglichkeit: Verfassungsverträglichkeit meint die Verträglichkeit der sozialen Voraussetzungen und Folgen technischer Vorhaben mit den Zielen des Grundgesetzes. Das Konzept der Verfassungsverträglichkeit ist ein mehrstufiges System von Kriterien zur Technikbewertung und -gestaltung. Es hat den Vorzug, gesellschaftlich einigungsfähig zu sein, da es auf verfassungsrechtlich garantierten und allgemein anerkannten Grundrechten beruht. In einem mehrstufigen Konkretisierungsprozess werden aus den verfassungsrechtlichen Vorgaben rechtliche Anforderungen und Kriterien abgeleitet, die dann jeweils bezüglich einer konkreten Technik in Gestaltungsvorschläge umgesetzt werden. Das Verfahren wurde beispielsweise zur Erarbeitung von Gestaltungsvorschlägen für ISDN-Telekommunikationsanlagen eingesetzt.[8]
Verletzlichkeitsanalyse: Unter Verletzlichkeit von Gesellschaft wird die Möglichkeit großer Schäden verstanden. Sie kann durch Informationstechnologien beeinflußt werden, indem sie das Schadenspotential oder die Fehler- und Mißbrauchsmöglichkeiten technischer Systeme verändern.
Die Verletzlichkeitsanalyse gehört zur Wirkungsforschung, zeichnet sich aber dadurch

---

[7] Müller-Reißmann/Bohmann/Schaffner (1988)
[8] Roßnagel et al. (1990). Für ein Anwendungsbeispiel siehe Andelfinger (1990).

aus, daß sie zukunftsorientiert (antizipatorisch) ist. Es wird ein Szenarium beschrieben, das den Trend verfolgt, mit dem Informationstechnologien entwickelt werden. Dabei soll aufgezeigt werden, wo die Verletzlichkeit der Gesellschaft zu hoch ist und wo Bedürfnisse und Ansatzpunkte für eine sozialverträgliche Gestaltung der Technik bestehen. Dadurch soll sichtbar werden, an welchen Stellen im Prozeß der Technikgenese eine kräftige Gegensteuerung nötig ist, um einen Trendbruch hin zu soziotechnischen Alternativen zu ermöglichen. Diese Alternativen sind themenspezifische Bestandteile eines erstrebenswerten Zukunftsbildes.[9]

Gesellschaftlicher Diskurs: Im gesellschaftlichen Diskurs über die Folgen einer Technologie wird der reine Wissenschaftsbereich durch die Einbeziehung möglichst aller Betroffenen verlassen, weil neben dem Erkenntnisinteresse andere Motive eine Rolle spielen. Durch diese Grenzöffnung kann der Diskurs mediative Funktion übernehmen. Es geht dabei nicht nur um Wahrheitsfindung sondern auch um die Vermittlung von konträren Interessen. Ein Ziel in diesem Sinne ist es, Technikgestaltern und politischen Entscheidungsträgern "diskursgehärtete" Empfehlungen bereitzustellen. Damit soll zur gesellschaftlichen Handlungsfähigkeit angesichts zu nutzender Chancen und drängender Probleme beigetragen werden. Notwendig ist die organisatorische Unterstützung und teilweise Institutionalisierung dieses Diskurses.[10]

Pilotprojektgeprüfte Checklisten und Handlungsempfehlungen: Begleitend zur Produkt- oder Prozeßinnovation wird der Prozeß der Technikgenese und/oder ihrer Auswirkungen an einem Fallbeispiel studiert. Hiermit kann der Wissenstransfer aus dem Bereich der interdisziplinären Technikforschung in die Praxis angestoßen und theoretisch erarbeitete Konzepte der *Technikgestaltung* an der Realität getestet werden in einer Entwicklungsphase, in der die Technik selber noch im Teststadium ist. Zwei nicht leicht miteinander verträgliche Anforderungen stellen sich der Begleitforschung. Einerseits ist zu fordern, daß Rückwirkungen vom Forschungsprojekt auf den Gegenstand der Untersuchung gelingen, andererseits muß das Problem umgangen werden, daß die Begleitforschung so anwendungsnah ist, daß sie – gemessen an disziplinären Standards – wissenschaftlich nicht mehr ernst genommen wird (Vorwurf der *Unwissenschaftlichkeit*).[11] Ein praktisches Ziel von Modellprojekten ist es, Handlungsanleitungen und Checklisten zu erarbeiten, zu testen und Umsetzungsprobleme der betrieblichen Praxis zu identifizieren. Die dabei gewonnenen Forschungsergebnisse und Erfahrungen sollten in anderen Vorhaben ohne eine wissenschaftliche Begleitung, d.h. beispielsweise für die betriebliche Selbsthilfe, genutzt werden können.[12]

Revision von Datennetzen: Der Revisionsansatz[13] nimmt eine Doppelrolle ein. Zunächst ist er Wirkungsforschung, indem er eine nachlaufende Kontrolle des Betriebs von Datennetzen vornimmt und versucht, Mißbräuche, Manipulationen u.ä. zu erkennen. Revisionen sollen die Hemmschwelle für unerlaubte Handlungen erhöhen, da sie das Entdeckungsrisiko vergrößern. Gleichzeitig tragen sie zu einer Erhöhung des Vertrauens der Netzbenutzer in einen ordnungsgemäßen und datenschutzrecht-

---

[9] Roßnagel et al. (1989)

[10] Stransfeld (1991)

[11] Dieser Vorwurf wäre eine Folge der notwendigen Grenzöffnung in die Praxis.

[12] VDI (1989)

[13] Hammer/Pordesch/Roßnagel (1990)

lich unbedenklichen Netzbetrieb bei. Revisionen sind aber auch zukunftsorientiert. In einem iterativen Prozeß sollen die Revisionsergebnisse wieder in einen Gestaltungsprozeß münden - die Bereitschaft, technisch-organisatorische Lösungen wieder zur Disposition zu stellen, wird dabei vorausgesetzt. Die Leitlinie hierfür bildet der oben dargestellte Ansatz zur verfassungsverträglichen Technikgestaltung.

Integrierter Organisations- und Technikentwicklungsansatz: Die grundsätzlichen Entscheidungen innerhalb einer Organisation werden i.d.T. von der Betriebsleitung allein gefällt. Ein neuer Ansatz besteht in der Integration von organisatorischer und technischer Entwicklung.[14] Beispielsweise wird bei der Einführung von vernetzten Systemen berücksichtigt, daß das Netz eine technische Realisierung eines Organisationsvorgangs ist, die den Vorgang verändert: Regeln sind stärker explizit gemacht und verbindlicher, die Kommunikation über das Netz kann engmaschiger sein. Statt diese Eigenschaften unreflektiert hinzunehmen und das "weiche" Umfeld an die "harte" Technik anzupassen, wird bei diesem Ansatz zuerst überlegt, welche Aktivitäten technisch unterstützt werden sollen. Dann wird eine technische Lösung angestrebt, die möglichst flexibel gehalten werden kann. Wesentlich ist dabei, daß alle Teilsysteme der Organisation sich mittels eines Gestaltungsdiskurses aktiv einbringen können, so daß ein organisches "Gestaltungsnetzwerk" entsteht, das nach dem Prinzip der Selbstorganisation von der Basis aus eine neue Form findet. Voraussetzung dafür ist ausreichende Autonomie der Teilsysteme bei hinreichendem diskursivem Austausch.

4 Ausblick

Ein Problem der sozialorientierten Technikgestaltung ist, daß die Kriterien der Sozialverträglichkeit oft als "Luxus" empfunden werden, den man sich noch zusätzlich gönnen kann, nachdem die technisch-ökonomischen Anforderungen hinreichend gesichert sind. Es geht mehr oder weniger nur noch um die Ausgestaltung unter engen Vorgaben. Dieses Ungleichgewicht der Gewichtung von Kriterien wird offensichtlich, wenn man sich als eine paradoxe Intervention die Umkehrung der Verhältnisse vorstellt: Sozial definierte Parameter würden vorgegeben und danach würde entweder eine soziale Innovation oder eine sozio-technische Lösung entwickelt; erst später würde überprüft, wie gut die "Unternehmensverträglichkeit" ist und wie eine "rentabilitätsorientierte" Gestaltung methodisch ermöglicht werden kann.

Hiermit wird deutlich, daß Sozialorientierung mehr meinen müßte als nur die Sicherstellung der Sozialverträglichkeit. Ein ernsthafterer Ansatz würde nicht nur die sozialorientierte Gestaltung von Informationstechnik sondern die Bedürfnisorientierung der ganzen (Informations-) Gesellschaft anstreben. Er würde von der Frage ausgehen, welche Bedürfnisse vorhanden sind und wie diese im Sinne einer ökologisch und sozial tragfähigen Entwicklung (sustainable development) befriedigt werden können. Die Informationstechnologien würden damit – initiiert durch diese Bedürfnisse – ein Reservoir an möglichen Mitteln zu ihrer Befriedigung bereitstellen.[15] Dieses Reservoir stände gleichberechtigt

---

[14] Hartmann/Wulf (1992)

[15] Dieses Verfahren wird oft als probleminduzierte oder innovative TA bezeichnet, jedoch im strengen Sinne kaum praktiziert.

neben anderen z.T. auch nicht-technischen Lösungen, aus denen alle Beteiligten in einem nicht allein von ökonomischen Kriterien gesteuerten und demokratischen Aushandlungsprozeß auswählen könnten.
Die Verzahnung wäre weitgehend realisiert.

Literatur

Andelfinger, Urs: Datenschutz bei Text- und Datendiensten im ISDN. Risiken und Gestaltungsvorschläge. Diplomarbeit. Darmstadt, 1990.

Garbe, Deltef; K. Lange (Hrsg.): Technikfolgenabschätzung in der Telekommunikation. Berlin et al.: Springer, 1991.

Hammer, Volker; Ulrich Pordesch; Alexander Roßnagel: Prüfung des rechtsgemäßen Betriebs von ISDN-Anlagen. Provet-Arbeitspapier. Darmstadt, 1990.

Hartmann, Anja; Volker Wulf: Integrierte Organisations- und Technikentwicklung - ein Ansatz zur partizipativen Gestaltung der Arbeitswelt. GI-FB8 Fachtagung "Informatik cui bono?" vom 23.-26. Sept. 1992 in Freiburg.

Müller-Reißmann, Karl-Friedrich; K. Bohmann; J. Schaffner: Kriterien der Sozialverträglichkeit. Teil B: Kriterien zur Bewertung der Neuen Informations- und Kommunikationstechnik. Hannover, 1988.

Reese, Jürgen; et al.: Bestandsaufnahme der Wirkungsforschung im Bereich der Informationstechnologie. St. Augustin, 1978.

Roßnagel, Alexander; Peter Wedde; Volker Hammer; Ulrich Pordesch: Die Verletzlichkeit der "Informationsgesellschaft". Opladen: Westdeutscher Verlag, 1989.

Roßnagel, A.; Peter Wedde; Volker Hammer; Ulrich Pordesch: Digitalisierung der Grundrechte? Zur Verfassungsverträglichkeit der Informations- und Kommunikationstechnik. Opladen: Westdeutscher Verlag, 1990.

Stransfeld, Rainer: Neue Wege in der Technikfolgenabschätzung: Diskurse zur Informationstechnik. In: Diskurse zur Technikfolgenabschätzung in der Informationstechnik, Jahresband 1990. VDI/VDE-Technologiezentrum Informationstechnik GmbH. Berlin, 1991.

Tonnemacher, Jan; Jürgen Seetzen; Doris Sieber: Vergleich der Technikfolgenabschätzung und Wirkungsforschung für Informationstechnik in den wesentlichen Industrieländern West-Europas, den USA und Japan. Studie im Auftrag des BMFT. VDI/VDE-Technologiezentrum Informationstechnik GmbH. Berlin, 1988.

Vereinigung Deutscher Ingenieure: Handlungsempfehlung: Sozialverträgliche Gestaltung von Automatisierungsvorhaben. Düsseldorf: VDI, 1989.

Mitwirkung von Bürgern an Technikbewertungs- und Gestaltungsprozessen. Das Bürgergutachten "ISDN im privaten und beruflichen Umfeld" als Testfall

Detlef Garbe, WIK, Bad Honnef

1. Einleitung

Mitwirkung, Beteiligung und Partizipation - dies sind Begriffe, die - mit unterschiedlichen Konnotationen - Formen und Forderungen der Einbindung von Gesellschaftsmitgliedern in Gesellschaft gestaltende Prozesse umschreiben. Die Intention solcher Forderungen bzw. ihrer Umsetzung reicht dabei von der Demokratisierung von Zielfindungs-, Bewertungs- und Gestaltungsprozessen bis hin zur Absicherung der Sozialverträglichkeit der Ergebnisse solcher Prozesse. Diese Forderungen gelten für einige Bereiche des Alltags-, Arbeits- und politischen Lebens (z.B. im Betrieb, in der Stadt- und Raumplanung, in der Rolle der Schöffen bei Gericht) als akzeptiert, auch wenn ihre Umsetzung nicht immer befriedigend gelöst wird.

Die Thematisierung dieser Forderungen und die Suche nach realisierbaren Konzepten im Kontext von Technikentwicklung, -bewertung und -gestaltung ist berechtigt, weil der Einsatz von Technik nicht nur mit sozialen Folgen (direkte - indirekte; antizipierte - nicht-antizipierte; funktionale - dysfunktionale) verbunden ist, sondern auch weil bereits in die Technikentwicklung Wertvorstellungen und Zielorientierungen der Ingenieure, der Unternehmen und auch der (künftigen) Nutzer einfließen. Technikentwicklung und -einsatz kann nicht abstrakt, sondern nur konkret, eingebettet in eine gesellschaftliche Situation, analysiert und in ihren Folgen bewertet werden. Technik ist damit Bestandteil des allgemeinen Handlungssystems, in dem Produzenten, Händler und Nutzer gleichermaßen Verantwortung tragen - nicht nur für die Gesellschaft oder die Umwelt, sondern auch für die Technik, die wir nutzen, entwickeln und in Zukunft entwickeln wollen. Aus diesem Handlungs-, Wirkungs- und Verantwortungsgefüge leitet sich die Berechtigung der Forderung nach Mitwirkung der Bürger an Technikbewertungs- und Gestaltungsprozessen ab (vgl. Garbe/Lange, 1991).

Allerdings ist die Einlösung dieser Forderung in praktischen Beispielen und Experimenten bisher selten, einige seien hier angeführt:

- in Dänemark: 16 "Soziale Experimente mit der Informationstechnologie" sind dort auf lokaler Ebene von 1986-88 mit dem Ziel partizipativer Technikgestaltung realisiert worden (vgl. Qvortrup 1991).
- in der BRD: Konzepte sozialverträglicher Technikgestaltung durch Arbeitnehmermitwirkung (SoTech NRW, HdA), Zukunftswerkstätten sowie Bürgergutachten.

Dieser Beitrag entwickelt Kriterien für eine erfolgversprechende Mitwirkung von Bürgern, skizziert die Konzeption, die Durchführung und einige Ergebnisse des Bürgergutachten zum ISDN und resümiert die mit diesem Konzept erreichten Fortschritte und die noch aufzuarbeitenden Defizite auf dem Wege zu demokratisch ablaufenden und legitimierenden Verfahren in Technikbewertungs- und Gestaltungsprozessen.

2. Konstruktions- und Bewertungskriterien für Mitwirkungskonzepte

Aus der Vielfalt der Literatur sowie vor allem auf der Basis der ca. 15-jährigen Praxis mit Mitwirkungskonzepten sollen einige Kriterien für die Gestaltung bzw. Bewertung solcher Konzepte aufgelistet werden:

- Einbindung in laufende Bewertungs - und Gestaltungsprozesse, also Situationen mit Ernstcharaker auswählen
- Chancen auf Wirkung der Beteiligungsprozesse erhöhen, z.B. durch Herstellung von Öffentlichkeit, durch Auseinandersetzung der Entscheider mit Vorschlägen und Argumenten der Beteiligten
- Information bereitstellen und Informiertheit herstellen; Sachkompetenz entwickeln, um die bürgerschaftlichen Interessen erkennen und wahren zu können
- Darstellung von Alternativen und Denken in Alternativen
- Raum für die Entfaltung und Diskussion der eigenen Interessen und Positionen, um die Bürger- bzw. Betroffenenidentität zu stärken und ein Bewußtsein von der eigenen gegenüber der Expertenkompetenz entfalten zu können.

Die Umsetzung dieser Kriterien erfordert nicht nur didaktisch- methodische Kompetenz, sondern hat als Voraussetzung Zeit. Zeit für die Mitwirkung, die Politikern in ihren Abgeordnetenrollen und Betriebsräten mit ihrer Freistellung gewährt wird. Nur die Gesellschaftsmitglieder in ihrer Bürgerrolle finden i.d.R. weder die Zeit noch die o.g. Kriterien als Bedingungskonstellation vor - vielleicht im Verfahren Bürgergutachten.

3. Das Bürgergutachten "ISDN im privaten und beruflichen Umfeld"

Bürgergutachten sind Produkte eines aufgabenorientierten Dialogs zwischen Bürgern, Experten und Politikern. Im Zentrum des Verfahrens steht das Konzept der "Planungszelle" (vgl. Dienel 1991). Planungszellen sind Gruppen von im Zufall aus der Einwohnermeldekartei ausgewählten Bürgern, die für einen Zeitraum von z.B. 4 Tagen von ihren alltäglichen Verpflichtungen freigestellt Bewertungen zu Zielfindungs-, Kontroll-, Bewertungs- oder Planungsproblemen abgeben. Die Ergebnisse dieser Beratungsprozesse werden in Bürgergutachten zusammengefaßt und dem Auftraggeber und den Bürgern übergeben. Die Teilnehmer erhalten für ihre Gutachtertätigkeit eine Aufwandsentschädigung analog zu den Richtlinien für Mitglieder im Stadtrat sowie einen Zuschlag für nachgewiesenen Verdienstausfall. Diese Vergütung erleichtert nicht nur die Freistellung der Teilnehmer, sie erhöht auch unabhängig von ihrer Höhe die Motivation, weil sie die gesellschaftspolitische Relevanz des Themas unterstreicht. In den Informations- und Beratungsprozessen werden die Bürger durch wissenschaftlich geschultes Personal unterstützt. Prozeßbegleiter sind Projektleiter, Tagungsleiter, Tagungs- und Organisationsassistenten. Die Aufgaben liegen neben der Organisation des Gesamtprojektes bei der Moderation, der Mithilfe bei der Aufgabenformulierung, der Systematisierung der Informationseingaben und der Unterstützung bei der Datenauswertung (vgl. Garbe, 1990).

Das Bürgergutachten ISDN: Verfahren und Teilnehmer

Um zu erfahren, wie die Bürger die technischen Möglichkeiten von ISDN beurteilen, seinen Nutzen für den Alltag einschätzen und wie der Schutz der Kommunikationsdaten des Bürgers aus seiner Perspektive gestaltet sein sollte, hat die Deutsche Bundespost bereits Mitte 1989 unter Mitarbeit und wissenschaftlicher Begleitung des WIK dieses Bürgergutachten in Auftrag gegeben (vgl. Adler/Garbe 1990).

Im Rahmen des Projekts konnten 519 Bürger in 22 Gruppen je vier Tage lang Chancen, Effekte und Risiken von ISDN gemeinsam mit Experten diskutieren, bewerten und Empfehlungen abgeben. Wesentliche Unterschiede des Verfahrens "Bürgergutachen" zu Repräsentativ-Befragungen sind die Möglichkeit der ausführlichen Information über ISDN, des Ausprobierens von Diensten und Endgeräten sowie der intensiven, z.T. nach dem Pro- und Contra-Verfahren ablaufenden Debatten mit Experten. Die Urteile der Teilnehmer basieren auf einem Informationsstand über ISDN, den die Masse der Bevölkerung erst in einigen Jahren erreichen wird.

Die angestrebte Heterogenität der Gruppenzusammensetzung wurde voll erreicht: Männer und Frauen waren je zu 50% vertreten; die Alterszusammensetzung zeigt einen leichten Überhang der jüngeren Jahrgänge bis zum Alter von 25 zugunsten der älteren Jahrgänge; über 120 unterschiedliche Berufe waren in den Planungszellen vertreten.

Für die Einschätzung der Aussagen über ISDN ist es außerdem wichtig zu wissen, welche generellen Technik-Einstellungen in den Gruppen dominierten. Eine deutliche Mehrheit der Teilnehmer - je nach Fragestellung zwischen 90 und 75% - befürworten den technischen Fortschritt, weil dieser die Wettbewerbsfähigkeit der Wirtschaft, den eigenen Lebensstandard und auch die Weiterentwicklung der Gesellschaft garantiert; dennoch löst die Technik nicht alleine die Probleme der Gesellschaft (90%) und der Technikglauben fördert die Gefahr, daß das Menschliche in der Gesellschaft auf der Strecke bleibt. Damit ist klar, daß die Mehrzahl der Teilnehmer der Technik gegenüber positiv, aber nicht blind euphorisch eingestellt sind. Deshalb sind kritische Urteile gegenüber der ISDN-Technologie eher im ISDN begründet als auf einer generellen technikfeindlichen Einstellung basierend. Für zwei Bewertungskomplexe, den ISDN-Telefondienst und den Datenschutz, werden hier exemplarisch Ergebnisse referiert.

ISDN-Leistungsmerkmale im Telefondienst

99% der Bürgergutachter verfügen selber über einen Telefonanschluß; insofern überrascht das große Interesse für die Leistungsmerkmale im Telefondienst nicht; an der Spitze der wünschenswerten Leistungsmerkmale stehen Wahlwiederholung (94,5%), Gebührenanzeige (86,8%) und die Kurzwahl (79,1%). Damit wird gleichzeitig deutlich, und das gilt auch für die weitere Reihenfolge, daß die meisten der von den Teilnehmern für "wünschenswert" gehaltenen Leistungsmerkmale bereits im analogen Telefon erhältlich sind.

ISDN und Datenschutz

In der Bundesrepublik gibt es seit mehreren Jahren eine intensive Debatte um den Datenschutz. Sowohl Repräsentativ-Umfragen als auch das Bürgergutachten verweisen auf ein generelles Mißtrauen gegenüber dem Staat, der Datenschutz-Gesetzgebung und der -Praxis. Deshalb kann es nicht überraschen, daß die Bürger auch im Kontext von ISDN größere Datenschutz-Probleme sehen (72%); dieser Wert liegt allerdings nur unwesentlich höher als das generell geäußerte Mißtrauen gegenüber der Datenschutz-Gesetzgebung und der -Praxis. Das größte Datenschutz-Problem im ISDN ist aus der Sicht der Bürger die Speicherung der Verbindungsdaten: "Verbindungsdaten sollen im Regelfall nur zum Zwecke der Gebührenberechnung gespeichert werden und sind nach Rechnungsstellung zu vernichten." (vgl. Dienel u.a., 1991, S. 12). Darüber hinaus stehen zwei ISDN-Leistungsmerkmale in der Kritik der Datenschützer: der Einzelgebührennachweis (EGN) und die Rufnummernanzeige (RNA).

Ungefähr 20% aller Teilnehmer würden für sich persönlich den EGN ordern; zusätzlich wünschen 24% einen entsprechenden Ausdruck, falls es zu Unstimmigkeiten hinsichtlich der Gebührenrechnung kommt; ungefähr 50% würden auf den EGN und damit die Speicherung der Verbindungsdaten über die Rechnungsstellung hinaus verzichten. Viele wollen den Schutz des informationellen Selbstbestimmungsrechts nicht nur für den A-, sondern auch für den B-Teilnehmer gewährleistet sehen, deshalb ist man "mehrheitlich der Meinung, daß für die Erstellung des Einzelgebührennachweises die Verwendung gekürzter Zielrufnummern völlig ausreichend ist" (Dienel u.a., 1991, S. 170).

Bei der Bewertung der RNA zeigt sich eine unterschiedliche Einschätzung der Situation, je nach dem, ob man Anrufer oder Angerufener ist: Als Anrufer sind 46%, als Angerufener hingegen nur noch 30% für die prinzipielle RNA. In beiden Situationen würden mehr als weitere 40% die optionale Rufnummernanzeige mit Unterdrückungsmöglichkeit am Endgerät bevorzugen.

ISDN-Entwicklungsoptionen aus der Sicht der Bürger

Die zügige Verbreitung von ISDN steht im privaten und semi-professionellen Bereich vor zwei Hürden: Preise und Endgerätegestaltung.

ISDN ist für Privatleute zu teuer; 72% der Bürgergutachter halten die Gebühren und 90% die Endgerätekosten für zu hoch. Die Grundgebühr sollte nicht wesentlich über den Kosten für einen Doppelanschluß liegen und die Endgeräte müssen drastisch verbilligt werden.

Die Gestaltung der Geräte und der Benutzeroberflächen gibt Anlaß zu Kritik. Bei den Telefonen votieren 63% für die Einfachbelegung der Tasten, ein Notrufknopf ist ebenso wünschenswert wie die gute "alte" Griffmulde. Bei den Telefax-Geräten ist die Bedienungstastatur zu klein; die Bildtelefone hingegen sind zu groß, zu störanfällig und ohne attraktives Design. Für alle Geräte werden einfache Bedienungshinweise und Benutzerführungen über das Display z.B: mit einer Hilfstaste "?" reklamiert.

Das ideale ISDN-Telekommunikationsgerät der Zukunft ist aus der Sicht der Bürger multifunktional, modulartig aufgebaut und ausbaufähig. Die Kosten für das Endgerät sind durch den Zukauf der Module ebenso variabel zu halten wie sich die Gebühren nach dem Ausbaugrad einer Tk-Anlage richten sollten.

4. Erfahrungen mit dem Bürgergutachten ISDN

Das Bürgergutachten ISDN hat nur in der Fach-Öffentlichkeit Aufmerksamkeit erregt, deshalb gelang es der DBP Telekom relativ leicht, die Diskussionen um die Ergebnisse, also die Auseinandersetzung mit Bewertungen, Vorschlägen und Argumenten der Bürger, intern zu halten. Damit ist die Wirkung einzelner Ergebnisse nur schwer abzuschätzen; allenfalls in der Frage des Datenschutzes zeigt der Blick auf die inzwischen erlassene TDSV[1] und UDSV[2], daß diese in der Tendenz den Ergebnissen des Bürgergutachten folgen.

Eine rein ergebnisorientierte Betrachtung greift aber sicher zu kurz. Vielmehr kann festgestellt werden, daß mit dem Bürgergutachten ISDN erneut ein funktionierender, die Bürger motivierender Bedingungsrahmen (s. Kap. 2) hergestellt werden konnte.

Allerdings scheint die Zahl der durchgeführten Gruppen wesentlich zu hoch; legitimierende Effekte sind in Technikbewertungs- und -gestaltungsprozessen nicht unbedingt notwendig, deshalb könnte die Zahl der Bürgergruppen geringer sein. 10 statt 22 Gruppen hätten für die zu erzielenden Effekte ausgereicht; damit wäre das Verfahren preisgünstiger und könnte häufiger eingesetzt werden. Denn selbst vorhandene, geringfügige Nachteile von Mitwirkungskonzepten sind nicht so gravierend wie die Nicht-Realisierung von Mitwirkung in Technikbewertungs- und gestaltungsprozessen. Verantwortete und verantwortbare Technik basiert in Zukunft nicht allein auf der Erfindungsgabe und der Ethik von Ingenieuren, sondern erfordert ihre gesellschaftliche Einbindung, also die Auseinandersetzung und die Einbindung der sozialen Akteure - also die Aktivierung der Bürger in modernen, Technik nutzenden und auf technischen Fortschritt bauenden Gesellschaften.

Literaturverzeichnis

Adler, Johannes, Garbe, Detlef (1990), ISDN auf dem Prüfstand der Bürger. Bürgergutachten als Instrument der Technikfolgen-Debatte und des kundenorientierten Marketing, WIK-Diskussionspapier Nr. 56. Bad Honnef, 1990

Dienel, Peter (1991), Die Planungszelle. Eine Alternative zur Establishment-Demokratie, Opladen, Westd. Verlag, 1991, 3. Aufl.

Dienel, Peter, Fischer, Annegret, Moog-Kopp, Beate, Reinert, Adrian (1991), Bürgergutachten ISDN, unveröffentl. Manuskript, Wuppertal, 1991

Garbe, Detlef (1990), Umsetzungstechniken für Planungszellen, in: Dienel, P., Fischer, A. (Hrsg.), Politiker hören auf Bürger, Stiftung Die Mitarbeit, Brennpunkt-Dokumentation Nr. 6, Bonn, 1990

Garbe, Detlef, Lange, Klaus (Hrsg.) (1991), Technikfolgenabschätzung in der Telekommunikation, Springer-Verlag, Berlin u.a., 1991

Qvortrup, Lars (1991), Partizipative sozialorientierte Experimente mit der Informationstechnolgie in Dänemark, in: Kubicek, Herbert (Hrsg.), Telekommunikation und Gesellschaft, Karlsruhe, Verlag Müller, 1991

---

1   TDSV= Telekom Datenschutzverordnung

2   UDSV= Teledienstunternehmen Datenschutzverordnung

Normung und Systemgestaltung - Zur Bedeutung eines wenig beachteten Gestaltungsortes

Heinzpeter Höller
Forschungsgruppe Telekommunikation
Fachbereich Mathematik und Informatik
Universität Bremen

In der Informations-, insbesondere aber in der Kommunikationstechnik, ist die Normung ein wichtiger Gestaltungsfaktor. Angesichts der zunehmenden Relevanz der Kommunikationstechnik selbst sowie der Entwicklungen auf dem Gebiet verteilter Anwendungen und betriebsübergreifender Systemverbünde steht zu vermuten, daß ihr Einfluß weiter steigen wird. Die Partizipationsdiskussion sollte den veränderten Bedingungen Rechnung tragen und nach geeigneten Konzepten für eine Beteiligung an der technischen Normung suchen. Diesbezügliche Diskussionen innerhalb der Gewerkschaften können nur als erster Ansatz verstanden werden. Dessen ungeachtet wird es notwendig sein, eine solche Diskussion auch in die Normungsgremien hineinzutragen. Dabei reicht es nicht aus, auf die Verantwortung der Normungsakteure hinzuweisen, sondern es sind inhaltliche und methodische Vorarbeiten zu leisten, die zur Grundlage einer verantwortungsvollen Normung bzw. (Teil-)Systemgestaltung werden können.

1. Zur veränderten Struktur von Systementwicklungsprozessen

In der Diskussion um Benutzerbeteiligung an der Systementwicklung wird als Gestaltungsort nahezu durchgängig der Betrieb angenommen. Dort, so die Vorstellung, stehen sich Auftraggeber, Systementwickler und Betroffene gegenüber. Diese Vorstellung bleibt vorherrschend, auch wenn an einigen Stellen, etwa bei der Beteiligung externer Betroffener, die Defizite dieser einfachen Annahmen offensichtlich wurden.

Die Notwendigkeit, die Diskussionsvoraussetzungen neu zu überdenken, ergibt sich jedoch auch aus einer veränderten Struktur vieler Systementwicklungsprozesse und der damit einhergehenden Verlagerung der Gestaltungsorte. Augenfällig wird dies bei der sogenannten Standardsoftware für allgemeine Büroaufgaben (Textverarbeitung, Graphikerstellung) ebenso wie bei der für Aufgaben, die tiefer in die betrieblichen Funktionsbereiche eingreifen. Solche Programme werden fernab vom Anwendungsbetrieb und ohne Kontakt zu den dortige Benutzern entwickelt. Sie greifen tief in die Arbeitsprozesse von Millionen Arbeitnehmern und Arbeitnehmerinnen ein. Ansätze zur "Benutzerbeteiligung" beschränken sich auf 'hotlines', 'user-groups' oder die sogenannten 'alpha-' und 'beta-Tests'. Die Beteiligungsdiskussion allerdings scheint diese Entwicklungen kaum zur Kenntnis zu nehmen.

Ein weiterer Gestaltungsort hat nahezu unbemerkt an großer Bedeutung gewonnen: die technische Normung. Daß die Normung bei der Gestaltung von Kommunikationstechnik eine bedeutende Rolle spielt, wurde insbesondere bei der Diskussion um die Einführung des ISDN-Netzes offensichtlich. Auf eine Reihe von technischen Anforderungen, die in diesem Zusammenhang vorgebracht wurden, reagierten die Hersteller mit dem Hinweis, bei ISDN handele es sich um eine internationale Norm, zu deren Einhaltung sie gezwungen seien, und sie stünde der Anforderung im Wege. Auch wenn dies in manchen Fällen ein Schutzargument gewesen sein mag, bleibt richtig, daß mittlerweile nicht nur die Anwendungsbetriebe durch die Entscheidungen von Herstellern und großen Softwarehäusern in ihrer Gestaltungs- bzw. Konfigurierungsfreiheit beschnitten, sondern auch die Hersteller durch die Festlegungen in internationalen Normen zunehmend in ihrer Gestaltungsautonomie beschränkt werden.

2. Der Gestaltungsgegenstand kommunikationstechnischer Normung

Daß die Normung gerade in der Kommunikationstechnik eine zentrale Rolle spielt, ist offensichtlich. Kommunikationstechnik verdient ihren Namen erst dann, wenn Systeme miteinader technisch kommunizieren können. Dafür ist es erforderlich, daß diese Kommunikationsvorgänge "bis auf das letzte bit" exakt festgelegt sind.

Normung legt kommunikationstechnische Systeme jedoch nicht in all ihren Eigenschaften fest. Um die tatsächliche Bedeutung der Normung realistisch einschätzen zu können, ist es notwendig, den normdeterminierten Ausschnitt genauer zu bestimmen (vgl. hierzu ausführlicher Höller 1992): Normung stützt sich konzeptionell auf das OSI-Referenzmodell. Das zerlegt ein Kommunikationssystem in sieben hierarchisch aufeinander aufbauende Funktionsschichten. Die oberste, sogenannte Anwendungsebene stellt einer Anwendung einen in sich geschlossenen Kommunikationsdienst zur Verfügung. Das OSI-Referenzmodell kennt zwei Grenzen, die zwischen Systemen und die zwischen dem genormten Kommunikationssystem und der nicht zu normenden Anwendung. Gemäß dieser Grenzziehung wird nur das kommunikationsrelevante Verhalten eines Systems genormt. Alle lokalen Funktionen, die keine unmittelbare Kommunikation erfordern (z.B. die Verwaltung von elektronischen Mitteilungen) sowie die "eigentlichen Anwendungen" sollen nicht genormt werden. Der Normungsgegenstand und damit der Gestaltungsausschnitt sind dadurch konzeptionell eng begrenzt. Allerdings ist die Abgrenzbarkeit insbesondere gegenüber den Anwendungen umstritten.
Etwa am Beispiel der X.400-Normen für elektronische Postsysteme wird deutlich, daß der Anteil genormter Eigenschaften ganz erheblich sein kann.

Mit einer Norm werden stets Funktionen (Leistungsmerkmale, Dienste, Protokollprozeduren) und Daten (Protokolldateneinheiten) festgelegt. Mit den Funktionen greift die Normung in arbeitsbezogenes und privates Handeln ein. Und mit der Festlegung von Daten, die bei vielen Normen personenbezogen sind, trägt sie Verantwortung für die datenschutzrelevante Übertragung der Daten zwischen Teilnehmern, Netz- und Dienstbetreibern und zwischen den Teilnehmern selbst.

3. Der Normungsprozeß

Internationale Basisnormung

Kommunikationstechnische Normung vollzieht sich überwiegend in internationalen Gremien. Nationale Normung findet auf diesem Gebiet nicht statt. Basisnormen[1] werden für zwei grundsätzlich zu unterscheidende Bereiche entwickelt. Die industriesektorale Normung findet für den elektrotechnischen Sektor in der IEC (International Electronical Commission) statt, die Normung für alle übrigen Industriesektoren in der ISO (International Organisation for Standardisation). Wegen der großen Überschneidung im Bereich der Informations- und Kommunikationstechnik koordinieren beide Organisationen ihre Arbeit eng. Die fernmeldetechnische Normung wird im CCITT (CCITT Comité Consultatif International Télégraphique et Téléphonique) vorgenommen. Trotz wiederum starker Überlappungen wird die Arbeit zwischen ISO und IEC einerseits und CCITT andererseits nur sporadisch abgestimmt.

Normetablierung in Europa

Eine besondere Dynamik in der Normung geht von der Politik der Europäischen Gemeinschaft aus. Angesichts des bevorstehenden Binnenmarktes nimmt die Harmonisierung technischer Vorschriften und Normen der Mitgliedsländer eine Schlüsselstellung ein. Das hat zu einer neuen Konzeption der technischen Harmonisierung geführt, die auch die kommunikationstechnische Normung erfaßt. Darüber hinaus gilt die Kommunikationstechnik als ein Zukunftsmarkt, auf den die industriepolitischen Maßnahmen der

---

[1] Damit werden die eigentlichen Normen (z.B. X.400) gegenüber den auf ihrer Basis ausgearbeiteten funktionalen Standards abgegrenzt (s.u.).

EG ausgerichtet werden. Insbesondere die breite Akzeptanz der OSI-Normen soll zu einem europaweiten Markt für diese Produkte führen und den europäischen Herstellern Vorteile auf dem Weltmarkt sichern.

Mittlerweile ist nicht nur eine auf der Neuen Konzeption basierende europäische Normungspolitik, sondern eine spezifische Normungspolitik für die Kommunikationstechniken zu erkennen. Das Bündel der ins Auge gefaßten Maßnahmen verdichtet sich zu einem Konzept, das auf die Durchsetzung der OSI-Normen abstellt. Hierin läßt sich ein Normetablierungsprozeß (Höller 1992) deutlich erkennen, der die folgenden Grundzüge trägt:

a) Funktionale Standardisierung: Basisnormen sind aus vielerlei Gründen (Optionen, fehlende Wertfestlegungen für Parameter, fehlende Bezüge zwischen Schichtnormen und tlw. Mehrdeutigkeiten und Fehler) nur schwer so zu implementieren, daß die tatsächliche Interoperabilität zwischen Systemen gewährleistet ist.
Diese Probleme der Bassisnormung sind seit langem bekannt und haben in Europa früh zum Konzept der funktionalen Standardisierung geführt. In der funktionalen Standardisierung werden die Basisnormen soweit präzisiert, eingegrenzt und korrigiert, daß eine die Interoperabilität weitgehend sichernde Implementierung möglich wird. Hierfür werden sogenannte Funktionsprofile erstellt, die dann in europäische Normen (EN bzw. ENV) oder europäische Telekommunikationsnormen (ETS bzw. I-ETS) überführt werden.

Die funktionale Standardisierung ist mittlerweile zu einem integralen Bestandteil der europäischen Normung geworden, mit dem sich eine Reihe von Normungsgremien beschäftigen. Das sind in erster Linie CEN (Comite Europeen de Normalisation) und CENELEC (Comite Europeen de Normalisation Electrotechnique) sowie ETSI (European Telecommunications Standards Institute), deren Arbeit eng koordiniert wird. Sie werden durch das assoziierte Gremium EWOS (European Workshop for Open Systems) unterstützt.

Die funktionale Standardisierung wirkt insofern systemgestaltend, als sie eine Vielzahl der optionalen Funktionen aus der Basisnorm für verbindlich erklärt. Es gilt die Regel: Basisnormen legen die genauen Eigenschaften der Kommunikationsfunktionen fest, stellen aber - in vielen Fällen - deren Implementierung frei. Funktionale Standards verändern nicht die Funktionsweise, weiten jedoch den Kreis der verbindlich zu implementierenden Funktionen aus.

b) Testen und Zertifizieren: Während die funktionale Standardisierung die Implementierungsgrundlage für die Hersteller bildet, dient das Test- und Zertifizierungswesen als Koppelglied zwischen Hersteller und Anwender. Es erlaubt den Herstellern den Nachweis und gibt den Anwendern die Versicherung, daß Produkte tatsächlich normkonform implementiert wurden.
Die Aufgabe der etablierten Normungsgremien auf internationaler wie auf europäischer Ebene liegt überwiegend darin, die formalen technischen Voraussetzungen für gleiche und allgemein anerkannte Tests durch die Festlegung von Konformitätsanforderungen, geeigneten Testmethoden und Testfällen zu schaffen.

Ein erheblicher Aufwand ist darüber hinaus notwendig, um ein europaweites Test- und Zertifizierungswesen aufzubauen, das in der Lage ist, die erforderlichen Tests durchzuführen und entsprechende Zertifikate auszustellen. Es ist in seinen Grundzügen implementiert: Auf der nationalen Ebene werden Testlabors und Zertifizierungsstellen aufgebaut. Sie werden von einer Koordinierungsstelle akkreditiert. Auf der europäischen Ebene wurde ebenfalls eine Koordinierungsstelle gegründet. Sie ist die Dachorganisation für die nationalen Koordinierungsstellen und das Forum, in dem die nationalen Interessen vertreten werden. Außerdem ist sie mit der Gewährleistung der gegenseitigen Anerkennung von Testergebnissen und Zertifikaten betraut. Die inhaltliche Ausgestaltung der Tests und der Zertifizierung überläßt man sogenannten Recognition Arrangements (RA), in denen die nationalen Test- und Zertifizierungsstellen zusammenarbeiten.

c) Beschaffungswesen: Das öffentliche Beschaffungswesen stellt ein enormes Nachfragepotential dar und ist seit geraumer Zeit Gegenstand europolitischer Einflußnahme. Über eine mehrmals geänderte Lieferrichtlinie wird das öffentliche Beschaffungswesen auf transparente und nicht-diskriminierende Vergabeverfahren verpflichtet. Die Regelung der Verwendung technischer Vorschriften und Normen in den Ausschreibungen spielt dabei seit jeher eine wichtige Rolle.

Die Durchsetzung der OSI-Kommunikationsnormen hängt von einer maßgeblichen Nachfrage nach normkonformen Produkten ab. Auch hierfür wird das Instrument des öffentlichen Beschaffungswesens eingesetzt. In einem EG-Beschluß werden die Regelungen speziell für die Kommunikationstechnik gegenüber der Lieferrichtlinie weiter verschärft und die Anwendung von Normen wesentlich restriktiver gefaßt.

Auf der Grundlage dieses Beschlusses wird mittlerweile ein "European Handbook for the Procurement of Open Systems" (EPHOS) erarbeitet, das europaweit einheitlich zur Beschaffung von kommunikationstechnischen Produkten in öffentlichen Verwaltungen verwendet werden soll. An diesem Projekt sind derzeit Großbritannien, Frankreich und die Bundesrepublik beteiligt. In der jetzigen Fassung bezieht sich das Handbuch auf elektronische Postsysteme nach CCITT X.400, die Dateiübertragung nach ISO FTAM und den Anschluß an paketvermittelnde Datennetze nach CCITT X.25.

Das Handbuch stützt sich jeweils auf die entsprechenden Basisnormen und die funktionalen Standards, wodurch die dort festgelegten Funktionen für die Beschaffung verbindlich werden. Darüber hinaus legt das Handbuch weitere, in den Normen noch als freiwillig klassifizierte Funktionen als für die öffentlichen Verwaltungen verbindlich fest. Dieser Schritt wirkt abermals gestaltend, weil er die genauen Merkmale der zu beschaffenden normkonformen Produkte noch genauer festlegt und die Entscheidungen vor Ort weiter einschränkt.

4.   Zur Diskussion über Beteiligung an der Normung

Angesichts der großen Bedeutung der Normung für viele Felder der Systemgestaltung muß versucht werden, die bisherigen, auf den Betrieb ausgerichteten Vorstellungen hinsichtlich der Verhältnisse in der Normung zu erweitern.

Angesichts der Vielzahl der Betroffenen wird von einer repräsentativen Beteiligung durch Vertretungen bestimmter Gruppierungen und Interessenlagen auszugehen sein. Solche Vertretungen bestehen u.a. in Gewerkschaften, Verbraucherverbänden und Datenschutzbeauftragten.

Zumindest für Verbraucherverbände und Gewerkschaften ist die Beteiligung an der Normung kein völlig neues Feld. Die Verbraucher werden beim Deutschen Institut für Normung (DIN) durch einen Verbraucherrat vertreten. Die Gewerkschaften sind durch ein Mitglied im Präsidium vertreten. Auf der europäischen Ebene wurde vom Europäischen Gewerkschaftsbund ein "Technikbüro für Gesundheit und Sicherheit" eingerichtet, das - bezuschußt von der EG-Kommission - auf die europäische Normung Einfluß nehmen soll.

Ohne Zweifel sind solche Formen der Beteiligung wertvoll. Hinsichtlich einer inhaltlichen Mitgestaltung an der Normausarbeitung und damit der konkreten Technikgestaltung ist das Eingreifen allein auf der "strategischen" Beteiligungsebene unzureichend. Für eine tatsächliche Mitgestaltung wäre eine direkte Beteiligung in den Arbeitsgremien erforderlich, dort, wo die technischen Details der Normen und damit späterer Kommunikationsprodukte festgelegt werden.

Die Gewerkschaften bspw., in denen dieses Thema derzeit am stärksten diskutiert wird[2], konzentrieren ihre Normungsbeteiligung traditionell auf die Bereiche Arbeits- und Gesundheitsschutz sowie humane Arbeitsbedingungen. In diesen Feldern sind sie in die Normungsarbeit direkt und kontinuierlich eingebunden und verfügen über relativ gute Durchsetzungsmöglichkeiten. In anderen Feldern kommt ein gewerkschaftliches Eingreifen oft nur über persönliche Einzelinitiativen zustande. Insbesondere in den vermeintlich rein technischen Arbeitsgremien findet eine gewerkschaftliche Beteiligung kaum statt (vgl. Welsch 1990). Die Bereitschaft, sich auch außerhalb der angestammten Felder systematisch an der technischen Normung zu beteiligen, wächst angesichts der enorm gestiegenen Bedeutung dieses Normungszweiges für die Arbeitsbedingungen der Beschäftigten (vgl. DGB 1991).

Einer direkten Beteiligung an der technischen Normung etwa im Bereich der Kommunikationstechniken stehen jedoch eine Reihe schwerwiegender Hinderungsgründe entgegen (vgl. u.a. GI 1991):

- **Qualifikationsproblem:** Der technische Gegenstand der Kommunikationsnormung ist äußerst komplex. Für die Normungsarbeit sind technische Spezialisten erforderlich, die innerhalb der betreffenden Organisationen kaum zur Verfügung stehen. Die Heranziehung externen Sachverstandes wäre erforderlich.

- **Ressourcenproblem:** Normung ist kostspielig. Die wesentlichen Entscheidungen werden international gefällt. Das ist mit erheblichen Kosten verbunden, die von den Betroffenenverbänden kaum aufgebracht werden können. Die Finanzierung des erforderlichen internen und externen Sachverstandes erfordert ebenfalls erhebliche Mittel.

- **Transparenzproblem:** Kommunikationsnormung vollzieht sich in einem Geflecht nationaler und supranationaler Gremien. In die Arbeit dieser etablierten Normungsgremien wirken über vielfältige Verschränkungen Industrie- und Branchenverbände, politische Stellen und eigens zur Normbeeinflußung gegründete Vereinigungen hinein. Es ist nur schwer zu bestimmen, an welchen Stellen welche Entscheidungen getroffen werden und wo eine Beteiligung sinnvoll sein könnte. Die Gremien arbeiten nach einem sehr umfangreichen Regelwerk. Diese geregelten Abläufe zu überschauen, um die teils gegebenen, teils noch einzuklagenden Beteiligungsmöglichkeiten richtig zu verorten, stellt ein weiteres Problem dar.

- **Durchsetzungsproblem:** Da die relevanten Gestaltungsentscheidungen bei der Kommunikationsnormung vornehmlich in den internationalen Gremien fallen, stellt sich die Frage, wie die Betroffeneninteressen überhaupt wirksam eingebracht werden können. In der rein nationalen Normung und in den traditionell in der Interessensphäre der Gewerkschaften liegenden Bereichen sind die Durchsetzungschancen, trotz der zahlenmäßigen Unterlegenheit, noch relativ gut.
Auf der nationalen Ebene gilt überwiegend das Delegationsprinzip, nach dem die nationalen Gremien Vertreter in die internationalen Gremien entsenden. Selbst bei verstärkter Repräsentanz in den bundesdeutschen Gremien würde sich der Einfluß von Betroffenenverbänden dadurch erheblich relativieren.

Angesichts dieser Probleme, der gegenüber der betrieblichen Beteiligung völlig andersartigen Akteurskonstellation und der sich bisher erst in Ansätzen abzeichnenden Diskussion um Beteiligung an der technischen Normung ist es nicht verwunderlich, daß die Vorstellungen über die Organisation dieser Beteiligung noch in den Anfängen steckt.

Die derzeit weitestgehenden Vorschläge zur Organisation gewerkschaftlicher Normungsarbeit wurden von Eichener & Voelzkow (1991) unterbreitet. Sie schlagen die Einrichtung zweier Stellen vor, die eine angesiedelt bei den Gewerkschaften, die andere bei den Normungsgremien, die sich mit Fragen der Nor-

---

[2] Die Hans-Böckler-Stiftung hat einen "Arbeitskreis Normung" eingerichtet, der sich speziell mit den Fragen der gewerkschaftlichen Einflußnahme auf die technische Normung beschäftigt. Erst kürzlich erschien ein Schwerpunktheft der Zeitschrift die Mitbestimmung zu diesem Thema.

mung aus Arbeitnehmersicht beschäftigen sollen. Die wesentlichen Aufgaben sehen sie in der systematischen Beobachtung des Normungsgeschehens, der Organisation der gewerkschaftlichen Normungsarbeit, der Bereitstellung und Rekrutierung von Fachkompetenz in der Phase der Normerstellung und in der Prüfung, Umsetzung sowie Information und Schulung hinsichtlich der Anwendung verabschiedeter Normen. Während sich diese Vorschläge auf die institutionellen Voraussetzungen für eine effektive gewerkschaftliche Normungsbeteiligung beziehen, richten sich andere Forderungen auf Veränderungen in der Normungsarbeit selbst:

- Präzisierung der Zielvorgaben und Kriterien hinsichtlich sozialverträglicher Technikgestaltung
- Systematische Einbeziehung von Vertretern aller Betroffenengruppen
- Eine der Sprache und dem Verständnis der Betroffenen angepaßte Informationspflicht
- Finanzielle Absicherung der Beteiligung von Vertretern der Betroffenen
- Technikfolgenabschätzung zur Normungsarbeit

Literatur

DGB - Deutscher Gewerkschaftsbund (1991). Für eine soziale Gestaltung der Telekommunikation - Thesen und Vorschläge des DGB -. Düsseldorf.

Eichener, V. & Voelzkow, H. (1991). Ansatzpunkte für eine gewerkschaftliche Einflußnahme auf die technische Normung. Gutachten für die Hans-Böckler-Stiftung. Düsseldorf.

GI - Gesellschaft für Informatik (1991). Ergebnisse der Arbeitsgruppen. GI-FB 8 Rundbrief Nr.1.

Höller, Hp. (1992). Die Determination der Kommunikationstechnik durch OSI-Normen und ihre Bewertung. Dargestellt am Beispiel von Message Handling Systemen. Dissertation. Eingereicht beim Fachbereich Mathematik und Informatik der Universität Bremen.

Welsch, J. (1990). Soziale Technikgestaltung durch Demokratisierung technischer Normung - Einige Überlegungen aus gewerkschaftlicher Sicht -. WSI-Mitteilungen, 43, 650-660.

Die Dynamik komplexer Systeme:
Synergetik als Beschreibungsmethode

Fred Röhner
Institut für Informatik und Gesellschaft
Universität Freiburg
Friedrichstraße 50
W-7800 Freiburg i.Br.

1. Einleitung

Betrachtet man komplexe Phänomene in den Sozialwissenschaften, wie den Prozeß der öffentlichen Meinungsbildung oder das Funktionieren gesellschaftlicher Organisationen, so ist es bislang nur unvollständig gelungen, theoretische Systemmodelle in akzeptable Übereinstimmung mit den empirischen Daten zu bringen. Auch bei grundsätzlichen Schwierigkeiten in der Übertragung von naturwissenschaftlicher Methodik auf sozialwissenschaftliche Fragestellungen - vor allem bei der Reproduzierbarkeit empirischer Ergebnisse - ist doch festzustellen, daß die Merkmale und Verhaltensweisen komplexer Systeme sehr ähnliche Ausprägungen besitzen. In diesem Sinne soll im folgenden Beitrag untersucht werden, welchen Bedingungen die Anwendung naturwissenschaftlicher Methoden auf die Sozialwissenschaften unterliegt und welche Konsequenzen sich daraus für das methodische Vorgehen ableiten lassen.

2. Die naturwissenschaftliche Analyse komplexer Systeme

Die uns umgebende Welt stellt sich durchweg als ein komplexes Gefüge von miteinander in Wechselwirkung stehenden Teilsystemen dar. Sowohl bei naturwissenschaftlicher Fragestellung wie auch bei sozialwissenschaftlichen Fragestellungen sind miteinander vernetzte Teilsysteme mit wechselnden Interaktionen substantielle Bestandteile. Diese als *komplex* bezeichneten Systeme werden von den verschiedenen „zuständigen" Wissenschaften während des Prozesses der Analyse „heruntergebrochen" und einer Beschreibung zugänglich gemacht. Der Erfolg solcher Analysen und die Anwendbarkeit einer Beschreibung muß sich jedoch grundsätzlich an ihrer Überprüfbarkeit mit der Realität messen lassen. Erst dann kann von einer wissenschaftlich gesicherten Erkenntnis gesprochen werden.

2.1. Das Problem des Erkennens komplexer Zusammenhänge

Es ist eine erkenntnistheoretische Binsenweisheit, daß nur die Dinge **erkannt** werden können, über die man sich vorher bereits eine Vorstellung, ein Bild gemacht hat. Dies trifft auch auf das Erkennen von komplexen Systemen mit ihren netzwerkartig verknüpften Teilsystemen zu. Hierbei geht es jedoch weniger um **statische** Systeme, denn die interessantesten haben gerade **dynamische** Komponenten. Das bedeutet, dieZeit spielt eine äußerst wichtige Rolle. Dies verstärkt noch die Schwierigkeiten beim Umgang mit solchen Fragestellungen, da die Vorstellungen und Bilder meist einen statischen Charakter besitzen. Wenn es darum geht, den zeitlichen Verlauf zu erfassen, bereiten bereits Systeme, die einfachen rückgekoppelten Regelkreisen entsprechen, große Vorstellungsprobleme.

2.2. Erkenntnis durch Reduktion und Abstraktion

In traditioneller Vorgehensweise versucht man, elementaren Funktionszusammenhängen auf den Grund zu gehen. In der Physik beispielsweise werden die Prinzipien der Impulserhaltung und Energieerhaltung als - bislang unwiderlegte - Grundgesetze verwendet. Damit ist schon ein Großteil der betrachteten Systeme einer befriedigenden Beschreibung nähergebracht.

Der außerordentliche Erfolg dieser Vorgehensweise ist die eigentliche Ursache für das Ansehen naturwissenschaftlicher Methodik bis in die Gegenwart hinein. In dieser Betrachtungsweise ist es auch möglich, komplexe - auf den ersten Blick „chaotische" - Phänomene einer „exakten", d.h. deterministischen Betrachtungsweise zugänglich zu machen. Ein Beispiel aus der Mechanik: die Koordinaten der beiden Massenpunkte eines gekoppelten Pendels sind schon nach kurzer Zeit **nicht mehr** realistisch angebbar, wenn auch eine noch so kleine Unsicherheit bei der Bestimmung der Ausgangsposition anzunehmen ist. In diesem Fall werden also in einem streng naturwissenschaftlichen Problem bei **exakt bekannten** Gesetzmäßigkeiten (Gravitation, Impuls- und Energieerhaltung) prinzipiell unvorhersagbare Endzustände erreicht: *Deterministisches Chaos.*

Am Beispiel der Naturwissenschaften orientiert, versuchen seit jeher auch die Sozialwissenschaften auf gleichem Wege ähnliche Erfolge zu erzielen. Wie in der Physik üblich, wurden typische Situationen analysiert und auf die zugrundeliegenden Wechselwirkungen hin untersucht. In dieser Vorgehensweise wird bei einer real zu beobachtenden Situation eine Reduktion auf die wesentlichen Elemente und Wechselwirkungen vorgenommen. Je nach *Standpunkt* des Analysierenden werden jedoch unterschiedliche Elemente als unwesentlich erachtet und somit weggelassen. Aus dem Rest ergibt sich dann durch den Abstraktionsprozeß die „fundamentale" Wechselwirkung, die als Grundlage der ursprünglichen, realen Situation zu postulieren ist. Aus dieser Vorgehensweise resultieren schließlich - gleichberechtigt nebeneinander - mehrere Dogmen, die alle den gleichen Anspruch auf Gültigkeit erheben.

2.3. Rückbezügliche Wechselwirkungen als Grundlage von Selbstorganisation

Die angeführte „einfache" Übertragung traditionell naturwissenschaftlicher Vorgehensweise bei der Analyse sozialwissenschaftlicher Fragestellungen läßt jedoch einige Tatsachen außer acht, die als typisch und fundamental für alle nicht-naturwissenschaftlichen Phänomene gelten können. Zunächst handelt es sich um essentiell **offene** Systeme, die höchstens artifiziell isoliert betrachtet werden können. Das heißt, daß die meist postulierte *ceteris paribus* Bedingung ein Kunstprodukt hervorbringt, für das kaum abgeschätzt werden kann, was die stets vorhandenen - aber außen vor gelassenen - Faktoren bewirken. Außerdem wirkt in den meisten Fällen der **Output** des - künstlich isolierten - Systems mit unbestimmter Verzögerungszeit und unbestimmter Stärke auf den **Input** zurück. In systemtheoretischen Untersuchungen zeigt sich, daß diese Rückkopplungen das wesentliche Element der *Selbstorganisation* sind, **dem** Charakteristikum komplexer Systeme. Phänomene der Selbstorganisation treten jedoch nicht nur in sozialen Systemen auf, wo sie zuerst beschrieben wurden, auch bei originär naturwissenschaftlichen Fragestellungen zeigt sich, daß selbst in der unbelebten Natur Selbstorganisation in Erscheinung tritt.

3. Analysemethoden bei systemischem Verhalten

Bei der Analyse komplexer Phänomene wird in den meisten Fällen auf deskriptive Verfahren zurückgegriffen. Das liegt auch der Intuition am nächsten, da Komplexes mit schon Bekanntem von ähnlicher Struktur verglichen und der Unterschied dazu mit Worten beschrieben wird. Bei dem oben erwähnten System des gekoppelten Pendels besteht die Beschreibung zunächst aus der a posteriori Feststellung, daß sich nach durchgeführter Analyse der fundamentalen Zusammenhänge ein deterministisch chaotisches Verhalten erwarten läßt. Der Nachweis einer adäquaten Beschreibung läßt sich dann nachträglich empirisch führen, zum Beispiel durch mathematische Datenanalyse von gemessenen Zeitreihen der Pendelbewegungen.

Neben diesen Möglichkeiten gibt es in neuerer Zeit auch Ansätze, globales Verhalten mit Musterbildung und Selbstorganisation geschlossener darzustellen. Dazu gehören die Theorie von der Autopoiesis von Systemen (Maturana) und vor allem das Konzept der **Synergetik** (Haken).

3.1. Grundprinzipien der Synergetik

Am Beispiel des Lasers hat Haken gezeigt, wie sich das Verhalten eines komplexen Vielteilchensystems vollständig von den zugrundeliegenden elementaren elektromagnetischen Wechselwirkungen bis zu den makroskopisch sichtbaren Ordnungszuständen der kohärenten Lichtemission darstellen läßt. Ausschlaggebend sind dabei Näherungsbetrachtungen. Sie werden jedoch nicht willkürlich festgelegt, sondern es wird im Detail analysiert und mathematisch abgeschätzt, welche Parameter des offenen Systems Laser im betrachteten Bereich stabilisierend wirken und welche die Tendenz besitzen, durch Selbstverstärkung das System zu dominieren.

Aus dieser Analyse entstehen schließlich (mathematische) Ordnungsparametergleichungen, die für einen bestimmten Wertebereich gelten. Wird dieser Parameterbereich verlassen, sei es durch stochastische Prozesse, sei es durch externe Verschiebungen, so setzen typischerweise Fluktuationen ein, die dazu führen, daß das Gesamtsystem instabil wird und schließlich meist - nach endlicher Relaxationszeit - zu einem neuen - wieder quasi-stabilen - Gleichgewichtszustand führen. In der Umgebung dieser Phasenübergänge wird dann die Mehrzahl der stabilen Parameter von einer kleinen Zahl instabiler Parameter dominiert - oder *versklavt*, wie es Haken nennt. Beim Beispiel des Lasers ist es so möglich, das ganze Spektrum der Laseranregung von stochastischer Emission über das kohärente Verhalten der Atome bis hin zu deterministisch chaotischen Zuständen in Übereinstimmung mit den experimentellen Ergebnissen zu beschreiben.

3.2 Die Übertragung des Verfahrens auf andere Wissenschaften

In anderen naturwissenschaftlichen Disziplinen, wie der Chemie oder Biologie, wurden die oben beschriebenen Prinzipien bereits mit Erfolg angewandt. So lassen sich beispielsweise chemische Uhren konsistent beschreiben, und ähnliches gilt für die möglichen diskreten Eigenzustände in der Dynamik bestimmter physiologischer Reflexbögen. Für den nicht-naturwissenschaftlichen Bereich ist eine einfache Mathematisierung der elementaren Zusammenhänge nicht ohne weiteres möglich. Die traditionellen Versuche hierzu führen meist zu der - schon oben angesprochenen - groben Vereinfachung. Es werden Theorien konstruiert, die mit der Realität nur begrenzt etwas gemeinsam haben. Von einigen Theoretikern in den Sozialwissenschaften wird deshalb postuliert, mathematisierte Modelle seien der Problemstellung grundsätzlich nicht angemessen. Wie könnte dieses Dilemma, das vor allem an die schwierige Reproduzierbarkeit empirischer Resultate gekoppelt ist, wenn nicht überwunden, so doch abgeschwächt werden ?

Die folgende Argumentation könnte hierzu einen Weg weisen. Herkömmlicherweise wird nun versucht, die Beobachtung durch glättende interpolierende Verfahren so gut wie möglich nachzuvollziehen. Dadurch läßt sich meist eine bestimmte Periode a posteriori recht gut beschreiben. Werden jedoch Prognosen versucht, so sind sehr schnell Grenzen der Gültigkeit erreicht.

Gemeinsame Merkmale aller als komplex bezeichneten Phänomene sind Phasenübergänge und spontane Ordnungs- und Musterbildung. Zur Charakterisierung der Dynamik komplexer Systeme ist daher in vielen Fällen nicht der genaue zeitliche Ablauf beim Phasenübergang wichtig, sondern vor allem die folgenden beiden Parameter:

(i) Die vom Ausgangsniveau überhaupt erreichbaren quasistabilen Zustände.
(ii) Die Grenzwerte, bei deren Überschreiten die Fluktuationen so groß werden, daß der Trend zu neuen Niveaus manifest wird.

Die Zustände (i) stellen die möglichen Entwicklungswege und damit die Entscheidungsalternativen des Systems dar, während die Grenzwerte (ii) wesentlich die Entwicklungsgeschwindigkeit bestimmen.

Existieren nun realistische (empirische) Schätzungen über diese beiden Punkte, so lassen sich unter der Annahme von stochastischen Störungen Wahrscheinlichkeiten für den Übergang in die verschiedenen alternativen quasistabilen Zustände angeben. Im Sinne von Planspielen können so verschiedene Szenarien durchexerziert werden und zum Beispiel auf die Bedingungen der verträglichsten Systemtransformation abgetestet werden. Voraussetzung für diese Vorgehensweise ist jedoch - genauso wie bei anderen methodischen Zugängen - eine Modellvorstellung, eine Hypothese über den (formelmäßig mathematisch) zu beschreibenden Zusammenhang.

Es wird damit aber nicht mehr die Forderung erhoben, eine Aussage über die wirklich fundamentalen Wechselwirkungen festzulegen. Vielmehr ist eine solche partielle Beschreibung immer nur als mathematisch deskriptive Situationsanalyse zu behandeln, die zu eingeschränkt gültigen Ordnungsparametergleichungen führt und dazu dient, bis an die Grenzen des Wertebereichs reelle Aussagen über das mögliche Systemverhalten abzuleiten.

3.3. Überprüfung von Theorien und empirische Randbedingungen

Die Forderung nach Wissenschaftlichkeit im traditionellen Sinn der Naturwissenschaften beinhaltet neben logischer Widerspruchsfreiheit vor allem die Kernforderung nach empirischer Überprüfbarkeit der theoretischen Aussagen. Ohne daß eine Aussage unabhängig von mehreren Personen mit gleichem Ergebnis reproduziert wurde, kann diese nicht als wissenschaftlich anerkannt werden. Die empirische Überprüfung kann auch indirekt über mehrere Experimente geführt werden, die zusammen eine logisch vollständige Schlußkette bilden. Wesentlich bleibt jedoch das Experiment. Nur indem ein interessierender Zustand präparierbar ist, d.h. seine als wesentlich erkannten Parameter im Rahmen der Meßgenauigkeit festgelegt werden können, kann er auch der strengen Forderung nach Reproduzierbarkeit genügen.

In den Nicht-Naturwissenschaften dagegen steht die real beobachtete Situation im Vordergrund, die beschrieben, analysiert und bewertet wird. Ein klassisches Experiment ist nur in seltenen Fällen zu verwirklichen. Meist sind es singuläre, einzigartige Situationen, die mit identischen Randbedingungen nicht mehr zu wiederholen sind. Aus mehrfachen Beobachtungen ähnlicher Situationen wird versucht, das gemeinsame, das allgemeine herauszuschälen um damit zu einer gültigen Theorie zu gelangen.

Wie steht es nun mit den „harten Daten" und „Fakten" solcher Beobachtungsmuster? Hier sind es vor allem die Zeitreihen, von denen eine „solidere" Basis gebildet werden könnte. Zeitreihe heißt hier die in Zeitintervallen wiederholt gemessenen Zustandswerte einer interessanten Größe. Mit dem mathematischen Verfahren der Zeitreihenanalyse können Kennwerte der zugrundeliegenden Dynamik bestimmt und damit gut begründete Modelle und Theorien aufgestellt werden. Meist wird nach kausalen Verknüpfungen geforscht und mit einer Korrelationsanalyse ein Vergleich zweier Zeitreihen angestellt, wodurch die Signifikanz des vermuteten Zusammenhangs bewertbar wird.

Dieses Verfahren ist zwar ein erster und notwendiger Schritt, es gibt jedoch zwei Punkte, durch die klar wird, daß es noch nicht hinreichend ist.

(i) Die erhobenen Daten sind oft nicht unter denselben Randbedingungen zustande gekommen, das heißt es ist keine strenge Datenkonsistenz gegeben. Damit sind auch die Aussagekraft der mathematischen Datenanalyse und die darauf aufbauenden Theorien eingeschränkt. Ebenso läßt sich eine strenge Validierung oft nicht durchführen.

(ii) Je komplexer die den Phänomenen zugrundeliegende Wechselwirkung gestaltet ist, je nicht-linearer sich die Beziehungen darstellen, desto geringer wird die Möglichkeit, aus isolierten Zeitreihen die relevanten Abhängigkeiten zu erkennen. Hier führt auch die Frage nach den kausalen Beziehungen leicht in die Irre, da bei nicht zu vernachlässigenden Rückkopplungen und zu beobachtenden Selbstorganisations-Phänomenen kausale Aussagen keine strenge Gültigkeit mehr besitzen.

Aus diesen Überlegungen sind folgende Konsequenzen zu ziehen:

(i) Wichtiger als nach möglichst linearen kausalen Abhängigkeiten zu fahnden ist das Auffinden und die Analyse von Phänomenen, die typisch für Komplexität in allen Gebieten sind:
- Phasenübergänge von (scheinbar) stabilen Gleichgewichtszuständen auf neue Strukturniveaus,
- typische Fluktuationen, die Kennzeichen eines deterministischen Chaos zeigen (seltsame Attraktoren, fraktale Dimension),
- hochgeordnete Zustände, deren Verhalten in begrenzten Wertebereichen von wenigen Größen bestimmt ist („Versklavung" und Ordnungsparameter). Hierbei sind Linearisierungen dann durchaus wieder sinnvoll.

(ii) Die benutzten mathematischen Verfahren zur Datenanalyse sind an die von vorneherein begrenzte Datenmenge, die zur Verfügung steht, anzupassen. Das gilt insbesondere für die Ermittlung von Kenngrößen des deterministischen Chaos, die bislang mit Standardmethoden auf mindestens 10^4 bis 10^5 empirische Datenpunkte angewiesen ist.

(iii) Die Frage nach den „fundamentalen" Gesetzmäßigkeiten ist zunächst strikt außen vor zu lassen. Alle erkannten Prinzipien sind nur in einem sehr beschränkten Wertebereich ihrer bestimmenden Variablen als gültig anzunehmen. Damit sind die interessierenden Fakten auch nicht primär in diesem Wertebereich angesiedelt, sondern ergeben sich aus den dynamischen Entwicklungsmöglichkeiten des Gesamtsystems. Es ist danach zu fragen, welche verschiedenen Wege das System überhaupt einschlagen kann, wenn die Stabilität einer „trivialen" Gesetzmäßigkeit verlassen wird. Ziemlich unwahrscheinlich bleibt es nach wie vor, daß konkrete Aussagen darüber möglich sind, welcher Endzustand von mehreren möglichen tatsächlich erreicht wird: eine **starke** Kausalität ist nicht mehr gegeben. Es wird aber realisierbar sein, die Bandbreite verschiedener Systementwicklungen unter der Variation der zugänglichen Randbedingungen einzugrenzen.

Die beschriebenen Verfahren und methodischen Konsequenzen ermöglichen ein tieferes Verständnis für die immer wiederkehrenden Muster und Ordnungsphänomene. Das ist als ein weitgehend iterativer Prozeß zu verstehen: ein stetes Wechselspiel zwischen modellierendem Planspiel und empirischer Relevanz.

4. Die begleitende Modellsimulation

Im folgenden soll skizziert werden, wie eine Modellierung von Abläufen angegangen werden kann, die nicht einer einfachen kausalen Beschreibung zugänglich sind. Die Telematik stellt dafür ein gutes Untersuchungsfeld dar, da einerseits eine direkte Wechselwirkung zwischen objektiv parametrisierbarer Technologie und der darauf reagierenden Benutzerakzeptanz vorliegt. Andererseits läßt die massenhafte Benutzung moderner Telekommunikationsmedien - wie Telefon, Mobilfunk etc. - es einigermaßen aussichtsreich erscheinen, mit der Zeit eine solide Basis an empirischen Daten zur Validierung und Modellentwicklung zu erhalten.

4.1. Ein grundlegender Kommunikationsprozeß

Nach dem eben gesagten ist als erste Stufe ein „grundlegender" Kommunikationsprozeß zu generieren, der prinzipiell über mehrere zur Verfügung stehende Kanäle abgewickelt werden kann. Die Eigenschaften der Kommunikationskanäle sind dann die Randbedingungen des Systems, und als der interessante Parameter wird zunächst die Benutzungshäufigkeit der einzelnen Kanäle angenommen.

In einem ersten Schritt ist zu zeigen, daß mit minimalen Annahmen und Voraussetzungen die für komplexe Systeme charakteristischen Phänomene im Simulationsmodell auftreten. Werden Phasenübergänge, Fluktuationen und Musterbildung im oben beschriebenen Sinn gefunden, so sind die Bedingungen ihres Auftretens und ihrer Dynamik in den möglichen Ausprägungen zu untersuchen. Zusätzlich werden - zur geeigneteren Annäherung an die realen Daten - die verschiedenen Meß- und Einflußgrößen mit stochastischen Schwankungen überlagert, die unter bestimmten Bedingungen Fluktuationen anstoßen werden. Treten in Folge davon Übergänge von einem quasistabilen Zustand in mehrere andere auf, so sind die Grenzen der hierfür maßgeblichen Parameterwerte zu ermitteln.

Sind mit einem solchen Simulationsmodell die verschiedenen Entwicklungsmöglichkeiten eingehend studiert, werden im nächsten Schritt die entsprechenden Vorgänge empirisch untersucht. Die dabei auftretenden Diskrepanzen sind dann Anlaß zur weiteren iterativen Modellentwicklung.

4.2. Stabilität und Phasenübergang

In Abbildung 1 ist die Dynamik eines einfachen Modells aufgezeigt, in dem als Entscheidungswege nur zwei potentielle Kommunikationskanäle zugelassen sind. Unter der Annahme der Favorisierung des am häufigsten benutzten Kanals wird - getrieben von rein stochastischen Fluktuationen - nach einer indifferenten Phase relativ schnell ein Zustand ereicht, in dem eine der beiden Optionen ausschließlich übrigbleibt. Dieses exponentielle Trendverhalten resultiert aus einem einfachen sich selbst verstärkendem Rückkoppelungsprozeß.

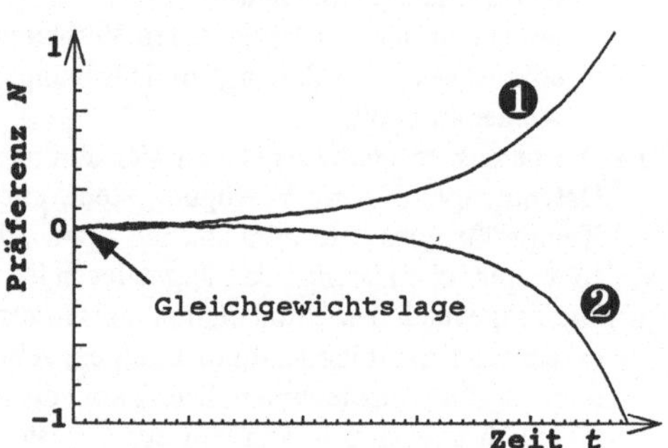

Abb. 1: Präferenzverhalten des Kommunikationsmodells bei minimal variierten Parameterwerten ❶ und ❷

Ein Verhalten im anderen Extrem zeigt Abbildung 2. Hier bewirkt eine zweite Rückkoppelungskomponente dergestalt, daß ab einem Präferenzniveau N_0 eine nichtlineare Stufenfunktion eine **rücktreibende** Kraft darstellt, die den Trend zum Gleichgewicht hin bringt. Der bestimmende Parameter ist aber weiterhin durch eine einzige Größe darstellbar, die - unabhängig vom numerischen Absolutwert - nur durch das Vorzeichen bedingt, den einen oder den anderen Trend ausprägt. Dieser Ordnungsparameter dient nun als empfindliche Modellierungsgröße, die in einem Netzwerk vieler Kommunikationsprozesse in der Lage ist, Strukturen und Muster räumlicher wie zeitlicher Art zu erzeugen.

Dieser Ansatz erfährt erst dann seine Rechtfertigung, wenn es möglich sein wird, die modellhafte Dynamik in Übereinstimmung mit gesicherten

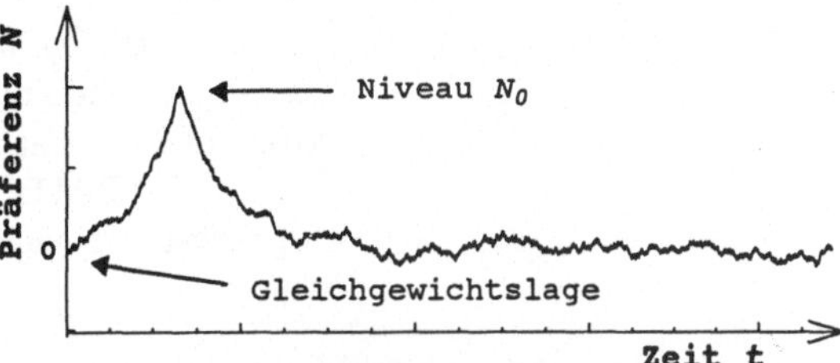

Abb. 2: Präferenzverhalten nach Einsetzen der rücktreibenden Kraft ab dem Niveau N_0

empirischen Daten zu bringen. Es ist hier beispielsweise an die Konkurrenz von BTX und Telefax gedacht, deren jeweilige Akzeptanz eine außerordentliche Dynamik aufweist.

Aufgrund des eingeschränkten Wertebereichs der dominierenden Parameter braucht es aber in jedem Fall nicht nur einen einmaligen Erfolgsnachweis der Methode, sondern es sind mehrere ähnlich gelagerte Phänomene aufzuarbeiten und nach zugrundeliegenden systemischen Gemeinsamkeiten zu untersuchen.

5. Zusammenfassung

Will man ein solideres Verständis der komplexen Vorgänge in den Nicht-Naturwissenschaften erreichen, so ist es nicht damit getan, scheinbar offensichtliche Kausalitäten in vereinfachte mathematische Gleichungen zu verpacken, sie als Axiome zu dogmatisieren und ihnen so eine innere Konsistenz zu verleihen.

Eine adäquate Annäherung an die Phänomene hat immer zu berücksichtigen, daß eine grundlegende, endgültige Formulierung der Wechselwirkungen - zumindest in absehbarer Zeit - an der Realität vorbeigeht und damit keinen zusätzlichen Erkenntnisgewinn bringen kann.

Zunächst ist eine Basis zu erarbeiten, von der aus mit - möglichst empirisch gesicherten - Erkenntnissen der Wirkungszusammenhänge nach und nach ein in sich konsistentes Modell der realen Vorgänge erstellt wird. Ein praktikabler Weg dahin führt vom Modell über die Simulation zur Empirie - aber zunächst nicht des Gesamtsystems, sondern weitgehend begrenzter Subsysteme, von denen die dominierenden Parameter möglichst vollständig bekannt und der Beobachtung zugänglich sind. Die Modellierung beruht dann auf zwei Säulen:

  (i) Die Zugrundelegung möglichst einfacher Wechselwirkung und deren numerische Simulation.

  (ii) Die Ausnutzung von Grundprinzipien der Synergetik bei der Frage nach der potentiellen Systemdynamik und ihrer mathematischen Formulierung.

So können dann relativ rasch für Teilsysteme Planspiele mit Prognosecharakter aufgebaut werden, die es erlauben, die möglichen Entwicklungswege einer interessanten realen Situation zu modellieren und einer individuellen Beurteilung zugänglich zu machen. Voraussetzung dafür ist jedoch die Aufgabe des Absolutheitsanspruchs „trivialer" mathematischer Formulierung und die penible Angabe des Gültigkeitsbereichs eines verwendeten Modellansatzes.

6. Literatur

Bossel, Hartmut: Läßt sich die Zukunft berechnen ? In: Bild der Wissenschaft, 6/1992, S.58-61.

Forrester, Jay W.: Grundzüge einer Systemtheorie, Wiesbaden: DVA 1972

Haken, Hermann: Synergetik, Berlin: Springer 1990

Hayek, Friedrich A.: Die Theorie komplexer Phänomene, Tübingen: Mohr 1972

Maturana, Humberto R.: Autopoiesis.

   In: Zeleney, Milan (Ed.): Autopoiesis: A theory of living organization. New York: North Holland 1981

Zhang, Wei-Bin: Synergetic Economics, Berlin: Springer 1991

Evolutionäre, benutzer- und anwendungsorientierte Systementwicklung

Walter Wicke
Beratungs- und Forschungsinstitut
Arbeit und Informationstechnologie
BAIT e.V.
Brückstr. 21, 4600 Dortmund 1

Die Frage der Systementwicklung**sprozesse** erlangt immer größere Bedeutung im Zusammenhang mit der Gestaltung von Informationstechnik-Anwendungen. Insbesondere wird immer offensichtlicher, daß es ohne eine Partizipation der AnwenderInnen und der betroffenen Beschäftigten kaum gelingen kann, menschenzentrierte, ergonomische IT-gestützte Arbeitssysteme oder auf die Lösung ökologischer und gesellschaftlicher Probleme ausgerichtete IT-Anwendungen zu entwickeln. Die betriebliche Partizipations-Praxis bleibt jedoch weit hinter diesem allseits akzeptierten Erkenntnisstand zurück, dies nicht zuletzt deshalb, weil nach wie vor Unsicherheiten und Unkenntnis darüber bestehen, wie partizipative Systementwicklungsprozesse organisiert, durchgeführt und methodisch unterstützt werden können.

In dieser Arbeitsgruppe geht es daher um Konzepte, Verfahren und Instrumente der evolutionären, benutzer- und anwendungsorientierten Entwicklung IT-gestützter Arbeitssysteme. Der Begriff **System**entwicklung umfaßt in diesem Kontext neben der Softwareentwicklung zumindest zu gleichen Anteilen auch die Arbeitsanalyse und -gestaltung sowie die Gestaltung des Entwicklungsprozesses als solchem. Denn zum einen hat die langjährige Diskussion um Software-Ergonomie und Mensch-Maschine-Kommunikation gezeigt, daß **Softwareentwicklung Arbeitsgestaltung ist**. Zum anderen könnten die jüngeren Diskussionen um Partizipation - so auch einige der Referate zu dieser Arbeitsgruppe - zusammengefaßt werden unter dem Schlagwort "**Systementwicklung ist Organisationsentwicklung**". Neben Methoden, Instrumenten und Techniken gerät dadurch auch das sozialpsychologische Gefüge der Systementwicklungsprozesse in den Blickpunkt, also die Frage nach den verschiedenen Akteuren, ihren jeweiligen Interessen und Handlungsbedingungen, ihrer spezifischen Rolle in Organisationsentwicklungsprozessen und ihren Möglichkeiten zur Kooperation und Beteiligung.

Die Arbeitsgruppe befaßt sich mit diesen verschiedenen Gesichtspunkten: Sie stellt - übergreifend und im Schwerpunkt - mit den Beiträgen von *Hartmann/Wulf* und *Paul* den "Zusammenhang von Organisations- und Technikentwicklung" in den verschiedenen Ansätzen zur partizipativen Arbeitsgestaltung sowohl theoretisch-konzeptionell als auch anhand praktischer Fallstudien heraus; sie enthält durch die Beiträge von *Zölch* und *Kuhnt* eine Kontroverse um geeignete Arbeitsanalyse- und -gestaltungsmethoden, die mit der "kontrastiven Aufgabenanalyse" und der "Zukunftswerkstatt" den spezifischen Stellenwert zweier sehr unterschiedlicher Ansätze betonen; sie diskutiert schließlich mit dem Beitrag von *Wiesner* Methoden und Erfahrungen der "partizipativen Softwareentwicklung" unter dem speziellen Aspekt der Softwarequalität.

Integrierte Organisations- und Technikentwicklung - ein Ansatz zur partizipativen Gestaltung der Arbeitswelt?

Anja Hartmann, Volker Wulf

Projektbereich Integrierte Technikfolgenforschung, Institut für Informatik III, Universität Bonn, Römerstr. 164, 5300 Bonn 1

1.   Grundlagen der Organisationsentwicklung

Der Ansatz der Organisationsentwicklung (OE) ist mit dem Anspruch angetreten, Organisationen unter Beteiligung aller Organisationsmitglieder sach- und bedürfnisgerecht gestalten zu können. Die OE stellt also einen Problemlösungsprozeß dar, mit dessen Hilfe Lösungsansätze für interne Probleme, aber auch für Herausforderungen aus einer sich schneller verändernden Umwelt von den Mitarbeitern gemeinsam entwickelt werden sollen. Dies bedeutet, daß das Augenmerk gelegt werden muß auf die Organisation in ihrer Gesamtheit, auf die Ziele und Aufgaben der Organisation. Dabei ist auf die Aufbau- und Ablauforganisation ebenso zu achten wie auf Werkzeuge, Methoden und Verfahren einer Organisation. Aber auch der gesamte informelle Bereich muß Berücksichtigung finden, d.h. Normen, Werte und informelle Strukturen. (vgl. dazu z.B. French/Bell 1990)

Zahlreiche Veröffentlichungen zum Thema der Organisationsentwicklung sehen es als Hauptziel eines OE-Prozesses an, bestehende Probleme einer Organisation zu lösen. Dies soll durch folgende Unterziele angestrebt werden (vgl. KGST 1984, S.6 und Pippke 1991, S.308):
- Die Organisation und ihre Mitglieder sollen die Fähigkeit erlangen, mit Innovationen und Veränderungsprozessen umzugehen.
- Damit soll gleichzeitig die Problemlösungsfähigkeit einer Organisation gesteigert werden. Die Organisationsmitglieder sollen lernen, mit Problemen und Konflikten umzugehen.
- Die Arbeitsbedingungen sollen verbessert werden. Eine humane Gestaltung der Arbeitswelt soll sich schon während eines OE-Prozesses beispielhaft vollziehen, z.B. durch Handlungs- und Entscheidungsspielraum, Partizipation an Entscheidungen, Gruppenarbeit, Kommunikation und Kooperation etc.

OE soll demnach zwei Dinge gleichzeitig leisten: die Erhöhung der Leistungsfähigkeit einer Organisation sowie die Schaffung persönlichkeitsfördernder Arbeitsplätze. Da sich diese Ziele nicht immer konfliktfrei zueinander verhalten und von den verschiedenen Akteuren des Entwicklungsprozesses unterschiedlich gewichtet werden, muß der Prozeß der Organisationsentwicklung als eine "Konfliktaustragungsstrategie" verstanden werden. Mit Pieper (1988) stimmen wir überein, daß deshalb der OE-Ansatz hin zu einer mehr partizipativen, d.h. diskursiven OE modifiziert werden sollte. Mit Hilfe von OE sollen alle wichtigen Veränderungen innerhalb einer Organisation sozial kontrolliert und konsensual gesteuert werden können.

Wesentliche Bestandteile einer Organisationsentwicklung sind die Prozeßorientierung und die Betroffenenbeteiligung. Wie aus der o.g. Definition von OE hervorgeht, so zeichnet sich diese durch einen langfristigen Problemlösungsprozeß aus. Idealtypisch lassen sich in diesem Lösungsprozeß verschiedene Phasen ausmachen. Die KGST bspw. (vgl. KGST 1984, S. 7) differenziert zwischen: den Vorüberlegungen, ob eine OE möglich und wichtig ist, der gemeinsamen Planung der Betroffenen über das gemeinsame Vorgehen, dem Ermitteln der Probleme und deren Ursachen, der Auswertung der erhobenen Daten, der Überlegung gemeinsamer Maßnahmen zur Lösung der Probleme sowie der Durchführung der gemeinsam beschlossenen Maßnahmen.
Die KGST ist es auch, die auf den Anspruch der Betroffenenbeteiligung stark abhebt. Demnach ist der Veränderungsprozeß einer Organisation nur dann als OE zu sehen, wenn er "von den Betroffenen selbst getragen und gesteuert wird: Die Betroffenen überlegen, wo Schwierigkeiten liegen, vereinbaren einen Problemlösungsprozeß, suchen und bewerten gemeinsam Problemursachen und überlegen Maßnahmen zur Lösung der Probleme. Ein OE-Prozeß findet nur statt, wenn und solange die Betroffenen dies wollen, sie den Inhalt des OE-Prozesses bestimmen können und selbst unmittelbar mitwirken." (KGST 1984, S. 4) Weitere Beteiligte eines OE-Prozesses sind die Mitglieder der Organisationsleitung, der Personalrat oder Betriebsrat sowie externe Berater (-teams), sogenannte Change Agents (CA). Diese Change Agents haben die Aufgabe, Hilfe zur Selbsthilfe zu leisten. Ihre Funktion entwickelt sich mit dem Prozeß immer weiter weg von der eines Beraters hin zu dem eines Moderators, bis sie sich schließlich selbst überflüssig machen.

2. Organisationsentwicklung und Partizipation

Es stellt sich nun die Frage, wie die Betroffenenbeteiligung aussehen muß, um von einer partizipativen OE sprechen zu können. Unter partizipativer OE verstehen wir ein Verfahren, bei dem die Organisationsmitglieder Möglichkeiten zur chancengleichen Artikulation und -durchsetzung ihrer Interessen haben. Dazu bedarf es mehrerer Voraussetzungen.
So sind zunächst Organisationsstrukturen zu schaffen, die Diskurs und Partizipation überhaupt erst ermöglichen. Wir denken dabei einerseits an dezentrale Strukturen, andererseits aber auch an die Institutionalisierung von weitreichenden Mitbestimmungsregelungen. Des weiteren sollen die Organisationsmitglieder über eine gewisse kommunikative Kompetenz (Pieper spricht auch von "Partizipationskompetenz") verfügen, um ihre Interessen entsprechend einbringen zu können. Schließlich ist das in einem OE-Verfahren zu behandelnde Thema in einem partizipativen Prozeß so weit einzugrenzen, daß es behandelbar bleibt und die Organisationsmitglieder parallel zu dem Prozeß auch noch ihre eigentlichen Aufgaben wahrnehmen können.
Es stellt sich nun die Frage, wie weit diese Voraussetzungen in Organisationen durchgesetzt sein müssen, um einen OE-Prozeß überhaupt in Gang setzen zu können. Es ist uns klar, daß alleine hierfür schon eine Veränderung der Machtverhältnisse in Organisationen notwendig ist. Die dynamischer sich verändernden Umwelten werden u. E. zunehmend "instrumentelle" Machtabgabe notwendig machen. Das bedeutet, daß immer mehr hierarchisch begründete Machtpositionen zugunsten anderer (z.B. große Konkurrenzfähigkeit auf inter-

nationalen Märkten mittels teilautonomer Arbeitsgruppen) aus Effizienzgründen abgegeben werden.

3. Wechselwirkung zwischen vernetzten Systemen und Organisationsstruktur

Ein Ansatzpunkt für die im Rahmen einer OE zu behandelnden Fragen können die in einer Organisation verwendeten Technologien sein. Die einzelnen Mitglieder der Organisation sollen dabei Lösungsansätze für den menschengerechten und aufgabenangemessenen Technikeinsatz selbst mitentwickeln können. Der sozialwissenschaftliche Ansatz der OE kann so für die Technikentwicklung nutzbar gemacht werden. Dies erscheint uns als besonders wichtig, weil es im Bereich Büro und Verwaltung z.B. durch den Einsatz vernetzter Systeme zu einer immer größeren Wechselwirkung zwischen informationstechnischen Anwendungen und Organisationsstruktur kommt. Schwerpunktmäßig wollen wir uns im folgenden auf diese strukturellen Aspekte konzentrieren. Als Merkmale einer Organisationsstruktur sollen hier Arbeitsteilung, Entscheidungsspielraum, Koordinationsmechanismen, Entscheidungsdelegation verwendet werden. Während Arbeitsteilung die Verteilung der von einer Gesamtorganisation zu erfüllenden Aufgabe auf einzelne Organisationseinheiten oder Mitarbeiter festlegt (vgl. Kieser/Kubicek 1983, S. 80 ff), bestimmt der Entscheidungsspielraum das Ausmaß an Entscheidungskompetenz zur Festlegung und Veränderung dieser Arbeitsteilung durch die jeweils betroffenen Mitarbeiter oder Organisationseinheiten (vgl. Ulich 1991, S. 141). Koordinationsmechanismen beschreiben die Abstimmungsverfahren, die zur Ausführung einer arbeitsteilig auszuführenden Aufgabe innerhalb einer Organisation angewandt werden (vgl. Kieser/Kubicek 1983, S. 103 ff). Die Dimension Entscheidungsdelegation beschreibt die umfangmäßige Verteilung von Entscheidungsbefugnissen innerhalb einer Organisation (vgl. Kieser/Kubicek 1983, S. 156 ff).
Die Bereitstellung bestimmter Programme für einzelne Benutzer hatte bei Einzelplatzanwendungen dann Einfluß auf Fragen der Arbeitsteilung, wenn bestimmte Aufgaben nur mittels Rechnerunterstützung auszuführen waren. Der Entscheidungsspielraum der Mitarbeiter bzgl. der Festlegung oder Veränderung von dieser Arbeitsteilung wurde von Einzelplatzanwendungen kaum berührt; Die Koordination zwischen Mitarbeitern wurde von Einzelplatzanwendungen nur dann berührt, wenn die Ausführung der Einzelaufgabe programmtechnisch fest geregelt war. Der Grad der Entscheidungsdelegation innerhalb einer Organisation konnte durch Einzelplatzanwendungen nicht festgelegt werden.

Bezogen auf die hier diskutierten Merkmale erhöhen vernetzte Systeme als technische Infrastruktur die Wechselwirkung zur Organisationsstruktur. Dies kann am Beispiel des Einsatzes computer-integrierter Telefonie zur technischen Unterstützung einer Arbeitsgruppe von Telefonisten beleuchtet werden. In diesen Anwendungsbereichen werden unter dem Schlagwörtern "Powerdialing", bzw. "Predictive Dialing" (vorausschauendes Wählen) Programme implementiert, die automatisch Telefonverbindungen zu in einer Anrufliste zusammengestellten Gesprächspartnern aufbauen. Die Anrufliste kann dabei automatisch aus einer Datenbank nach bestimmten Auswahlkriterien erstellt werden. Deren Datensätze müssen die Telefonnummer als Attribut enthalten. Die Powerdialing-Anwendung baut die Verbindung nach einem festen Algorithmus auf, in dem die Uhrzeit des Gesprächsbeginns aller bestehenden Verbindungen, deren durchschnittliche Dauer, der Durchschnittswert für einen Verbindungsaufbau, die Wahrscheinlichkeit, Gesprächspartner zu erreichen und die den einzelnen Gruppenmitgliedern zugestandenen Pausenzeiten zwischen den Gesprächen als Parameter eingehen. Hebt ein von der Computeranwendung angewählter Gesprächspartner ab, so wird automatisch die Verbindung an einen Mitarbeiter durchgestellt, dessen Apparat in diesem Moment frei ist. Sind alle Telefonisten beschäftigt, wird der externe Gesprächspartner mit einem elektronisch gespeicherten Ansagetext zum Aufrechterhalten der Verbindung aufgefordert, bis ein Mitarbeiter zur Verfügung steht. Gemeinsam mit dem Telefonat kann den Mitarbeitern auch der gesamte Kundendatensatz oder Auszüge davon aufbereitet am Bildschirm angezeigt werden oder gezielte Hinweise für ihre Gesprächsführung gegeben werden. Darüberhinaus können den Telefonisten elektronisch Formulare angeboten werden, in denen sie die Gesprächsergebnisse protokollieren können. Bestimmte Anrufe und die dazugehörigen Bildschirmmasken können von einem Arbeitsplatz aus an andere Arbeitsplätze weitergeleitet werden (vgl. Zschaage 1991, S. 347ff; Ihlow 1991 , S. 350ff).

Eine derartige Implementierung von computer-integrierter Telefonie legt die Arbeitsteilung zwischen den Gruppenmitgliedern durch eine zunächst objektorientierte Verteilung der Anrufe fest. Das Weiterreichen bestimmter Anrufe und dazugehöriger Datensätze innerhalb der Gruppe wird nur in Einzelfällen tolerabel sein, weil sonst der Anrufverteilungsalgorithmus gestört wird. Die Arbeitsteilung zwischen der Gruppe der Telefonisten im Verhältnis zu anderen Arbeitsgruppen wird dadurch beeinflußt, daß der Anrufverteilungsalgorithmus nur dann sinnvoll nutzbar ist, falls die Arbeitsgruppe keine anderen Tätigkeiten als die der Telefonie ausführt. Andernfalls werden Anrufe an mit anderen Aufgaben beschäftigte Mitarbeiter geleitet. Aus demselben Grund ist der Entscheidungsspielraum über eine Ausweitung des Aufgabenspektrums der Arbeitsgruppe tangiert. Die Koordination der Telefonistengruppe erfolgt über den in der Software implementierten Algorithmus in Form eines starren Programms. Auch die Entscheidungsdelegation innerhalb einer Organisation könnte mit Hilfe eines Systems der computer-integrierten Telefonie beeinflußt werden, wenn beispielsweise die während eines Gesprächs vom Telefonisten erhobenen Daten DV-technisch verarbeitet und dann unter bestimmten Bedingungen automatisch Telefonat und Bildschirmmasken an einen Vorgesetzten weitergeleitet werden.

4. Ansätze zu einer integrierten Organisations- und Technikentwicklung

Vor dem Hintergrund einer verstärkten Wechselwirkung zwischen Organisationsform und technischer Infrastruktur soll hier versucht werden, die Organisationsentwicklung zu einem Ansatz partizipativer, integrierter Organisations- und Technikentwicklung zu erweitern. In einem diskursiven Prozeß zwischen allen Betroffenen sollen mit Hilfe von Organisationsberatern und Systementwicklern von sach- und bedürfnisgerechter Technik unterstützte, menschengerechte Arbeitsplätze geschaffen werden. In diesem Zusammenhang stellt sich die Frage nach der Rolle der InformatikerInnen genau so wie nach der der OrganisationsberaterInnen. In einem integrierten Organisations- und Technikentwicklungsprozeß sollten sich beide als Change Agents zur Moderation des Prozesses und zur Qualifikation der Betroffenen verstehen und interdisziplinär miteinander kooperieren. Die von den InformatikerInnen dabei erstellte Software sollte selbstbeschreibungsfähig in dem Sinne sein, daß alle von einer bestimmten Funktion Betroffenen die Möglichkeit haben sollten, ein Verständnis von ihrer Wirkungsweise zu entwickeln. In obigem Fall müßte der Anrufverteilungsalgorithmus von allen Telefonisten nachvollziehbar sein. Darüberhinaus sollte die Software flexibel gestaltet sein, so daß verschiedene Alternativen für einzelne Funktionen bereits implementiert sind bzw. Modifikationen gemessen am Qualifikationsstand der Organisationsmitglieder einfach vorgenommen werden können. Im obigen Beispiel kann dies z.B. bedeuten, daß der Anrufverteilungsalgorithmus ausschaltbar sein sollte oder bestimmte Parameter veränderbar sein sollten. Die OrganisationsberaterInnen sollten sowohl Wissen über organisatorische Grundlagen als auch Hinweise zur persönlichkeitsfördernden Arbeitsplatzgestaltung vermitteln. Damit ist gewährleistet, daß der Entwicklungsprozeß in bestimmten Phasen auch ohne Beteiligung der Change Agents durchgeführt werden kann. Die Auswahl zwischen den in der vorherigen Phase festgelegten technischen und organisatorischen Alternativen bzw. Modifikationsmöglichkeiten könnte in dieser Phase geringerer Eingriffstiefe gemeinsam zwischen den davon Betroffenen ausgehandelt werden, wobei im Falle räumlicher oder zeitlicher Asynchronität eine technische Unterstützung dieses Prozesses hilfreich sein kann. Der Organisations- und Technikentwicklungsprozeß läuft also in Phasen verschiedener Eingriffstiefe ab. Stellt man fest, daß bereits ausgehandelte und durchgeführte Veränderungen nicht ausreichen, so werden in einem neuen Zyklus des Entwicklungsprozesses weiterreichende Modifikationen geschaffen.

Literatur:

French, Wendell, L. / Bell, Cecil H., 1990: Organisationsentwicklung: sozialwissenschaftliche Strategien zur Organisationsveränderung. Bern/Stuttgart.

Ihlow, Olaf, 1991: Letztlich eine Vertrauensfrage - Computergestützte Telekommunikation: Technologie, Einführung und Anwendungen, in: net 45, Heft 9, S. 349-353.

KGST - Kommunale Gemeinschaftsstelle für Verwaltungsvereinfachung 1984: Das Konzept der Organisationsentwicklung (OE) und seine Anwendung in der kommunalen Organisationspraxis. KGST-Bericht Nr.2/1984, Köln.

Kieser, Alfred/Kubicek, Herbert, 1983: Organisation, 2.Aufl., Berlin/New York.

Ulich, Eberhard, 1991: Arbeitspsychologie. Stuttgart.

Pieper, Wolfgang, 1988: Diskursive Organisationsentwicklung. Ansätze einer sozialen Kontrolle von Wandel. Berlin / New York.

Pippke, Wolfgang, 1991: Wege neuer IuK in die öffentliche Verwaltung - OE als Empfehlung. In: VOP, Heft 5 /1991, S. 307-311.

Zschaage, Klaus-J., 1991: Vorausschauend wählen - Computer als Basis von Telefon-Anlagen, in: net 45, Heft 9, S. 347-348.

Partizipative Systementwicklung:
Praktische Erfahrungen mit
beteiligungsorientierter Arbeitsgestaltung

Hansjürgen Paul
Institut Arbeit und Technik
Florastr. 26-28
DW-4650 Gelsenkirchen 1
paul@iatge.uucp

Einleitung

Die Idee der partizipativen Systementwicklung hat in einigen Management-Etagen den Ruf, eine akademische - und damit per se für die sogenannte betriebliche Wirklichkeit unbrauchbare - Lösung für ein im Grunde genommen nicht existierendes Problem zu sein. Man (die Geschäftsleitung) müsse nur hart genug mit dem Software-Entwickler verhandeln, genug Geld in der Hinterhand haben, die entsprechenden Klauseln im Vertrag fixieren und genügend Druck ausüben, dann würde das Produkt schon rechtzeitig abgeliefert. Nicht zuletzt das großangelegte Scheitern eines Unternehmens, das wohl wie kein anderes auf der Welt in der Lage war, hart zu verhandeln, genug Geld parat hatte, juristisch wasserdichte Verträge vorlegte und genug Druck ausüben konnte - das U.S.-Verteidigungsministerium - machte es offensichtlich, daß Software doch anders ist und man mit konventionellen Strategien schnell am Ende ist. Inzwischen lehrt die Erfahrung, daß die Schwierigkeiten der Software-Entwicklung nach dem Wasserfallmodell grundsätzlicher Natur sind und daß diese durch evolutionäres und partizipatives Vorgehen durchaus vermieden werden können.

In diesem Beitrag soll die partizipative Systementwicklung anhand eines Vorhabens des öffentlichen Dienstes als eine alltagstaugliche Methode vorgestellt werden, die auch und gerade im Kleinen «funktioniert», die eben nicht zwangsläufig zu unüberschaubaren Großprojekten führt und somit zwangsläufig die Möglichkeiten von Klein- und Mittelbetrieben sprengen würde.

1 Das Projekt

1.1 Die Arbeitsaufgabe

Das Institut Arbeit und Technik hat in einem Projekt, in dem ein interaktives DV-System zur rechnergestützten Haushaltsüberwachung im kameralistischen Buchhaltungssystem (Titelbewirtschaftung des öffentlichen Dienstes) entwickelt werden sollte (Paul 1990, 1991), praktische Erfahrungen mit der beteiligungsorientierten Vorgehensweise und der Methode der evolutionären Software-Entwicklung nach STEPS und PEtS (vgl. z.B. Floyd et al. 1986, 1991, Wolf / Mehl 1991, Reisin 1991) gesammelt.

Es sollte ein für Computerlaien geeignetes DV-System entwickelt werden, welches den Sachbearbeiter bei der täglichen Arbeit unterstützt, die Erfassungstätigkeit vereinfacht, den Bestand der einzelnen Titel mit ihrer Aufteilung nach Unterteilen und Budgets protokolliert und bei Bedarf Übersichten und spezifische Berichte über die einzelnen Bestände generiert. Um möglichst rasch über ein gebrauchstüchtiges Hilfsmittel verfügen zu können, wurde der Projekt-Zeitrahmen so bemessen, daß ab Beginn des Geschäftsjahres 1990, also noch während der Systementwicklung, bereits mit den ersten Versionen der Applikation gearbeitet wurde.

Dabei wurde bewußt darauf verzichtet, einige theoretisch realisierbare Funktionen, wie z.B. das automatische Erstellen von Auszahlungsanweisungen oder das automatische Generieren von Systemmeldungen beim Unterschreiten von Sollwerten, zu implementieren, da es erklärte Maßgabe des Projekts war, den Sachbearbeiter zwar bei seiner Tätigkeit zu unterstützen, ihm aber nichts wegzunehmen, was für den Erhalt seiner Qualifikation als Sachbearbeiter wichtig ist. Gerade in einem so heiklen Bereich wie Finanzen sollte Wert darauf gelegt werden, den Menschen als Handlungsträger zu erhalten und eine automatische Systemsteuerung zu vermeiden.

Die zu entwickelnde Software sollte auf allen IBM-kompatiblen PCs, auf denen das Datenbanksystem PARADOX® 3.0 installiert ist, lauffähig sein. Aufgrund der Verzahnung und gegenseitigen Abhängigkeit der einzelnen Relationen ist die Applikation nur eingeschränkt an andere Kameralistik-Strukturen ohne größeren Aufwand anpaßbar. Soweit aber Titelbewirtschaftung und einfache Budgetierungen wie in dem Fall des Instituts Arbeit und Technik vorliegen, z.B. bei Mitteln der Deutschen Forschungsgemeinschaft oder der Europäischen Gemeinschaft, sollten keine Übernahmeprobleme zu erwarten sein. Zur Zeit wird dieses System auch zur Verwaltung aller Dritt-Mittel eingesetzt.

1.2 Die Beteiligten

Das Projekt zur rechnergestützten Haushaltsüberwachung weist mindestens eine Eigenschaft auf, die als untypisch für Partizipationsprojekte angesehen werden muß, die aber u.E. eine Chance darstellt, partizipative Vorgehensweisen zu einer ganz alltäglichen Projekt-Methode werden zu lassen. In Anlehnung an eine "Goldene Regel" des Software-Engineering soll diese Eigenschaft als *Partizipation im Kleinen* bezeichnet werden.

Eine solchermaßen überschaubare und daher für kommunikative Prozesse eher geeignete Gruppe trägt, ganz im Sinne der Multiaspektivität (Floyd et al. 1991), allen Standpunkten und Sichtweisen Rechnung.

Dies meint keinesfalls, daß die Rolle der projektbegleitenden Wissenschaftler ersatzlos gestrichen werden soll. Dazu ist nicht nur die fachliche Kompetenz von zu entscheidender Bedeutung für das Gelingen eines Vorhabens, sondern auch die konstruktiv wirkende Position zwischen den anderen Beteiligten-Gruppen hilft zwischen den individuellen Sichten zu vermitteln, Verständnis für einen Interessenausgleich zu schaffen und einseitige Dominanzen zu vermeiden. Hinzu kommt eine nicht zu unterschätzende Bedeutung als Antrieb im Evolutionskreislauf.

Diese Rolle soll ein Partizipationspromotor spielen, der für diese Aufgabe speziell ausgebildet wurde. Er hat gegenüber der rein wissenschaftlichen Berater-Gruppe den Vorteil, daß ihm die Abläufe eines Beteiligungsprojekts nicht nur theoretisch bekannt sind, sondern er sie beinahe täglich *erlebt*. Demgegenüber steht die Gruppe der Wissenschaftler, die eine solche Projektbegleitung maximal zwei- oder dreimal durchlebt - so ist zumindest die heutige Praxis.

Insgesamt waren am Projekt zur rechnergestützten Haushaltsüberwachung die Gruppen Benutzer, Entwickler, Anwender, Personalrat und Partizipationspromotor beteiligt[1], wobei es zu einer teilweisen Rollenüberschneidung kam: der *Partizipationspromotor* war zeitweilig zugleich auch *Systementwickler*. Dies mag nicht der reinen Lehre entsprechen, erscheint uns aber für realistische Alltagsprobleme - zumindest bei hausinternen, kleinen Vorhaben - typisch (zur Projekttypisierung siehe auch Rauterberg 1991).

1.3 Die Umsetzung

Der Personenkreis, der sich mit dem Projekt beschäftigte, traf sich insgesamt zu acht Besprechungen, innerhalb derer eine gegenseitige Qualifizierung in bezug auf Themengebiete wie Titelbewirtschaftung, Institutsorganisation, DV-technischer Erreichbarkeit und nach aktuellem Forschungsstand sinnvollem Maß an Computerunterstützung im Verwaltungsbereich stattfand. Die Ergebnisse der einzelnen Sitzungen wurden in Ergebnisprotokollen von den Entwicklern zusammengefaßt und in der jeweils nachfolgenden Sitzung diskutiert. Dieser Qualifizierungsprozeß war in mehrfacher Hinsicht gewinnbringend.

Zum einen wurde eine hinreichend präzise Formulierung von bis dato eher intuitiven Vorstellungen über organisatorische Maßnahmen vorgenommen und die Anwendbarkeit und Gültigkeit von Verwaltungsrichtlinien überdacht. Ausnahmefälle und Randbedingungen wurden durch einfache Wenn-dann- bzw. Was-wenn-Formulierungen und Negationen konstruiert und - teilweise auch verwaltungsrechtlich so erstmalig - durchgespielt. So stießen wir dabei auf eine Reihe von Situationen, die nach Meinung von Anwendern bzw. Benutzern vom System automatisch bearbeitet werden sollten, für die es aber schon verwaltungstechnisch keine eindeutigen Handhabungen gab (und

---

[1] In unserem Verständnis ist der *Benutzer* derjenige, der konkret mit dem Datenendgerät arbeitet (z.B. ein Sachbearbeiter), und der *Anwender* ist derjenige, der die Benutzung eines Systems veranlaßt (z.B. ein Abteilungsleiter).

sich daher einer Automatisierung widersetzten). Die Formulierung der Diskussionsergebnisse durch den Entwickler wirkte als zusätzliche Überprüfung des Verständnisses.

Es konnten unzutreffende Vorstellungen und Erwartungen an das Leistungsspektrum eines DV-gestützten Verwaltungssystems auf ein realistischeres Maß reduziert werden. Allein schon der Begriff "Verwaltungs*automation*" wurde inhaltlich weg vom Automatismus, hin zu einem computergestützten Arbeitssystem bzw. zu einem den Sachbearbeiter von fehlerträchtiger Routinetätigkeit entlastenden und den Fähigkeiten und Fertigkeiten des Sachbearbeiters entgegenkommenden Unterstützungssystem umgewandelt. Zum anderen konnten von den Entwicklern Einblicke in Sinnzusammenhänge und logisch-funktionale Abhängigkeiten gewonnen werden, ohne daß komplexere Ermittlungsverfahren eingesetzt werden mußten.

Dieser Teil des Projekts nahm zeitlich etwa 50% des gesamten Entwicklungsprozesses in Anspruch. Als alle Beteiligten den Eindruck gewonnen hatten, daß die einzelnen Teilgebiete wie z.B. *Terminologie, Verwaltungsberichte, Eingaben, Sicherheitsaspekte, Datenschutz* usw. hinreichend geklärt worden waren, wurde von der Gesamtgruppe eine Arbeitsgruppe eingesetzt, die die Prototyp-Erstellung - einschließlich einzelnen Phasen der konkreten Programmiertätigkeit - begleiten sollte und sich aus den intendierten Benutzern, einem Vertreter des Personalrats und den Entwicklern zusammensetzte.

Bezüglich einer ausführlichen Darstellung des entwickelten Arbeitsplatzsystems und der Aufgabenbearbeitung mit dem System sei hier auf die Veröffentlichungen Paul 1990 und 1991 verwiesen.

2 Ansichten und Einsichten der Beteiligten

2.1 Projekt-Thesen

Im Zusammenhang mit dem Verlauf des Projekts und den abschließenden Beurteilungen der Beteiligten lassen sich einige Thesen zur beteiligungsorientierten Arbeitsplatzgestaltung aufstellen, die die gewonnen Eindrücke plakativ darzustellen suchen.

These 1:   Keine Partizipation ohne geeignetes Promoting.

Es ist von entscheidender Bedeutung für den Erfolg partizipativer Systementwicklungen, daß das gesamte Vorhaben geeignetes Promoting erfährt. Im Idealfall ist dies ein in Psychologie, Pädagogik und Informatik gleichermaßen ausgebildeter diplomatischer Promotor, der über praktische Erfahrung aus unterschiedlichsten Partizipationsprojekten verfügt. Diese Promotoren sollen mittelfristig die Rolle des heute üblichen wissenschaftlichen Begleitteams übernehmen. Ihre Aufgabe ist es nicht nur, einzelne Erkenntnisse wie

❑ Einzelgespräche und Diskussionen mit den Interessengruppen sind für den Promotor unverzichtbar;

❑ Die Darstellung individueller Sichtweisen und Aspekte muß gewährleistet werden;

❑ Ergebnisprotokolle sind lebenswichtig;

❑ Partizipationshindernisse sollen kooperativ überwunden werden;
umzusetzen, sondern sie sind letztlich der Motor für den Entwicklungszyklus und beeinflussen so ursächlich die Qualität der gestalteten Arbeitswelt (vgl. z.B. Paul 1990, Hennig 1991).

These 2:   Partizipationspromotoren müssen die Multiaspektivität bewahren.

Der Methoden-Rahmen STEPS bzw. seine Umsetzung in PEtS (vgl. Floyd et al. 1991:43-44) betont die *Multiaspektivität*: Eine der Aufgaben des Partizipationspromotors muß somit das Zusammenführen dieser Perspektiven und Aspekte sein. Er muß dafür Sorge tragen, daß nicht einzelne Sichten den Prozeß und das Ergebnis einseitig beherrschen, sondern alle Sichten ihre Berücksichtigung finden und auch Veränderungen in dieser Sichtweise geeignet aufgearbeitet werden.

These 3:   Konflikte können nützlich sein.

Ein weiteres wesentliches Aufgabengebiet des Partizipationspromotors ist die Bewältigung von Konfliktsituationen. Damit ist nicht gemeint, daß er um jeden Preis Konflikte verhindern sollte. Im Gegenteil: oftmals ist es wichtig, Konflikte bewußt zu machen (ohne sie zu zelebrieren), um an die eigentliche Substanz einer Fragestellung heranzukommen und angemessene Lösungsansätze zu finden.

Wichtig ist, daß der Konflikt - unabhängig von den dabei beteiligten Parteien - durch das vermittelnde Eingreifen des Promotors produktiv überwunden wird. Ohne diese Aktivitäten würde oftmals in diesen Momenten der Gesamtprozeß abgebrochen oder eine der Beteiligtengruppen auf die Wahrung ihrer Interessen verzichten müssen, etwa aufgrund vorgefundener betrieblicher Machtstrukturen oder infolge sozialisationsbedingter, mangelnder Durchsetzungsfähigkeit.

Konflikte in Beteiligungsprozessen sind nicht unbedingt als Anzeichen für Fehler in der Methode oder im Umsetzen der Methode zu interpretieren. Ihr Auftreten leitet sich vielmehr aus der Multiaspektivität ab und kann vielmehr andeuten, daß man sich auf dem richtigen Weg befindet und über für die Arbeitsgestaltung zentrale Dinge diskutiert.

2.2 Ansichten der Beteiligten

Abschließend sollen die beteiligten Gruppen mit ihren spezifischen Erkenntnissen und sich daraus aus ihrer Sicht ableitenden Konsequenzen zu Worte kommen. Dabei sind dies keine nachträglichen Aussagen, die *über* die Gruppen gemacht wurden, sondern *von* den jeweiligen Beteiligten rückbetrachtend zusammengetragen wurden (Paul 1990).

Die Benutzer:

☐ In der Projektetablierung müssen Aufgabe und Rolle des Benutzers klargestellt werden, insbesondere der qualitative und quantitative Aufwand im Verhältnis zu konventionellen Vorgehensweisen.

☐ Sowohl das Wissen über Partizipation selbst, als auch die Anschaulichkeit des Diskussionsgegenstands wirken sich unmittelbar positiv auf die Zusammenarbeit aus.

☐ Die Qualifikationszunahme wird in allen Bereichen bewußt wahrgenommen.

☐ Es kommt zu einer Identifikation mit dem Resultat des Projekts: mit Arbeitsplatz und DV-System.

Der Personalrat:

☐ Der Aufwand darf von den Repräsentanten nicht unterschätzt werden; so ist eine Präsenz bei allen Sitzungen anzustreben und es ist ein Wechsel der Repräsentanten nicht empfehlenswert.

☐ Ähnlich wie der Partizipationspromotor hat der Personalrat Vermittlungsfunktion.

☐ Die Erhöhung der Transparenz von Arbeitsinhalten, Arbeitszusammenhängen und Arbeitsmitteln gehört ebenfalls zu seinem Aufgabenbereich.

Die Anwender:

☐ Die Qualifizierung der Mitarbeiter im Partizipationsprojekt ist ambivalent, obwohl sie gegenseitig ist, weil sie eine Behinderung der Wahrnehmung von Problemen potentieller, ungeübter Benutzer zur Folge haben kann.

☐ Das Problem der Integration von "Spät-Einsteigern" ist nicht hinreichend gelöst.

☐ Da nicht alle (späteren) Benutzer beteiligt werden können, ist eine Qualifizierung am Produkt nach wie vor erforderlich.

☐ Es gibt eine spezielle Form der "Schnittstellen-Problematik", namentlich in der Abstraktheit des Denkens und in der sozialen Kompetenz.

☐ Die Grenzen der Entwicklungstools (z.B. für das Prototyping) bringen die Technikorientierung durch die Hintertür zurück.

Der Partizipationspromotor:

☐ Der Tätigkeit in der Rolle des Partizipationspromotors wird in der Informatikerausbildung nur unzureichend berücksichtigt. Kenntnisse über das Lernen Erwachsener und das Verhalten sozialer Gruppen wären wünschenswert.

❏ Obwohl der Aufwand für alle Beteiligten zu Beginn sehr hoch empfunden wird, ist der Gesamtaufwand deutlich geringer als bei konventioneller, linearer Vorgehensweise (z.B. nach dem Wasserfallmodell).

❏ Die Resultate von Partizipationsprojekten liefern insgesamt angemessenere Lösungen als konventionelle Vorgehensweisen.

❏ Partizipation ist eine sehr effiziente Vorgehensweise für erfolgreiche und durchsetzbare Reorganisationsvorhaben.

Die Entwickler:

❏ Die Entwicklung von Software ist in Partizipationsprojekten leichter, weil man die Wünsche und Vorstellungen von Anwender und Benutzer besser kennenlernt, das Produkt eine höhere Akzeptanz erfährt, moderne Entwicklungstools zum Einsatz kommen und sich unmittelbar neue Anforderungen an die Entwicklungstools ergeben.

❏ Die Entwicklung von Software ist in Partizipationsprojekten schwieriger, weil die Ansprüche an das Produkt steigen, die Ziele nicht konstant bleiben, die Rolle des Umsetzenden von den anderen Gruppen deutlicher als bisher wahrgenommen wird, die räumliche und zeitliche Trennung vom Anwender und vom Benutzer entfällt, die Tätigkeit durch neue Qualifikationen (Methoden, Werkzeuge, Inhalte) anspruchsvoller wird und das Prototyping durch das relativ häufige Verwerfen von (Teil-)Lösungen teilweise mit berufstypischen Handlungsformen bricht.

So wie die partizipative Vorgehensweise zyklische, evolutionäre Handlungsmuster erfordert, so befindet sich die Idee der Partizipation selbst in einem zyklischen, evolutionären Kreislauf. Nicht nur was die technischen Voraussetzungen der Softwareentwicklung angeht (z.B. abgestimmte, revisionsorientierte Designtools), gibt es noch Entwicklungsbedarf. Auch Orgware und "Talkware", d.h. das in den Beteiligungsprojekten zur Anwendung kommende organisatorische Modell und die Kommunikationsformen und -techniken bedürfen einer ständigen Weiterentwicklung. Dabei spielen die informellen, intuitiven Vorstellungen vom (jeweils akzeptierten) Kompetenzbereich der anderen Gruppen ebenso eine Rolle wie das eigene Selbstverständnis. Die gemachten Erfahrungen in der Praxis sind für jeden Einzelnen mindestens genauso wichtig, wie die durch Erziehung und Ausbildung erfahrenen Prägungen.

3 Literatur

Brödner, Peter / Pekruhl, Ulrich, 1991: Rückkehr der Arbeit in die Fabrik - Wettbewerbsfähigkeit durch menschenzentrierte Erneuerung kundenorientierter Produktion. Gelsenkirchen: Institut Arbeit und Technik.

Floyd, Christiane, 1986: STEPS. Eine Orientierung der Softwaretechnik auf sozialverträgliche Technikgestaltung. In: E. Riedemann / U. v. Hagen / K.-D. Heß / W. Wicke (Hrsg.), 10 Jahre Informatik und Gesellschaft - Eine Herausforderung bleibt bestehen. Dortmund: Universität Dortmund, Fachbereich Informatik, Forschungsbericht Nr. 227. 106-119.

Floyd, Christiane / Mehl, Wolf-Michael / Reisin, Fanny-Michaela / Wolf, Gregor, 1991 (im Erscheinen): Projekt PEtS - Partizipative Entwicklung transparenzschaffender Software für EDV-gestützte Arbeitsplätze (Endbericht / Projekt-Nr. 67). Düsseldorf: Landesprogramm Mensch und Technik, Ministerium Arbeit, Gesundheit und Soziales NRW.

Paul, Hansjürgen, 1990: Rechnergestützte Haushaltsüberwachung (Abschlußbericht). Gelsenkirchen: Institut Arbeit und Technik.

Paul, Hansjürgen, 1991: Partizipation oder «Wenn alle Menschen Engel wären...». In: Brödner, P. / Simonis, G. / Paul, H., Arbeitsgestaltung und partizipative Systementwicklung. Opladen: Leske + Budrich. 195-210.

Rauterberg, Matthias, 1991: Partizipative Konzepte, Methoden und Techniken zur Optimierung der Softwareentwicklung. In: Brödner, P. / Simonis, G. / Paul, H., Arbeitsgestaltung und partizipative Systementwicklung. Opladen: Leske + Budrich. 95-126.

Reisin, Fanny-Michaela, 1991: Kooperativer Aufbau einer gemeinsamen Referenztheorie. In: Brödner, P. / Simonis, G. / Paul, H., Arbeitsgestaltung und partizipative Systementwicklung. Opladen: Leske + Budrich. 59-80.

Wolf, Gregor/ Mehl, Wolf-Michael, 1991: Koordinationskonzepte in partizipativen Softwareprojekten. In: Brödner, P. / Simonis, G. / Paul, H., Arbeitsgestaltung und partizipative Systementwicklung. Opladen: Leske + Budrich. 59-80.

Partizipation contra kriteriengeleitete Aufgabenbewertung
- eine Scheinalternative?

Martina Zölch
TU Berlin
Institut für Humanwissenschaft in Arbeit und Ausbildung
Ernst-Reuter-Platz 7, 1000 Berlin 10

Die **Kontrastive Aufgabenanalyse (KABA)**, ein Leitfaden zur Analyse und Gestaltung von Büroarbeitsplätzen unter dem besonderen Blickwinkel des Einsatzes von Informations- und Kommunikationstechniken (vgl. Dunckel, Volpert, Zölch, Kreutner, Pleiss & Hennes, 1992, i. V.) gehört zu einer Familie von Arbeitsanalyseverfahren, die sich durch folgende Charakteristika kennzeichnen lassen:

- die Analyse und Bewertung von Arbeitsaufgaben sowie die Entwicklung von Gestaltungshinweisen erfolgt anhand **theoretisch begründeter Kriterien**, die als zentral für eine menschengerechte Arbeit angesehen werden;

- die Analyse erfolgt **bedingungsbezogen**, d. h. beurteilt werden nicht die arbeitenden Personen, sondern die Arbeitsaufgaben und -bedingungen als Handlungsbedingungen für die Arbeitenden (vgl. Oesterreich & Volpert, 1987) und

- die Arbeitsaufgaben werden in der Regel von **geschulten UntersucherInnen** in Form eines Beobachtungsinterviews am Arbeitsplatz analysiert.

In der Diskussion um beteiligungsorientierte Ansätze der Systemgestaltung wird solch ein Verfahren in der Regel zu den expertenorientierten Methoden gezählt.

Expertenorientierte Ansätze werden oft kritisch beleuchtet, da ihnen vorgeblich implizit ist, daß die ArbeitswissenschaftlerInnen das alleinige Wissensprivileg besitzen, die Wahrnehmung von Problemen auf konzeptionelle Kategorien der ForscherInnen eingeschränkt ist und fertige Lösungen vorgegeben werden, ohne die Beschäftigten zu beteiligen (vgl. Udris & Ulich, 1987; Fricke, 1992).

Den expertenorientierten Ansätzen werden beteiligungsorientierte Ansätze gegenübergestellt, die dem Alltagswissen der Betroffenen, der subjektiven Analyse und Bewertung dieser Erfahrungen sowie qualitativen Untersuchungsmethoden den Vorzug geben (vgl. ebd.). Beide Positionen werden häufig als miteinander unvereinbar dargestellt.

Insbesondere in Kreisen kritischer InformatikerInnen wird beteiligungsorientierten Ansätzen im oben genannten Sinne ein vorrangiger Stellenwert eingeräumt. Die Betonung liegt auf der unmittelbaren Kooperation mit dem/der NutzerIn bei der Entwicklungs- und Gestaltungsarbeit. Der Gebrauch von Begrifflichkeiten wie Prozeßorientierung, dialogische Entwurfsarbeit, kooperative Gestaltung, Beziehungsarbeit und Konsensfindung bei der Darstellung und Kennzeichnung solcher Ansätze (vgl. Floyd, 1989; Falck, 1991; Pasch, 1991) macht dies deutlich. Expertenorientierte Ansätze werden dagegen häufig mit äußerster Skepsis betrachtet.

Diese Kontroverse erinnert zum einen an Erfahrungen und Diskussionen aus dem Bereich der Forschung zur "Humanisierung der Arbeit" (vgl. Volpert, 1992), zum anderen an Methodendiskussionen innerhalb der Sozialwissenschaften aus den 70er Jahren, insbesondere an den Streit um Möglichkeiten und Grenzen der Handlungs- bzw. Aktionsforschung (vgl. Schneider, 1980).

Indem die Informatik diesen Streit neu belebt, ohne bestehende Erfahrungen aus anderen Zusammenhängen zur Kenntnis zu nehmen, läuft sie Gefahr, alte Fehler zu wiederholen, anstatt, an diesen Erfahrungen anknüpfend, alternative Lösungen zu suchen.

Im folgenden sollen einige Thesen diese "alte" Kontroverse kritisch beleuchten, bevor der Versuch unternommen wird aufzuzeigen, daß kriteriengeleitete Aufgabenbewertung und beteiligungsorientierte Verfahren sich fruchtbar ergänzen können.

1. Beteiligungsorientierte Ansätze laufen Gefahr, den/die NutzerIn zu idealisieren. Es wird zu wenig berücksichtigt, welche Probleme NutzerInnen haben, die Fachsprache der beteiligungsorientierten ExpertInnen zu verstehen oder Bedürfnisse und Wünsche zu äußern, allgemein psychisch bedeutsame Tatbestände zu verbalisieren, zukünftige Situationen zu antizipieren sowie Gestaltungsvorschläge zu entwickeln und zu beurteilen (vgl. Neubert & Tomczyk, 1986).

2. Die Motivation der Betroffenen, aktiv am Gestaltungsprozeß teilzunehmen, wird überschätzt. Neben der zeitlichen und psychischen Belastung, die Beteiligungsprozesse mit sich bringen, wird übersehen, daß die Initiative für Veränderungsprozesse in der Regel nicht von den Beschäftigten, sondern vom Management, Betriebs- oder Personalrat oder den beauftragten SystementwicklerInnen ausgeht. D. h. die Zielsetzung des Projekts (z. B. die Einführung von Bürokommunikation) steht auch in beteiligungsorientierten Projekten im Prinzip von vornherein fest.

3. Mit dem Methodenkanon der qualitativen Sozialforschung als "Königsweg" beteiligungsorientierter Verfahren wird der Subjektstandpunkt überhöht bzw. überbewertet, ohne die damit verbundenen Probleme zu reflektieren. Subjektive Einschätzungen bergen auch die Gefahr von Betriebsblindheit, Gewöhnungseffekt und Verhalten, das auf soziale Erwünschtheit zielt. Zu nennen wären hier z. B. der Effekt der "resignativen Arbeitszufriedenheit" oder das Phänomen, daß der subjektive Handlungsspielraum in der Regel geringer als der objektiv gegebene eingeschätzt wird (vgl. Ulich, 1972).

4. Mit der Überbewertung des Subjektstandpunkts drängt sich das Problem der Legitimation von Entscheidungen und Bewertungen der NutzerInnen auf. Systementwicklungsprozesse beanspruchen in der Regel einen längeren Zeitraum. Beschäftigte scheiden aus, andere Beschäftigte werden neu eingestellt. Es darf - von einem radikalen Subjektstandpunkt aus gesehen - die Frage gestellt werden, inwieweit Vorschläge und Bewertungen ehemaliger Beschäftigter auch für die "Neuen" gelten. Das Problem der Legitimation gilt auch für Gestaltungsprojekte, in denen z. B. auf Grund einer zu großen Anzahl betroffener Arbeitnehmer-

Innen nur eine geringere Anzahl von Beschäftigten repräsentativ für die anderen beteiligt werden kann.

5. Der Einfluß beteiligungsorientierter ExpertInnen wird - auch wenn sie sich nur als ModeratorInnen verstehen - unterschätzt. Auch sie sind nicht davor gefeit, mit Vorannahmen und eigenen Kategorien in den Analyse- und Gestaltungsprozeß zu gehen. Werden diese nicht expliziert und transparent gemacht, führt dies zur Verschleierung von Interessen. Dies kann durch den Effekt verstärkt werden, daß NutzerInnen häufig im Rahmen der von SystementwicklerInnen vorgegebenen Themen antworten.

6. Beteiligungsorientierte Projekte laufen Gefahr, dem Problem des Methodengefälles nicht angemessen zu begegnen. Traditionelle betriebswirtschaftliche Methoden der Systemanalyse sind verfahrensgestützt und führen in der Regel zu gut dokumentierten Ergebnissen. Gegenüber den "harten" Daten der Betriebswirtschaft haben es Bewertungen und Entscheidungen der Arbeitenden, die vorwiegend auf verbal diskursiver Ebene getroffen werden, in der Regel schwer sich durchzusetzen.

7. Fähigkeiten und Kenntnisse, die qualitative Methoden beteiligungsorientierter Verfahren von den Gestaltern erfordern, werden häufig vernachlässigt. Dies betrifft zum einen soziale Fähigkeiten wie Einfühlungsvermögen oder Anpassungsfähigkeit. Jedoch sind auch genaue Kenntnisse der konkreten Arbeitsaufgaben und Arbeitsbedingungen vor Ort sowie das Wissen um Kultur und Geschichte des jeweiligen Betriebes gerade für die GestalterInnen von großer Bedeutung, um im Diskussionsprozeß angemessen agieren zu können. Insbesondere wird der zeitliche Aufwand unterschätzt, der erforderlich ist, um z. B. die Arbeitsaufgaben und Arbeitsbedingungen einer komplexen Sachbearbeitungstätigkeit kennenzulernen und zu verstehen, für die ein Softwaresystem entwickelt werden soll.

Mit diesen Thesen soll der Wert von Methoden beteiligungsorientierter Verfahren nicht prinzipiell in Frage gestellt werden. Vielmehr sollte deutlich gemacht werden, daß eine komplexe Aufgabe wie die der Systemgestaltung eine Vielfalt unterschiedlicher Methoden erfordert, um eine genaue Kenntnis und gute Beschreibung der (sozialen) Wirklichkeit zu erhalten. In der Arbeitspsychologie wird von daher schon lange für eine Kombination unterschiedlicher Methoden plädiert (vgl. Semmer & Greif, 1981).

Kriteriengeleitete Analyseverfahren wie die Kontrastive Aufgabenanalyse können von daher einen wichtigen Baustein für eine Methodenkombination im Rahmen eines umfassenden Gestaltungsprozesses darstellen, wobei folgende Aspekte herauszuheben sind:

Die Spezifik der einzelnen Arbeitsplätze und Arbeitsaufgaben wird im Rahmen eines mehrstündigen Beobachtungsinterviews in direkter Interaktion mit den Arbeitenden detailgenau erfaßt. Die Beschäftigten verschaffen sich als Experten ihrer Arbeit insofern Gehör, als sie ihre Arbeitsaufgaben unter den vor Ort gegebenen Arbeitsbedingungen ausführen und erläutern.

Die detaillierte Schilderung der einzelnen Arbeitsschritte und der Ausführungsbedingungen gibt den SystemgestalterInnen ein fundiertes Grundwissen über die einzelnen Arbeitstätigkeiten und fördert ein gemeinsames Situationsverständnis mit den Beschäftigten. Dies unterstützt die Entwicklung von Gestaltungsalternativen in Form von konkreten Szenarios, in denen unterschiedliche Aufgabenverteilungen bei jeweils unterschiedlicher Auslegung der geplanten I&K-Technik gemeinsam mit den Beschäftigten für die unterschiedlichen Arbeitsplätze entworfen werden können. Dieses Wissen erleichtert auch das Erkennen von Qualifizierungsbedarf und die Konzeption praxisnaher Qualifizierungsmaßnahmen im Rahmen geplanter Systemeinführungen bzw. -erweiterungen.

Mit den Kriterien der Aufgabenbewertung (sog. Humankriterien) werden für die innerbetriebliche Diskussion über Veränderungsprozesse Aspekte humaner Arbeitsgestaltung angesprochen und damit ein inhaltlicher, theoretisch fundierter Bezugsrahmen geschaffen. Die dadurch erreichte Objektivierung der Bewertung von Arbeitssystemen dürfte zu einer größeren Überzeugungs- und Durchsetzungskraft gegebenüber betriebswirtschaftlichen Methoden führen.

Untersuchungsprozeß und Untersuchungsergebnisse können - auf jeden einzelnen Arbeitsplatz bezogen - transparent und Handlungsmöglichkeiten sichtbar gemacht werden. Kriterien der Aufgabenbewertung bieten eine Diskussionsgrundlage, auf der die beteiligten Gruppen ihre Interessen formulieren und über notwendige Veränderungen rechtzeitig verhandeln können. Mit ihrer Hilfe kann der Dialog zwischen EntwicklerInnen und NutzerInnen unterstützt und strukturiert werden.

Eine Positivvorstellung von persönlichkeitsförderlichen Aspekten menschlicher Arbeit kann vermittelt werden, die dazu beiträgt, daß Beschäftigte Alternativen zu ihren bisherigen Arbeitsbedingungen erlernen und entwickeln können.

Ein Verfahren kriteriengeleiteter Aufgabengestaltung wie der KABA-Leitfaden kann in unterschiedlichen Phasen eines beteiligungsorientierten Gestaltungsprozesses zum Einsatz kommen:

- in der Analysephase zur Identifizierung und Konkretisierung von Anforderungen und Belastungen,

- in der Konzeptionsphase, um geplante Technikkonzepte anhand von Humankriterien zu beurteilen und

- in der Kontrollphase, um realisierte Gestaltungslösungen nach Humankriterien zu bewerten.

In jeder Phase werden wiederum Gestaltungsforderungen und -hinweise erstellt bzw. abgeleitet.

In einem demokratischen Diskussionsprozeß können dann in jeder Phase vor dem Hintergrund der vorliegenden Bewertungen und Gestaltungshinweise die verschiedenen Sichtweisen der betriebsinternen und -externen Beteiligten thematisiert und angeglichen sowie Gestaltungslösungen gemeinsam mit den Beschäftigten erarbeitet werden.

Literaturverzeichnis

Dunckel, H., Volpert, W., Zölch, M., Kreutner, U., Pleiss, C. & Hennes, K. (1992, i. V.). *Leitfaden zur Kontrastiven Aufgabenanalyse und -gestaltung bei Büro- und Verwaltungstätigkeiten. Das KABA-Verfahren.* Berlin: Technische Universität Berlin.

Falck, M. (1991). Partizipative Systemgestaltung in sozialen Organisationen. In P. Brödner & G. Simonis (Hrsg.). *Arbeitsgestaltung und partizipative Systementwicklung* (S. 33 - 50). Opladen: Leske und Buderich.

Floyd, C. (1989). Softwareentwicklung als Realitätskonstruktion. In W. M. Lippe (Hrsg.): *Softwareentwicklung: Konzepte, Erfahrungen, Perspektiven* (S. 1 - 20). Proc. GI-Fachtagung, Juni 1989. New York, Berlin: Springer Verlag.

Fricke, W. (1992). Technikgestaltung und industriesoziologische Forschung. In H. Daheim, H. Heid & K. Krahn (Hrsg.): *Soziale Chancen. Forschungen zum Wandel der Arbeitsgesellschaft* (S. 277 - 310). Frankfurt a. M., New York: Campus.

Neubert, J. & Tomczyk, R. (1986). *Gruppenverfahren der Arbeitsanalyse und Arbeitsgestaltung.* Berlin (DDR): VEB Deutscher Verlag der Wissenschaften.

Oesterreich, R. & Volpert, W. (1987) Handlungstheoretisch orientierte Arbeitsanalyse. In J. Rutenfranz & U. Kleinbeck (Hrsg.). *Arbeitspsychologie.* Enzyklopädie der Psychologie, Themenbereich D, Serie III, Band 1. (S. 43 - 73). Göttingen: Hogrefe.

Pasch, J. (1991). *Dialogischer Software-Entwurf.* Forschungsberichte des Fachbereichs Informatik. Bericht Nr. 92 - 4. Berlin: Technische Universität Berlin.

Schneider, U. (1980). *Sozialwissenschaftliche Methodenkrise und Handlungsforschung.* Frankfurt a. M., New York: Campus.

Semmer, N. & Greif, S. (1981). Zur Funktion qualitativer und quantitativer Methoden der Tätigkeitsanalyse. In F. Frei & E. Ulich (Hrsg.). *Beiträge zur psychologischen Arbeitsanalyse* (S. 39 - 53). Bern: Huber.

Udris, I. & Ulich, E. (1987). Organisations- und Technikgestaltung: Prozeß- und partizipationsorientierte Arbeitsanalysen. In K. Sonntag (Hrsg.). *Arbeitsanalyse und Technikentwicklung* (S. 49 - 68). Köln: Wirtschaftsverlag Bachem.

Ulich, E. (1972). Arbeitswechsel und Aufgabenerweiterung. *REFA-Nachrichten* 4, S. 265 - 275.

Volpert, W. (1992). Erhalten und Gestalten. Von der notwendigen Zähmung des Gestaltungsdrangs. In W. Coy, F. Nake, J. Pflüger, A. Rolf, J. Seetzen, D. Siefkes, R. Stransfeld (Hrsg.). *Sichtweisen der Informatik.* (Theorie der Informatik, Band 1). Braunschweig: Vieweg.

Zukunftswerkstatt als Methode der Arbeitsanalyse und -gestaltung

Motivation zur Partizipation

Beate Kuhnt
Institut für Informatik
Universität Zürich
Winterthurerstr. 190
CH-8057 Zürich

1.   Einführung

Im Sinne einer sozialverträglichen Arbeitsgestaltung wird der Partizipationsgedanke bei der Entwicklung arbeitsorganisatorischer und technischer Konzepte immer zentraler. Geeignete Methoden und Verfahren der Integration von Arbeits- und Organisationsgestaltung in Softwareentwicklung wie z.B. ETHICS, STEPs, UTOPIA oder IMPACT und Erfahrungen damit stehen bereits zur Verfügung, fortschrittliche Mitbestimmungsmodelle sind in einigen Firmen schon realisiert, höhere Arbeitszufriedenheit und höhere Produktivität als Ergebnisse eines partizipativen Prozesses sind nachgewiesen. Es gilt, die eigentlichen Akteure, die sog. Betroffenen, aus ihrer Passivität zu befreien, zu der sie Arbeitsteilungs- und Rationalisierungsprozesse in den letzten Jahrzehnten degradiert haben, und für aktive Beteiligung am Gestaltungsprozess zu motivieren.

Dieser Beitrag stellt eine Problemlösungsmethode in den Mittelpunkt, die aufgrund ihrer Entstehungsgeschichte insbesondere den 'Sonst-Nichtgefragten' die Möglichkeit gibt, kreativ und eigenständig Gestaltungsideen und Lösungswege zu entwickeln. Im Folgenden werden die Wirkungsweise von Zukunftswerkstätten skizziert, ihr Stellenwert in der Arbeitsanalyse und -gestaltung diskutiert und praktische Anwendungen vorgestellt.

2.   Wirkungsweise von Zukunftswerkstätten

Um die Methode und ihr breites Anwendungsfeld zu verstehen, werden hier die unterschiedlichen 'Effekte', die Zukunftswerkstätten auslösen, in ihrer geschichtlichen Entwicklung kurz dargestellt.

2.1   Demokratieeffekt

Die Anfänge der Suche nach neuen Formen breiter Beteiligung an Planung und Gestaltung von Zukunft reichen bis in die Mitte der 60er Jahre zurück. Damals erkannten sozialengagierte Zukunftsforscher wie Dennis Gabor, Hasan Ozbekhan und Robert Jungk, dass das Aussehen der Welt von Morgen einseitig vereinnahmt wurde: durch Wirtschaft und Industrie, Militär und Staat, Parteien und Regierung. In Think Tanks oder Zukunftsforschungsinstituten ließen sich Interessengruppen nicht nur eine ihnen angenehme Zukunft entwerfen, sondern sie gingen auch daran, sie in ihrem Sinne zu beeinflussen. Es wurde offensichtlich, daß Wissen um die Möglichkeiten der Zukunft Macht bedeutet.

In seinem Aufsatz 'Die Zukunft ist schon besetzt' folgerte Robert Jungk: 'Die Übervorteilten, in der Tat die große Mehrheit in der Gesellschaft, müssten ihren Einfallsreichtum gegen die von 'oben' vorgegebene Zukunft setzen; sie sollten ihr demokratisches Recht auf Mitgestaltung der eigenen Zukunft wahrnehmen; sie hätten sich durch Gegenentwürfe Gehör mit ihren Anliegen zu verschaffen'. Derartige Forderungen waren Ausgangspunkt für Robert Jungks Experimente zu sozialer Phantasie in Wien, in seinem 'Institut für Zukunftsfragen'. Er ging davon aus, daß gemeinsames Wünschen und Träumen, darauf aufbauend gemeinsames Erfinden und Entwickeln erstrebenswerter Zukünfte, Kräfte fördert, die schliesslich auf Veränderung drängen. Hierbei halfen kurze vortragsartige Formen der Wissensvermittlung, die durch Fragen und Verständnisdiskussionen abgerundet wurden – unterstützt durch das Nutzen von Kreativitätstechniken wie die Brainstormingmethode. Die Anwesenden lernten, sich zu befreien und zu öffnen und so Alternativen für sie Belastendes zu entdecken.

2.2 Gruppen- und Umsetzungseffekt

In den 70er Jahren wurde die Methode weiterentwickelt. Aus dem ursprünglichen Fragen nach Wünschen, Visionen und Utopien formte sich ein Drei-Phasen-Modell heraus:
* Kritik- und Beschwerdephase = Analyse des Ist-Zustandes,
* Phantasie- und Utopiephase = Entwicklung kreativer Gestaltungselemente,
* Verwirklichungs- und Praxisphase = Aufzeigen von Umsetzungsmöglichkeiten.
Grundgedanke dieses phasenweisen Vorgehens war es, den normalen Diskussionstil – mit seinen Vielrednern, langatmigen Wortbeiträgen, Zerreden von fruchtbaren Ansätzen usw. – zu durchbrechen und allen "Betroffenen" die Möglichkeit zu geben, in einem strukturierten Prozeß zu Wort zu kommen und gemeinsam mit anderen Lösungen und Auswege zu erarbeiten. Dabei werden alle Gruppenmitglieder mit ihren Vorstellungen, Erfahrungen und Kenntnissen ernst genommen. Sie sind Experten in eigener Sache und bestimmen den inhaltlichen Verlauf und die Ziele der Werkstatt. Es geht also nicht um bessere Diskussionsveranstaltungen, sondern die Triebkraft für Zukunftswerkstätten ist das kreative Angehen von Problemen, das in die Tat Umsetzen von Visionen und Utopien und damit die aktive Gestaltung der Zukunft. Das "Netzwerk Selbsthilfe" oder die 'Rettung der Bergarbeiter-Siedlung Eisenheim' sind greifbare Projekte, die in Zukunftswerkstätten ihre Geburtsstunde hatten. (Vgl. Jungk, Müllert 1989)

2.3 Kreativitätseffekt

Gleichzeitig wurde klar, daß in Zukunftswerkstätten ungeahnte Kreativität freigesetzt wird. Menschen, die sonst ihren Alltagsgeschäften nachgehen, äußern ihre Visionen und Utopien für eine wünschenswerte Zukunft. Gemeinsam mit anderen entstehen daraus soziale Erfindungen, die es lohnt weiterzuverfolgen. Die Autoren des Zukunftswerkstätten-Buches schlagen vor: "Großzügig geförderte soziale Experimente, in denen ähnlich wie bei technischen Experimenten Prototypen getestet und aufgrund praktischer Erfahrungen verbessert werden, wären die notwendige Anwendung der gesellschaftlichen Erfindungen, die in Zukunftswerkstätten gemacht werden." (Jungk, Müllert 1989: 39) Da entstehen: 'Alternative Informationsnetze', eine 'Presseagentur für konstruktive Nachrichten', eine 'Weiterdenk-Kassette', das 'Aussteigen auf Zeit' oder die 'aggressionsfreie Zone im Betrieb'. (Vgl. Becker et al. 1992)

2.4 Motivationseffekt

In den 80er Jahren – dem Jahrzehnt der Bürgerinitiativen (1988 waren es schon ca. 50.000 in der BRD, vgl. Jungk, Müllert 1989) – wurde die Methode zunehmend zur Problemlösung in Organisationen und zur Belebung von Seminaren und Versammlungen eingesetzt. Ziel ist es, gesellschaftliche Fragestellungen und Themen auf eine besondere Art zu durchdringen und dadurch neu zu motivieren. Bürgerinitiativen, die durch jahrelange Kleinarbeit an strukturelle und inhaltliche Grenzen stoßen; Gewerkschaften, die den Kontakt zur Basis verloren haben; Vereine, die ihre verkrusteten Organisationstrukturen aufbrechen wollen; Berufsgruppen, die individuell eine neue Orientierung suchen; Tagungen und Seminare, die sich einen neuen

Anstrich geben wollen. Hier steht der Motivationsgedanke im Vordergrund: Menschen aufrütteln und zum Mitgestalten auffordern, ihnen Mut machen, sich für Veränderungen einzusetzen und sie für Zukunftsfragen zu sensibilisieren.

2.5 Partizipations- und Gestaltungseffekt

In jüngster Zeit eröffnet sich ein neues Einsatzgebiet für Zukunftswerkstätten . Drohender Verlust von Mitgliedern rüttelt die Gewerkschaften in Deutschland auf. Neben der Suche nach transparenten und weniger hierarchischen Organisationsstrukturen, wie z.Zt in der HBV auch mit Hilfe von Zukunftswerkstätten zu beobachten, geht es um effektive Partizipationsmodelle im Betrieb und in der Gewerkschaft. Die Ideen der Mitglieder zu Arbeitszeitmodellen, Arbeitsplatzgestaltung aber auch zu Verkehr, Technik und Umwelt werden zu einer entscheidenden Komponente bei der Lösung gesellschaftlicher Fragestellungen. Im Rahmen des DGB-Angestelltenprojektes wurden z.B. in Nürnberg Zukunftswerkstätten zum Thema "Arbeitszeitmodelle für das Jahr 2000 – Arbeit, Freizeit, Familie, Weiterbildung im Spannungsfeld" durchgeführt. In einer Auswertung stellten wir fest, welchen Einfallsreichtum Menschen entwickeln, wenn sie gefragt werden. Dies kommt in Forderungen zum Ausdruck wie 'Mehr Selbstbestimmung und Persönlichkeitsentwicklung am Arbeitsplatz', 'Führungskräfte wählen', 'Natürliche Produkte in der Betriebskantine' oder 'Sportliche Betätigung während der Arbeitszeit'.(Vgl. Kuhnt, Müllert 1992)

3. Probleme in der Arbeitsanalyse und -gestaltung

Arbeitsanalyse- und gestaltung setzt das Wissen um den Arbeitsprozeß, die einzelnen Tätigkeiten, Handlungen und Operationen voraus. (Vgl. Ulich 1991) Die Erhebung dieses Wissens ist ohne die Unterstützung der Beschäftigten nicht denkbar. Partizipationsmodelle in arbeitsorganisatorischer bzw. technischer Systemgestaltung zielen oft nur auf einzelne Beteiligungsgruppen, Betroffenenvertreter oder Vorgesetzte ab, die ein bestimmtes Systemkonzept eher legitimieren als aktiv mitgestalten.

Der ganzheitliche Ansatz der evolutionären und partizipativen Systementwicklung setzt die Beteiligung aller Betroffenen von Beginn an voraus (Brödner et al. 1991) Evolutionär heißt in diesem Zusammenhang "ein System über mehrere Entwicklungszyklen in Richtung auf ein globales Fernziel wachsen zu lassen" (Brödner et al. 1991: 20), wobei im Gegensatz zum Phasenmodell die einzelnen Entwicklungsschritte für sich zwar unvollkommene, aber im Arbeitsprozeß einsatzfähige und erprobbare sind. Partizipativ heißt bei dieser breiten Sichtweise, daß alle Beteiligten (direkt und mittelbar von der veränderten Arbeitsorganisation Betroffene) maßgebend den Prozeß mitgestalten. (Vgl. Brödner et al. 1991)

Die Vielzahl der Akteure und deren unterschiedlichen Perspektiven und Interessen erschweren diesen Prozeß. Insbesondere in der Phase der Projektetablierung (Brödner et al. 1991: 22) werden die Grenzen der Formalisierung, Modellierung und Planung von Projekten sichtbar. Die Akteure haben sich hier mit sozialen, hierarchischen, methodischen und kommunikativen Problemen zu befassen:
- Die **Schaffung eines Problembewußtseins** und die **Motivation**, sich am Prozeß konstruktiv zu beteiligen, mangelt am eigenen Selbstverständnis (Opferrolle), an einseitigen Kompetenzzuweisungen und an der allgemein verbreiteten Skepsis und Erfahrung 'gegen die da oben, können wir ja doch nichts machen'.
- Die **Zusammenarbeit und Verständigung** verschiedener Betroffenengruppen (Benutzer, Anwender, Entwickler und Management) ist durch unterschiedliche Sichtweisen und Erfahrungshintergründe, Begrifflichkeit und fehlende Kommunikationsstrukturen schwierig.

- Eine **prozeßbegleitende Qualifizierung** nicht nur in EDV-Grundlagenkenntnissen, sondern auch in Partizipations- und Gestaltungsfähigkeit, Teamarbeit, Problem- und Konfliktlösungsmethoden und in sozialer Kompetenz auf Entwickler- und Benutzerseite fehlen fast vollständig. (Vgl. Esser, Krings 1991)

Diese oben skizzierten Probleme sind ausschließlich nicht automatisierbare Probleme, sie liegen zum Teil im zwischenmenschlichen und damit in einem äußerst sensiblen Bereich. Partizipation ernst genommen heißt, gemeinsam entscheiden und gestalten, gegenseitige Kompetenzen anerkennen und sich Einlassen auf ein demokratisches Einigungsverfahren.

4. Zukunftswerkstätten: Motivation zur Partizipation!

Aus der Erfahrung von ca. 40 durchgeführten Zukunftswerkstätten liegt meiner Ansicht nach der entscheidende Beitrag der Methode für eine partizipative Arbeitsanalyse und -gestaltung in der Motivation der Betroffenen. Die Stärke der Methode zeigt sich insbesondere in dem Zusammenarbeiten unterschiedlicher Interessengruppen und der gemeinsamen Entwicklung von tragfähigen Gestaltungsideen. Daher ist es wichtig, daß eine Zukunftswerkstatt möglichst am Anfang eines Arbeitsgestaltungsprozesse eingesetzt wird, damit schon dort Problem- und Verantwortungsbewußtsein aufgebaut und die Identifikation mit dem Projekt erhöht werden kann. (Vgl. Schwitalla, Wicke 1991)

Zur Verdeutlichung einen Werkstattausschnitt als Beispiel: "In der Werkstatt zum Thema 'Dem Computermißbrauch begegnen' mit Produktionsarbeitern von Opel war ein Kritikpunkt: 'Ständige Kontrolle und Überwachung der Arbeitsleistung'. In der Phantasiephase wurde daraus eine Utopie entwickelt unter der Überschrift: 'In unserem Werk arbeitet jede Abteilung autonom und selbstverantwortlich'. Als erster Schritt zur Verwirklichung hin entstanden daraus Forderungen wie 'Jeder lernt mit der Zeit alle notwendigen Fähigkeiten, um den Arbeitsablauf selbst zu beherrschen' oder 'Mitarbeiter kennen die Computersteuerung der Maschinen'. Am Ende der Werkstatt stand dann der Projektvorschlag:' EDV-Grundkurs als Bildungsurlaub für in der Produktion Beschäftigte – Ziel: Terminals in der Produktion selbst bedienen können'." (Becker et al. 1992: 6)

Gleichzeitig macht die Vorgehensweise in der Werkstatt mit den unterschiedlichsten Methoden vertraut: Visualisierungs-, Strukturierungs- und Präsentationstechniken, Gruppenarbeit, Überwinden von eingefahrenen Diskussionsschemata durch stichwortartiges Sammeln, Brainstorming und andere Kreativitätstechniken, strategisches Vorgehen in der Realisierung von Lösungsideen usw.

In der Kritik- und Beschwerdephase werden die Komplexität des Problems, die unterschiedlichen Sichtweisen und Interessen sichtbar, sie kommt einer Analyse des Ist-Zustandes gleich. Unsortiert werden Kritikstichworte gesammelt, z.B. 'mangelnde Information', 'zuviel Kommunikation über EDV', 'keine Beteiligung von Mitarbeitern an EDV-Programmen' oder 'fehlende Möglichkeit, eigene Ideen einzubringen'. (Vgl. Kuhnt, Müllert 1992) Im weiteren Verlauf konzentriert sich die Gruppe auf das momentan Wesentliche. Dieser Trichterprozeß hilft, Komplexität durch bewußtes Weglassen zu reduzieren. Eine Dokumentation des Werkstattverlaufs verhindert, daß nicht bearbeitete Themen vergessen werden.

In der Phantasie- und Utopiephase werden für ausgewählte Kritiken ungeachtet der Realisierungsmöglichkeiten Ideen und utopische Entwürfe zur Überwindung der Schwierigkeiten – also einen Idealzustand bzw. eine Wunschlandschaft – entwickelt. Dabei steht das positive Denken, die Möglichkeit, doch etwas ändern zu können, und das Entfalten individueller und sozialer Kreativität im Vordergrund. Diese Phase hilft, die kritische Analyse mal hinter sich zu lassen, die Fixierung aufs Problem zu überwinden und flexibel zu werden für ungeahnte

'Denk'welten wie 'Arbeitsbesprechung beim Joggen', 'der Chef freut sich, wenn die Mitarbeiter kommen', 'wir programmieren selbst' oder 'Arbeit wird nicht mehr zugewiesen, jeder erkennt, was er kann und wo er gebraucht wird'. (Vgl. Kuhnt, Müllert 1992)

Aus diesem Ideenfundus wird in der Verwirklichungs- und Praxisphase geschöpft. Langsam werden Lösungsideen sichtbar und erste praktische Schritte, die man morgen schon umsetzen kann, scheinen auf und motivieren zum Handeln: 'Umräumen des Sitzungszimmer: gemütlich, begrünen, kreisförmiger Aufbau usw.', 'Einrichten einer Meckerecke', 'andere Betriebe/Verwaltungen anschauen', 'bestehende Mitbestimmungsmöglichkeiten ausschöpfen', 'Arbeitsgruppen zu bestimmten Themen einrichten', 'Job-Tauschbörse', 'Computerkurs', 'Kennenlernen-Fest' usw.

Für die konkrete Durchführung einer Zukunftswerkstatt sollten folgende Rahmenbedingungen abgeklärt bzw. geschaffen werden:
- Offenheit für die erarbeiteten Ergebnisse insbesondere bei Projektleitern und Vorgesetzten
- Teilnehmer-Kreis festlegen, dabei auf die Beteiligung aller Betroffenen achten, auch Entwickler, Management bzw. Führungskräfte hinzuziehen.
- Vorstellen der Methode, Einigung auf während des Prozesses einzuhaltende Regeln und gemeinsame Festlegung des Themas, der Fragestellung.
- Externe, erfahrene Moderatoren einsetzen.
- Zeitrahmen (Wochenende oder während der Arbeitszeit), Finanzierung (Bildungsurlaub), benötigte Materialien abklären/festlegen.
- Evaluation und Dokumentation der Ergebnisse.
- Nachfolge-Treffen bzw. weitere Arbeitsweise vereinbaren, Einrichten von Arbeitsgruppen.

Eine Zukunftswerkstatt in einem partizipativen Systementwicklungsprozeß wird immer etwas Zusätzliches sein, sie kann die Projektplanung nicht ersetzen. Sie wird aber die Betroffenen zu einer engagierten und konsequenten Beteiligung ermutigen und sie zu echten Akteuren eines Partizipationsprozesses machen.

Literaturverzeichnis:

Becker J., Kuhnt B., Mauer H., Müllert N.R., Schirra. K.: Du kannst mich ruhig ansprechen, Kommunikationsprojekte aus Zukunftswerkstätten, Broschüre 1992.

Brödner P., Latniak E., Weiß W.: Evolutionäre, partizipative Systementwicklung als Teil sozialverträglicher Arbeitsgestaltung in Brödner P., Simonis G., Paul H. (Hg.): Arbeitsgestaltung und partizipative Systementwicklung. Opladen: Leske + Budrich 1991.

Esser U., Krings K.: PPS-Einführung mit Benutzerteams in Brödner P., Simonis G., Paul H. (Hg.): Arbeitsgestaltung und partizipative Systementwicklung, Opladen 1991

Kuhnt B., Müllert N.R.: Arbeitszeitmodelle für das Jahr 2000 – Arbeit, Freizeit, Familie, Weiterbildung im Spannungsfeld, DGB-Nürnberg 1992.

Jungk R., Müllert N.R.: Zukunftswerkstätten - Mit Phantasie gegen Routine und Resignation, München 1989.

Schwitalla U., Wicke W.: Beteiligung in einem Versicherungsunternehmen – Ein Fallbeispiel in Brödner P., Simonis G., Paul H. (Hg.): Arbeitsgestaltung und partizipative Systementwicklung. Opladen 1991

Ulich E.: Arbeitspsychologie, Zürch/Stuttgart 1991

Evolutionäre Expertensystementwicklung und Softwarequalität

Barbara Wiesner
ExperTeam GmbH
Eupener Str. 150
5000 Köln 41

Einleitung

Grundlage für diesen Beitrag sind langjährige Erfahrungen mit anwenderbezogener evolutionärer Systementwicklung, in den letzten Jahren mit Expertensystemen. - Evolutionär ist zu verstehen als die Entwicklung in Folgeversionen, die auf ein Zielsystem hin sukzessive erstellt werden. - Bei allen Systemen, die entwickelt worden sind, handelt es sich um innovative Projekte, d.h. das jeweilige Aufgabengebiet ist bis dahin weder in einer solch strukturierten Form bearbeitet worden, noch haben beim Auftraggeber Erfahrungen mit ähnlichen Problemstellungen vorgelegen. Alle Systeme sind zum Praxiseinsatz gekommen. Ein Schlüssel für den Erfolg ist sicherlich, daß stets Lösungsvorschläge angeboten worden sind, die Routinefälle vollautomatisch befriedigend lösen können, daß aber der Experte die Möglichkeit hat, die Entscheidungen abzuändern. Der Experte wird nicht überflüssig, er wird von Routinearbeit entlastet und kann sich auf schwierige Fälle konzentrieren.

Methodisches Vorgehen

Ausgangspunkt bei solchen Expertensystemprojekten ist in der Regel ein Prototyp, bei dem nur wenige Systemfunktionen rudimentär realisiert werden, um so dem Kunden einen Eindruck zu geben, wie ein späteres Gesamtsystem aussehen könnte, und ihn damit zur Erteilung eines Auftrages zu motivieren. Dabei geht es in erster Linie um den allgemeinen Eindruck, weniger um eine Bewertung spezifischer Eigenschaften. Softwaretechnisch gesehen darf alles eingesetzt werden, was schnell geht und dem optischen Eindruck dienlich ist. - Die Grenzen eines solchen Prototypen bestehen darin, daß er nur einen Ausschnitt vom späteren Gesamtsystem vermitteln kann. Die zentrale Frage, ob die vorgegebene Materie sich so formalisieren läßt, daß eine Implementierung erfolgversprechend ist, muß unabhängig von diesem Prototyp beantwortet und bei solchen innovativen Projekten sorgfältig geprüft werden.

Nach der Auftragserteilung hat sich eine Vorgehensweise im Sinne eines evolutionären Prototyping bewährt. Man geht dabei so vor, daß man zunächst ein Gesamtkonzept entwirft. Auf der Grundlage dieses Konzeptes wird ein neuer Prototyp erstellt, der dann in einem zyklischen Vorgehen weiterentwickelt wird und letztlich in das Zielsystem übergeht. Technisch läuft dies so ab, daß der Anwender in regelmäßigen Abständen ablauffähige Versionen erhält, an Hand deren er sich einen Eindruck vom Fortschritt des Projektes verschaffen und gleichzeitig die Brauchbarkeit und Korrektheit seiner Spezifikationen überprüfen kann. Er hat damit die Möglichkeit, bereits in einem sehr frühen Stadium die Korrektheit des Softwareproduktes hinsichtlich der Spezifikation ("Are we buildüng the product right?") und hinsichtlich des Einsatzzieles ("Are we building the right product?") zu überprüfen [5].

Aufgabenverteilung im Team

Das Team besteht aus Entwicklern und Experten. Die Aufgabe der Entwickler besteht zum einen im Verstehen des Fachwissens und dessen Umsetzung in ein Programmsystem. Dazu ist eine intensive inhaltliche Beschäftigung mit der Materie erforderlich. Als im formalen Denken Geschulten fällt den Entwicklern zudem die Aufgabe zu, die Vorgaben auf Unvollständigkeiten und Unverträglichkeiten hin zu überprüfen. Inhaltliche Defekte bzw. Verbesserungsmöglichkeiten sind hingegen oft nur für den Experten erkennbar, fallen also in dessen Zuständigkeit. Die Erfahrung hat gezeigt, daß Entwickler trotz sorgfältiger Analyse manche Dinge erst bei der Implementierung und Experten erst beim Test der jeweiligen Programmversion erkennen. Das Arbeiten am lauffähigen System und die Möglichkeit zur Korrektur auch in einem relativ späten Entwicklungsstadium des Projektes erweisen sich als eminent wichtig. Das Ineinandergreifen von formaler Logik und inhaltlichen Gegebenheiten kamm nur durch eine solch intensive Form der Zusammenarbeit zufriedenstellend gelöst werden kann. Das Expertensystem ist sozusagen das Modell, an dem beide Parteien gemeinsam die Materie in ihre endgültige Form bringen.

Die Flexibilität der gewählten Expertensystemoberfläche ist dabei sehr wichtig, denn nur dadurch ist es den Entwicklern möglich, schnell auf Änderungswünsche der Experten zu reagieren. Bei Verwendung konventioneller Methoden und Tools besteht dazu erfahrungsgemäß kaum eine Chance.

Die Intensität der Zusammenarbeit und die Aufgaben der am Projekt Beteiligten verschieben sich im Laufe des Projektes gravierend. Zu Beginn ist die Beschäftigung mit der inhaltlichen Materie primär, d.h. die Modellierung steht im Vordergrund. Wenn diese konzeptionelle Phase weitgehend abgeschlossen ist, folgt für die Experten eine Phase der Konsolidierung. Für die Entwickler werden softwaretechnische Aspekte relevant, sie wenden sich verstärkt der Modellierung der Rechnerlösung zu [2]. Das System muß fertiggestellt werden. Das bedeutet, daß sauber strukturiert und modularisiert werden muß, da Expertensysteme genauso Softwaresysteme sind wie konventionelle Programmsysteme. In diesem Stadium kann auch ein Rückgriff auf konventionelle Technologien sinnvoll sein. Es muß nicht mehr alles wissensbasiert gelöst werden.

Erfahrungen mit evolutionärer Systementwicklung

Die Praxis hat gezeigt, daß ständige Modifikationen und Erweiterungen immanente Bestandteile eines solchen Erstellungsvorganges sind, wobei deren Umfang bei der ursprünglichen Planung immer unterschätzt wird. Die Fehleinschätzung ist umso größer, je besser die Vorgaben des Kunden ausgearbeitet sind, d.h. je eher zu erwarten ist, daß die Formalisierung, die letztlich eine Implementierung bedeutet, erfolgreich durchgeführt werden kann.
Ein Grund für diese Fehleinschätzung ist die Annahme, daß der Anwender seine Informations-

anforderungen genau kennt. Genau diese Annahme erweist sich als Irrtum. Offensichtlich muß man dem Anwender eine Phase der Informationsfindung zugestehen. Bei innovativen Projekten, bei denen das Aufgabengebiet noch nie in einer solch strukturierten Form aufbereitet wurde, muß dieses neu durchdacht werden. Und - was entscheidend ist - dieser Vorgang ist offensichtlich nicht abgeschlossen, wenn die schriftlichen Vorgaben, d.i. das vorläufige Pflichtenheft, vorliegen. Durch die Konfrontation mit den ersten praxisrelevanten Tests und durch die Konfrontation mit dem Instrumentarium, dessen Möglichkeiten auch als Herausforderung begriffen werden, kommt ein iterativer Prozeß in Gang, der eine teilweise erneute konzeptionelle Bearbeitung durch die Experten erforderlich macht. Das Wissen der Experten selbst erfährt durch diese Bearbeitung eine Veränderung, d.h. es ist nach Abschluß eines solchen Projektes ein anderes.

Softwarequalität

Eine intensive, zunächst inhaltlich ausgerichtete Zusammenarbeit zwischen Anwendern und Entwicklern ermöglicht es, auf die Wünsche des Kunden einzugehen und dadurch eine hohe Benutzerakzeptanz zu erreichen, d.h. Benutzerakzeptanz als ein Aspekt von Softwarequalität wird ausreichend berücksichtigt. Doch dürfen auch bei innovativen Projekten die Grundprinzipien von modernem Softwaredesign nicht außer Acht gelassen werden. Korrektheit der Programme, Benutzerfreundlichkeit, angemessenes Laufzeitverhalten und vertretbarer Speicherbedarf gehören letztendlich ebenso zur Qualität von Software dazu wie Benutzerakzeptanz. Ihre Vernachlässigung kann den Erfolg des Projektes in Frage stellen, führt zu einer "zynischen Zufriedenheit" beim Kunden im Sinne von Denning [3]. Beim evolutionären Prototyping ist es genau umgekehrt wie bei konventioneller Systementwicklung. Was dort meist vernachlässigt wird, nämlich die Bedürfnisse des Anwenders, wird beim evolutionären Prototyping zum primären Entwicklungsziel. Und man muß nun umgekehrt darauf achten, daß Qualitätsanforderungen im konventionellen Sinne nicht zu kurz kommen, und sei es nur auf Grund zeitlicher und kostenmäßiger Restriktionen.

Bei einem iterativen Vorgehen, wie dem hier vorgestellten, bei dem der Prototyp ins Endprodukt übergehen soll, ist es unabdingbar, daß nicht nur zu Beginn auf der Grundlage des Pflichtenheftes ein Systemkonzept erarbeitet wird; das iterative Vorgehen muß auch die konzeptionelle Arbeit erfassen. Nur ist das Dilemma der Praxis, daß nicht bei jedem größeren Änderungs- bzw. Ergänzungswunsch zunächst eine Planungsphase eingelegt werden kann. Allein durch die Tatsache, daß die üblichen Restriktionen der Praxis, nämlich Budget und Termine, beachtet werden müssen, hat jedes Projekt Phasen (z.B. vor Auslieferung neuer Versionen oder vor Vorführungen), wo unter enormen Zeitdruck gearbeitet werden muß, und wo, wenn man ehrlich ist, manchmal "quick and dirty" nur schwer zu vermeiden sind. Zudem ist in der konzeptionellen Phase, bei der mit tiefgreifenden Änderungen zu rechnen ist und wo auch Teile wieder verworfen werden, ein solches Vorgehen rein aufwandsmäßig nicht zu vertreten. Was man aber machen sollte, ist Folgendes: Selbst wenn die Projektumstände es schwierig erscheinen lassen, muß bei den Teilen, bei denen eine Konsolidierung abzusehen ist, das Konzept überprüft und gegebenfalls modifiziert werden. D.h. die in der Literatur vertretene

Auffassung , daß vor der Realisierung die Planung steht, sollte man akzeptieren, muß sie aber in der Praxis flexibel handhaben. - Die Erfahrung hat gezeigt, daß eine solche Überprüfung des Konzeptes, wenn man sie rechzeitig macht, vom Aufwand her vertretbar ist und sich in der Folgezeit auszahlt. Wartet man zu lange, muß man damit rechnen, daß ein Redesign von größeren Teilen gemacht werden muß.

Wie flexibel weitere Schritte durchführbar sind, wie hoch der Aufwand ist, der hier betrieben werden muß, hängt entscheidend von Qualifikation und Arbeitsstil der Teammitglieder sowie der gewählten Form des Projektmanagements ab. Auch die Güte des Erstentwurfes ist ein wichtiger Einflußfaktor.

Wichtige Arbeitsprinzipien

Einige Arbeitsprinzipien erscheinen rückblickend als besonders wichtig und seien deshalb hier tabellarisch aufgeführt. Die Erfahrung hat gezeigt, daß gravierende Probleme auftreten, wenn man sie nicht berücksichtigt.

1) Die Ideen des ersten Prototypen sollen in das neu zu erstellende System einfließen, aber softwaretechnisch muß hier ein Neuanfang gemacht werden.

2) Auch Expertensysteme müssen geplant werden! Nach der Auftragsvergabe muß zunächst ausgehend von den Vorgaben des Kunden ein Gesamtkonzept gemacht werden, d.h. ein Entwurf der Systemarchitektur. Dabei muß eine Idee entwickelt werden, in welchen Schritten die Realisierung erfolgen soll, und dies muß mit dem Auftraggeber abgestimmt werden. Die Planung muß zyklisch und entsprechend den jeweiligen Projektgegebenheiten überprüft und gegebenfalls modifiziert werden.

3) Auch Wissensbasen müssen strukturiert werden. So lassen sich die Grundprinzipien der strukturierten Programmierung sinngemäß auf deklarative Systeme übertragen. Ein linearer Programmablauf macht auch hier Programmsysteme kontrollierbarer, um nur ein Beispiel zu nennen, und dient der dringend benötigten Reduktion der Komplexität. Was bei konventionellen Programmsystemen die absoluten Sprunganweisungen (GO TO) sind, sind hier alle Änderungen des Inferenzmechanismus, wie z.B. die so sehr beliebten Dämonen, mit denen man so vorzüglich Spaghetti-Code erzeugen kann.

4) Gerade weil bei dieser Form von Expertensystementwicklung immer wieder der Verdacht aufkommt, sie seien an der Grenze zu "quick and dirty" [4], empfiehlt sich, hier eine dem Vorgehen entsprechende prozessuale Qualitätsüberwachung [5] durchzuführen.

Offen für Alternativen

Die ursprüngliche Intention ist es, den Prototypen in das Zielprodukt übergehen zu lassen. Kommen Anforderungen, mit denen zunächst nicht zu rechnen war (z.B. Implementierungs- anforderung für eine Maschine, auf der die gewählte Expertensystemoberfläche nicht verfügbar ist, oder erhöhte Effizienzanforderungen), so kann das entwickelte System auch als

Spezifikation für die Entwicklung eines konventionellen Systems genommen werden [6]. Will man für derartige Entscheidungen in der Zukunft offen sein, ist es wichtig, daß die endgültige Lösung gut dokumentiert ist, und zwar nicht nur in Form des entwickelten Expertensystems, sondern in Form einer implemtierungsunabhängigen Dokumentation, die ebenso iterativ und begleitend erstellt werden sollte, wie die Programme selbst. Dies entspricht der Forderung nach einer expliziten Darlegung des zugrundeliegenden Modelles [1].

Abschließende Bemerkungen

Grundvoraussetzung für die hier beschriebene Form der evolutionären Systementwicklung ist eine partnerschaftliche Form der Zusammenarbeit zwischen allen Beteiligten. Zu der notwendigen fachlichen Qualifikation muß also auch eine menschliche Qualifikation bei allen Beteiligten hinzukommen. Neben vielen anderen Aspekten beinhaltet partnerschaftlich, daß Kritik im Team konstruktiv geäußert werden kann. Und Kritik ist bei dieser Art der Aufgabenstellung und bei der gewählten Vorgehensweise unvermeidbar. Es können z.B. Design-Schwächen, Programmierfehler oder Änderungswünsche auftreten zu einem Zeitpunkt, wo man gehofft hatte, nun endlich nichts mehr ändern zu müssen.

Partnerschaftliche Zusammenarbeit beinhaltet auch, daß der Anwender zum Partner des Entwicklers wird, daß beide gewissermaßen als gleichberechtigte Partner an der Konzeption des Systems beteiligt sind. Die DV-Umsetzung der Systeme, die in Auftrag gegeben werden, sind für den Kunden meist eine Black Box, deren Qualität und Brauchbarkeit sich für ihn erst im Nachhinein zeigen, und denen er vergleichsweise hilflos gegenüber steht. Insbesondere die Qualität der DV-Entwicklung kann er in der Regel nicht beurteilen und hat damit im Verlaufe eines Projektes auch keine Möglichkeit, steuernd einzugreifen und die Entwicklung in seinem Sinne zu beeinflussen.

Last not least ist zu bemerken, daß evolutionäre Systementwicklung nur dann zum Erfolg führen kann, wenn sowohl auf Entwickler- als auch auf Auftraggeberseite die entsprechende Unterstützung durch das Management gegeben ist.

Literatur:

[1] Bonsiepen, Lena, Coy, Wolfgang: Szenen einer Krise - Ist Knowledge Engineering eine Antwort auf die Dauerkrise des Software Engineering? KI 2/90, S. 5-11
[2] Brödner, Simonis, Paul (Hrsg.): Arbeitsgestaltung und partizipative Systementwicklung. Leske + Budrich, Opladen 1991.
[3] Denning, Peter, J.: Editorial: What is Software Quality? Communications of the ACM, January 1992, Vol. 35, Number 1, p. 13-15
[4] Kurbel, K., Pietsch, W.: "Expertensystem-Projekte: Entwicklungsmethodik, Organisation und Management". Informatik Spektrum, Jhg. 12 (1989) Nr. 3, S. 133-146
[5] Pietsch, W.: Software-Projektmanagement - Grundlagen, Begründung und Konzeption eines evolutionären Ansatzes. Demnächst: DeGruyter, Reihe "Studien zur Wirtschaftsinformatik", Mitte 1992
[6] Weitzel, John, R.; Kerschberg, Larry: Developping Knowledge-Based Systems: Reorganizing the System Development Life Cycle. Communications of the ACM, April 1989, Vol. 32, Number 4, p. 482-488

Anmerkung: Frau Dipl.-Math. Ingelotte Balzer danke ich für die kritische Durchsicht des Manuskripts.

Arbeitsgruppe 8: Sozialorientierte Gestaltung von Informationstechnik in der Aus- und Weiterbildung

Werner Langenheder
Gesellschaft für Mathematik und Datenverarbeitung, St. Augustin
Universität Freiburg, Institut für Informatik und Gesellschaft

Friedemann Schmithals
Universität Bielefeld, Interdisziplinäres Zentrum für Hochschuldidaktik

In den letzten Jahren ist immer deutlicher geworden, daß die Qualifizierung aller an der Entwicklung und an dem Einsatz von Informationstechnik beteiligten und der davon betroffenen Gruppen eine wichtige Voraussetzung für den effizienten und gesellschaftlich nützlichen Technikeinsatz ist.
Sozialorientierte Gestaltung von Informationstechnik ist nicht nur durch den Einsatz bestimmter Methoden, Verfahren oder Werkzeuge erreichbar, sondern setzt bestimmte Einsichten und Einstellungen voraus. Dies läßt sich nicht allein durch Aneignung von Wissen und Können erwerben, sondern erfordert zusätzlich einen Prozeß der Aneignung von Sichtweisen, Grundhaltungen und Wertorientierungen. Man kann dies auch nicht passiv (durch Übernahme von Expertenwissen) aufnehmen, es muß vielmehr eingeübt und praktiziert werden: situationsbezogen, mit eigener Betroffenheit und Verantwortung, Gestaltungspotentiale auslotend und kreativ. Überhaupt ist die Orientierung wichtiger als das Verfahren, denn wenn die entsprechende Orientierung vorhanden ist, dann löst das im allgemeinen auch die Suche nach geeigneten Verfahren aus (und irgendwann werden solche auch gefunden); wenn aber die Orientierung fehlt, dann nützen die besten Verfahren nichts, sie werden verfälscht oder gar mißbraucht, und das Ziel wird verfehlt.

In dieser Arbeitsgruppe werden Aus- und Weiterbildungskonzepte für die verschiedenen Zielgruppen vorgestellt.
Ein wichtiger Bereich ist das Informatik-Studium an den Hochschulen. Jahrelange Bemühungen um die Etablierung eines Fachgebiets 'Informatik und Gesellschaft' als Bestandteil des Informatik-Studiums beginnen erste Früchte zu tragen. Jürgen Friedrich führt mit seinem Beitrag in die Thematik ein. Er gibt wichtige Lernziele an und weist auf theoretische und praktische Probleme hin. Urs Andelfinger stellt anschließend beispielhaft das Konzept für ein Nebenfach-Curriculum 'Sozialorientierte Gestaltung von Informationstechniken' vor und berichtet über erste Erfahrungen bei den Einführungsversuchen.

Ein zweiter wichtiger Bereich ist der Einsatz von Informationstechnik im Betrieb. Die wichtigsten Akteure auf diesem Feld sind die Systementwickler, die Benutzer und - was bei Schulungskonzepten oft übersehen wird - das Management. Die folgenden drei Beiträge behandeln deshalb aus der Sicht dieser drei Zielgruppen Konzepte der Aus- und Weiterbildung, die an den Zielen einer sozialorientierten Technikgestaltung ausgerichtet sind. Andrea Baukowitz und andere zeigen auf, wie Informatik-Fachkräfte die erforderliche ganzheitliche Arbeitsgestaltungskompetenz erwerben können, Mathilde Vogelsang berichtet über ein umfangreiches und mit beachtlichem Aufwand betriebenes Schulungs- und Betreuungskonzept für den Deutschen Bundestag. Helfried Broer und Thorsten Hennings schließlich beleuchten aus der komplementären Sicht von Management und Betriebsrat organisatorische Voraussetzungen und Implikationen des zunehmenden Einsatzes neuer Informationstechniken.

Informatik im Schulunterricht und in der öffentlichen Weiterbildung stellen einen dritten wichtigen Bereich dar. Ingrid Schöll und Bernd Passens arbeiten seit vielen Jahren auf diesem Gebiet und fassen ihre reichhaltigen Erfahrungen in einem Situationsbericht und einigen konzeptionellen Vorschlägen zusammen.

Informatik und Gesellschaft in der Hochschullehre

Jürgen Friedrich
Fachbereich Mathematik/Informatik
Universität Bremen
D-2800 Bremen 33

1 Informatik und Gesellschaft:
Wissenschaftstheoretischer Streit im Spiegel der Curriculumdiskussion

Unter den Fachvertretern der Informatik ist immer noch umstritten, ob Informatik und Gesellschaft ein Teilgebiet der Informatik ist oder doch eher den Sozialwissenschaften zugeordnet werden sollte. Allerdings nimmt der Kreis derer ständig zu, die die Verantwortung der Informatiker für ihr berufliches Handeln bejahen und eine Integration der sozialen Aspekte des Fachs in die Lehrinhalte des Studiums befürworten.

Daß bereits in dem 1976 vom Fakultätentag Informatik aufgestellten Fächerkatalog das Fachgebiet "Gesellschaftliche Bezüge der Informatik" enthalten war, hatte zunächst nur wenig Einfluß auf die reale Curriculumentwicklung. Die deutsche Informatik verstand sich - wie ihr amerikanisches Vorbild - als rein technische Disziplin. Noch das ACM-Curriculum von 1989 ("Computing as a discipline") definierte Informatik ausschließlich unter dem Gesichtspunkt technisch-ökonomischer Rationalität: "The fundamental question underlying all of computing is, 'What can be (efficiently) automated?'" (Denning et al. 1989). Angesichts einer solchen Definition klingt jede Frage nach den Wirkungen der Disziplin fast wie eine Provokation. Inzwischen hat sich in den USA diese Auffassung gründlich geändert. Die neueste Version des ACM/IEEE-Curriculums (1991) formuliert als ein wesentliches Ziel: "Graduates should understand the history of computing, including those major developments - economic, scientific, legal, political, and cultural - that have shaped it. (...) undergraduate programs should provide an environment in which students are exposed to the ethical and social issues associated with the computing field." (Tucker/Barnes 1991, 57) "Social, Ethical, and professional issues" wird daher konsequenterweise als eines von zehn Fächern definiert und inhaltlich ausgeführt. In der Bundesrepublik wurden bereits 1986 vom zuständigen Fachbereich der Gesellschaft für Informatik detaillierte "Empfehlungen zur Einbeziehung der gesellschaftlichen Aspekte der Informatik in die Informatik-Ausbildung" veröffentlicht (Empfehlungen 1986). Heute gibt es an mindestens sechs universitären Informatikstudiengängen eigene Lehrkräfte für Informatik und Gesellschaft und an mindestens ebenso vielen weiteren Universitäten mehr oder weniger regelmäßige Lehrveranstaltungen zu diesem Thema. Damit ergibt sich die dringende Notwendigkeit einer breiteren konzeptionellen Diskussion dieses neuen Fachgebiets.

2 Das Selbstverständnis der Informatik als Ausgangspunkt

Die Informatik beschäftigt sich - stärker als andere Ingenieurwissenschaften - mit der Gestaltung soziotechnischer Systeme. Das sind Systeme, bei denen einzelne Menschen (oder Gruppen von Menschen) als "Elemente des Systems", sei es als Akteure oder Betroffene, notwendigerweise in die Betrachtung einbezogen werden müssen. Da Informatiksysteme der Maschinisierung von Kopfarbeit und darüber hinaus in vielen Fällen der Formalisierung von Sozialbeziehungen dienen, nehmen Informatiker - meist unbewußt - Einfluß auf die Gestaltung dieser Beziehungen.

Das Selbstverständnis der Informatik als Wissenschaft ist in vielen Fällen noch ein rein technisches. Demgegenüber formulieren Praktiker aus ihrer betrieblichen Erfahrung heraus sehr viel häufiger die Notwendigkeit einer integrierten Betrachtung von technischen, organisatorischen und (im weitesten Sinne) sozialen Aspekten informationstechnischer Systeme. Die Wissenschaftstradition gestattet es offensichtlich viel leichter, einzelne Aspekte eines Problems (hier die technischen) zu verselbständigen; die betriebliche Realität kann sich eine derart reduzierte Sicht nicht ungestraft leisten: Mangelnde Akzeptanz aufgrund sozial unverträglicher Systeme gefährdet die Produktivität und den sozialen Frieden. In der akademischen Lehre wird dieser Sachverhalt nur ungern zur Kenntnis genommen; er macht die Dinge schwierig. Möglicherweise bedarf es der unorthodoxen Koalition von Wissenschaftlern, die sich für die Sozialverträglichkeit der Informatik einsetzen, und von Praktikern, die aus der beruflichen Situation heraus die Notwendigkeit einer ganzheitlichen Sicht auf Informatiksysteme betonen, um das Selbstverständnis der Informatik in Richtung auf eine sozio-technische Disziplin hin zu entwickeln und damit auch Informatik und Gesellschaft als Studieninhalt flächendeckend einzuführen.

3 Ansätze für eine sozio-technische Orientierung

Von Informatik-Hochschullehrern wird häufig die Auffassung vertreten, Informatik und Gesellschaft sei zwar wichtig, aber es gebe (bisher) keine wissenschaftlich fundierten, d. h. methodisch abgesicherten Ergebnisse, die in der Lehre vermittelt werden könnten. Einschränkend und zugleich curricular verschärfend wird oft hinzugefügt: Jedenfalls keine Ergebnisse der Informatik. Bei näherem Hinsehen zeigt sich, daß diese Auffassung den Stand der Forschung im Bereich Informatik und Gesellschaft weitgehend ignoriert.

Daß die geschilderte Position die sozialwissenschaftliche Wirkungsforschung und die informatik-orientierte Gestaltungsforschung der letzten zehn Jahre völlig unberücksichtigt läßt, mag durch einen Blick in einschlägige Bibliographien (vgl. z. B. Abresch 1990) leicht aufgeklärt werden können. Aber auch die Auffassung, es gebe in der Informatik selbst keine Ansatzpunkte für die Vermittlung von Informatik und Gesellschaft, ist nur nachvollziehbar, wenn man die Diskussion der letzten Jahre um eine Neuorientierung der Informatik (vgl. z. B. Coy et al. 1992, Floyd et al. 1992) ignoriert.

Da Informatiksysteme (heute noch) vor allem die Arbeitswelt betreffen, ist das sozio-technische Verständnis der Disziplin in jenen Ländern besonders ausgeprägt, in denen die Arbeitsbeziehungen (Industrial relations) einen breiten Raum in der gesellschaftlichen Diskussion einnehmen. Das ist in den angelsächsischen Ländern weniger, in Zentraleuropa mehr und in den skandinavischen Ländern sehr stark der Fall[1]. Insofern sind viele der in Deutschland verfolgten Ansätze zur Entwicklung einer sozial-orientierten Informatik von skandinavischen Arbeiten befruchtet (Nygaard, Naur, Ehn u.a.). Die wesentliche Erkenntnis aus diesen Arbeiten - die für ein Konzept von Informatik und Gesellschaft entscheidend ist - bezieht sich darauf, daß Informatiksysteme nicht nur *inhaltlich* sozialverträglich gestaltet werden müssen, also etwa Datenschutzaspekte oder Kriterien der Benutzungsfreundlichkeit zu berücksichtigen haben. Dazu könnten die Sozialwissenschaftler einen Beitrag liefern. Vielmehr muß die Informatik auch in *methodischer* Hinsicht zu einem neuen Verständnis gelangen, und das muß sie selbst tun. Ein Verständnis von "Software-Entwicklung als sozialer Aktivität" (Nygaard 1986) berührt die Informatik in ihrem Kern: Sind Maschinen und Algorithmen sowie deren Eigenschaften (Struktur, Komplexität, Berechenbarkeit usw.) nach wie vor der *Ausgangspunkt* der Informatik oder sind es die Benutzer, Kunden und Verdateten sowie deren Anforderungen? Die zuletzt genannte Position hat methodisch grundlegende Konsequenzen. "Requirements Engineering" ist dann nicht mehr eine der eigentlichen Informatik vorgelagerte Disziplin, sondern vielmehr der Schlüssel zu benutzbaren Systemen, und Programmieren wird dann zum Kommunikationsprozeß mit dem Benutzer, nicht mit der Maschine.

---

[1] Ist es Zufall, daß eine der wenigen Arbeiten in den USA, die einen grundlegenden Paradigmenwechsel versuchen, ganz wesentlich von einem Nicht-US-Amerikaner mitgeprägt wurde? (Winograd/Flores 1989)

4 Lernziele: Erkennen von Optionen und Gestaltung von Alternativen

Informatiktheorien, -methoden und -systeme verkörpern vergegenständliche Optionen der Technikentwicklung: Es hätte auch anders kommen können. Informatik und Gesellschaft soll bei den Studierenden das Denken in alternativen Entwürfen fördern, die Einsicht in die Multiperspektivität informationstechnischer Entwicklungslinien. Erkennen der Optionen, die in der Informationstechnik enthalten sind, und Reflektion der mit ihnen verbundenen Leitbilder sind nicht Selbstzweck, sondern Vorausetzung für die Entwicklung von Gestaltungskompetenz bei den Studierenden.

4.1 Kritische Reflektion gegebener Leitbilder

Daß Informatik nicht wertfrei betrieben werden kann, daran besteht für die moderne Wissenschaftstheorie kein Zweifel. In der Informatik selbst versuchen wir gerne, das bequeme Dogma der Wertfreiheit aufrechtzuerhalten und im gesellschaftlichen Machtgefüge etablierte Leitbilder der Informatikentwicklung als gegeben (datum) hinzunehmen. Wissenschaftliche Ausbildung zeichnet sich jedoch durch Kritikfähigkeit hinsichtlich der eigenen Prämissen aus, durch die Fähigkeit zum Gegenbeweis. Zugegebenermaßen fällt es in einer Disziplin, die sich um die Verifikation (von Programmen) in der Theorie bemüht, nicht leicht, verständlich zu machen, daß nur die Falsifikation (von Theorien) in der Praxis wissenschaftlichen Fortschritt bringt.

Die Informatik steckt voller unreflektierter Leitbilder, die im Rahmen der Lehrveranstaltungen zu Informatik und Gesellschaft in ihrer Funktion als "heimlicher Lehrplan" hinterfragt werden müssen. Um nur einige zu nennen:

- Das Leitbild der Einfachheit und der Effizienz:
  Wie verhält sich z.B. die Forderung nach "Einfachheit des Entwurfs" zur Komplexität der entworfenen Realität? Ist die Effizienz eines Programms tatsächlich ein informatisches oder nicht doch eher ein ökonomisches Problem?

- Das Leitbild der Zerlegung:
  Wie verhält sich das Erfolgskonzept der Modularisierung zur Forderung nach ganzheitlicher Gestaltung computergestützter Arbeitssysteme?

- Das Leitbild der Vollständigkeit:
  Die häufig angestrebte vollständige Automatisierung von Prozessen gerät in Widerspruch zur Konzeption interaktiver Systeme, die eine nach sozialen Kriterien bewußt gestaltete Funktionsteilung zwischen Mensch und Maschine zum Ziel hat.

Ähnliches gilt für die Metaphern, die zunehmend zur Erklärung des Verhaltens von Computern benutzt werden, deren normativer Charakter aber meist verborgen bleibt (vgl. Maaß/Oberquelle 1992). Je nachdem, ob der Computer als Maschine, Werkzeug oder Medium, als Arbeitsmittel oder Partner, als daten-, informations- oder wissensverarbeitendes System aufgefaßt wird, ergeben sich ganz unterschiedliche Spielräume in seiner Programmierung und Benutzung, die für die Studierenden transparent werden müssen.

4.2 Gewinnung sozialer Gestaltungskompetenz

In den Empfehlungen der GI zu Informatik und Gesellschaft sind zwölf Lernziele definiert, die sich auf historische und wissenschaftstheoretische Aspekte, dann aber vor allem auch auf die sozialen Wirkungen der Informatik beziehen (Empfehlungen 1986, 51f.). Die damalige Sicht ist nicht überholt, aber ergänzungsbedürftig. Die Kenntnis der sozialen Wirkungen bildet erst den Hintergrund für das weiterreichende Lernziel "Befähigung zur sozial-orientierten Gestaltung von Informatiksystemen". Die analytische Dimension der Wirkungsforschung muß mit der synthetischen Dimension der Gestaltungsforschung verbunden werden. Wirkungsforschung ist die notwendige Voraussetzung, um Systeme in Zukunft sozial angemessen entwickeln zu können. Für Soziologen, die an der Erkenntnis der gesellschaftlichen Beziehungen und Prozesse an sich interessiert sind, mag Wirkungsforschung selbst bereits ein Ziel sein; für Informatiker ist Wirkungsforschung Mittel zum Zweck. Wirkungsforschung analysiert die *realen* Bedingungen, unter denen bestimmte soziale Effekte eingetreten sind; sie analysiert damit zugleich aber auch *mögliche* Bedingungen, die hätten geschaffen werden können, um andere Ergebnisse zu erzielen. Die Vermittlung der Erkenntnisse der Wirkungsforschung ist insofern Voraussetzung für die Entwicklung von Gestaltungsfähigkeit.

Letztlich besteht das Lernziel darin, die immer vorhandenen Gestaltungsoptionen der Informationstechnik nutzen zu lernen, im günstigsten Fall sogar, neue Gestaltungsoptionen entwickeln zu können. Dabei müssen die Studierenden in die Lage versetzt werden, die verschiedenen Gestaltungsoptionen anhand sozialorientierter Kriterien bewerten zu lernen. Die Fähigkeit zur Bewertung potentieller Wirkungen und zur Umsetzung vorhandener oder zu entwickelnder Gestaltungsoptionen bezeichnen wir als *soziale Gestaltungskompetenz*. Sie bildet das zentrale Lernziel von Informatik und Gesellschaft.

5 Methodik: Interdisziplinarität und Projektorientierung

Die Analyse und Gestaltung sozio-technischer Systeme ist auf einen fachübergreifenden Diskurs angewiesen. Die Informatik als Einzeldisziplin wäre mit der Lösung derart komplexer Probleme überfordert. Umgekehrt darf allerdings der Verweis auf die Kompetenz anderer Fächer nicht so verstanden werden, daß die Informatik ihre ausschließlich technische Orientierung beibehalten könnte. Vielmehr ist eine doppelte Integration erstrebenswert: Einerseits die Integration der sozialen Analyse- und Gestaltungsaspekte in die Lehrveranstaltungen der Kerninformatik, wo immer das geht. Andererseits eine Integration der disziplinären Einzelerkenntnisse im Rahmen eines Lehrprojekts.

Informatik und Gesellschaft erfordert zweifelsohne einen interdisziplinären Zugang: Die vielfältigen Ergebnisse der sozialwissenschaftlichen Wirkungsforschung müssen für die Evaluierung von Informatik-Konzepten nutzbar gemacht werden. Dazu müssen sich die Studierenden auf unbekanntes Terrain begeben, fremde Wissenschaftssprachen erlernen und ungewohnte Methoden anwenden. Interdisziplinarität kann sowohl in kooperativer als auch in integrativer Form praktiziert werden: Einerseits kann in Kooperation mit Fachvertretern aus anderen Disziplinen ein inhaltlich abgestimmtes Lehrveranstaltungsangebot entwickelt werden; andererseits kann eine Integration von Erkenntnissen aus anderen Disziplinen in die Lehrveranstaltungen der Kerninformatik vorgenommen werden.[2]

Die Gestaltungsprobleme sozio-technischer Systeme erschließen sich umso deutlicher, je ganzheitlicher man die Probleme zu analysieren und die Lösungen umzusetzen versteht. Gerade weil Informatik und Gesellschaft den Anspruch vertritt, die Wechselwirkung zwischen technischen Artefakten und sozialen Beziehungen zu thematisieren, ist eine Aufspaltung in einzelne Lehrveranstaltungen, die Spezialaspekte der Problemstellung behandeln, ungünstig. In der bisherigen Praxis hat sich stattdessen die projektorientierte Form der Lehre bewährt. Diese Vermittlungsform orientiert sich nicht am Kanon der Disziplin, sondern an den Anforderungen des jeweils zu lösenden Problems; sie verbindet in der von uns praktizierten Form systematisches und exemplarisches Lernen mit dem Ziel der Entwicklung einer handlungsorientierten Qualifikation.

---

[2] Eine derartige Integration bietet sich beispielsweise bei Datenbankvorlesungen bzgl. der rechtlichen Aspekte des Datenschutzes an, in der Software-Engineering-Vorlesung bzgl. des Themas Benutzerbeteiligung, in der Vorlesung zu Dialogsprachen und -systemen bzgl. der arbeitswissenschaftlichen Aspekte (Software-Ergonomie) usw.

6 Umsetzung: Theoretische und praktische Probleme

Wahrscheinlich sind es nicht nur die wissenschaftstheoretischen Grundsatzprobleme, sondern vor allem auch die praktischen Umsetzungsprobleme, die eine weitere Verbreitung von Informatik und Gesellschaft in der Hochschullehre bisher verhindert haben.

Bei den Grundsatzproblemen sind insbesondere die folgenden beiden zu nennen, die gleichermaßen Überschuß und Defizit der neuen gestaltungsorientierten Informatik kennzeichnen:

a) Informatik als Superwissenschaft: Steht die Informatik in der Gefahr, durch die Hineinnahme von sozialwissenschaftlichen, arbeitswissenschaftlichen, rechtlichen u. a. Aspekten zu einer "Superdisziplin" zu werden, die letztlich für alles zuständig ist? Die Frage ist allgemein kaum befriedigend zu beantworten; vielmehr muß im Einzelfall und unter Berücksichtigung der am jeweiligen Studienort gegebenen Voraussetzungen ein sinnvolles Verhältnis von Kooperation (mit anderen) und Integration (von anderen) bestimmt werden.

b) Methodenlücke: Wie kann eine Brücke zwischen den analytischen Methoden der sozialwissenschaftlichen Wirkungsforschung und den Konstruktionsmethoden der informatischen Gestaltungsforschung geschlagen werden? Anders formuliert: Wie lassen sich Evaluierungsergebnisse (Wirkungsbeschreibungen) in Gestaltungsanforderungen (Entwurfsspezifikationen) umsetzen? Was es gibt, sind mehr oder weniger elaborierte Daumenregeln, eine wissenschaftlich befriedigende Methodologie steht diesbezüglich noch aus. Vermutlich wird der Angewandten Informatik in Zukunft eine wesentliche Bedeutung bei der Überbrückung dieser Methodenlücke zukommen.

Aus der Fülle praktischer Probleme, die es bei der Einführung von Informatik und Gesellschaft zu lösen gilt, seien hier ebenfalls nur zwei genannt:

a) Qualifikationslücke bei den Lehrenden: Die Lehrenden der Informatik selbst sind in den meisten Fällen nicht hinreichend qualifiziert, um den interdisziplinären Ansprüchen der geschilderten Art in ihrer eigenen Lehre entsprechen zu können. Insofern wird in vielen Fällen das Ideal einer Integration der gesellschaftlichen Aspekte in die Kerninformatikveranstaltungen eher zugunsten abgestimmter Lehrveranstaltungen mit eigenem Lehrpersonal zurücktreten. In diesem Fall sollten die Informatik und Gesellschaft-Lehrenden jedoch in der Lage sein, ihre eigenen Lehrinhalte möglichst eng auf die Lehrinhalte der Kerninformatik beziehen zu können.

b) Erwartungslücke bei den Studierenden: Die Studierenden kommen in der Regel mit einer Erwartungshaltung in das Informatik-Studium, die stark von eigener Programmiererfahrung (Schule, Hobby) geprägt ist. Diese Erfahrung entspricht eher dem technischen Bild vom Computer als der sozialen Situation der Software-Entwicklung in realen Arbeitsumgebungen. Unsere Erfahrungen in Bremen zeigen allerdings, daß diese ausschließlich technische Orientierung im Laufe des Studiums aufgrund der interdisziplinären und projektorientierten Studienanteile zunehmend in den Hintergrund tritt.

- - -

Der "Erfolg" von Informatik und Gesellschaft als Fachgebiet (oder Orientierung) der Informatik hängt wohl weniger von dessen wissenschaftlicher Weiterentwicklung ab. Vielmehr wird sich zeigen, ob die von der Gesellschaft formulierten Anforderungen an die Informatik - ähnlich wie dies in den Naturwissenschaften aufgrund der Umweltschutzdiskussion der Fall war - zu einem grundsätzlichen Umdenken in der Informatik zwingt. Die Informatik wäre gut beraten, sich auf diesen Paradigmenwechsel rechtzeitig einzustellen, ihn selbst mit zu gestalten. Informatik und Gesellschaft in der Hochschullehre ist ein wesentliches Element dieses Gestaltungsprozesses einer "neuen Informatik".

Literatur

Abresch, Johannes: Bibliographie zu Informations- und Kommunikationstechnologien. Wuppertal 1990 (Bergische Universität Gesamthochschule Wuppertal; Schriftenreihe des Fachbereichs Gesellschaftswissenschaften, Band 3/1990).

Coy, Wolfgang et al. (Hrsg.): Sichtweisen der Informatik. Braunschweig/Wiesbaden: Vieweg Verlag 1992.

Denning, Peter J. et al.: Computing as a discipline, in: Communications of the ACM, vol. 32 (1989), 9-23.

Empfehlungen zur Einbeziehung der gesellschaftlichen Aspekte der Informatik in die Informatik-Ausbildung, in: Informatik-Spektrum, Bd. 9 (1986) Heft 1, 51-54.

Floyd, Christiane; Züllighoven, Heinz; Budde, Reinhard; Keil-Slavik, Reinhard (eds.): Software development and reality construction. Berlin etc.: Springer Verlag 1992.

Friedrich, Jürgen: Informatik und Gesellschaft: Eine Herausforderung bleibt bestehen, in: Riedemann, Eike u.a. (Hrsg.): 10 Jahre Informatik und Gesellschaft - Eine Herausforderung bleibt bestehen. Dortmund 1986, 82-93. (Universität Dortmund, Abteilung Informatik, Forschungsbericht Nr. 227).

Friedrich, Jürgen: Entwicklungslinien in der Informatik und die Rolle der Informatiker, in: WSI Mitteilungen, Bd. 41 (1988) Heft 12, 678-686.

Kreowski, Hans-Jörg (Hrsg.): Informatik zwischen Wissenschaft und Gesellschaft. Zur Erinnerung an Reinhold Franck. Berlin etc.: Springer Verlag 1992.

Maaß. Susanne; Oberquelle, Horst: Perspectives and metaphors for human-computer interaction, in: Floyd, Christiane et al. (eds.): Software development and reality construction. Berlin etc.: Springer Verlag 1992, 233-251.

Nygaard, Kristen: Program development as social activity, in: Kugler, H. G. (ed.): Information Processing 86 (Proceedings of the IFIP 10th World Computer Congress). Amsterdam: North-Holland 1986, 189-198.

Tucker, Allen B.; Barnes, Bruce H.: Flexible design: A summary of *Computing Curricula 1991*, in: Computer, (Nov. 1991), 56-66.

Winograd, Terry; Flores, Fernando: Erkenntnis Maschinen Verstehen. Berlin: Rotbuch Verlag 1989.

NEBENFACH-CURRICULUM "SOZIALORIENTIERTE GESTALTUNG VON INFORMATIONSTECHNIKEN"

Urs Andelfinger
Zentrum für Interdisziplinäre Technikforschung
TH Darmstadt
Hochschulstr. 1
6100 Darmstadt

Zusammenfassung

Ausgangspunkt der Überlegungen ist ein Verständnis von Informatik als angewandter und somit gesellschaftlich wirksamer Wissenschaft. Es werden die Konturen eines sich hieraus ergebenden Integrationsfaches "Informatik und Gesellschaft" skizziert und die Umsetzung dieser Überlegungen in ein Nebenfach-Curriculum "Sozialorientierte Gestaltung von Informationstechniken" an der TH Darmstadt überblicksartig präsentiert. Erste Erfahrungen sowie einige Problembereiche bei der Etablierung eines solchen quer zu etablierten disziplinären Hochschulstrukturen liegenden interdisziplinären Ansatzes werden dargestellt und zum Schluß die nächsten Schritte zur Einrichtung des Nebenfach-Curriculums an der TH Darmstadt aufgezeigt.

1. Informatik als angewandte Wissenschaft

Informatik, das heißt die Wissenschaft von der Entwicklung und Anwendung von Informations- und Kommunikationstechniken, ist zwar noch eine relativ junge Disziplin im Vergleich mit anderen Wissenschaften, doch sie kann inzwischen auf eine ca. 25 jährige Geschichte als Diplomstudiengang in der Bundesrepublik zurückblicken.

Mit der Entwicklung von Hard- und Software wurde es zunächst möglich, den Bereich des Arbeitslebens und der betrieblichen Organisation in vielfältiger Weise neu zu strukturieren und zu rationalisieren. Zunehmend werden auch neue Kommunikationsmöglichkeiten und neue Arten von Telekommunikation eröffnet. Schließlich wird auch der private Bereich mit Produkten, d.h. Anwendungen der Informationstechnik durchdrungen und unsere Lebenswelt verstärkt davon geprägt.

Informatik wirkt somit über den Entstehungs- und den Anwendungszusammenhang stets gestaltend auf gesellschaftliche Praxis ein. Sie kann nicht als von ihren gesellschaftlichen Voraussetzungen, Anwendungen und Wirkungen losgelöste Wissenschaft verstanden werden. Vielmehr wandelt sich unter dieser Perspektive die Tätigkeit von Informatikern in der Zusammenarbeit mit Auftraggebern und Anwendern von technikzentrierten Tüftlern zu gesellschaftlichen Architekten[1].

Diese besondere gesellschaftliche Relevanz der Informationstechniken läßt sich unter anderem mit der starken Nähe ihrer Funktionsbestimmung zu genuin menschlichen Fähigkeiten begründen: Information

---

[1] Vergl. auch A. L. Luft 1988, S. 9.

und Kommunikation sind spezifisch menschliche Tätigkeiten, auch stellt die persönliche Teilnahme an Kommunikationsbeziehungen für Menschen eine unverzichtbare Komponente für ihre Selbstfindung und für die Entwicklung eines Selbstwertgefühls dar. Informationstechniken können einige der Aspekte von Informations- und Kommunikationsbeziehungen übernehmen, insbesondere da, wo diese Prozesse zweckorientiert und einer Formalisierung zugänglich sind.

Gleichzeitig eröffnen aber die Artefakte der Informatik durch ihre Eigenschaft, programmgesteuert, d.h. in ihrer Ausführung zu großen Teilen immateriell zu sein, wesentlich mehr Gestaltungsspielräume als Techniken, die in ihrer Ausführung physikalisch-mechanischen Gesetzmäßigkeiten unterliegen. Damit eröffnen sie die Möglichkeit, die untrennbar mit ihrer Anwendung verbundenen Wirkungen in einem weiten Bereich durch entsprechende Gestaltung zu variieren und zu steuern. Informatik wird zu einer Disziplin, die technik- und sozialwissenschaftliche Komponenten in sich vereint. Sie konzentriert sich nicht mehr nur auf Fragen des "Wie?", sondern bezieht auch Aspekte der Nutzung und Wirkungen ihrer Artefakte ein. Sie öffnet sich Fragen nach dem "Was?", dem "Warum?" und dem "Wozu?". Von einer in dieser Art verstandenen Informatik handelt der nächste Abschnitt.

2. Das Integrationsfach "Informatik und Gesellschaft"

Die Bezeichnung "Informatik und Gesellschaft" (IuG) für eine Informatik im oben beschriebenen Sinne soll offenlegen, was Informatik heute auszeichnet. IuG ist demnach ein Forschungs- und Arbeitsbereich, der Theorien und Methoden sowohl aus technik- wie aus sozial- und geisteswissenschaftlicher Perspektive aufnimmt, gegenseitig aufeinander bezieht und so eine Gesamtschau des sozio-technischen Zusammenhangs erlaubt. Es ist ein Versuch, die historisch gewachsene, jedoch sachlich nicht begründbare Trennung dieser Arbeitsbereiche zu überwinden und ein Verständnis von Technikentwicklung als sozialem Prozeß zu entwickeln.

Die Eigenständigkeit von IuG besteht zum einen in der Reflexion der Wirkungszusammenhänge zwischen technischem System und gesellschaftlichem Entwicklungs- bzw. Anwendungszusammenhang und zum anderen in der im Zusammenwirken der verschiedensten betroffenen Gruppen prozeßhaft organisierten Entwicklung und Gestaltung informationstechnischer Artefakte unter den Leitlinien der **sozialen Zweckbestimmtheit** und des **Werkzeugcharakters**[2].

IuG setzt selbstverständlich Kenntnisse und Fähigkeiten der beteiligten Fachdisziplinen voraus. Dabei orientieren wir uns an der Vorstellung, daß sich eine ganzheitliche Sicht zwar aus mehreren disziplinären Einzelsichten zusammensetzt, aber dennoch mehr ist als die Summe aller Einzelsichten. Dieses Mehr wiederum kann nur entstehen und wahrgenommen werden, wenn die einzelnen Disziplinen bereit sind, die Beiträge auch der anderen Disziplinen zum Gesamtbild wahrzunehmen und anzuerkennen. Der Erfolg von IuG hängt daher stark von der Bereitschaft und den Fähigkeiten aller Beteiligten zur fachübergreifenden Zusammenarbeit ab.

Übertragen auf die Hochschulausbildung heißt dies, daß der Themenbereich IuG Bestandteil des Informatikstudiums wird. Der nächste Abschnitt stellt entsprechende Vorüberlegungen für die Umsetzung von IuG in ein Nebenfach-Curriculum "Sozialorientierte Gestaltung von Informationstechniken" für Informatik-Studenten an der TH Darmstadt vor.

---

[2] So auch z.B. die Stellungnahme der GI 1989, S. 288.

3. Das Nebenfach-Curriculum "Sozialorientierte Gestaltung von Informationstechniken"

3.1. Ursprünge und Motivation

Bereits seit mehreren Jahren wird an der TH Darmstadt von einer fachübergreifend zusammengesetzten Gruppe von Veranstaltern[3] ein einsemestriges, zweistündiges Seminar "Sozialorientierte Gestaltung von Informationstechnik" für Studenten der Informatik, der Wirtschaftsinformatik und der Sozialwissenschaften angeboten. Das Seminar hat zum Ziel, in die Motivation und den Anspruch sozialorientierter Gestaltung von Informationstechnik einzuführen. Weiterhin werden ausgewählte Beispiele und Projektgruppen, die in diesem Bereich tätig sind, vorgestellt.

Das Seminar kann jedoch nur eine erste Orientierung über den Themenbereich sozialorientierter Systementwicklung geben. Eine weitergehende interdisziplinäre Vertiefung ist derzeit in der Studienordnung Informatik nicht ohne persönliche Mehrleistung der Studierenden möglich. Auch konnten im angebotenen Seminar keine eigenen Erfahrungen mit sozialorientierter Gestaltung von Informationstechniken gemacht werden. Aus diesen Gründen soll die Thematik des Seminars zum Ausgangspunkt für ein zukünftiges Nebenfachstudium gemacht werden.

3.2. Zielsetzung und Anspruch

Das geplante Nebenfachcurriculum hat zum Ziel, zur Verbesserung der fachübergreifenden Kompetenzen von Hochschulabsolventen beizutragen, die bei der Gestaltung und Anwendung von Informationstechniken mitwirken. In der ersten Phase ist die Erarbeitung eines entsprechenden Curriculums für Informatikstudenten, mittelfristige Zielvorstellung ist jedoch ein Lehrangebot für Studierende aller betroffenen Disziplinen.

Das Nebenfach zielt nicht auf die Ausbildung von Allround-Experten, die nicht mehr der Mitarbeit von Anwendern, Sozialwissenschaftlern, Juristen usw. bedürfen. Beabsichtigt ist vielmehr eine verbesserte Kompetenz und Urteilskraft der Absolventen für die Möglichkeiten, aber auch für die Grenzen bzw. die Ergänzungsbedürftigkeit der jeweils eigenen Disziplin im Hinblick auf sozialorientierte Systementwicklung. Für Informatikstudenten sind dafür sowohl vertiefte Kenntnisse der Naturwissenschaften wie insbesondere Kenntnisse aus den Geistes-, Sozial- und Rechtswissenschaften, z.B. aus der Wahrnehmungs- und Lernpsychologie, erforderlich.

Ein weiteres Merkmal des Nebenfach-Curriculums ist seine Praxisorientierung. Die hochschulinterne fachliche Ausbildung in Informatik sowie ihre im Nebenfach vorgesehene interdisziplinäre Erweiterung vermitteln zum großen Teil theoretisches und methodisches Wissen und Fähigkeiten. Sie können jedoch die Komplexität und die vielfältigen Anforderungen einer Systementwicklung "in der Praxis" nicht adäquat vermitteln. Da das Nebenfach aber die Studierenden gerade hierzu befähigen soll, sieht die Konzeption für die letzte Phase des Nebenfaches einen Systementwurf bis hin zur Realisierung und evtl. Einführung unter Praxisbedingungen vor. Dabei sollen die zuvor vermittelten Kenntnisse aktiv einbezogen werden.

---

[3] Beteiligt sind Prof. Dr. Wolfgang Henhapl, Fachbereich Informatik, Dr. Christoph Kreitz, Fachbereich Informatik, Dr. Wolfgang Bender, Institut für Theologie und Sozialethik, Urs Andelfinger, Zentrum für Interdisziplinäre Technikforschung (alle TH Darmstadt) und Dr. Werner Langenheder, GMD Bonn/Universität Freiburg.

3.3. Rahmenbedingungen

Für das Nebenfachangebot für den Studiengang Informatik stehen insgesamt 20 Semesterwochenstunden zur Verfügung. Das Nebenfach wird innerhalb des fachübergreifenden Wahlpflichtbereichs der Studienordnung im Hauptstudium angeboten. Um das Angebot auch für Studierende anderer Fachbereiche attraktiv zu machen, ist die Möglichkeit einer Modularisierung z.B. in zwei 10-Stunden-Blöcke zu prüfen. Analysiert man die wesentlichen am Seminar zur sozialorientierten Gestaltung von Informationstechnik beteiligten nicht-technischen Fachrichtungen, so zeigt sich, daß für die geforderten interdisziplinären Kompetenzen insbesondere Kenntnisse aus den Bereichen Sozialwissenschaften, Ethik und Philosophie, Psychologie, Recht und Wissenschaftstheorie erforderlich sind. Vorrangig mit diesen Fachbereichen soll daher die Entwicklung eines gemeinsamen Kernlehrprogramms betrieben werden.

3.4. Leitfragen

Das geplante Nebenfachcurriculum ist eine Antwort auf die immanente Eigenschaft der Informationstechniken, daß ihre Entwicklung und Anwendung stets in einem sozialen und interdisziplinären Umfeld erfolgen. Daraus lassen sich originäre Leitfragen und Lernziele für IuG ableiten:

- Erkennen des Zusammenhangs von Informatik und Gesellschaft und Fähigkeit zur Einordnung in den Gesamtkontext "Technik und Gesellschaft";
- Erkennen der Gestaltbarkeit von Informationstechnik;
- Vermittlung von ethischem sowie erkenntnis- und wissenschaftstheoretischem Orientierungswissen;
- Aufdeckung (u. U. verborgener) Leitbilder der Technikentwicklung;
- Offenlegung der Unvollkommenheit auch der sozialverträglichen Technikgestaltung und Problematisierung von Verantwortungsdilemmata;
- Vermittlung von Grundlagen der Technikfolgenabschätzung;
- Vermittlung von Prinzipien und Methoden sozialorientierter Technikgestaltung mit Beiträgen aus den verschiedenen Disziplinen und exemplarische Umsetzung in einem informationstechnischen System.

3.5. Hürden bei der Umsetzung

Bei der Vorstellung unseres Vorhabens in verschiedenen hochschulinternen Gruppen und Gremien tauchten einige gewichtige Probleme auf.

Im Gespräch mit Vertretern der verschiedenen von uns für relevant erachteten Fachbereiche wurde zwar der fachübergreifende Charakter unseres Anliegens allgemein anerkannt. Bezüglich einer konkreten Beteiligung wurden wir jedoch häufig darauf verwiesen, daß durch die hohen Studentenzahlen im traditionellen Studiengang keine Arbeits- und Lehrkapazität mehr frei sei für die Erarbeitung und Durchführung neuer Lehrveranstaltungen, die zudem nur Service-Leistungen für andere Fachbereiche seien. Unserer Ansicht nach müßte nun genauer die Frage geprüft werden, welche Rolle hierbei das disziplinäre Fachethos und Selbstverständnis der beteiligten Fächer und die disziplinär orientierte Hochschulstruktur mit ihren fachbezogenen Reputationskriterien spielen.

Eine weitere zu lösende Aufgabe ist die Einordnung des Nebenfaches in die Studien- und Prüfungsordnungen, insbesondere hinsichtlich der Benotung der erbrachten Leistungen. Da die Idealvorstellung von doppelt qualifizierten Hochschullehrern[4], die die Arbeitsergebnisse in Personalunion

---

[4] Vgl. hierzu die Wunschvorstellung in der GI-Empfehlung von 1986.

kompetent beurteilen könnten, in Darmstadt nicht gegeben ist, muß hier noch nach Lösungen gesucht werden.

Auch in Gesprächen mit Studenten der verschiedenen Fachbereiche wurden Hürden für unseren Ansatz deutlich. Bei Studenten sozialwissenschaftlicher Fächer ist die Wahl, ein nicht-technisches Fach zu studieren, häufig bewußt getroffen worden. Mit Technik möchte man sich allenfalls noch reflektierend beschäftigen. Bei Informatikstudenten hingegen spielt unter anderem die "harte" intersubjektive Nachprüfbarkeit wie auch die berufliche Relevanz eine große Rolle für die Nebenfachwahl. Beides sehen sie durchaus skeptisch in unserem Ansatz.

4. Ausblick

Mit Unterstützung des Zentrums für Interdisziplinäre Technikforschung der TH Darmstadt wird sich im Laufe des Sommersemesters 1992 eine fachübergreifende Projektgruppe konstituieren, die zunächst von ihren disziplinären Sichten her die an der TH Darmstadt vorhandenen Lehrangebote im Hinblick auf Informationstechniken analysieren und strukturieren wird sowie Defizite aufzeigen soll. Mit Unterstützung durch das Institut für Praktische Informatik sollen dann spiegelbildlich Anknüpfungspunkte und korrespondierende Lehrveranstaltungen des Fachbereichs Informatik identifiziert werden.

Anschließend sollen - unter Anbindung und in Absprache mit den beteiligten Fachbereichen - die sich ergebenden Berührungspunkte zu fachübergreifenden Brücken ausgebaut werden, so daß von nicht-technischer Seite wie von informationstechnischer Seite her ein aufeinander abgestimmtes neues anwendungs- und anwenderbezogenes Curriculum entsteht. Bei der Stoffauswahl sowie in der Präsentation der Inhalte sind die Problemorientierung und der Bezug zu einer fachübergreifenden Absolventengruppe von zentraler Bedeutung. Inwieweit innerhalb dieses Curriculums spezifische disziplinäre Vertiefungsmöglichkeiten angeboten werden sollen, muß noch genauer überprüft werden.

Einen weiteren Schwerpunkt unserer zukünftigen Arbeit sehen wir in der verstärkten hochschulübergreifenden Kooperation mit gleichgelagerten Modellvorhaben und in der Teilnahme an entsprechenden Gesprächsforen. Zum einen erlaubt dies eine vergleichende parallele Erprobung mehrerer Ansätze. Vor allem aber könnte so eine schnellere und fundiertere Etablierung eines Integrationsfaches Informatik und Gesellschaft auch und gerade über traditionelle Fachbereichsgrenzen hinweg unterstützt werden.

5. Literatur

Gesellschaft für Informatik:
Empfehlungen zur Einbeziehung der gesellschaftlichen Aspekte der Informatik in die Informatik-Ausbildung. In: Informatik-Spektrum 1986, S. 51.

Gesellschaft für Informatik:
Informatik und Verantwortung - Fachbereichsempfehlung des Arbeitskreises 8.3.3. "Grenzen eines verantwortbaren Einsatzes von Informationstechnik" der Gesellschaft für Informatik.
In: Informatik-Spektrum 1989, S. 281.

Alfred Lothar Luft:
Informatik als Technik-Wissenschaft - Eine Orientierungshilfe für das Informatik-Studium.
Mannheim: BI Wissenschaftsverlag 1988.

Ganzheitliche Arbeitsgestaltungskompetenz
Paradigmenwechsel in der Aus- und Weiterbildung von Informatik-Fachkräften[1]

Andrea Baukrowitz, Andreas Boes, Christian Boß, Ulrich Hütten, Ulrich Jung
Institut für Sozialwissenschaftliche Forschung (ISF) Marburg
Uferstraße 11
3550 Marburg

1. Einleitung

Die betriebliche Aus- und Weiterbildung von Informatik-Fachkräften steht an einem Scheideweg. Das traditionelle, auf die Technik, die Programmiersprachen und die Fachinformatiken ausgerichtete Berufsprofil unterliegt gegenwärtig einem beschleunigten Erosionsprozeß. Entsprechend verliert die betriebliche Qualifizierung ihre konzeptionelle Basis für eine in die Zukunft gerichtete Ausbildung und Personalentwicklung.

Die Orientierung auf die zukünftigen beruflichen Anforderungen erfordert einen Paradigmenwechsel in der Qualifizierung dieser Berufsgruppe. Notwendig ist ein neues Leitbild der konzeptionellen Ausrichtung der Aus- und Weiterbildung. Dieses ist an der zukünftigen Rolle und den veränderten Aufgaben der Informatik-Fachkräfte zu orientieren. In Zukunft wird in erster Linie die Fähigkeit gefordert sein, Informatik-Know-How optimierend in die sozialen Prozesse zur Erstellung neuer Arbeitssysteme einzubringen.

2. Qualifizierung von Informatik-Fachkräften

2.1. Wandel der Qualifikationsanforderungen

Die Qualifikationsanforderungen der Informatik-Fachkräfte in den Unternehmen befinden sich in einem grundlegenden Wandel. An der Oberfläche macht sich dieser Veränderungsprozeß in einer zunehmenden Vielfalt der geforderten beruflichen Qualifikationen und einer Bedeutungszunahme sozialer Kompetenzen bemerkbar. Ursächlich resultiert dieser Anforderungswandel aus zwei miteinander verbundenen Veränderungsmomenten: der technischen Entwicklung im Bereich der in Unternehmen eingesetzten Computertechnologie und der Neudefinition des Nutzungskontexts der Informationstechnik (IT) im Zusammenhang mit der Herausbildung neuer Unternehmensstrategien.

Der dezentrale Einsatz von Computern, verbunden mit dem Trend zur umfassenden Unterstützung der Arbeit an jedem Arbeitsplatz, führt zu vollkommen neuen Aufgaben und damit zu neuen beruflichen Anforderungen für die Informatik-Fachkräfte, die weit über die technisch induzierten Veränderungen hinausweisen.

Ein Ergebnis dieser Veränderungsprozesse ist die Neudefinition der Qualitätsmaßstäbe für die Arbeit von Informatik-Fachkräften: technische Kriterien treten in den Hintergrund, einsatzbezogene Kriterien, die aus dem Anwendungskontext des IT-Systems resultieren, gewinnen an Bedeutung. Die Diskussion um Ergonomie ist da nur die Spitze des Eisbergs.

Der veränderte Einsatz der IT führt weiterhin zu einer veränderten Arbeitsweise der Informatik-Fachkräfte: Ihre Arbeit wird zunehmend professionalisiert. Systementwicklung verlangt weniger die

---

1 Dieser Beitrag basiert auf Arbeitsergebnissen aus dem Forschungs- und Entwicklungsprojekt "Qualifizierungsziel Ganzheitliche Arbeitsgestaltungskompetenz - Sozialverträgliche Gestaltung von IuK-Systemen als Gegenstand der Aus- und Weiterbildung von DV-Fachkräften". In diesem Projekt entwickelt und erprobt das Institut für Sozialwissenschaftliche Forschung (ISF) Marburg gemeinsam mit Unternehmen und Aus- und Weiterbildungsinstitutionen ein neues Qualifizierungskonzept für Informatik-Fachkräfte. Das Projekt wird im Rahmen des Landesprogramms "Mensch und Technik - Sozialverträgliche Technikgestaltung" vom Ministerium für Arbeit, Gesundheit und Soziales des Landes Nordrhein-Westfalen gefördert.

"spontane Genialität" als vielmehr solide Methodenkenntnisse. Die Arbeit in Projektgruppen und die Kooperation mit Anwendern gehört für viele Informatik-Fachkräfte bereits zum Arbeitsalltag. Der bisweilen zu beobachtende Mangel an sozialen Kompetenzen in dieser Berufsgruppe droht in diesem Zusammenhang zum Engpaßfaktor zu werden.

Im Ergebnis dieser Veränderungsprozesse "verschwimmt" das berufliche Profil dieser Gruppe. Die Identifikation von Kernqualifikationen - für alle, die mit der Aus- und Weiterbildung in diesem Berufsfeld beschäftigt sind, eine Notwendigkeit, um die Aktivitäten in die Zukunft planen zu können - ist scheinbar kaum noch möglich. Dementsprechend wächst die Verunsicherung.

2.2. Reaktionen des Aus- und Weiterbildungsmarktes

Die bislang gängige Reaktion des Aus- und Weiterbildungsmarktes auf die Veränderung der beruflichen Anforderungen an Informatik-Fachkräfte bestand in einer ständigen Ausweitung des Schulungsangebots. In der Regel wurden aufkommende Anforderungen jeweils "Eins-zu-Eins" in neue Kurse übertragen. Als Resultat erleben wir heute vielfach einen "Flickenteppich" von Einzelmaßnahmen, die kaum mehr inhaltlich aufeinander und auf die zukünftigen Aufgaben von Informatik-Fachkräften bezogen sind.

Das additive Verfahren der Erweiterung des Qualifizierungsangebots hinkt den Anforderungen, die in den Unternehmen gestellt werden, nach dem "Hase-Igel-Prinzip" immer um Längen hinterher. Die Möglichkeiten, immer noch weitere "Flicken anzunähen", stößt in den Aus- und Weiterbildungs-institutionen zunehmend an eine natürliche Sättigungsgrenze.

Dieses Problem ist der Ausgangspunkt unseres Forschungs- und Entwicklungsprojekts. Gefordert ist nach unserer Auffassung ein Qualifizierungskonzept, das die Trends des zukünftigen Qualifizierungsbedarfs antizipativ aufgreift und sich offensiv zu den Veränderungen verhält. Dazu wird ein Analyseinstrument benötigt, das das chaotisch anmutende Gewirr neuer beruflicher Anforderungen systematisierbar macht und so die Grundlage für ein neues Qualifizierungskonzept legt.

Um dieses Ziel zu erreichen, ist es notwendig, den Wandel der beruflichen Anforderungen vom "Wesen der Veränderung" her zu erfassen. Deshalb haben wir die Veränderung von Rolle und Kernaufgaben von Informatik-Fachkräften in den Unternehmen untersucht, um auf dieser Basis konzeptionelle Veränderungen der Aus- und Weiterbildung einzuleiten.

3. Grundlegende Veränderungen im Berufsbild

Viele Unternehmen sind heute auf der Suche nach neuen Unternehmensstrategien. Der zunehmende Konkurrenzdruck auf immer enger werdenden und sich immer rascher wandelnden Märkten verlangt von den Unternehmen ein steigendes Maß an Flexibilität. Dies ist offensichtlich mit den traditionellen Produktionsweisen und betrieblichen Strukturen nicht mehr bzw. nur in abnehmendem Umfang zu erreichen. Gefordert ist eine umfassende Reorganisation der betrieblichen Abläufe und Strukturen.

3.1. Die neue Rolle der Informatik-Fachkräfte

Konzeptioneller Kern neuer Unternehmensstrategien ist eine Umgestaltung der Arbeit auf Grundlage einer neuen IT-Infrastruktur und neuer IT-Werkzeuge. Das Resultat ist eine gegenseitige Durchdringung von Arbeit und betrieblich angewandter IT. Dabei ist die Umgestaltung der Arbeit und Arbeitsorganisation nicht ohne die Erneuerung des technischen Systems denkbar, und umgekehrt kann die Gestaltung der IT nur unter der Prämisse der Reorganisation der Arbeit effizient erfolgen.

Im Innovationsprozeß müssen deshalb die Prozesse der Arbeitsgestaltung und der IT-Entwicklung systematisch aufeinander bezogen sein. Der Reorganisationsprozeß der Arbeitsorganisation ist auf die Möglichkeiten der IT zu beziehen und die Entwicklung der IT auf den Prozeß der Arbeitsgestaltung.

Informatik-Fachkräfte nehmen in diesen Prozessen eine Schlüsselrolle ein. Ihre aktive Mitarbeit ist für die Umsetzung dieser neuen Unternehmensstrategien unbedingt erforderlich. Denn aufgrund ihres spezifischen Expertenwissens entwickeln sie nicht nur die technische "Basis" für die neuen Arbeitssysteme, sondern sie sind darüber hinaus diejenigen, die die IT als Medium des Innovationsprozesses nutzen und den Kontextbezug Arbeit - IT herstellen können.

3.2. Die neue Kernaufgaben der Informatik-Fachkräfte

Mit dem Rollenwandel der Informatik-Fachkräfte in den Innovationsprozessen vollzieht sich eine Neudefinition der Kernaufgaben dieser Berufsgruppe.

Bisher bestand ihre Kernaufgabe darin, "Rechenmaschinen" zu entwickeln, auf die Teile des Arbeitsprozesses übertragen wurden. Die Arbeitsgestaltung erfolgte immer nachträglich bezogen auf das DV-System und die damit verbundenen technischen Restriktionen. Die DV-Fachkräfte waren nur wenig mit dem Prozeß der Arbeitsgestaltung und somit auch wenig mit den Folgen ihrer Produkte konfrontiert.

In Zukunft wird die IT zunehmend als Werkzeug und Infrastruktur im Arbeitsprozeß eingesetzt werden. Um sowohl die Arbeitsorganisation als auch die IT effizient zu entwickeln, muß die IT als Medium im Arbeitsgestaltungsprozeß eingesetzt werden. Damit sind auch die Informatik-Fachkräfte voll in den Arbeitsgestaltungsprozeß mit ihrem spezifischen Beitrag integriert.

In diesem Rahmen entstehen neue Kernaufgaben für Informatik-Fachkräft. In Zukunft werden sie:

- die IT als Werkzeug entwickeln und als Medium im Prozeß der individuellen Arbeitsgestaltung einsetzen;

- die IT als Infrastruktur entwickeln und als Medium im Prozeß der Neuentwicklung von Arbeitsbeziehungen (Kooperations- und Kommunikationsbeziehungen) einsetzen;

- die IT als spezifisches Abbild der Unternehmensstruktur entwickeln und als Medium bei der Gestaltung neuer Entscheidungs- und Kontrollmechanismen (Regulierungsmechanismen) einsetzen.

Die wesentlichen Veränderungen der Aufgaben lassen sich durch die Begriffe "Kontextbezug", "soziale Prozesse" und "Kooperation" erfassen:

A) Kontextbezug

Bestimmend für die IT-Entwicklung werden Kriterien der Arbeitsgestaltung und der Entwicklung von Entscheidungs- und Kontrollstrukturen. Bezugsrahmen für mögliche Alternativen der Arbeitsgestaltung ist der Entwicklungsstand der IT selbst. Im Spannungsfeld zwischen Arbeitsgestaltung und Technikgestaltung besteht der spezifische Beitrag der Informatik-Fachkräfte darin, den Kontextbezug Arbeit-Technik herzustellen.

B) Soziale Prozesse

Die Arbeitsgestaltung und die Neudefinition von Regulierungsmechanismen sind Gegenstand von Interessenskonflikten und Auseinandersetzungen im Unternehmen. Die Prozesse des Interessensausgleichs und der Auseinandersetzung sind Motor der Innovationsprozesse. Durch die Verknüpfung der IT-Entwicklung mit der Arbeitsgestaltung und der Entwicklung neuer Regulierungsformen sind Informatik-Fachkräfte in diese Prozesse involviert und gestalten sie maßgeblich mit. Das Agieren in sozialen Prozessen rückt daher ins Zentrum ihrer Aufgaben.

C) Kooperation

Durch die Verknüpfung von Arbeitsgestaltung und IT-Entwicklung arbeiten Informatik-Fachkräfte zunehmend in kooperativen Entwicklungszusammenhängen. Kooperation bedeutet in einer Gruppe gleichberechtigter Experten zusammenzuarbeiten, eigenes Expertenwissen und Entwicklungsleistung als Teile eines übergreifenden Innovationsprozesses einzubringen und sich auf Expertenwissen anderer Akteure und deren Entwicklungsleistung in der eigenen Arbeit aktiv zu beziehen.

4. Paradigmenwechsel in der Qualifizierung

4.1. Das Leitbild der Qualifizierung

Die Informatik-Fachkraft als Techniker wird der neuen Rolle und den neuen Aufgaben nicht gerecht werden können.

Der "Techniker" als Leitbild aber bestimmt noch heute die Ausrichtung des Qualifizierungsangebots und ist die einzige, wenn auch lose, Klammer der verschiedenen Qualifizierungssegmente.

Qualifizierung ist heute gefordert, zur Entwicklung eines neuen Leitbildes und einer neuen Identität dieser Berufsgruppe beizutragen.

Grundlage eines modernen Qualifizierungskonzepts muß ein Paradigmenwechsel sein, der das Leitbild der Informatik-Fachkraft in kooperativen Entwicklungszusammenhängen zur konzeptionellen Basis von Qualifizierungsbausteinen macht. Ein neues Verständnis der Aufgaben von Informatik-Fachkräften im Arbeitsgestaltungskontext muß zu einer Neubewertung und inhaltlichen Anpassung aller Qualifizierungsbausteine führen.

4.2. Ganzheitliche Arbeitsgestaltungskompetenz

Ein neues Leitbild und ein verändertes Aufgabenverständnis sind die Grundlage für Kompetenzen, die den Qualifikationsanforderungen in den Unternehmen entsprechen: Technikgestaltungskompetenz, Prozeßkompetenz und Kooperationskompetenz. In ihrer Gesamtheit bezeichnen wir diese als "Ganzheitliche Arbeitsgestaltungskompetenz".

4.2.1. Technikgestaltungskompetenz

Technikgestaltungskompetenz ist das klassische Qualifikationsmerkmal der Informatik-Fachkräfte. Im Kontext "Arbeitsgestaltung" muß diese Kompetenz neu bewertet und inhaltlich definiert werden:

- Technik im Kontext Arbeit interpretieren und bewerten;

- Technikeinsatz im sozialen Zusammenhang interpretieren und bewerten;

- Technik im Interessensbezug interpretieren und bewerten.

4.2.2. Prozeßkompetenz

Um in den komplexen sozialen Prozessen des Innovationsprozesses aktiv und verantwortlich handeln zu können, muß "Ganzheitliche Arbeitsgestaltungskompetenz" an der Logik dieser Prozesse und weniger an starren Strukturen orientiert sein. Das bedeutet im einzelnen:

- soziale Prozesse in ihrer Dynamik verstehen;

- eigene Eingriffsmöglichkeiten und Verantwortung erkennen;

- Interessen und Widersprüche als Motor der Entwicklung verstehen und nutzen;

- den Entwicklungsprozeß ohne Zielkonstanz regulierend gestalten;

- Zyklizität und Rückkopplung als Methoden der Entwicklung nutzen.

4.2.3. Kooperationskompetenz

Kooperative Entwicklungsarbeit basiert auf der optimalen Zusammenarbeit und der Leistung eines Teams im Gegensatz zur individuellen Arbeit und Leistung, die in der Berufsgruppe bisher vorherrschend waren. Um Synergieeffekte in der Zusammenarbeit der Informatik-Fachkräfte und der anderen Akteure in komplexen sozialen Strukturen erreichen zu können, wird Kooperationskompetenz zu den notwendigen Qualifikationsmerkmalen der Berufsgruppe gehören. Das bedeutet:

- die eigene Rolle und Aufgabe im Bezug zu anderen Akteuren im Innovationsprozeß bestimmen;

- das Expertenwissen und die Entwicklungsleistung anderer Akteure verstehen und bewerten;

- die eigene Arbeit auf das Expertenwissen und die Entwicklungsleistung der anderen Akteure beziehen.

5. Qualifizierungskonzept "Ganzheitliche Arbeitsgestaltungskompetenz"

Die Grundlage für die Umsetzung eines Qualifizierungskonzepts "Ganzheitliche Arbeitsgestaltungskompetenz" sind die Implementierung eines neuen Fluchtpunkts in der Qualifizierung und die Vernetzung bisher isolierter Qualifizierungssegmente.

5.1. Implementierung eines neuen Fluchtpunkts[2]

Konkrete Schritte einer Neuorientierung der Aus- und Weiterbildung von Informatik-Fachkräften müssen darauf gerichtet sein, einzelne Aktivitäten auf einen neuen Fluchtpunkt zu orientieren. Systementwicklung in kooperativen Prozessen und die Rolle der Informatik-Fachkräfte in diesen Prozessen sind Inhalt dieses Fluchtpunkts.

Um den Fluchtpunkt als konkreten Orientierungspunkt in der Qualifizierung zu implementieren, muß zunächst die Schulung verändert werden, in der der Systementwicklungsprozeß als Ganzes Gegenstand ist, und in der maßgeblich das Aufgabenverständnis geprägt wird. Dies trifft besonders für die Schulungen im Bereich "Systems Engineering" oder "Software Engineering" zu.

Komplementär dazu sollten Schulungen, in denen soziale Kompetenzen im Vordergrund stehen ("Rhetorik", "Präsentationsmethodik" und "Informatik und Gesellschaft"), und der Bereich "Projektmanagement" entsprechend auf den neuen Fluchtpunkt ausgerichtet werden.

Aufgrund ihrer zentralen Bedeutung können diese am Fluchtpunkt ausgerichteten Qualifizierungsmaßnahmen dann in der weiteren Entwicklung eine Sogwirkung auf andere Fächer und deren inhaltliche Ausrichtung entfalten.

5.2. Vernetzung von Schulungen

Bisher sind einzelne Schulungen weitgehend isoliert und kaum aufeinander und auf die Aufgaben von Informatik-Fachkräften bezogen. Um eine umfassende Ausrichtung der Qualifizierung auf einen neuen Fluchtpunkt zu erreichen, ist es notwendig, die Schulungen aus den oben genannten Bereichen "Software Entwicklung" und "Soziale Kompetenzen / Projektmanagement" zu vernetzen. Grundlage ist die konkrete Zusammenarbeit der Dozenten aus diesen Kernbereichen. Davon ausgehend können die Unterrichtsinhalte im Prozeß der gemeinsamen Weiterentwicklung systematisch aufeinander bezogen und so bisher isolierte Qualifikationen praxisnah vermittelt werden. Eine geeignete Methode für die Vernetzung ist die Verwendung eines gemeinsamen, durchgängigen Fallbeispiels, das Qualifizierungsinhalte in einen konkreten Systementwicklungsprozeß einordnet.

---

2 Der Fluchtpunkt bezeichnet in der Perspektivenlehre den Punkt, auf den alle parallelen geraden Linien zulaufen, um sich in ihm in der Unendlichkeit zu vereinen. Analog dazu verstehen wir einen Fluchtpunkt in der Qualifizierung als gemeinsamen Ausrichtungspunkt der einzelnen Qualifizierungsmaßnahmen auf ein neues Paradigma.

Schulungs- und Betreuungskonzept im Deutschen Bundestag: Projekt PARLAmentarische KOMmunikation (PARLAKOM)

Mathilde Vogelsang

IAP-Informationsmanagment GmbH

Stift Schloß Ehreshoven

5250 Engelskirchen

1. Einleitung PARLAKOM

Der zunehmende Einsatz der EDV als Hilfsmittel zur Bewältigung von Informations- und Organisationsaufgaben durch staatliche Instanzen hat auf der Ebene des Deutschen Bundestages zu Überlegungen geführt, eine Technik-Unterstützung des Parlaments anzustreben. Ein wesentliches Argument bestand darin, auf die sich zuungunsten des Parlaments verändernden Machtverhältnisse hinzuweisen, die einem zunehmend besser und schneller informierten Regierungsapparat gegenüberstehen, der verfügbare Datenbanken nutzt und eigene aufbaut.

Zur Stärkung der Position der Abgeordneten und des Parlaments insgesamt wurden eine Reihe von Reformvorschlägen entwickelt. In diesem Zusammenhang sind besonders zu nennen:

- Einsatz von Informations- und Kommunikationstechniken
- Verbesserte Ausstattung der Abgeordneten in Bonn und in den Wahlkreisbüros
- Bessere Zugriffe auf Arbeitsstäbe der Fraktionen und Ausschüsse
- Ausbau des wissenschaftlichen und sonstiger Hilfsdienste des Parlaments
- Zugriff auf Datenbanken im In- und Ausland.

Vor dem Hintergrund dieser Diskussion wurde vom Ältestenrat beschlossen, das Parlament und die Abgeordneten bis Mitte der 90er Jahre (Planungszeitraum: 10 Jahre) mit Informations- und Kommunikationstechniken (IuK) auszustatten, um ihnen bessere Informationsmöglichkeiten für ihre Aufgaben der Regierungskontrolle und Gesetzgebung zu erschließen.

Vom Ältestenrat wurde die Kommission "Einsatz von IuK-Techniken und -medien" eingesetzt. Diese Kommission gab Mitte 1984 eine Studie in Auftrag, in deren Mittelpunkt die Fragestellung stand, inwieweit sich die Arbeitsbedingungen der Abgeordneten durch den Einsatz von IuK-Technik verbessern lassen. Der Ältestenrat verabschiedete aufgrund dieser gesamten Thematik und des steigenden Bedarfs der Abgeordneten an Informations- und Kommunikationsmitteln 1987 das Projekt PARLAKOM.

Das Parlament als Gesetzgeber und als Kontrollorgan der Regierung nimmt in der Bundesrepublik Deutschland eine herausragende Stellung ein. Für eine kompetente Abwicklung seiner Aufgaben ist es notwendig, mindestens genau so gut und genau so schnell wie die Regierung informiert zu sein. Vor diesem Hintergrund wird deutlich, daß die Mittel zur Informationsbeschaffung und die damit verbundenen Serviceeinrichtungen (Schulung, Betreuung, Support und Innovation) einen sehr hohen Standard erfordern.

Dies hat konkret zur Folge, daß zum einen die technische Ausstattung mit Hard- und Software stets auf dem neuesten Stand sein muß, zum anderen müssen die Abgeordneten und deren Mitarbeiter durch Schulungen, Betreuung und Support ständig mit diesen Neuerungen vertraut gemacht werden, um effizient arbeiten zu können.

2. Die Aufgaben und Ziele des Projektes Parlakom

Übergeordnetes Ziel ist die Verbesserung der parlamentarischen Kontrolle über die Regierung durch den Einsatz von Iuk-Techniken im Rahmen einer emanzipatorischen Zielsetzung.

Das Arbeitsziel dieses Projektes ist es, die technischen Möglichkeiten zu schaffen und die Schulung und Betreuung zu gewährleisten, die zu einer optimalen und effektiven Arbeit mit den PC in den Abgeordnetenbüros im Sinne des übergeordneten Ziels führen.

Die Aufgaben bestehen

- in der Beratung der Abgeordneten und deren Mitarbeitern bei der Ausstattung mit Hard- und Software im Rahmen der von der IuK-Kommission vorgegebenen Ausstattungsmöglichkeiten
- in der Bereitstellung von Hard- und Software
- in der Schulung der Abgeordneten und deren Mitarbeitern im Bereich der eingesetzten Software
- in der Betreuung der Abgeordneten und deren Mitarbeitern
- in der Koordination des Technikereinsatzes im Bereich der Hardware über Fremdfirmen oder die Verwaltung
- in der Fortschreibung und Innovation des Projektes

Diese Aufgabenstellungen sollten durch ein Benutzer-Service-Zentrum (BSZ) gelöst werden. Es wurde dabei an ein internes BSZ gedacht, weil dadurch die spezifischen und z.T. sensiblen Aufgaben besser gelöst werden können als durch ein externes BSZ.

3. Konzept und dessen Umsetzung

Ausgehend von der Überlegung, daß die Umstellung auf die neuen Technologien einschneidende Veränderungen in den Abgeordnetenbüros hervorrufen würden, sollte die Schulung und Betreuung eines Abgeordnetenbüros in der Hand eines Betreuers liegen. Da gleichzeitig auch eine schnelle, persönliche Erreichbarkeit des Betreuers bzw. des Abgeordnetenbüros für wünschenswert erachtet wurde, richtete man das BSZ (mit Ausnahme des Schulungszentrums) in einem der Abgeordnetenhochhäuser ein. Aus Platzmangel wurde das BSZ inzwischen jedoch ausgelagert und ist nun etwa 1,5 km von den Abgeordnetenbüros entfernt.

3.1 Die Betreuung

Die Betreuung der Abgeordnetenbüros durch die BSZ-Mitarbeiter beinhaltet die Beratung, die Bereitstellung der Hard- und Software und die Fehlererkennung und -behebung. Dies wird hauptsächlich durch regelmäßige Besuche in den Abgeordnetenbüros sichergestellt. Seit April 1992 können auch die Wahlkreisbüros besucht werden. Die Lösung aktueller Probleme geschieht überwiegend per Telefon.

Die Beratung beginnt bereits bei der Frage nach der entsprechenden Hardware-Ausstattung der Abgeordnetenbüros (in Bonn und im Wahlkreisbüro), den speziellen Möbeln und deren zweckmäßiger Anordnung in den Abgeordnetenbüros. Im weiteren Verlauf der Zusammenarbeit stehen dann Kurzeinweisungen und Schulungsberatung im Vordergrund der Betreuung. Diese Phase der Beratung ist besonders wichtig für die Akzeptanz der für viele Anwender neuen und sich verändernden Technik. Nicht zuletzt deswegen ist es wichtig, einen guten persönlichen Kontakt zwischen Anwendern und Betreuern herzustellen, und auch die Arbeitsabläufe in den einzelnen, zum Teil doch sehr unterschiedlich arbeitenden Abgeordnetenbüros zu kennen. Nur so ist der Betreuer in der Lage, den Anwendern bei der Optimierung ihrer Arbeitsabläufe beratend zur Seite zu stehen und perspektivisch neue Wege aufzuzeigen. Dies betrifft z.B. die Informationsbeschaffung und das Versenden von Dokumenten. Bei den persönlichen Besuchen werden auch typische Anwendungsfehler erkannt und besprochen.

In die Zuständigkeit der Betreuer fällt auch die Bereitstellung der Hard- und Software und deren störungsfreier Betrieb. Bei den Besuchen in den Abgeordnetenbüros sollten daher auch immer die Funktionalität der Geräte überprüft und Systempflege und Datenschutz durchgeführt werden. Bei der Hardwareauf- oderumrüstung koordiniert der Betreuer die Termine zwischen Techniker und Büro. Die Softwareanpassung wird vom Betreuer persönlich durchgeführt.

Für die Lösung akut anstehender Probleme steht der Telefonsupport zur Verfügung. Jeder Support wird dokumentiert.

3.2 Die Schulung

Die angebotenen Schulungen teilen sich in Seminare und Workshops auf. Die Basisschulung besteht aus zwei viertägigen Kursen, die mindestens vierzehn Tage auseinanderliegen. In den ersten vier Tagen werden allgemeine Grundfunktionen und die der Textverarbeitung geschult. Im zweiten Kurs wird die weitere Standardsoftware behandelt. Die Workshops sind ein- bis viertägig. Sie behandeln entweder die Vertiefung der Standardsoftware oder führen in weitere Software ein. Da alle Anwendungen zur Zeit noch menügeführt sind, werden nur die Anwendungsprogramme und kein Betriebssystem geschult.

Jeder Betreuer ist in der Lage, jeden angebotenen Kurs zu halten.

Die Schulungen stehen allen Abgeordneten und deren Mitarbeitern kostenlos zur Verfügung. Für die Wahlkreismitarbeiter werden die Kosten für An- und Abreise und die Unterbringung vom Deutschen Bundestag übernommen. Die Schulungen finden während der regulären Arbeitszeit statt. Es besteht kein Zwang, an diesen Schulungen teilzunehmen.

3.3 Innovation und Fortschreibung des Projektes

Um eine Koordination der Hard- und Software im Abgeordnetenbereich und den anderen Bereichen des Deutschen Bundestages (Ausschüsse, Verwaltung, Fraktionen) zu erreichen und Lösungen für anstehende Probleme zu finden, tagt die IuK-Kommission in regelmäßigen Abständen.

Bei Bedarf werden dann Projektgruppen eingesetzt, deren Aufgabengebiete Problemlösungen und Tests in bezug auf die Einsatzfähigkeit entsprechender Hard- und Software einschließen. Eine Projektgruppe übernimmt z.B. die technische Betreuung für den Ersten Untersuchungsausschuß (Kommerzielle Koordinierung -KoKo) für den Aufbau eines Datenbankmanagments einschließlich einer Archiv- und Imageverwaltung und eines Thesaurus. Eine andere erarbeitet ein Rahmenkonzept für die Unterstützung der Ausschüsse und der Ausschußsekretariate.

Eine ständige Einrichtung des Referates sind die Querschnittsgruppen. Diese beschäftigen sich mit speziellen Themen aus dem Arbeitsalltag der Abgeordentenbüros. So z.B. dem Datenschutz und der Datensicherheit, der Büroorganisation, der Systemplanung und der Erstellung und Aktualisierung von Schulungsunterlagen. Daneben gibt es noch eine Querschnittsgruppe Öffentlichkeitsarbeit, die Anwender im wesentlichen über die Aktivitäten des BSZ und Neuerungen informiert.

4. Der organisatorische Rahmen

Das Projekt PARLAKOM ist organisatorisch in das Referat ZI2 (Neue Informatinssysteme IT-Beschaffung, Rechtsfragen der Informationsverarbeitung, Schulung und Benutzer Service) der Verwaltung des Deutschen Bundestages eingebunden. Die Mitarbeiter des BSZ gliedern sich in zwei Hauptgruppen: Die internen Verwaltungsangestellten (derzeit 21) und die externen Mitarbeiter (zur Zeit 44), die von Unternehmen der freien Wirtschaft für einen bestimmten Zeitraum für dieses Projekt zur Verfügung gestellt werden. Hauptaufgabe sind sowohl für die internen als auch die externen Mitarbeiter Betreuung und Schulung der Abgeordneten und deren Mitarbeiter.

Nach mehreren Umbaustufen steht heute ein Schulungszentrum zur Verfügung, das aus zehn Schulungsräumen, Aufenthaltsmöglichkeiten, Sekretariat und sanitären Einrichtungen besteht. Die Schulungsräume sind mit den in den Abgeordnetenbüros eingesetzten Einrichtungen einschließlich Software identisch ausgestattet.

Mit der Ausstattung der letzten 150 Abgeordnetenbüros mit Hard- und Software war Ende 1991 die Aufbauphase des Projektes Parlakom abgeschlossen. Die Referatsleitung nahm dies zum Anlaß, eine Analyse der gesammelten Erfahrungen durchzuführen. Zunächst wurden - wohl auch aus arbeitsrechtlichen Gründen - die bisherigen Organisationsstrukturen aufgelöst. Dann wurde das bisherige Betreuungskonzept überarbeitet mit dem Ziel, erkennbare Schwachstellen zu beseitigen und die Ablauforganisation zu optimieren.

Bisher waren jedem Mitarbeiter des BSZ Abgeordnetenbüros zugeteilt, für die der jeweilige Betreuer allein zuständig war. Nachteilig hierbei war, daß eine ständige Erreichbarkeit des Betreuers nicht gewährleistet werden konnte. Schulungszeiten, Mitarbeit in verschiedenen Arbeitsgruppen, die Vor-Ort-Betreuung, inklusive der dafür notwendigen Wegezeiten, wie auch die Abwesenheit in der Mittagspause begründeten dieses Problem. Auch die gegenseitige Unterstützung durch den Büronachbarn konnte hier nur bedingt Abhilfe schaffen, da dieser den gleichen Zeitproblemen unterlag.

Abhilfe konnte nur ein neues BSZ-Konzept schaffen, das als Ergebnis im April diesen Jahres eingeführt wurde.

Jeder Mitarbeiter betreut noch schwerpunktmäßig seine alten Abgeordnetenbüros, ist jetzt jedoch Mitglied eines Teams von vier bis fünf Kollegen. Die einzelnen Teams stimmen ihre Termine (z.B. Schulungen, Urlaub, Besuche der Bonner- und Wahlkreisbüros) untereinander ab, damit nach Möglichkeit immer zwei der Telefone besetzt sind und dadurch eine durchgehende Betreuung während der Dienstzeiten gewährleistet ist. In Problemfällen, die eine Vor-Ort-Betreuung erfordern, kann schneller reagiert werden. Das Team informiert einen Kollegen, der schon unterwegs ist. So können mehrere Einsätze von einer Person durchgeführt werden, mehrere Anfahrtswege entfallen, die telefonische Betreuung ist gewährleistet.

Jeder Betreuer ist über einen Europiepser zu erreichen. Die Europiepsernummern wurden allen Abgeordnetenbüros mitgeteilt. Zur weiteren Verbesserung der Erreichbarkeit, wird zur Zeit eine Rufweiterleitung installiert.

Die Teams wurden so zusammengestellt, daß ein breites Spektrum an Fachwissen im Team vorhanden ist. Hard- und Softwareprobleme der Abgeordnetenbüros können so schneller gelöst werden.

Jeder Betreuer führt eine Akte mit Gerätenummern und aktuellem Installationsstand seiner persönlichen Abgeordnetenbüros, so daß die Kollegen im Betreuungsfall über die notwendigen Informationen zur Hard- und Software verfügen.

Da in den Sitzungswochen in Bonn häufig bis spät abends gearbeitet wird, ist für diese Zeit eine Hotline, die unter einer eigenen "Hotlinenummer" erreicht werden kann, eingerichtet worden.

5. Perspektivische Entwicklung

Die Aufgaben, die an das Projekt PARLAKOM gestellt wurden, sind im wesentlichen gelöst: Die Schaffung eines BSZ mit den Aufgaben Beratung, Betreuung und Schulung der Abgeordneten und deren Mitarbeitern, der Bereitstellung von Hard- und Software, der Koordination des Technikereinsatzes und der Fortschreibung und Innovation des Projektes. Die notwendigen innovativen Weiterentwicklungen, z.B. die Abstimmung mit Hard- und Softwareausstattung in Ausschüssen und Fraktionen (vor dem Hintergrund der Emanzipationsbestrebungen des Parlaments), erfordern eine ständige Neuorientierung der personellen und sachlichen Ausstattung des BSZ. Zu berücksichtigen ist ferner, daß allein die räumliche Nähe zu den Bonner Abgeordnetenbüros in der Beratung und Betreuung zu Vorteilen gegenüber den Wahlkreisbüros führen kann. Durch regelmäßige Wahlkreisbesuche und gute Kommunikationsmöglichkeiten (Teletex, Telefon und z.B. Ferndiagnose) kann diesen Schwierigkeiten entgegengewirkt werden.

Bisher stand die Ausstattung der Abgeordnetenbüros mit Standardhard- und -software und die Basisschulungen im Vordergrund der Arbeit des BSZ. Den sehr heterogenen Anwendern muß in bezug auf Vorwissen und Bedarf, Rechnung getragen werden.

Die Schulungsform von Seminaren und Workshops kann bei Modifikation an die künftigen Applikationen beibehalten werden, es sollten jedoch größere Modifikationsmöglichkeiten geschaffen werden. Darüber hinaus wird eine Basiskonzeption erforderlich, die ein Umsteigen von der bis jetzt programmorientierten Anwendung auf die objektorientierte Arbeitsweise erleichtert.

Die individuelle Anpassung der Hard- und Software in den Abgeordnetenbüros wird an Bedeutung gewinnen, um dem persönlichen Informationsbedarf Rechnung zu tragen. Eine generelle Bedarfsermittlung muß Hand in Hand mit einer individellen gehen.

Bislang stand die Ausstattung mit Standardhard- und -software für alle Abgeordnetenbüros im Vordergrund der Betreuung und Schulung. Perpektivisch ist vorgesehen (inzwischen laufen jedoch Planungen und erste Vorbereitungen), den Abgeordneten und ihren Mitarbeitern eine mehr individuelle und objektbezogene Software (mit den entsprechenden Schulungen) zur Verfügung zu stellen.

Der Mensch im Mittelpunkt
Personalentwicklung durch Organisation und Qualifikation

Helfried Broer
Thorsten Hennings
Gesellschaft für Mathematik und Datenverarbeitung mbH
Schloß Birlinghoven, 5205 Sankt Augustin

1. Einleitung

Ein Strudel der Veränderungen hat die Welt erfaßt. Die Menschen, die in der Vergangenheit einen festen Platz in einer Welt mit klar definierten Fixpunkten - Werte, Beruf, Glaube - einnahmen, müssen heute nicht nur eine Veränderung, sondern eine ununterbrochene Folge von Veränderungen bewältigen, die ihre Existenz in den Grundfesten erschüttert [1]. Immer mehr Menschen leiden unter einem Gefühl der Bedeutungslosigkeit, der Nutzlosigkeit, dem Gefühl, weder für sich selbst noch für die Gesellschaft etwas Sinnvolles leisten zu können. Und weil sie auch in den herkömmlichen hierarchischen Organisationsstrukturen zu sehr Betroffene und zu wenig Beteiligte sind, bringen nur etwa zehn bis zwanzig Prozent der Mitarbeiter und Mitarbeiterinnen ihre volle Leistungsfähigkeit in den betrieblichen Alltag ein [2].

Eine Erhöhung dieses Anteils gelingt um so eher, je mehr Menschen an den innerbetrieblichen Entscheidungsprozessen beteiligt werden, je mehr Menschen das Gefühl haben, eine wichtige Rolle zu spielen. Hand in Hand damit entsteht dann auch - und dies ist ebenso wichtig - eine menschengerechtere Arbeitsumgebung. In diesem Beitrag wird am Beispiel eines Neuorientierungsprogramms, das in der Gesellschaft für Mathematik und Datenverarbeitung mbH (GMD) zur Erhöhung der Mitarbeiterorientierung entwickelt wurde, ein Weg aufgezeigt, wie die Lern-, Leistungs- und Verantwortungsbereitschaft der Mitarbeiter und Mitarbeiterinnen sowie ihre Freude am Arbeitsplatz erhöht werden kann.

2. Mitarbeiterorientierung

Die Entwicklungen im Bereich der Informatik vollziehen sich so schnell, daß selbst Informatiker Mühe haben, mit ihnen Schritt zu halten. Was gestern noch als optimale Problemlösung galt, ist heute oft schon völlig überholt. Während eine solch rasante Entwicklung die Spitzenforscher einer Großforschungseinrichtung nicht in Bedrängnis bringen darf, beklagen immer mehr, vor allem auch ältere Arbeitnehmer in der GMD, mit dieser Geschwindigkeit nicht mithalten zu können. Sie fühlen sich zunehmend überfordert. Gleichzeitig haben sie aber auch den Eindruck, bei den Führungskräften auf wenig Verständnis für ihre Probleme zu stoßen und beklagen - soweit sie nicht schon ihre "innere Kündigung" eingereicht haben - auf die neuen Anforderungen überhaupt nicht oder nur schlecht vorbereitet zu sein. Sie verweisen darauf, daß in der GMD bisher eine ausgeprägte Bürokratie geherrscht habe, daß Entscheidungen fast ausschließlich top down gefallen seien und daß die Angst, für Fehler zur Verantwortung gezogen zu werden, so dominant gewesen sei, daß das Aussitzen von Entscheidungen und das Wegschieben von Verantwortung die vorherrschende Verhaltensweise gewesen sei.

Durch die wegweisenden Arbeiten von Mayo und McGregor [4], aber auch aus unzähligen psychologischen Experimenten ist auf der anderen Seite bekannt,

- daß Menschen bereit sind, sich über jede Verpflichtung hinaus zu engagieren, wenn sie eine wichtige Rolle spielen können,
- daß sie aufblühen, wenn sie sich auch nur ein wenig eigenständig fühlen können und
- daß sie bereit sind, gemeinsame Ziele zu verfolgen, wenn sie den Eindruck haben, damit auch ihr Geschick positiv beeinflusen zu können.

Von McGregor stammen zwei gegenläufige Theorien, Theorie X und Theorie Y genannt. Theorie X geht von der Annahme aus,

- Arbeit sei dem Durchschnittsmenschen von Natur aus zuwider, er suche nur nach Möglichkeiten, sie zu vermeiden,
- Menschen könnten nur durch Zwang und Strafandrohung dahin gebracht werden, sich in ausreichendem Maße für die Ziele des Unternehmens einzusetzen, und
- der typische Mensch ließe sich am liebsten lenken, scheue jede Verantwortung, habe wenig Ehrgeiz und strebe vor allem nach Sicherheit.

Die Theorie Y geht dagegen von völlig anderen Prämissen aus, und zwar von den Annahmen,

- dem Durchschnittsmenschen sei Arbeit nicht von Natur aus zuwider, vielmehr seien körperliche und geistige Anstrengungen bei der Arbeit ebenso natürlich wie die bei Spiel, Sport und Erholung,
- Menschen könnten auch durch Anreize und Motivation dazu gebracht werden, sich in ausreichendem Maße für die Unternehmensziele einzusetzen, und
- unter den richtigen Bedingungen lerne der Durchschnittsmensch nicht nur, Verantwortung zu übernehmen, sondern sie sogar aktiv anzustreben.

Auf den ersten Blick schließen sich die beiden Theorien gegenseitig aus und es entsteht der Eindruck, als könnten die Menschen nur ausschließlich Theorie X-Menschen oder Theorie Y-Menschen sein. Doch um diese Frage geht es McGregor gar nicht. Vielmehr versucht er, den Blick in die entgegengesetzte Richtung zu lenken und zu fragen, welches Menschenbild die Arbeit einer Führungskraft bestimmen sollte. Diese Frage wird in dem Buch "Das biokybernetische Modell - Unternehmen als Organismus" [3] indirekt mit einem Bild beantwortet, das sicherlich auch McGregors Zustimmung gefunden hätte:

Der "neue" Manager muß wie der Trainer einer Fußballmannschaft agieren. Er kann und muß dafür sorgen, daß sich die einzelnen Spieler entwickeln können. Er muß ihnen etwas zutrauen, er muß sie fordern und fördern. Er ist für die Mannschaftsaufstellung und für die Mannschaftseinstellung, das heißt für die Stimmung in der Mannschaft verantwortlich. Die Spieler aber sind eindeutig die Hauptakteure. Sie sind für ihr Handeln selbst verantwortlich. Sie müssen kreativ, initiativ und kompetent sein.

Der Trainer kann nicht jeden Spielzug anweisen und kontrollieren, er kann und muß den Spielern Spielräume lassen. Er bestimmt zwar die Spielstrategie, kann aber den Spielern nicht befehlen, in einer bestimmten Situation ein Tor zu schießen. Nur so, und dies wird oft verkannt, kann der komplexe Spielablauf überhaupt funktionieren. Man stelle sich einmal vor, jede Einzelaktion auf dem Spielfeld müsse geplant, genehmigt, bestätigt und nach der Ausführung kontrolliert werden.

Die in diesem Bild verwendete Organisation ist arbeitsteilig. Jeder hat seine Aufgabe, seinen Verantwortungsbereich. Jeder hat aber auch die Pflicht - und das Recht -, wenn notwendig, andere Aufgaben zu übernehmen. Die Spieler sind nicht nur für einen Teil zuständig, sondern für das Gesamtresultat verantwortlich. Sonst dürfte beispielsweise ein Feldspieler den Ball nicht im Tor abwehren, wenn der Torwart schon geschlagen ist - denn für das Tor ist er ja nicht zuständig.

Durch eine solche Form der Zusammenarbeit macht das Geschehen allen Beteiligten Spaß; keiner muß sich als Betroffener fühlen, alle sind beteiligt, alle wirken zusammen für ein gemeinsames Ziel.

3. Das Neuorientierungsprogramm

Um eine solche Arbeitseinstellung in der GMD etablieren zu können, wurde gegen Ende letzten Jahres ein Neuorientierungsprogramm in den Grundzügen entworfen. Es zielt direkt auf eine Erhöhung der Mitarbeiterorientierung, um auf diese Weise eine Integration der unproduktiven Kräfte in die zielgerichteten Arbeiten der GMD zu erreichen und eine menschengerechtere Arbeitsumgebung zu schaffen.

Zur Implementierung dieses Programms wurde zunächst eine Arbeitsgruppe eingerichtet, die Möglichkeiten untersuchen sollte, wie den Mitarbeitern und Mitarbeiterinnen der Wechsel von einer Aufgabe zu einer anderen Aufgabe auch über Institutsgrenzen hinweg erleichtert werden könnte. Denn bisher erschwerten sowohl die aus dem öffentlichen Dienst bekannten Stellenpläne als auch die ausgeprägten Instituts- und Abteilungsegoismen solche Wechsel.

Als Ergebnis ihrer Arbeit wurde von der Arbeitsgruppe das Instrument der Aufgabenausschreibungen vorgeschlagen und nach intensiven Diskussionen mit den Institutsleitern, der Verwaltung und den Gremien (Wissenschaftlich Technischer Rat, Gesamtbetriebsrat) vom Vorstand verabschiedet. Aufgabenausschreibungen sind im Kern interne Stellenausschreibungen ohne Stelle im Stellenplan, das heißt, bei einer Bewerbung müssen die Bewerber ihre eigene Stelle mitbringen, die dann zusammen mit dem erfolgreichen Bewerber oder der erfolgreichen Bewerberin zu der aufgabenausschreibenden Organisationseinheit wandert. Kommt es dabei zu einem Konflikt zwischen der abgebenden und der aufnehmenden Organisationseinheit, entscheidet der Vorstand über das weitere Vorgehen.

Aufgabenausschreibungen dienen gemäß ihrer Zielsetzung nicht primär der Personalbeschaffung - obwohl sie auch dafür eingesetzt werden können -, sondern mehr der Neu- beziehungsweise Umorientierung der Mitarbeiter und Mitarbeiterinnen. Deshalb ist auch vorgesehen, daß die Aufgabenbeschreibungen in den Aufgabenausschreibungen nicht so detailliert abgefaßt werden, wie dies zum Beispiel bei einer Stellenausschreibung sinnvoll und erforderlich ist. Mehr als willkommen sind Ausschreibungen, in denen keine Spezialkenntnisse verlangt werden, sondern lediglich die Bereitschaft zur Einarbeitung in die Spezialgebiete vorausgesetzt wird.

Werden die Mitarbeiter und Mitarbeiterinnen in dieser Form umworben, können sich die Aufgabenausschreibungen auch in einem anderen Kontext positiv bemerkbar machen: Auch in der GMD werden Aufgaben bearbeitet, die ihre Aktualität inzwischen verloren haben. Dennoch scheint es aus verschiedenen Gründen schwierig zu sein, diese Arbeiten auch tatsächlich einzustellen. Mit den Aufgabenausschreibungen haben die in diesen Bereichen beschäftigten Mitarbeiter und Mitarbeiterinnen nun nicht mehr nur die Alternative, entweder die GMD zu verlassen oder diese Tätigkeiten fortzusetzen, sondern auch noch die Möglichkeit, sich für eine neue Aufgabe in der GMD zu entscheiden.

Nicht zuletzt durch diese Entscheidungsmöglichkeit wird das Selbstwertgefühl der Mitarbeiter und Mitarbeiterinnen deutlich gestärkt. Gleichzeitig wird damit aber auch die Bereitschaft der Instituts- und Abteilungsleiter zur Personalbetreuung erhöht: Ein Instituts- oder Abteilungsleiter kann es sich nun nicht mehr erlauben, sich nicht um seine Mitarbeiter und Mitarbeiterinnen zu kümmern, weil er sonst Gefahr läuft, sie samt ihren Stellen zu verlieren.

4. Geplante Arbeiten

Die Einführung der Aufgabenausschreibungen war erst der erste wichtige Schritt in dem Neuorientierungsprogramm. In einem zweiten Schritt wurde - schon mit dem Instrument der Aufgabenausschreibungen! - eine Projektgruppe zur weiteren Durchführung des Programms installiert. Von dieser Projektgruppe, die erst im Juni 1992 ihre Arbeit aufnehmen wird, sollen letztlich alle fachlichen, rechtlichen und sozialen Aspekte der Neuorientierungsaufgabe bearbeitet werden. Sie soll darauf hinwirken, daß die Mitarbeiter und Mitarbeiterinnen an den unternehmenspolitischen Entscheidungen stärker beteiligt werden, eigenständige Spielräume erhalten, deutlich erkennbare Verantwortung übernehmen und Feedback erhalten.

Geplant ist dafür zum Beispiel eine bessere Nutzung der Personalentwicklungsgespräche, die in regelmäßigeren Abständen zwischen den Mitarbeitern und Mitarbeiterinnen und ihren Führungskräften stattfinden sollen. Ziel dieser Gespräche ist eine rückschauende und zukunftsorientierte Standortbestimmung, wobei insbesondere die nächsten Aus- und Weiterbildungsschritte abgesprochen sowie die mittel- und langfristigen Arbeits- und Entwicklungspläne fortgeschrieben werden sollen. Vorgesehen ist, diese Art der Gespräche durch eine Beratung oder Schulung der Führungskräfte zu unterstützen. Dazu soll als Hilfsmittel auch das betriebsinterne Fortbildungsprogramm eingesetzt werden, das allerdings hierfür und für andere Aufgaben im Neuorientierungsprogramm erst noch neu ausgerichtet werden muß. Gedacht ist in diesem Zusammenhang zum Beispiel an Veranstaltungen zur Erhöhung der Kooperationsbereitschaft, zur Stärkung der Eigeninitiative und zur Vergrößerung der Entscheidungsfreudigkeit, aber auch an "Werbeveranstaltungen" für neu aufzubauende Aktivitäten.

Daneben sollen die Führungskräfte zum Beispiel bei Maßnahmen unterstützt werden, die darauf abzielen, die Lern- und Umlernbereitschaft der Mitarbeiter und Mitarbeiterinnen zu erhalten beziehungsweise zu erhöhen. Schließlich soll die Projektgruppe die konkrete Abwicklung der Aufgabenausschreibungen übernehmen sowie Ansprech- und Beratungsstelle in allen Neuorientierungsfragen für die Mitarbeiter und Mitarbeiterinnen sein.

Als eine wesentliche flankierende Maßnahme soll von der Projektgruppe darauf hingewirkt werden, daß in der GMD insgesamt eine offenere Informationskultur entsteht. Denn wer sich an den innerbetrieblichen Entscheidungs- und Problemlösungsprozessen engagiert beteiligen soll, muß auch hinreichend gut informiert sein. Überdies steigt die Identifikation der Mitarbeiter und Mitarbeiterinnen mit der GMD mit dem Grad ihres Informiertseins. Eine zweite flankierende Maßnahme betrifft die wöchentliche Arbeitszeit. Angestrebt wird eine Betriebsvereinbarung, die es den Mitarbeitern und Mitarbeiterinnen wesentlich erleichtert, eine Teilzeitbeschäftigung für eine begrenzte Zeit auszuprobieren oder eine bis auf Widerruf einzugehen. Ein flexibles Arbeitszeitmodell sichert ein Höchstmaß an persönlicher Flexibilität zum Nutzen der GMD.

5. Zusammenfassung

Menschen blühen auf, wenn sie sich auch nur ein wenig eigenständig fühlen können, sie sind bereit, sich über jede Verpflichtung hinaus zu engagieren, wenn sie eine wichtige Rolle spielen können. Nur wenn der Mensch mit seinen Bedürfnissen im Mittelpunkt der unternehmenspolitischen Entscheidungen steht, kann die Lern-, Leistungs- und Verantwortungsbereitschaft der Mitarbeiter und Mitarbeiterinnen sowie ihre Freude am Arbeitsplatz deutlich erhöht werden.

6. Literaturverzeichnis

[1]   Club of Rome
        Die globale Revolution
        Spiegel Spezial 1991

[2]   DeMarco, Tom; Lister, Timothy
        Wien wartet auf Dich!
        Hanser 1991

[3]   Fuchs, Jürgen (Hrsg.)
        Das biokybernetische Modell
        Gabler 1992

[4]   Peters, Thomas J.; Waterman, Robert H.
        Auf der Suche nach Spitzenleistungen
        MVG 1990

Sozialorientierte Gestaltung von Informationstechnik in der öffentlichen Weiterbildung

Ingrid Schöll / Bernd Passens
Im Ardeytal 27
5810 Witten

Wir werden das Thema "Sozial orientierte Gestaltung von Informationstechnik in der Weiterbildung" vornehmlich aus der Perspektive der öffentlich verantworteten Weiterbildung darstellen. Seit 1984 haben sich die Autoren in unterschiedlicher Weise mit dem hier zur Diskussion stehenden Themenbereich befaßt. Zum einen haben wir zahlreiche Seminare und Kurse an Volkshochschulen (VHS) zum Thema EDV im Büro durchgeführt, zum anderen haben wir unterschiedliche Fortbildungsveranstaltungen für EDV-Kursleiter und hauptamtliche EDV-Mitarbeiter an VHS im Auftrag des Landesinstituts für Schule und Weiterbildung in NRW und der Pädagogischen Arbeitsstelle des Deutschen Volkshochschulverbandes entwickelt und geleitet. Der dritte Erfahrungsbereich betrifft einen konzeptionellen Bereich. Herausheben möchten wir hier besonders die im Auftrag der Bundesanstalt für Arbeitsschutz entwickelten Lehr- und Lernmaterialien zum Thema "Humanisierung der Büroarbeit".
Folgende Thesen, die die besondere Spezifik des Themas Informationstechnik in der Erwachsenenbildung beleuchten, seien im ersten Teil vorangestellt.

1. Rahmenbedingungen

These 1: Das Thema Informationstechnik (Schwerpunkt: Ausbildung am PC) berührt in der Erwachsenenbildung ein Feld, das in der Regel nicht Gegenstand der Erstausbildung war. Da den Teilnehmern und Teilnehmerinnen Erfahrung im Umgang mit neuen Techniken fehlt, steigen Angst (vornehmlich Versagensangst: "Das lerne ich nie mehr in meinem Alter") und die Tendenz zur Mystifikation des Gegenstands (diese drückt sich einerseits in unkritischer Bewunderung und andererseits in nicht weniger unkritischer Ablehnung aus).

These 2: Bis Mitte der 80iger Jahre dominierten in der öffentlichen Weiterbildung neben allgemeinen Einführungskursen algorithmenorientierte Kurse. Der "typische" Teilnehmer war der an Fragen der Informatik interessierte Laie; der berufliche Nutzen spielte eine untergeordnete Rolle. Charakteristisch für diese erste Phase des DV-Unterrichts war die starke Dominanz der Programmierkurse. Programmiersprachen wirkten aufgrund ihres qualifikatorischen Anforderungsprofils (algorithmisches Denken), ihrer lexikalischen Basis (Englisch) und ihres Einsatzzusammenhangs (im Kursalltag: hoher Arbeitsaufwand für einen vergleichsweise geringen Nutzwert) nutzereinschränkend und elitebildend unter den interessierten Anwendern. Ohne die Relevanz und Notwendigkeit dieser Kurse in Zweifel zu ziehen, zeigte sich jedoch, daß mit zunehmender Verbreitung von Standardsoftware in Büros und Verwaltungen (v.a. Textverarbeitung, Datenbanken und Kalkulation) auch ein verändertes Qualifikationsbedürfnis der Teilnehmer und Teilnehmerinnen einherging. Neben dem weiterhin existierenden privat begründeten Interesse, den "Computer an sich" zu ergründen, kristallisierte sich in immer stärkerem Maße ein an beruflicher Nutzanwendung orientiertes Teilnahmemotiv heraus.
Viele Teilnehmer erkannten, daß sie in ihrer konkreten Situation am Arbeitsplatz keine Programme erstellen mußten, sondern daß die Fähigkeit zum Umgang mit immer leistungsfähigeren, fertigen Programmen und ein grundlegendes Verständnis der Arbeitsweise des Computers eine Voraussetzung für die Bewältigung der an sie gestellten beruflichen Anforderungen sein würde. Als Reaktion auf diese

veränderten Teilnehmererwartungen läßt sich seit Mitte der 80iger Jahre ein Anwachsen beruflich orientierter DV-Kurse beobachten.

These 3: Parallel zu dieser Entwicklung läßt sich ein Wandel in der Teilnehmerstruktur feststellen. Waren DV-Kurse zu Beginn eher "Männer-Kurse", führt der Trend zu berufsbezogenen DV-Kursen hier zu einem Wandel. Gerade in dem Bereich der kaufmännisch-verwaltenden Berufe waren es vielfach Frauen, die zuerst mit der DV in Form eines PC's oder eines Textcomputers am Arbeitsplatz konfrontiert wurden. Von daher ist es auch nicht verwunderlich, daß nun zunehmend Frauen die "Datenverarbeitung" entdecken.

These 4: Interesse, Akzeptanz und Relevanz von Fragen sozialorientierter Technikgestaltung in der Erwachsenenbildung sind gekoppelt an die zunehmende Verbreitung und Verfügbarkeit von Informationstechnik (v.a. PC) im beruflichen und privaten Bereich. Da die Integration von Informationstechnik in das berufliche Umfeld der Erwachsenen seit Mitte der 80iger Jahre im Mittelpunkt steht, gewinnen Aspekte einer sozial verträglichen Gestaltung des Rechnereinsatzes zunehmend an Relevanz. Dies geschieht nicht zuletzt vor dem Erfahrungshintergrund vieler Nutzer, daß die beste Technik einen unstrukturierten Arbeitsplatz nicht strukturierter erscheinen läßt und nur dort arbeitsunterstützend wirken kann, wo eine solide, an humanen Interessen orientierte Arbeitsplatzbeschreibung und -strukturierung bereits erfolgt ist.
In Kursen an VHS gewinnen seit Mitte der 80iger Jahre Fragen der Ergonomie von Hardware und Software sowie Probleme der Veränderung von Arbeitsorganisation und -inhalten infolge des DV-Einsatzes einen größeren Stellenwert. Unser Eindruck ist, daß Frauen diesen Fragestellungen im allgemeinen aufgeschlossener gegenüberstehen als Männer. Zu dieser Aufgeschlossenheit mag auch die besondere Betroffenheit der Frauen beitragen. So interessieren Frauen bestimmte Aspekte der ergonomischen Diskussion (z.B: Bildschirmstrahlung) stärker als Männer. Ebenso sind Frauen stärker an Fragen alternativer Gestaltung der Arbeitsorganisation und -inhalte interessiert, sind sie es doch vielfach, die unter den negativen Begleiterscheinungen der Computereinführung in diesem Bereich (Stichwort: zentrale Schreibbüros) besonders zu leiden hatten und haben.

These 5: Öffentlich geförderte EDV-Weiterbildung (beispielsweise an VHS) hatte und hat immer den Anspruch, mehr als reines Bedienerwissen (pejorativ als "Knöpfchenwissen" klassifiziert) zu vermitteln. Die technischen Entwicklungen und die daraus abgeleiteten Qualifikationsanforderungen werden nicht als vorgegeben, sondern als vom Menschen gestaltbar begriffen. Einige Nutzer, das zeigt die Erfahrung bei der Entwicklung von Individualprogrammen in Klein- und Mittelbetrieben, werden in die konzeptionellen Überlegungen der Programmierung und Systembeschreibung einbezogen. Diese Tatsache setzt voraus, daß Qualifikationen und Kompetenzen gefördert werden, die den Anwender befähigen, Ansprüche an eine menschengerechte Technikgestaltung zu formulieren. Vor dem Hintergrund dieses übergeordneten Lernziels gewinnen Fragen der sozial orientierten Gestaltung von Informationstechik in Kursen der EDV-Weiterbildung einen zentralen Stellenwert. Die curriculare Diskussion in den Schulen und die damit verknüpften Aus- und Weiterbildungsfragen der "Ersten Mikroelektronik-Generation" tragen ebenfalls dazu bei, Aspekte einer sozialen Gestaltung von Technik im Bewußtsein zu verankern.

2. Sozialorientierte Gestaltung von Informationstechnik in der Kurspraxis

In welcher Form werden Fragen der sozialorientierten Gestaltung von Informationstechik in DV-Kursen aufgegriffen:

Oberstes Gestaltungsprinzip dieser Seminare ist das Prinzip der Integration von fachspezifischen und fachübergreifenden Fragestellungen, d.h., daß neben der Vermittlung von unmittelbar beruflich verwertbaren Kenntnissen (z.B. in der Bedienung von Softwareanwendungen) Fragen der Hardwareergonomie, der Softwareergonomie (wichtig zum Erwerb des notwendigen Transferwissens) und der Arbeitsorganisation im Mittelpunkt des Kursverlaufes stehen. In diesem Zusammenhang entwickelten wir im Auftrag der Bundesanstalt für Arbeitsschutz und der Pädagogischen Arbeitsstelle des Deutschen VHS Verbands Materialien, die folgende Themen inhaltlich und didaktisch aufbereiten:

- Ergonomie des Bildschirmarbeitsplatzes (zentrale Themenfelder: Belastungen und Gestaltungsfelder: Augen, Haltung, Lärm und Klima, Strahlung, psychische Beanspruchung);
- Softwareergonomie (zentrale Themenfelder: Softwareergonomie und Benutzergruppen, Softwareergonomie und Benutzerschnittstellen: Organisationsschnittstelle, Ein-/Ausgabeschnittstelle, Dialogschnittstelle; Softwareergonomie und Beteiligung; Softwareergonomie und Qualifikation);
- Arbeitsorganisation und Arbeitsgestaltung in der Textverarbeitung und in der Sachbearbeitung (zentrale Themenfelder: Organisationsmodelle, Gestaltungsfelder in dezentralen Arbeitsplatzkonzepten, Qualifikation, Beteiligung und Personalstruktur, schematisierte und integrierte Sachbearbeitung etc.).

Zur didaktischen Struktur: Mit diesen Materialien werden in erster Linie Kursleiter/-innen im EDV-Bereich angesprochen. Die Arbeitspapiere verstehen sich als "Steinbruch" und erheben keinen Anspruch auf eine geschlossene curriculare Behandlung. Die Materialien können sowohl in überbetrieblichen Weiterbildungsseminaren als auch in betrieblichen Schulungszusammenhängen Verwendung finden. Durch die dezidierte Handlungsorientierung werden Teilnehmeraktivitäten gefördert, und es wird die Bereitschaft geweckt, Umsetzungskonzepte am Arbeitsplatz anzudenken. Die operative Didaktik und das Prinzip des entdeckenden Lernens fördern Transferkompetenz (Stichwort: "Das DV-Lernen lernen").

Die Verankerung der Themen in der Seminarpraxis hängt dabei wesentlich von der konkreten Kurstypologie ab:

In **Zielgruppenkursen** (Kurse für besondere Teilnehmergruppen, wie z.B. Frauen) können berufsspezifische Kenntnisse besser umgesetzt werden (so eignen sich beispielsweise Kurse für Frauen zur Thematisierung arbeitsorganisatorischer Fragen des Bürobereichs). Ferner haben DV-Kurse für Frauen gezeigt, daß durch die Thematisierung softwareergonomische Fragestellungen deutlich verbesserte Transferleistungen erzielt werden können. So bilden beispielsweise grundlegende Kenntnisse zur Gestaltung von Oberflächen und Masken ein wichtige Voraussetzung für das Erlernen unterschiedlich gestalteter Softwareprodukte. Transferdidaktische Fragen sind für Frauen in der außerbetrieblichen Weiterbildung von größerer Relevanz, da diese Zielgruppe in der meist auf den Lehrgang folgenden betrieblichen Praxis mit wechselnden Softwareprodukten konfrontiert wird.
Im Gegensatz zu den üblichen zwei- bis dreistündigen Abendkursen können in **Tageskursen** (Wochen- bzw. Wochenendkursen) Fragen der sozialen Gestaltbarkeit von Informationstechnik anschaulich erfahrbar gemacht werden, z.B. durch Besuche von Arbeitsstätten, Diskussion mit Experten etc. Die Zeitorganisation eines Tageskurses - in der Regel 8 Unterrichtseinheiten - erlaubt zudem den methodischen Wechsel zwischen computerpraktischer und theoretischer Arbeit. Auch ist in den aufgrund ihrer

Zeitstruktur großzügiger arbeitenden Tagesseminaren mehr Raum für Lernformen, die die Eigenaktivität und Mündigkeit der Teilnehmer stärken. Zunehmend werden in diesem Zusammenhang Lern- und Lehrverfahren (z.B. exploratives Lernen) erprobt , die die Dominanz des "allwissenden" Kursleiters abbauen.

Zusammengefaßt: Integratives Arbeiten im Sinne der Vermittlung sozialorientierter Inhalte ist ein "kompaktkursfreundliches Arbeiten". Zerstückelungen des Lernprozesses - wie in vielen zweistündigen Abendkursen praktiziert - verhindern ein stringentes Lernen und fördern wiederholungsintensive Arbeitssequenzen. Das knappe Zeitbudget der Abendkurse senkt oft die Akzeptanz für die o.g. Themen. Die Befürchtung, die immer komplexer werdenden DV-Programme in einem solcherart segmentierten Kurstyp nicht vollständig erarbeiten zu können, läßt Teilnehmer und Kursleiter nicht selten auf die Erarbeitung solcher Inhalte verzichten. Raum für Diskussionen (gekoppelt an bestimmte praktische Lernerfahrung, z.B. in der Arbeitsorganisation der Textverarbeitung) ist meist nicht gegeben.

Kritisch sei gefragt, ob das Bestreben, immer die neueste Softwareversion einzusetzen, in der Weiterbildung auf Dauer ein Qualitätsmerkmal sein kann oder ob eine wie auch immer geartete Marktbereinigung in nächster Zeit zeigen wird, daß Anwender und Investoren nicht länger daran interessiert sind, jede software- und damit auch vielfach hardware"politische" Innovationen mitzumachen. Die potentielle Nutzungsbreite der Software (und die daran gekoppelte ausstattungsbedingte Hardwareanforderung) wächst mit einer Rasanz, die wohl kaum einem sinnvollen betrieblichen Einsatz standhält. Wenn Softwarelernen so quasi einen Eigenwert gewinnt, da die Zeit zum sinnvollen Einsatz der Software ist nicht mehr gegeben, da dann schon wieder die Einarbeitung in ein neues Release ansteht, dann stellt sich die Frage, ob der Versionenwettlauf nicht irgendwann von selbst zum Stillstand kommt, da die Softwareanwender nie mehr ins Ziel (=solide Beherrschung und Anwendung eines Produkts) gelangen. Überarbeitung im Sinne bester ergonomischer Intentionen mag ein stetiges Ziel sein, das auch die Erwachsenenbildung mit Blick auf die Lernstrukturen ihrer Nutzer begrüßen muß. Softwareentwicklung nach dem "L' art pour l' art"-Prinzip - zur Sicherung von Markt- und Verkaufsinteressen kann jedoch auf Dauer kein didaktisches Handlungsgerüst werden.

Abschließend sei auf **besondere methodische Aspekte** verwiesen, die in der Multiplikatorenfortbildung (Kursleiterfortbildung), aber auch in der Arbeit mit Endverbrauchern (Kursteilnehmern/innen) Anwendung finden:

a) Erforschende, explorierende Arbeitsformen weisen Wege zur Überwindung der pädagogischen Dreifaltigkeit (Vormachen - Nachmachen - Anwenden). Sie fördern selbständige, teilnehmerzentrierte Lehr- und Lernprozesse, die zwar zeitaufwendiger sind, aber langfristig zu besseren, weil transferierbaren Kenntnissen führen.

b) Offene Arbeitsformen - wie etwa das kürzlich von uns mitentwickelte Planspiel "EDV-Einführung im Betrieb" - machen Fragen einer sozialorientierten Technikgestaltung "hautnah" erfahrbar. Obwohl die Anlage des Planspiels es durchaus ermöglicht, die Frage der DV-Einführung auf die Lösung technischer Problemstellungen zu reduzieren, gewinnen hier Fragen der Arbeitsgestaltung, der Mitbestimmung, des Datenschutzes etc. zentrale Bedeutung. Die Belastungsbündel vieler Beschäftigter sind für sehr viele fachfremd geschulte und vielleicht immer fachfremd bleibende Kursleiter oft nur durch die "rollenverstellte und rollenverfremdete Erfahrungswelt" des Planspiels nachvollziehbar. Für manchen vielleicht ein Kompromiß, immerhin aber ein didaktisch durchdachter.

Zusammenfassend kann man feststellen, daß die Thematisierung von Problemen einer sozial orientierten Gestaltung von Informationstechnik nicht nur eine inhaltliche, sondern immer auch eine methodische Seite hat. Zugespitzt läßt sich aus unserer Sicht formulieren, daß eine sinnvolle Behandlung dieser Fragen in der Erwachenenbildung bei Beibehaltung darbietend rezeptiver Lehrformen nicht möglich ist. Dem industriell bis in viele feine Verästelungen durchdachten und praktizierten Training on the job, dessen Leistungsdruck auf Dauer für viele schwer erträglich scheint und das auch durch ausgereifteste methodische Formen oft nicht menschlicher, sondern manchmal nur abschreckend-perfekter wirkt, muß die öffentlich verantwortete Erwachsenenbildung Lernkonzepte entgegenhalten, die die psychosozialen Belastungen des einzelnen ernst nehmen und menschengerechte Lernumgebungen und Erfahrungsspielräume ermöglichen.

Literaturhinweise:
Bundesanstalt für Arbeitsschutz (Hrsg.): Humanisierung der Büroarbeit, Materialien für die Erwachsenenbildung. Bearbeiter: Pädagogische Arbeitsstelle des Deutschen Volkshochschulverbandes (Bearbeiter: Ingrid Schöll und Bernd Passens). Dortmund 1990.

Pädagogische Arbeitsstelle des Deutschen Volkshochschulverbandes (Hrsg.): Software-Ergonomie in der Textverarbeitung (Bearbeiter: Ingrid Schöll und Bernd Passens). Frankfurt 1988.

Pädagogische Arbeitsstelle des Deutschen Volkshochschulverbandes (Hrsg.): EDV-Einführung im Büro, Fortbildungsdokumentation und Materialien zu einem Planspiel (Bearbeiterin: Brigitta Nentzel).
Frankfurt 1990.